박문각 임용 동영상강의 www.pmg.co.kr

박문각

KORea Special Education Teacher

2026 특수교사임용시험 대비

김남진 편저

김남진 KORSET 특수교육 ③

Part 08

특수교육공학

Part 09

지체장애아교육

Part 10

건강장애아교육

이 책의
머리말

본 교재는 대한민국 특수교사를 꿈꾸는 예비특수교사들의 임용시험 준비를 위한 수험서이다. 이에 저명한 영역별 전공서적을 참고하여 핵심 개념들을 중심으로 재구조화하였으며 편저자의 개인적인 의견은 추가하지 않음을 원칙으로 함으로써 사실 그대로를 전달하는 데 초점을 두고자 하였음을 우선적으로 언급하고자 한다. 개정판에서 중점을 둔 부분은 다음과 같다.

첫째, 기본 개념에 대한 이해를 바탕으로 지식을 적용하고 활용하는 능력을 키우도록 하였다. 요약·정리된 교재는 학습에 있어 시간을 절약해 주는 이점이 있음은 인정하는 바이나 해당 개념을 충분히 이해하는 데는 한계가 있을 수밖에 없으며 연속선상에서 해당 개념을 활용하는 데도 동일한 문제가 수반될 수밖에 없다. 따라서 주요 개념의 전후 맥락을 충분히 설명하는 데 집중하였다.

둘째, 특수교육학에서 사용되고 있는 다양한 용어, 개념들을 비교할 수 있도록 함으로써 자기주도적 학습을 가능하게 하였다. 특수교육학은 최상위의 응용학문으로 다양한 용어들이 혼재되어 사용되고 있다. 뿐만 아니라 개별화를 특성으로 하는 만큼 학자들의 입장 차이도 다양하다. 아이러니하게도 이와 같은 특수교육학의 학문적 특성은 수험생들의 자기주도적 학습을 가로막는 장애물로 작용하고 있다. 이에 본문을 중심으로 지나치지 않은 선에서 용어의 개념, 여타 문헌의 내용, 내용 간 비교, 동의어 등을 제시하여 수험생들의 자기주도적 학습에 도움을 주고자 하였다.

셋째, 기출연도를 추가하였다. 기출연도의 추가 여부는 장단점이 분명한 만큼 다년간 편저자가 고민해 온 요소이다. 그러나 많은 수험생들의 요구가 있었고, 기본이론을 학습하는 데 있어 주요 내용을 중심으로 큰 틀을 잡을 수 있다는 장점을 우선적으로 감안하여 이번 개정판에는 기출연도를 2009년도부터 제시하였다.

이전의 교재에 더해 이상의 세 가지 사항을 수정·보완하였으나 아쉬움은 여전할 것이란 것을 과거의 경험에 비추어 너무나 잘 알고 있다. 이는 순전히 원고를 작성한 편저자의 능력이 부족한 것인 만큼 지속적으로 보완해 나갈 것임을 약속한다.

마지막으로 다시 시작하는 마음으로 집필한 개정판이 대한민국의 특수교사가 되고자 하는 이 땅의 모든 예비교사들에게 조금이나마 도움이 되었으면 하는 소박한 바람을 가져본다.

2025년 1월

김남진

이 책의 구성과 특징

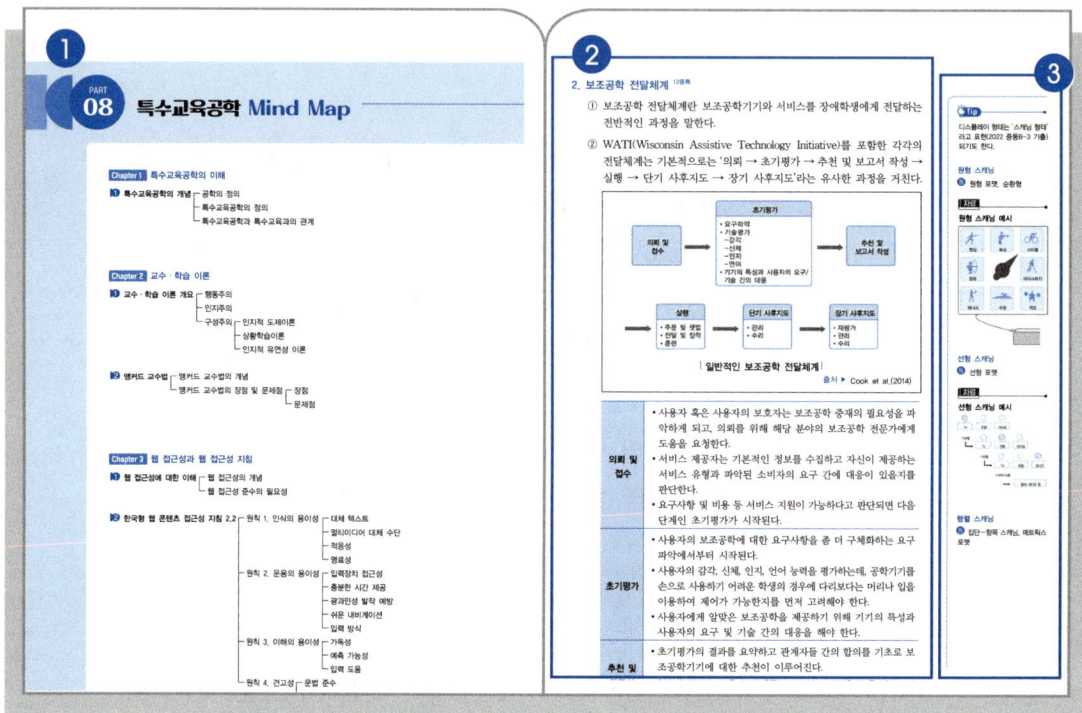

❶ 마인드 맵   학습 시 해당 영역의 내용을 언제나 확인할 수 있도록 함과 동시에 영역의 체계를 명확히 수립할 수 있도록 구성하였다.

❷ 본문   영역별 관련 내용을 빠짐없이, 쉽게 그리고 풍부한 예시를 제시함으로써 어렵고 복잡했던 특수교육학의 개념들을 정리할 수 있도록 하였다.

❸ 날개   본문과 관련하여 알아 두어야 할 개념을 다양한 방법을 통해 보강·설명하였다.

- Tip: 학습 시 유의사항
- ✎: 용어의 보충 설명
- 비교: 문헌 간 내용 비교
- 자료: 관련 본문의 위치, 내용 이해를 위한 추가 내용
- 동: 동의어

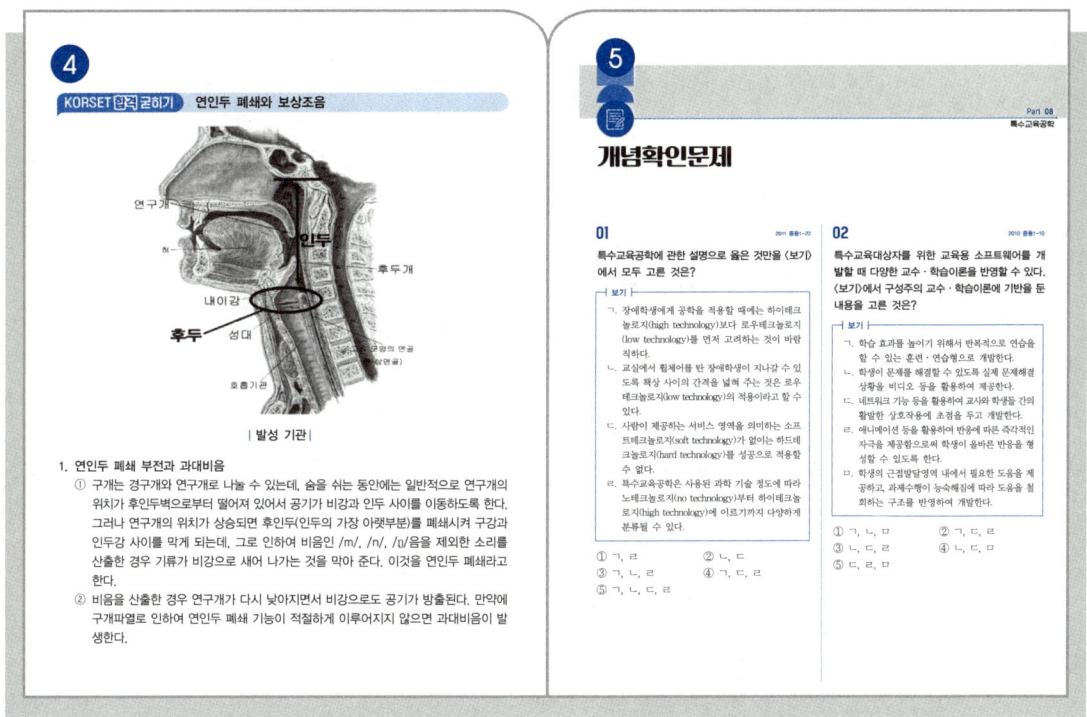

❹ KORSET 합격 굳히기   본문의 기본 개념을 좀 더 깊이 이해할 수 있도록 보충·심화 부분을 설정하여 충분한 예를 중심으로 설명하였다.

❺ 개념확인문제   본문에서 학습한 핵심 개념과 내용을 기출문제를 통해 확인하며 기본을 튼튼히 할 수 있도록 하였다.

이 책의 차례
KORea Special Education Teacher

Part 08 특수교육공학

- Mind Map — 12

Chapter 01 특수교육공학의 이해 — 20
① 특수교육공학의 개념 · 20

Chapter 02 교수·학습 이론 — 22
① 교수·학습 이론 개요 · 22 ② 앵커드 교수법 · 27

Chapter 03 웹 접근성과 웹 접근성 지침 — 31
① 웹 접근성에 대한 이해 · 31 ② 한국형 웹 콘텐츠 접근성 지침 2.2 · 32

Chapter 04 물리적 접근과 보편적 설계 — 52
① 시설 및 설비에 대한 접근권 · 52 ② 보편적 설계 · 53

Chapter 05 보편적 학습설계의 이해 — 58
① 보편적 학습설계의 개념 · 58 ② 보편적 학습설계의 원리와 가이드라인 · 63
③ 보편적 학습설계의 실행 · 69

Chapter 06 교육용 소프트웨어의 선정과 평가 — 72
① 교육용 프로그램의 선정과 평가 · 72 ② 소프트웨어의 개발 · 77

Chapter 07 특수교육과 컴퓨터의 활용 — 79
① 컴퓨터 보조 수업의 이해 · 79 ② 컴퓨터 보조 수업의 유형 · 83
③ 멀티미디어 활용 수업 · 88 ④ ICT 활용 수업 · 89

Chapter 08 보조공학의 이해 — 94
① 보조공학의 개념 · 94 ② 보조공학 사정 및 전달체계 · 99
③ 보조공학 사정모델 · 101

Chapter 09 컴퓨터 접근성 향상을 위한 보조공학 ─────── 109
① 장애인을 위한 접근성 기능 · 109 ② 컴퓨터 접근을 위한 보조공학 · 112

Chapter 10 보완대체의사소통의 이해 ─────── 123
① 보완대체의사소통의 개념 · 123 ② 보완대체의사소통의 지도 · 125

Chapter 11 보완대체의사소통 체계 ─────── 130
① 상징 · 130 ② 보조도구 · 136
③ 기법 · 138 ④ 전략 · 146
⑤ 보완대체의사소통 체계 선택 및 사용 시 고려사항 · 148

Chapter 12 보완대체의사소통의 평가 ─────── 150
① 보완대체의사소통 평가의 이해 · 150 ② 평가 모델: 참여모델 · 153
③ 보완대체의사소통 지도를 위한 평가 · 159 ④ 보완대체의사소통 지도의 실제 · 161

• 개념확인문제 ─────── 178

Part 09 지체장애아 교육

• Mind Map ─────── 192

Chapter 01 지체장애의 이해 ─────── 199
① 지체장애의 개념 · 199 ② 지체장애의 원인 및 진단·평가 · 200

Chapter 02 운동장애의 이해 ─────── 201
① 운동발달과 반사운동 · 201 ② 주요 원시반사 · 207

이 책의 차례

Chapter 03 뇌성마비의 개념 및 분류 — 212
① 뇌성마비의 개념 및 원인 · 212
② 뇌성마비의 분류 · 213

Chapter 04 뇌성마비 학생의 특성 및 지원 — 232
① 뇌성마비 학생의 언어 특성 · 232
② 심리·사회적 및 지각 특성 · 234
③ 신체·운동 및 생리조절 특성 · 236
④ 특수교육적 지원 · 238

Chapter 05 지체장애의 기타 유형 — 240
① 근이영양증 · 240
② 이분척추 · 246
③ 척수손상 · 250
④ 뇌전증 · 254
⑤ 골형성 부전증 · 260
⑥ 외상성 뇌손상 · 260
⑦ 척추 측만증 · 262

Chapter 06 운동 지도 — 264
① 지체장애 학생의 운동 지도 · 264
② 들어올리기와 이동시키기 지도 · 269

Chapter 07 자세, 보행 및 이동 지도 — 275
① 자세의 이해 · 275
② 앉기 자세 지도 · 280
③ 눕기 자세 지도 · 284
④ 서기 자세 지도 · 286
⑤ 보행 및 이동 지도 · 288

Chapter 08 일상생활 기술 지도 — 296
① 섭식 기술 · 296
② 착탈의 기술 · 307
③ 용변 기술 · 310
④ 기타 일상생활 기술 지도 · 315

Chapter 09 교수·학습 — 319
① 일반교육과정 참여를 위한 방법 · 319
② 중도·중복장애 학생 교육 · 325

• 개념확인문제 — 331

Part 10 건강장애아 교육

- Mind Map — 346

Chapter 01 건강장애의 이해 — 349
① 건강장애의 개념 · 349   ② 건강장애의 선정과 취소 · 350

Chapter 02 건강장애 학생을 위한 교육적 지원 — 352
① 교육지원의 기본 원칙 · 352   ② 건강장애 학생을 위한 교육적 지원 유형 · 353
③ 심리·정서 및 학교복귀 지원 · 360

Chapter 03 건강장애의 유형 — 362
① 소아암 · 362   ② 신장장애 · 367
③ 심장장애 · 371   ④ 소아천식 · 374
⑤ 소아당뇨 · 386

- 개념확인문제 — 393

김남진
KORSET
특수교육 ❸

PART 08

특수교육공학

Chapter 01
특수교육공학의 이해

Chapter 02
교수·학습 이론

Chapter 03
웹 접근성과 웹 접근성 지침

Chapter 04
물리적 접근과 보편적 설계

Chapter 05
보편적 학습설계의 이해

Chapter 06
교육용 소프트웨어의 선정과 평가

Chapter 07
특수교육과 컴퓨터의 활용

Chapter 08
보조공학의 이해

Chapter 09
컴퓨터 접근성 향상을 위한 보조공학

Chapter 10
보완대체의사소통의 이해

Chapter 11
보완대체의사소통 체계

Chapter 12
보완대체의사소통의 평가

PART 08 특수교육공학 Mind Map

Chapter 1 특수교육공학의 이해

① 특수교육공학의 개념 ─ 공학의 정의
　　　　　　　　　　 ─ 특수교육공학의 정의
　　　　　　　　　　 ─ 특수교육공학과 특수교육과의 관계

Chapter 2 교수·학습 이론

① 교수·학습 이론 개요 ─ 행동주의
　　　　　　　　　　　 ─ 인지주의
　　　　　　　　　　　 ─ 구성주의 ─ 인지적 도제이론
　　　　　　　　　　　　　　　　 ─ 상황학습이론
　　　　　　　　　　　　　　　　 ─ 인지적 유연성 이론

② 앵커드 교수법 ─ 앵커드 교수법의 개념
　　　　　　　　 ─ 앵커드 교수법의 장점 및 문제점 ─ 장점
　　　　　　　　　　　　　　　　　　　　　　　　 ─ 문제점

Chapter 3 웹 접근성과 웹 접근성 지침

① 웹 접근성에 대한 이해 ─ 웹 접근성의 개념
　　　　　　　　　　　　 ─ 웹 접근성 준수의 필요성

② 한국형 웹 콘텐츠 접근성 지침 2.2 ─ 원칙 1. 인식의 용이성 ─ 대체 텍스트
　　　　　　　　　　　　　　　　　　　　　　　　　　　　　 ─ 멀티미디어 대체 수단
　　　　　　　　　　　　　　　　　　　　　　　　　　　　　 ─ 적응성
　　　　　　　　　　　　　　　　　　　　　　　　　　　　　 ─ 명료성
　　　　　　　　　　　　　　　　　　 ─ 원칙 2. 운용의 용이성 ─ 입력장치 접근성
　　　　　　　　　　　　　　　　　　　　　　　　　　　　　 ─ 충분한 시간 제공
　　　　　　　　　　　　　　　　　　　　　　　　　　　　　 ─ 광과민성 발작 예방
　　　　　　　　　　　　　　　　　　　　　　　　　　　　　 ─ 쉬운 내비게이션
　　　　　　　　　　　　　　　　　　　　　　　　　　　　　 ─ 입력 방식
　　　　　　　　　　　　　　　　　　 ─ 원칙 3. 이해의 용이성 ─ 가독성
　　　　　　　　　　　　　　　　　　　　　　　　　　　　　 ─ 예측 가능성
　　　　　　　　　　　　　　　　　　　　　　　　　　　　　 ─ 입력 도움
　　　　　　　　　　　　　　　　　　 ─ 원칙 4. 견고성 ─ 문법 준수
　　　　　　　　　　　　　　　　　　　　　　　　　 ─ 웹 애플리케이션 접근성

Chapter 4 물리적 접근과 보편적 설계

1 시설 및 설비에 대한 접근권 ─ 장애인 편의시설 설치 관련 법규
　　　　　　　　　　　　　　└ 장애인 편의시설의 종류

2 보편적 설계 ─ 보편적 설계의 개념
　　　　　　　├ 보편적 설계의 원리 ─ 공평한 사용
　　　　　　　│　　　　　　　　　├ 사용상의 융통성
　　　　　　　│　　　　　　　　　├ 단순하고 직관적인 사용
　　　　　　　│　　　　　　　　　├ 지각할 수 있는 정보
　　　　　　　│　　　　　　　　　├ 오류에 대한 관용
　　　　　　　│　　　　　　　　　├ 낮은 신체적 수고
　　　　　　　│　　　　　　　　　└ 접근과 사용을 위한 크기와 공간
　　　　　　　└ 보편적 설계의 원리와 교육적 활용

Chapter 5 보편적 학습설계의 이해

1 보편적 학습설계의 개념 ─ 보편적 학습설계의 정의
　　　　　　　　　　　　├ 보편적 학습설계의 기본 가정
　　　　　　　　　　　　├ 보편적 학습설계의 이론적 배경 ─ 뇌의 사고시스템
　　　　　　　　　　　　│　　　　　　　　　　　　　　├ 다중지능이론 : 언어, 논리 수학, 공간, 신체 운동,
　　　　　　　　　　　　│　　　　　　　　　　　　　　│　　　　　　　 음악, 대인 관계, 자기이해,
　　　　　　　　　　　　│　　　　　　　　　　　　　　│　　　　　　　 자연 탐구 지능
　　　　　　　　　　　　│　　　　　　　　　　　　　　└ 테크놀로지의 발달
　　　　　　　　　　　　├ 보편적 학습설계와 보편적 설계의 비교
　　　　　　　　　　　　└ 보편적 학습설계와 교수적 수정의 비교

2 보편적 학습설계의 원리와 가이드라인 ─ 보편적 학습설계의 원리 ─ 다양한 방식의 표상 수단 제공
　　　　　　　　　　　　　　　　　　│　　　　　　　　　　　├ 다양한 방식의 행동과 표현 수단 제공
　　　　　　　　　　　　　　　　　　│　　　　　　　　　　　└ 다양한 방식의 참여 수단 제공
　　　　　　　　　　　　　　　　　　└ 보편적 학습설계 가이드라인 2.2

3 보편적 학습설계의 실행 ─ 교실 상황에서의 보편적 학습설계 실행 과정 ─ 1. 목표 설정
　　　　　　　　　　　　│　　　　　　　　　　　　　　　　　　├ 2. 상황 분석
　　　　　　　　　　　　│　　　　　　　　　　　　　　　　　　├ 3. UDL 적용
　　　　　　　　　　　　│　　　　　　　　　　　　　　　　　　└ 4. UDL 수업 지도
　　　　　　　　　　　　└ 조직차원의 보편적 학습설계 실행 과정

PART 08 특수교육공학 Mind Map

Chapter 6 교육용 소프트웨어의 선정과 평가

1 교육용 프로그램의 선정과 평가
- 교육용 프로그램의 선정
- 교육용 프로그램의 평가
  - 외부평가
  - 내부평가 — 고려사항: 수업과 관련된 일반적인 사항, 교육의 적절성, 공학기기의 적합성

2 소프트웨어의 개발
- 교수·학습용 소프트웨어 개발 시 일반적 고려사항
- 교수·학습용 소프트웨어 개발 시 장애학생을 위한 고려사항

Chapter 7 특수교육과 컴퓨터의 활용

1 컴퓨터 보조 수업의 이해
- 컴퓨터 보조 수업의 개념
- 컴퓨터 보조 수업의 특징
  - 개별화
  - 상호작용 촉진
  - 동기유발
  - 경제성
- 컴퓨터 보조 수업을 위한 프로그램 선정 시 고려사항
- 컴퓨터 보조 수업 활용상의 유의점
- 컴퓨터 보조 수업의 장단점
  - 장점
  - 단점

2 컴퓨터 보조 수업의 유형
- 반복연습형: 도입 → 문항 선정 → 문항 제시와 반응 → 반응 판단 → 피드백 → 결과 제시
- 개인교수형: 도입 → 정보 제시 → 질문과 응답 → 피드백과 교정 → 학습종료 결정 → 학습결과 제시
- 시뮬레이션형: 도입 → 가상적 상황 제시 → 학습자 반응 → 반응 판단과 피드백 → 모의실험 종료 결정 → 결과 제시
- 게임형
- 발견학습형
- 문제해결형

3 멀티미디어 활용 수업
- 멀티미디어 활용 수업의 개념
- 멀티미디어 활용 수업의 장단점
  - 장점
  - 단점

4 ICT 활용 수업
- ICT 활용 수업의 개념
- ICT 활용 수업의 구성요소
- ICT 활용 수업의 교육적 특징
- ICT 활용 수업의 유형
- ICT 활용 수업의 장점과 방해 요인
  - 장점
  - 방해 요인

Chapter 8 보조공학의 이해

- **1 보조공학의 개념**
  - 보조공학의 정의
  - 보조공학의 연속성
    - 하이테크놀로지
    - 미드테크놀로지
    - 로우테크놀로지
    - 노테크놀로지
  - 보조공학의 유용성
    - ABC 모델: 능력의 신장, 매체로의 대체, 장애의 보상
    - Wile 모델
    - BBEE 모델

- **2 보조공학 사정 및 전달체계**
  - 보조공학 사정 — 보조공학 사정의 일반적 특성
    - 생태학적 사정
    - 실천적 사정
    - 계속적 사정
  - 보조공학 전달체계

- **3 보조공학 사정모델**
  - 인간 활동 보조공학 모델(HAAT 모델): 인간, 활동, 보조공학, 맥락
  - 인간-공학 대응 모델(MPT 모델)
  - SETT 구조 모델: 학생, 환경, 과제, 도구
  - 보조공학 숙고 과정 모델
    - 1. 검토 단계
    - 2. 개발 단계
    - 3. 조사 단계
    - 4. 평가 단계
    - 5. 확인 단계
  - 재활 모델과 욕구 중심 모델
    - 재활 모델
    - 욕구 중심 모델

Chapter 9 컴퓨터 접근성 향상을 위한 보조공학

- **1 장애인을 위한 접근성 기능**
  - 키보드 수정
    - 고정 키
    - 필터 키
      - 탄력 키
      - 느린 키
    - 토글 키
  - 마우스 키

PART 08 특수교육공학 Mind Map

- **2** 컴퓨터 접근을 위한 보조공학
  - 컴퓨터 사용을 위한 기초공학 장치
    - 키가드 라벨
    - 선택/포인팅 장치
    - 키가드
    - 모이스처 가드
  - 대체 입력장치
    - 트랙볼
    - 조이스틱
    - 터치스크린
    - 헤드 포인팅 시스템
    - 아이 게이즈 시스템
    - 대체 키보드
    - 스위치
    - 음성인식
  - 대체 출력장치
    - 화면 확대
    - 스크린 리더
  - 기타 — 음성합성장치

Chapter 10 보완대체의사소통의 이해

- **1** 보완대체의사소통의 개념
  - 보완대체의사소통의 정의
  - 보완대체의사소통 사용자의 의사소통 역량
    - 언어적 능력
    - 조작적 능력
    - 사회적 능력
    - 전략적 능력

- **2** 보완대체의사소통의 지도
  - 보완대체의사소통의 지도 목적
    - 말과 언어의 지도 목적
    - 상호작용 촉진
    - 학습활동 참여도 증진
    - 문제행동 감소
    - 독립적인 생활 촉진
  - 보완대체의사소통의 지도 원칙
    - 최대화의 원칙
    - 기능화의 원칙
    - 개별화의 원칙
    - 상호관계성의 원칙
    - 정상화의 원칙
  - 보완대체의사소통 교육 시 유의사항
  - 보완대체의사소통 대화상대자 훈련

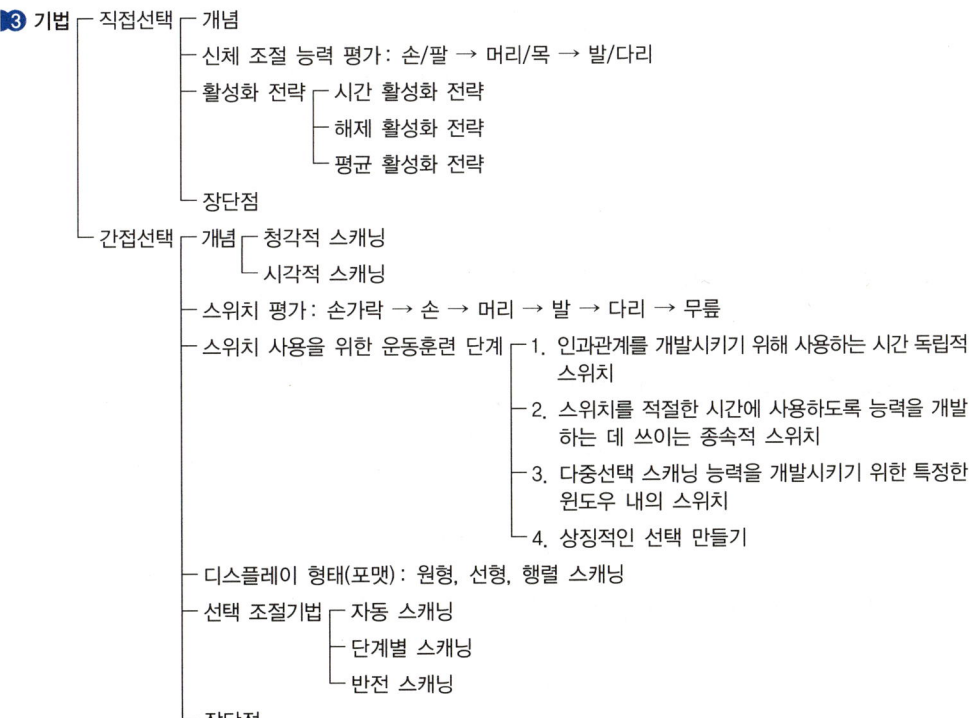

PART 08 특수교육공학 Mind Map

4 전략 ─ 전략의 개념
└ 교수자와 사용자 측면의 보완대체의사소통 전략 ─ 교수자 측면의 전략
　　　　　　　　　　　　　　　　　　　　　　├ 사용자 측면의 전략
　　　　　　　　　　　　　　　　　　　　　　└ 기타

5 보완대체의사소통 체계 선택 및 사용 시 고려사항 ─ 생활연령
├ 기능성
├ 상호작용 가능성
├ 1개 이상의 AAC 보조도구 사용
├ 학생 자신의 선호도
├ 중재 가능성
├ 사회적 의미
├ 의사소통을 위한 선수 기술
├ 자연스러운 환경에서의 중재
├ 부모−중재자 간 협력관계
├ AAC 체계의 특성
└ 의사소통을 위한 기초 기술

Chapter 12 보완대체의사소통의 평가

1 보완대체의사소통 평가의 이해 ─ 보완대체의사소통 평가의 기본 원칙
└ 보완대체의사소통의 평가 절차

2 평가 모델: 참여모델 ─ 참여모델에 대한 이해
└ 참여모델의 체계 ─ 의사소통 참여 유형과 요구 평가
├ 기회 제한 요인 평가 ─ 기회장벽: 정책, 실제, 기술, 지식, 태도
│　　　　　　　　　　 └ 접근장벽
└ 학생의 구체적인 능력 평가

3 보완대체의사소통 지도를 위한 평가 ─ 운동 능력
├ 감각 능력
├ 인지 능력
└ 언어 능력

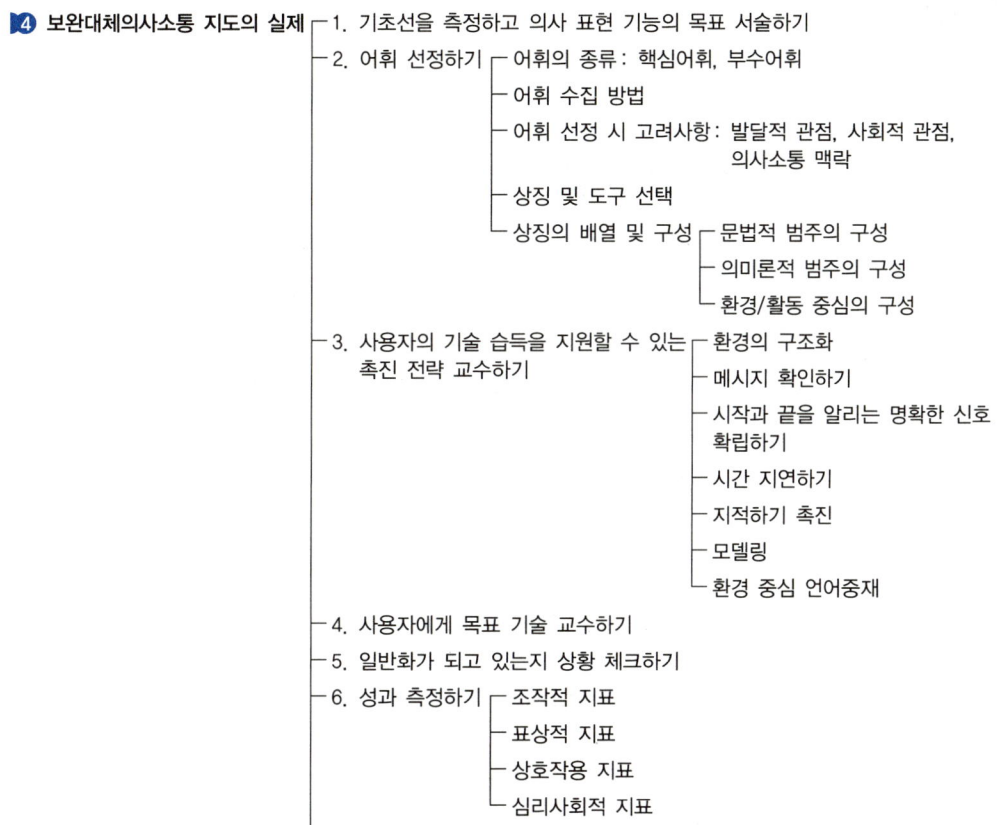

Chapter 01 특수교육공학의 이해

01 특수교육공학의 개념

1. 공학의 정의

① 공학(technology)의 정의에 대해 흔히 인용되고 있는 바는 Galbraith에 의한 것으로 다음과 같이 정의하였다.
- 실제적 과제를 해결하기 위한 과학적이며 조직화된 지식을 체계적으로 적용하는 것

② Heinich 등은 보편적으로 수용되고 있는 공학의 정의를 바탕으로 공학을 하드 테크놀로지(hard technology)와 소프트 테크놀로지(soft technology)로 구분하였다. [11중특]

㉠ 하드 테크놀로지란 기술의 결과로 만들어지는 물리적 성격의 하드웨어를 의미한다. 예 컴퓨터, TV 등

㉡ 소프트 테크놀로지란 과정이나 문제에 대해 생각하는 방식을 의미한다.
- '과정'이나 '문제에 대해 생각하는 방식'을 의미하며, '과정 테크놀로지'라고도 부른다.
  예 Skinner의 프로그램 학습, Keller의 개별화 수업체제(PSI)와 같은 학습의 심리사회적 틀이 되는 교수학습 기법
- 사람이 제공하는 서비스 영역을 의미하는 소프트 테크놀로지 없이는 하드 테크놀로지를 성공적으로 적용할 수 없다.

2. 특수교육공학의 정의

특수교육공학이란 특수교육대상자의 학습을 촉진하고 수행을 유지 혹은 개선하기 위해 제공되는 공학기기 및 이를 이용한 교수 전략 그리고 관련 서비스에 대한 이론과 실제를 의미한다.

✎ 특수교육공학

특수교육대상학생들에게 적절한 공학기기와 서비스의 제공을 통하여 교육 및 생활 영역에서 질적 효율성을 높일 수 있도록 하는 학문 분야이다. 특수교육공학은 장애학생의 효율적인 교육과 생활을 위한 공학기기, 서비스 전략과 실제로 구성된다. 공학기기에는 첨단공학기기(high technology devices)에서부터 일반공학기기(medium technology devices)와 기초공학기기(low technology devices) 등이 포함되고, 서비스에는 교수·학습을 위한 소프트웨어에서부터 각종 공학기기의 준비, 사용, 사후 관리에 대한 일련의 과정이 포함되며, 전략과 실제에는 효율적인 활용을 위한 전략과 실제 적용이 포함된다. 우리나라의 경우 「장애인 등에 대한 특수교육법」에 특수교육 관련 서비스로서 보조공학기기 지원, 학습보조기기 지원 및 정보접근 지원 등의 특수교육공학에 관련되는 내용이 포함되어 있다(특수교육학 용어사전, 2018).

3. 특수교육공학과 특수교육과의 관계

① 특수교육공학은 특수교육의 목표와 목적 실현을 위한 수단 혹은 도구적 기능을 수행한다.

② 특수교육공학의 제공은 학습을 촉진하고 수행을 유지·개선해 줌으로써 특수교육대상자의 교육적 요구를 충족시켜 준다.

③ 학습자의 학습 촉진 및 수행의 유지·개선은 특수교육공학의 목표인 동시에 특수교육의 목표인 특수교육대상자의 잠재성과 가능성을 극대화시켜 주기 위한 토대가 되는 것이며, 궁극적으로는 자아를 실현하고 사회를 통합하기 위한 필요조건이 되는 것이다.

④ 특수교육공학과 특수교육과의 관계를 도식화하면 다음과 같다.

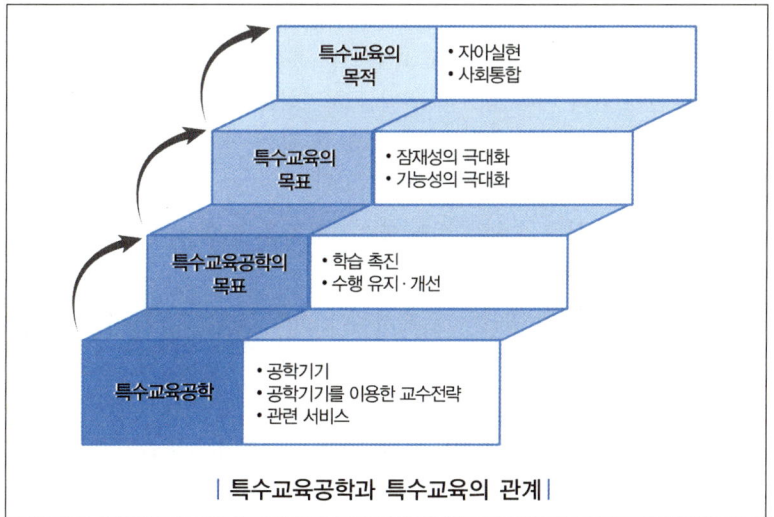

| 특수교육공학과 특수교육의 관계 |

Chapter 02 교수·학습 이론

01 교수·학습 이론 개요

1. 행동주의

① 학습의 결과로 나타나는 외현적인 행동의 변화에 관심을 두는 행동주의 학습이론은 인간의 행동을 자극과 반응의 과정으로 파악하려고 하였다.

② Pavlov의 고전적 조건형성이론, Thorndike의 시행착오설, Skinner의 조작적 조건형성이론 등으로 대표되는 행동주의는 초기 교육공학의 성립과 발전에 있어 매우 중요한 위치를 차지하고 있을 뿐만 아니라, 현재까지도 행동수정을 비롯한 직접교수법 등과 같은 특수교육의 많은 원리들이 행동주의에 이론적 기초를 두고 있다.

③ 행동주의 학습이론의 주요 학습원리들은 교수설계에 있어 다음과 같은 영향을 미쳤다.
  ㉠ 행동목표를 명확하게 제시해야 한다. 학습목표는 수업이 끝났을 때 학습자가 성취해야 하는 결과를 관찰 가능한 행동목표로 진술해야 한다.
  ㉡ 외재적 동기를 강화해야 한다. 학습과정에서 학습자가 정반응을 보인 경우는 칭찬, 미소, 상과 같은 긍정적 결과를 주고, 이와 반대로 오반응인 경우에는 무시한다. 부정적이고 혐오적인 통제보다는 긍정적인 강화를 사용하는 것이 효과적이다. 또한 반응의 초기에는 즉각적이고 긍정적인 강화를 지속적으로 제공해야 하며, 이후 반응이 향상되면 일관된 강화를 간헐적으로 준다.
  ㉢ 수업내용은 쉬운 것에서부터 어려운 것으로 점진적으로 제시하고, 복잡하고 어려운 것은 단순한 것으로 세분화하여 제시해야 한다.
  ㉣ 수업목표에서 진술된 행동은 계속적으로 평가되어야 하며, 평가결과는 바람직한 행동을 유도할 때까지 지속적으로 피드백을 제공하여야 한다. 또한 평가를 위해서는 학습자에게 능동적 반응의 기회를 제공해야 한다.

✎ 행동주의

심리적 탐구의 대상을 의식에 두지 않고 외현적으로 나타나는 행동에 두는 심리학의 중요한 학파이다. 인간은 자극에 따라 반응하는 존재로 보고, 학습이란 인간의 바람직한 행동의 변화를 일으키기 위해 적절한 자극과 그 반응을 강화시키는 것으로 이해한다. 1913년 왓슨(J. Watson)에 의해 창시된 이후 미국 심리학의 주요한 줄기가 되어 왔다(특수교육학 용어사전, 2018).

2. 인지주의

① 인지주의 학습이론은 인간의 외적행동을 유발시키는 내적과정에서 학습의 의미를 구명하며, 직접적으로 관찰할 수는 없지만 인간의 뇌 속에서 진행되는 외부 감각자극의 변형, 부호화 혹은 기호화, 파지, 재생 또는 인출이라는 일련의 정보처리과정을 연구한다.

② 인지주의 학습이론이 교수설계에 주는 시사점은 다음과 같다.
  ③ 사고의 과정과 탐구 기능의 교육을 강조해야 한다.
  ⓒ 학습자 스스로가 새로운 정보를 처리할 수 있도록 인지처리 전략을 가르쳐주거나 그것을 개발할 수 있는 교수 방법이 모색되어야 한다.
  © 학습의 내재적 동기를 유발하기 위한 교수 전략을 강조한다. 내재적 동기유발을 위하여 교사는 학습자의 현재 수준보다 높은 문제 상황에 직면하게 하여 학습의욕을 촉진할 때, 학습자는 성취감을 경험하게 될 것이며 내재적 동기는 강화될 수 있다.
  ② 학습자의 인지발달 수준에 맞춰 적절하게 학습내용을 조직하여 제시해야 한다.
  ⑩ 인지주의는 행동의 결과가 아닌 과정적 측면에 초점을 두는 만큼, 평가 대상 역시 기억력이 아닌 탐구력이어야 한다.

3. 구성주의 10중특

구성주의는 우리가 경험하는 세계는 객관적으로 존재하지만 그 의미는 개별 인간들에 의해 부여되고 구성되는 것이기 때문에 세계를 조직하고 이해하는 방식은 다양할 수 있으며, 옳은 의미로서의 객관적인 실체란 존재하지 않는다고 본다. 구성주의에 관한 기본 가정은 학자들에 따라서 다소 다르지만 지식은 인식의 주체에 의해서 구성되며, 지식은 맥락적이어서 발생하는 상황에 영향을 받으며, 지식은 사회적 협상을 통해서 형성된다는 것이다.

(1) 인지적 도제이론

① 인지적 도제이론은 전통적 도제방법의 장점을 살려 현실과 괴리되지 않은 실제 상황에서 전문가의 과제수행 과정을 관찰하고 실제로 과제를 수행해 보는 가운데 자신의 지식 상태의 변화를 경험할 수 있도록 하는 것이다.

② 인지적 도제이론과 고전적 도제이론은 다음과 같은 공통점이 있다.
  ③ 특정 사회집단에서 필요한 실제 과제의 문제해결 전 과정을 전문가가 시범해 보이는 모델링 단계가 있다.
  ⓒ 문제해결을 위한 인지적 틀을 제시하는 기반 구축 단계가 있다.
  © 학습자 스스로가 문제해결을 할 수 있도록 하게 한다.

> **구성주의**
> 한 개인이 사물에서 얻는 지식은 그가 이미 알고 있는 이전의 지식에 의존하고 외부에서 가산적 과정을 통해 하나씩 더해지는 것이 아니라 내부에 있는 구조적 과정을 통해 새롭게 창조해 나간다는 이론이다. 인지이론에 기초하여 학습자의 지식을 내부로부터 표상하는 과정을 강조한다. 즉, 학습자가 지식을 내부로부터 우선적으로 표상하고 자신의 경험적 해석을 통하여 지식에 대한 이해를 구성해 가는 과정에 초점을 둔다. 이는 다시 학습자의 경험을 통하여 재구성되고 실제 생활과 관련된 맥락으로 직접 연결되어진다. 다시 말하면, 지식은 경험으로부터 구성되며, 학습은 구성적 과정을 통하여 내적 표상을 만들어 간다는 것이다(특수교육학 용어사전, 2018).

ⓛ 학습이나 지식습득은 반드시 체험을 통해 이루어져야 한다.
　　ⓜ 특정 사회집단의 문화적 양상이 내재되어 있는 특정 상황과 맥락에서 이루어져야 한다.
③ 인지적 도제이론에서 '인지적'이라는 용어는 고전적 의미의 도제 형태와는 구분된다.
　　• 고전적 의미의 도제이론에서는 어떤 물리적 기술과 지식의 습득을 목표로 하는 반면, 인지적 도제이론에서는 인지적, 더 나아가서 메타인지적인 기술과 지식의 습득을 목표로 한다.

(2) 상황학습이론

① 상황학습이론은 구성주의 관점에서 매체를 이용하여 실제 상황에서 일어날 수 있는 문제해결환경을 제공해 주어 다양한 문제들을 경험하게 함으로써 전문가들의 문제해결방법을 습득하도록 하는 교수방법이다.
② 상황학습이론은 다양한 교수매체를 활용하여 실제와 유사한 학습환경을 제공하고, 이를 통해 학습자에게 단순한 사실적 지식을 제공하기보다는 현실 상황에서 활용 가능한 지식을 제공해 주어 문제해결력이 증진되도록 도움을 주는 데 목적이 있다.
③ 상황학습이론은 다음과 같은 특징을 지니고 있다.
　ⓐ 학습자가 배운 지식을 다양한 환경에서 도구를 활용하여 새로운 문제해결의 연결고리로 활용할 수 있게 한다.
　　• 학습자가 실제 상황에서 직면하게 되는 복잡한 문제를 경험해 보고 이를 해결할 수 있는 능력을 갖게 되는 것을 무엇보다 중요시하고 있다.
　ⓑ 개인이 경험한 사실들이 집단에 반영되는 협동학습을 지향한다. 특히 공학을 이용한 학습상황에서 개인이 경험의 선택과 조절을 통해 습득한 지식이 집단에 전달되도록 하고 있다.
　ⓒ 정착점(anchor)은 실제적 과제와 목적을 강조한다.
　　• 실제적 과제는 환경에서의 사물과 자료의 실제성과 문제상황의 실제성 두 가지 수준으로 간주될 수 있다.
　ⓓ 수업은 상당한 양의 숨어 있는 자료를 포함한다.
　　• 상황학습이론은 학생들이 해결할 문제를 만들고, 그 이야기 상황 내에서 관련된 정보를 찾도록 요구한다.
④ 상황학습이론은 신체적, 인지적 결함으로 인해 이동이 제한적이고 이로 인해 다양한 경험을 할 수 없는 장애학생들에게 공학의 활용을 통해 선행지식을 구축할 수 있도록 하는 만큼 특수교육에 시사하는 바가 크다.

📝 **상황학습**

• 실생활과 동떨어진 전통적인 교수·학습 방법을 지양하고 실제적인 맥락 속에서 학습자의 능동적인 수업 참여를 강조하는 교수·학습 방법의 일종이다. 비고츠키(L. Vygotsky)의 사회문화적 구성주의와 문화인류학적 접근에서 이론적 토대를 찾을 수 있다. 이 접근은 배우는 것과 행하는 것은 분리될 수 없으며, 학습은 문화에 순응하고 그 가치관을 흡수하여 동화하는 것으로 본다. 지식은 개인과 환경이 독특하게 상호 작용한 결과에 의한 역동적인 산물로 보기 때문에, 실제 적용될 상황 속에서 가르치고 그 상황을 통해 일반화할 때 유의미한 가치가 있다고 여긴다. 이러한 주장은 그 동안의 학교교육이 탈맥락적인 과제를 이용하여 지식을 가르쳤기 때문에 학습자들이 실생활 문제나 상황으로 일반화시키지 못하고 있다는 비판을 극복할 수 있는 대안으로 평가된다. 상황학습에서는 학생에게 가르칠 지식이나 기능을 실제 사용되는 상황이나 맥락과 함께 제시하는 것, 현실 상황에서 일어날 수 있는 구체적이고 다양한 사례를 사용하며, 학습자가 능동적으로 참여하면서 자신의 기존 기식과 새로운 지식을 연결시키며 문제를 해결하도록 유도한다(특수교육학 용어사전, 2018).

• 상황학습에서는 추상적이고 일반적인 형태의 지식이 아니라 도구로서의 지식을 제공해야 함을 강조한다. 도구를 적절히 사용하기 위해서는 단순히 추상적인 개념을 아는 것이 아니라 그 도구가 개발된 문화와 활동의 기능을 이해해야 한다. 따라서 상황학습에서는 지식을 도구로 사용하는 전문가의 체계적인 문제해결 방법과 사고과정을 반영하는 것이 중요하게 된다(박성익 외, 2016).

(3) 인지적 유연성 이론

① 인지적 유연성 이론은 지식의 특성과 지식의 구성과정을 기본 전제로 한다. 이는 지식이란 복잡하고 다차원적 개념으로 형성되어 있으므로 일차적 개념으로 표현될 수 있는 것이 아님을 의미한다. 따라서 상황 의존적 스키마의 연합체를 형성함으로써 복잡하고 다원적 개념의 지식을 올바르게 재현할 수 있도록 해야 한다는 것이다.

  ㉠ 전통적 교수·학습 원칙에 의거한 단순한 지식습득을 지양하고, 특정 분야의 가장 초보적 단계에서부터 지식의 복잡성과 비규칙성을 포함시킨 과제와 학습환경을 제공해서 복잡성과 불규칙함의 특성을 지닌 고급 지식 단계에서도 순조로운 학습이 이루어질 수 있어야 함을 의미한다.

  ㉡ 인지적 유연성이란 여러 지식의 범주를 넘나들고 연결지으면서, 다양한 방법으로 그리고 급격하게 변화해 가는 상황적 요구에 탄력성 있게 대처하는 능력을 의미한다.

② 인지적 유연성 이론이 강조하는 바와 같이 지식을 다양한 차원에서 다양한 성격을 지닌 것으로 인식하고 상황성에 기초한 스키마의 연합체를 형성하기 위한 교수원리는 다음과 같다.

  ㉠ 주제 중심의 학습을 한다.
  ㉡ 학습자가 충분히 다룰 수 있는 정도의 복잡성을 지닌 과제로 작게 세분화한다.
  ㉢ 다양한 소규모의 예를 제시한다.

③ Spiro는 복잡하고 다양한 학습환경의 조성과 유연성이 있는 환경 구성을 위하여 컴퓨터를 통한 다차원적이고 비선형적인 하이퍼텍스트 시스템을 활용한 다차원적 접근과 비선형적 접근이 되도록 하기 위한 임의적 접근학습 혹은 십자형 접근을 권장하고 있다.

상황학습이론

상황학습이론(situated learning theory)은 레이브(Lave)의 이론에 기초한 것으로 학교에서 배운 지식이 실제 생활에는 거의 쓰이지 않는다는 전통적인 학교학습의 문제점에 대한 대안으로 등장하였다. 학생들은 학교에서 배운 지식을 실제 상황에 적용하는 데 많은 어려움을 느낀다. 학교에서 배우는 것이 실생활에 사용되지 못한다면 왜 그렇게 많은 시간을 들여서 그것들을 배우고, 가르치는 것일까? 이에 대한 해답을 찾아보고자 하는 노력이 상황학습이론이다. 상황학습이론에 따르면 지식이나 기능은 유의미한 맥락 안에서 제공될 때 효과적으로 학습될 수 있다. 그러므로 학교에서 다루는 지식들은 그 지식이 사용되는 실제적인 맥락과 함께 제공되어야 하며, 실생활에서 다루어지는 실제적인 과제를 사용해야 한다. 실제적 과제는 지식을 단순히 이해하는 대상으로 생각하는 것이 아니라 그 지식이 어떻게 사용되는 것인지, 지식의 용도에 초점을 둔다(박성익 외, 2016).

구성주의 모델의 이론적 특성 비교

구분	인지적 도제이론	상황학습이론	인지적 유연성 이론
학습의 주도권	문제해결의 주변적 참여에서 시작하여 전반에 대한 완전한 참여와 주도	다룰 문제 자체의 형성에서 시작하여 문제 해결안을 제시	거의 언급이 되고 있지 않은 부분
인지적 자기성찰	메타인지적 능력 강조: 과제 해결대안들에 대한 탐색, 명료화, 비교분석 능력	인지적 도제이론과 동일	인지적 도제이론과 동일
협동학습	동료학생, 교사와의 사회적 관계에서 토론을 통한 사회적 학습 행위를 익히고 자신의 인지적 활동을 통제하는 능력을 습득	인지적 도제이론과 동일	거의 언급되지 않고 있는 부분
교사의 변화된 역할	학생들의 학습을 도와주는 촉매자의 역할 강조	학생들의 학습을 도와주는 촉매자 역할과 동료학습자로서의 역할 강조	인지적 도제이론과 거의 유사한 역할 강조
복잡하고 실제 상황성이 담긴 과제	학습하려는 과제의 배경이 되는 사회집단에 문화적 동화가 이루어질 수 있도록 실제 상황성이 깃들인 과제를 다룸	여러 상황이 함축되어 학제간 지식의 활용을 필요로 하는 복잡한 문제를 다룸	구조화되거나 정형화하기 힘든 복잡한 과제를 다룸
상황성이 강조되는 학습환경	특정 사회집단에서 필요로 하는 실제적이고, 다양한 상황적 특이성이 포함되어 있고 복잡한 문제해결 전 과정에 참여, 관찰, 실습	다양한 영역의 지식을 연결해야 해결할 수 있는 복잡하고 실제적인 문제가 하이퍼미디어 프로그램을 통해 서술적 형태로 제시	다양한 각도에서 접근이 가능한 실제적 과제를 단편적으로 나누어서 여러 차례 다른 각도와 의도에서 접근하여 그 과제에 깃들인 복잡함을 학습
주안점	• 복잡한 상황성이 깃들인 과제에 참여 • 세 단계에 의한 진행: 문제해결 전 과정 제시 → 교수적 참여 → 완전 독자적 문제해결	• 학생 주도적(생성적) 학습 • 협동학습의 활용 • 탐구적 학습환경	• 임의적 접근 학습: 비순차적이고 다원적인 지식구조 • 십자형 학습: 한 사례를 여러 관점에서 다양한 목표로 접근
결과	• 전문성(지식, 기술) • 문화적 동화	• 독자적인 사고능력 • 협동적인 학습능력	• 구체적인 상황성이 깃들인 스키마(지식구조)의 연합체 구성
제한점	• 새로운 정체성 확보를 통한 새로운 힘의 구조 재편성 개념의 결여	• 교사와 학생 간의 힘의 불균형에 대한 인식 결여	• 협동학습을 통한 지식 구성의 사회성에 대한 인식 결여 • 학생들의 인지적 능력에 대한 가치인식 부족

02 앵커드 교수법

1. 앵커드 교수법의 개념

① 복잡하지만 실제적이고 도전적인 문제 상황을 제공하는 동영상 앵커를 중심으로 학생들이 제시된 문제를 능동적으로 파악하고 해결함으로써 생성적 지식을 획득하는 수업방법이다.
   • 상황학습이론의 대표적인 사례로 여겨진다.

② 비디오나 영화의 단편을 사용하여 제시되는 사건이나 문제 상황으로부터 시작한다. 단편적 비디오나 영화는 학습을 촉진시키기 위한 정신적 모델/묘사, 즉 '앵커(anchor)'의 발전을 촉진시키는 풍부한 맥락을 만들어 내기 위해 목표 사건이나 문제 상황에 대한 배경지식을 제공한다.

③ 주로 비디오에 의지하고 학생들은 리스팅(목록화) 및 참여를 중시하는 협동적 학습 그룹에서 광범위하게 활동하기 때문에, 시각 및 청각장애 학생들은 그들이 참여하고자 한다면 스케폴딩이 필요하다.
   예 시각장애 학생은 영화 내용을 경청하는 동안 학생이 습득하는 정보를 보충해 줄 수 있도록 스크린에 나타나는 사건을 지속적으로 (음성)해설해 줄 수 있는 동료 학생과 짝지어 줄 수 있다. 청각장애 학생은 학급 친구들과 영화를 보고 번역의 도움 혹은 독화를 통해 이후 토론과 조사 활동에 적극적으로 참여할 수 있다.

> **앵커드 교수법을 적용하여 계획한 교수·학습 과정안 일부 예시**
> • 교 과 : 과학
> • 소단원 : 지구 온난화에 의한 환경 변화와 대책
> • 교수·학습 활동
>   - 지구 온난화에 의한 환경 변화와 관련된 비디오 앵커를 보고 문제 파악하기
>   - 소집단 내 구성원의 역할 정하기
>   - 개인별로 관련 자료(인터넷, 신문, 백과사전, TV 프로그램 등)를 조사하고 요약·정리하기
>   - 소집단 토론하기

✏ 앵커드 교수

• 학교에서 배운 지식이 실제 생활에서 유용하게 사용되지 않는 문제점을 극복하기 위한 대안으로 출발한 교수법의 일종이다. 앵커(anchor)는 지식 구성의 의미망 역할을 하는 심리적인 닻이자 문제 해결을 가능하게 하는 연결고리이다. 교재, 사진, 오디오, 비디오 등 다양한 매체가 이에 해당될 수 있다. 학습자로 하여금 그 앵커 속에 있는 문제 상황의 중요한 요소를 찾으면서 문제를 해결하도록 하기 때문에 실제 생활에 의미 있고 유용한 지식을 학습하는 데 도움이 된다(특수교육학 용어사전, 2018).

• 지식이나 기능이 고유한 맥락 안에 정착되어 있는 교수를 의미한다. 이 교수방법은 미국 밴더빌트대학의 학습공학센터(CTGV)에서 개발한 프로그램으로, 대표적인 상황학습이론의 사례로 여겨진다(박성익 외, 2016).

• 이 이론은 수업에서 실제 문제 상황을 교수매체(비디오, 컴퓨터 등)를 활용하여 학생에게 제시한 다음 가능한 대안을 찾아보도록 한다. 학생은 스스로 소집단별 또는 개별적으로 문제를 해결할 수 있는 방안을 실험해 본 다음 그 해결안을 찾는다. 이 수업에서 중요한 것은 문제 상황을 제시할 때 거시적 상황을 앵커로 사용한다는 점이다(백영균 외, 2015).

동 맥락정착적 교수, 상황적 교수·학습이론, anchored instruction

2. 앵커드 교수법의 장점 및 문제점 10중특

(1) 장점

① 맥락적 학습기회 제공: 앵커로 사용되는 구조화된 환경과 비디오의 장면들은 모든 학생들을 위해 통일성 있는 문맥을 제공하고, 그것으로부터 교사들은 학생들의 배경지식에 새로운 정보를 연결시켜 주면서 학급 토론의 기반을 가져다 줄 수 있다.

② 학습의 장려: 앵커드 교수법은 교수와 학습과정의 중심을 학생에게 두기 때문에 교사의 역할은 지식의 주 전달자에서 학습을 장려하는 촉진자로 바뀌게 된다.

③ 학습활동에 활발한 참여: 앵커드 교수법은 교사와 학생들의 역할 변화 과정을 통해 학생들을 학습활동에 활발하게 참여하게 한다.

④ 지식의 사회적 구성: 앵커드 교수법은 학생들이 학습활동에 활발히 참여함으로써 새로운 정보를 이해하기 위해 기존의 정보와 새로운 정보 간의 연결고리를 끊임없이 재조직하여 지식을 구성하게 하는 지식의 사회적 구성에 초점을 둔다.

⑤ 지식의 전이 강화: 앵커드 교수법은 다양한 측면의 문제를 해결하는 데 있어 학생들은 전체 교과 영역과 문제해결 상황 전체에 지식을 전이시킬 수 있는 기회를 갖게 된다.

(2) 문제점

① 교사와 학생들의 역할 변화에 따른 교사의 거부감: 앵커드 교수법에 따르면 수업 동안 교사와 학생의 역할이 바뀌게 된다. 이 과정에서 교사들은 자신들의 중요한 통제적 역할을 포기해야 한다는 것과 관련된 도전감을 느끼게 된다.

② 수업 단원 개발에 필요한 시간이 많이 소요: 앵커드 수업 단원 개발과 관련하여 교수법 실시를 위해 요구되는 교육과정 자료 개발 및 적절한 비디오 내용의 선정과 배치 역시 많은 시간을 필요로 한다.

③ 장애학생의 접근성이 보장된 자료의 부족: 장애학생의 접근을 도와줄 수 있는 비디오 자료를 개발하는 것도 만만치 않은 문제점이다.

④ 집단 학생들과 개별 학생의 수행평가를 위한 전략의 부재: 평가에 있어서 앵커드 교수법은 자주 소집단 활동으로 진행되기 때문에 평가를 위해 교사는 집단별 평가뿐만 아니라 개별 학생의 집단에 공헌하는 정도도 평가해야 하는 어려움이 남아 있다.

자료

앵커드 수업 프로그램의 개발 과정

앵커를 수업에 활용하는 앵커드 수업 프로그램은 다음과 같은 과정에 따라 이루어진다.

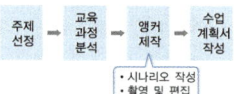

- 시나리오 작성
- 촬영 및 편집
- 동영상 제작

출처 ▶ 김남진 외(2017)

KORSET 합격 굳히기 앵커드 교수법을 적용한 교수·학습 과정안

단원	5. 시간과 무게 6. 혼합계산		차시	6/17	수업 형태	정착수업
본시 주제	동영상을 보며 문제를 파악하고, 여행계획 대강 세우기		교과서	63~90쪽		
학습 목표	• 동영상을 보며 문제를 파악할 수 있다. • 5박 6일의 제주도 여행계획을 대강 세울 수 있다.					

단계	학습내용	교수·학습 활동	시간	자료(자) 및 유의점(※)
도입	전시학습 상기	• 지난 시간에 무엇을 공부하였나요? - 동영상을 보았습니다. - 비디오를 보고 등장인물을 알아보았습니다. - 비디오의 줄거리도 알아보았습니다.	3분	
	학습목표 확인	• 이 시간에는 동영상 자료를 다시 보고, 8시간 동안 여행계획을 세워 보겠습니다. • 공부할 문제 제시 　제주도 동영상 자료를 살펴보고 대강의 여행계획을 세워 보자.		
	학습활동 소개	• 활동 방법 소개하기 〈활동 1〉 자료를 보고 문제 알기 - 동영상 자료 보기 - 무엇을 해야 할지 문제 확인하기 〈활동 2〉 문제해결 계획 세우기 - 모둠별로 역할 분담하여 대강의 계획 세우기		
전개	활동 1	〈활동 1〉 자료를 보고 문제 알기 ◎ 자료 보기 • 동영상을 다시 한 번 보면서 우리 모둠이 무엇을 해야 할지 생각해 보세요. - 동영상을 보며 중요한 내용을 메모한다. • 우리에게 주어진 8시간 동안 무엇을 해야 할까요? - 5박 6일 동안의 여행계획을 세워야 합니다. - 정해진 시간과 돈으로 하루하루 어디에서 자고, 무엇을 해야 할지도 정해야 합니다. - 정해진 시간과 돈을 지키려면 시간과 무게에 대해서 계산도 해야 합니다. - 혼자서 해결하기 힘들기 때문에 각자 역할을 나눠야 합니다.	34분	자 동영상 CD 자 학습지 ※ 앵커 되감아 보는 방법 지도 ※ 자기가 맡은 역할분담 내용 중 알지 못한 곳은 모둠별 앵커를 이용해 되감아 보고 답을 쓰게 한다.

자료

앵커드 교수법의 적용 과정

비디오나 컴퓨터와 같은 매체를 기반으로 하는 경우 앵커드 교수법은 다음의 4단계를 거쳐 적용된다.

1단계	비디오 앵커 시청하기
2단계	이야기 개작하기 및 단편화
3단계	특징짓기
4단계	학생의 연구

출처 ▶ 김남진 외(2017)

	활동 2	〈활동 2〉 여행계획 세우기
		◎ 모둠별로 5박 6일 대강의 여행계획 토의하기
		• 여행의 주제를 정하고, 여행에 필요한 물건, 가 보고 싶은 곳, 잠잘 곳, 각자의 역할 등을 생각해서 5박 6일간의 일정을 대강 생각해 정해 보세요.
		• 여행계획을 어떻게 세우면 좋을지 각 모둠별로 토의한 후 발표해 보겠습니다.
		  - 여행의 주제를 정한다.
		  - 가 보고 싶은 곳을 정한다.
		  - 여행 갈 때 필요한 물건을 생각해 본다.
		  - 각자 맡은 역할을 정한다.		

정리	학습정리 차시예고	• 모둠별로 세워진 대강의 계획을 간단히 들어 본다. • 다음 시간에는 이 시간에 세운 대강의 계획에 이어서 각 장소에서의 구체적인 여행계획을 세워 봅시다.	3분	※ 역할별로 발표시킨다.

출처 ▶ 허승준(2007)

Chapter 03 웹 접근성과 웹 접근성 지침

01 웹 접근성에 대한 이해

1. 웹 접근성의 개념 ^{16유특}

웹 접근성이란 웹 콘텐츠에 접근하려는 모든 사람들이 어떤 컴퓨터나 운영체제 또는 웹 브라우저를 사용하든지 또는 어떤 환경에 처해 있는지에 구애받지 않고 웹 사이트에서 제공하는 모든 정보에 접근하고 이용할 수 있도록 보장하는 것을 의미한다.

2. 웹 접근성 준수의 필요성

① 규정과 법적 요구사항에 대한 준수: 법적인 규정을 통해 접근성 보장에 대한 동기를 유발시키고, 이로 인해 웹 사이트를 사용할 수 있는 이용자의 범위를 확대시키는 등의 이윤발생 효과를 얻을 수 있다면, 강제성을 띤 규정에 의한 것이라 하더라도 웹 사이트를 구축한 조직이나 단체에 결과적으로 많은 도움을 주게 된다는 것이다.

② 균등기회 보장: 웹 접근성을 고려하여 웹 사이트를 제작하게 되면 사용자 누구에게나 균등하게 기회를 제공하게 된다. 그리고 조직의 목적과 비즈니스를 위하여 웹 사이트의 활용 범위와 활용 가능 상황을 확대하면 보다 많은 이용자에게 보다 많은 이용 기회를 부여하게 된다는 것이다.

③ 장애인, 노인 등을 포함한 다양한 범위의 이용자 확대: 웹 접근성이 확보되면 웹 사이트를 효과적으로 이용할 수 있는 사람의 수가 증가되며, 이는 결국 대상 고객 및 이용 환경의 범위를 보다 확대시키는 결과를 얻을 수 있게 되는 것이다.

④ 새로운 장소, 새로운 기기 개발 등 이용 상황의 확대: 접근성이 확보된 웹 사이트는 효과적으로 이용될 수 있는 상황들이 확대됨에 따라, 결국 이러한 경우의 수가 증가되어 이용의 확대를 가져올 수 있다.

⑤ 비용 절감 효과: 초기에는 접근성의 개념을 이해하고 이를 구현하기 위해 많은 비용과 시간이 투입되지만, 접근성 개선으로 사이트 제작에 소요되는 총비용은 절감되는 효과를 얻을 수 있다.

⑥ 홍보 효과 향상: 웹 접근성을 고려한 웹 사이트라는 인식이 제고되면 사이트의 주체가 되는 조직이나 단체의 이미지에 긍정적인 영향을 줄 수 있다.

✎ 웹 접근성
- 누구든지 장애에 관계없이 웹 사이트를 통해 원하는 서비스를 이용할 수 있도록 하는 것(2016 유아A-3 기출)
- 장애인과 비장애인 구분 없이 모든 사람이 웹 사이트를 자유롭게 이용할 수 있게 하는 권리를 말한다. 청각장애인을 위해 음성으로 서비스되는 콘텐츠에 자막을 넣어 주는 것, 시각장애인을 위해 소리를 넣어 소리로 웹을 사용할 수 있도록 하는 것이나 음성 명령으로 검색할 수 있도록 하는 것, 마우스 이용에 어려움을 겪는 지체장애인을 위해 자판이나 다른 입력장치로 인터넷 이용을 보장하는 것 등이 이에 해당한다(특수교육학 용어사전, 2018).

02 한국형 웹 콘텐츠 접근성 지침 2.2

한국형 웹 콘텐츠 접근성 지침은 웹 콘텐츠 저작자, 웹 사이트 설계자들이 관련된 지침을 준수하여 접근성을 보장하는 웹 콘텐츠를 쉽게 만들 수 있도록 도와주기 위하여 2005년에 제정되었다. 한국형 웹 콘텐츠 접근성 지침 2.2 (2022년 12월 28일 개정)는 4개 원칙, 14개 지침, 33개 검사항목의 3단계로 구성되어 있다.

원칙	지침	검사항목
4개	14개	33개

비교

2.2와 2.1의 비교

기존 표준(2.1)과 비교했을 때, 4가지 원칙은 그대로 유지하면서, 13개 지침이 14개로 증가하고 24개이었던 검사항목이 33개(단, 원칙 2의 하위 검사항목 중 '초점이동'은 '초점이동과 표시'로 변경되고, 원칙 3의 하위 검사항목 중 '콘텐츠의 선형구조', '표의 구성은 원칙 1로 변경됨)로 증가하였다(손지영 외, 2024).

자료

한국형 웹 콘텐츠 접근성 지침 (2005. 12. 21. 제정)

지침	항목
1. 인식의 용이성	1.1 텍스트 아닌 콘텐츠의 인식 1.2 영상매체의 인식 1.3 색상에 무관한 인식
2. 운용의 용이성	2.1 이미지 맵 기법 사용 제한 2.2 프레임의 사용 제한 2.3 깜박거리는 객체 사용 제한 2.4 키보드로만 운용 가능 2.5 반복 내비게이션 링크 2.6 반응시간의 조절 가능
3. 이해의 용이성	3.1 데이터 테이블 구성 3.2 논리적 구성 3.3 온라인 서식 구성
4. 기술적 진보성	4.1 신기술의 사용 4.2 별도 웹 사이트 제공

출처 ▶ 정보통신부(2005)

1. 원칙 1. 인식의 용이성

인식의 용이성은 사용자가 장애 유무 등에 관계없이 웹 사이트에서 제공하는 모든 콘텐츠를 동등하게 인식할 수 있도록 제공하는 것을 의미한다. 인식의 용이성은 대체 텍스트, 멀티미디어 대체 수단, 적응성, 명료성의 네 가지 지침으로 구성되어 있다.

지침(4개)	검사항목(9개)
대체 텍스트	(적절한 대체 텍스트 제공) 텍스트 아닌 콘텐츠는 그 의미나 용도를 인식할 수 있도록 대체 텍스트를 제공해야 한다.
멀티미디어 대체 수단	(자막 제공) 멀티미디어 콘텐츠에는 자막, 대본 또는 수어를 제공해야 한다.
적응성	(표의 구성) 표는 이해하기 쉽게 구성해야 한다.
	(콘텐츠의 선형구조) 콘텐츠는 논리적인 순서로 제공해야 한다.
	(명확한 지시사항 제공) 지시사항은 모양, 크기, 위치, 방향, 색, 소리 등에 관계없이 인식될 수 있어야 한다.
명료성	(색에 무관한 콘텐츠 인식) 콘텐츠는 색에 관계없이 인식될 수 있어야 한다.
	(자동 재생 금지) 자동으로 소리가 재생되지 않아야 한다.
	(텍스트 콘텐츠의 명도 대비) 텍스트 콘텐츠와 배경 간의 명도 대비는 4.5 대 1 이상이어야 한다.
	(콘텐츠 간의 구분) 이웃한 콘텐츠는 구별될 수 있어야 한다.

출처 ▶ 방송통신표준심의회(2022)

(1) 대체 텍스트

① 적절한 대체 텍스트 제공 ²³초특

㉠ 이미지 등 텍스트 아닌 콘텐츠를 이용할 경우, 그 의미나 용도를 동등하게 인식할 수 있도록 적절한 대체 텍스트를 제공해야 한다. 또한 대체 텍스트는 간단명료하게 제공해야 한다.

㉡ 적절한 대체 텍스트 제공을 위한 구체적인 방법은 다음과 같다.

구체적인 정보를 제공해야 하는 경우	이미지 링크, 이미지 버튼 등은 용도가 매우 명확하므로, 이미지 링크나 이미지 버튼의 핵심 기능에 대한 설명을 간단한 대체 텍스트로 제공해야 한다.
의미 있는 배경 이미지	배경 이미지의 의미가 사용자에게 전달되어야 하는 콘텐츠는 그 의미가 보조기술로 전달되도록 대체 텍스트를 제공해야 한다.
충분한 정보가 필요한 경우	데이터 차트와 같이, 내용이 복잡한 콘텐츠는 사용자가 해당 콘텐츠의 의미를 충분히 파악할 수 있도록 대체 텍스트를 제공해야 한다.

대체 텍스트
텍스트 아닌 콘텐츠를 대신하기 위해 제공되는 등가의 텍스트를 의미한다. 동영상의 경우에는 멀티미디어 대체 수단에서 제시하는 대체 수단을 제공한다.

텍스트 아닌 콘텐츠
그림, 이미지 등으로 제작된 텍스트, 애니메이션, 아스키(ASCII) 그림문자, 불릿(bullet) 이미지, 그래픽 버튼, 이모티콘, 릿스피크(leetspeak) 등과 같이 표준 문자(부호) 체계가 아닌 시각적 또는 청각적 정보가 포함된 콘텐츠를 의미한다. 한글 부호의 경우, 유니코드, 조합형 또는 완성형 부호 체계를 사용하여 작성된 텍스트 이외의 모든 경우를 포함한다.

(2) 멀티미디어 대체 수단

① 자막 제공 ¹⁰중특, ¹²중특, ²¹중특, ²³초특

㉠ 멀티미디어 콘텐츠를 장애인도 비장애인과 동등하게 인식할 수 있도록 제작하기 위해서는 자막, 대본 또는 수어를 제공해야 한다. 여기에서 가장 중요한 요소는 멀티미디어 콘텐츠와 동등한 내용을 제공하는 것이다.

• 자막, 대본 또는 수어는 멀티미디어 콘텐츠에 포함된 음성의 문맥과 동등해야 한다.

㉡ 다음 중 한 가지 이상의 대체 수단을 제공해야 한다.

자막 제공	• 멀티미디어 콘텐츠를 재생시킬 때마다 자동적으로 자막을 화면에 표시할 수 있는 멀티미디어 콘텐츠는 본 검사항목을 준수한 것으로 간주할 수 있다. • 자막은 멀티미디어 콘텐츠에 포함된 음성(대사)과 동등해야 한다.
대본 제공	• 자막과는 달리 멀티미디어가 재생되는 과정에서 시나리오를 제공하는 경우도 본 검사항목을 준수한 것으로 간주한다. • 대본은 멀티미디어 콘텐츠에 포함된 음성(대사)과 동등해야 한다.
수어 제공	• 비디오 콘텐츠에 수어를 중첩하여 녹화한 콘텐츠도 본 검사항목을 준수한 것으로 간주한다. • 수어는 멀티미디어 콘텐츠에 포함된 음성(대사)과 동등해야 한다.

대체 수단
멀티미디어 콘텐츠에 포함된 음성(대화)을 대체하기 위한 콘텐츠로 자막, 구술된 내용을 글로 옮긴 대본, 수화 등이 그것이다. 여기서 자막과 대본은 텍스트 콘텐츠이며, 수화는 미디어 형식의 대체 콘텐츠이다.

자막
영상 매체에 포함된 말, 음향 및 주변 소리 등을 텍스트로 표현한 매체를 의미한다. 자막은 영상 매체의 진행에 따라 해당 이벤트와 동기화되어야 한다. 자막은 크게 폐쇄 자막(closed caption)과 개방 자막(open caption)으로 구분된다. 폐쇄 자막은 사용자의 필요에 따라 자막을 끄거나 켤 수 있는 데 반해, 개방 자막은 비디오 콘텐츠에 캡션 정보가 함께 녹화되어 있으므로 사용자가 임의로 자막을 끄거나 켤 수 없다.

(3) 적응성

① 표의 구성

㉠ 표를 제공할 경우, 표의 이해를 돕기 위한 내용 및 구조에 대한 정보를 제공해야 한다.

㉡ 표 구성을 위한 구체적인 방법은 다음과 같다.

표 정보 제공	데이터를 표로 구성할 경우, 표의 내용과 구조 등을 이해할 수 있는 정보를 제공하여 표의 이용 방법을 예측할 수 있도록 해야 한다.
표의 구성	표의 내비게이션을 위하여, 표의 셀은 제목 셀과 데이터 셀이 구분되도록 구성해야 한다.

② 콘텐츠의 선형 구조

콘텐츠는 보조기술 사용자가 맥락을 이해할 수 있도록 논리적인 순서로 제공해야 한다.

③ 명확한 지시사항 제공

㉠ 콘텐츠의 사용에 필요한 지시사항을 시각이나 청각 등과 같은 특정한 단일 감각에만 의존하는 방법으로 제공해서는 안 된다. 즉, 여러 가지 다른 감각을 통해서도 지시사항을 인식하는 데 문제가 없도록 콘텐츠를 제공해야 한다.

㉡ 명확한 지시사항 제공을 위한 구체적인 방법은 다음과 같다.

색, 크기, 모양 또는 위치와 같은 정보에 대한 인식	웹 콘텐츠는 콘텐츠에 접근하는 사용자들이 색, 크기, 모양 또는 위치에 관한 정보를 인식하지 못하더라도 원하는 콘텐츠에 접근할 수 있도록 제작해야 한다. 예 특정 요소를 '동그란 버튼을 누르시오' 또는 '오른쪽 버튼을 누르시오'라고 가리킬 때, 그 대상이 되는 버튼이 '동그란 버튼' 또는 '오른쪽 버튼'이라는 대체 텍스트를 포함하고 있지 않을 경우, 시각장애를 지닌 사용자는 어떤 요소를 지칭하는지 알 수 없다. 따라서 이러한 경우, 가리키고자 하는 요소의 실제 명칭이나 그 요소가 포함하고 있는 대체 텍스트를 사용해 지칭하거나, 불가피하게 색, 크기, 모양, 위치와 같은 정보를 사용해 특정 요소를 가리킬 때는 이를 보완할 수 있는 다른 감각을 이용하는 정보를 제공해야 한다.
음성이나 음향 정보의 인식	사용자에게 음성이나 음향을 사용해 지시사항을 전달하는 경우, 사용자가 소리를 들을 수 없더라도 전달하고자 하는 지시사항을 인식할 수 있어야 한다. 예 온라인 시험 진행 중 사용자에게 비프음으로 정답인지 오답인지를 사용자에게 알려주면, 청각장애 사용자나 스피커가 설치되어 있지 않은 환경에 있는 사용자는 정답과 오답 여부를 확인할 수 없다. 이 경우, 비프음과 함께 정답과 오답 여부를 시각적으로 확인할 수 있는 수단을 제공하면 더 많은 사용자가 지시사항을 인지할 수 있다.

✏️ **콘텐츠의 선형 구조**

웹 페이지의 모든 콘텐츠는 시각적인 2차원 공간의 상하좌우로 배치되어 있어서 원하는 곳을 바로 찾아가거나 그 기능을 바로 선택하여 실행할 수 있다. 그러나 화면 낭독 프로그램 사용자는 모든 콘텐츠를 순차적으로 접근할 수 있기 때문에 시각적인 배치가 아닌 읽어 주는 순서가 중요하다. 여기서 콘텐츠가 보조 기술로 제공되는 순서를 콘텐츠의 선형 구조라고 하며 이 구조는 논리적이어야 한다. 마크업 언어로 제작된 콘텐츠의 선형 구조는 스타일 시트와 테이블 구조들을 제거하면 얻을 수 있다.

(4) 명료성

① 색에 무관한 콘텐츠 인식 10중특, 12중특, 16유특, 21중특

  ㉠ 콘텐츠에서 제공하는 모든 정보는 특정한 색을 구별할 수 없는 사용자, 흑백 디스플레이 사용자, 흑백 인쇄물을 보는 사용자 및 고대비 모드 사용자가 인식할 수 있도록 제공해야 한다.

  ㉡ 색에 무관한 콘텐츠 인식을 위한 구체적인 방법은 다음과 같다.

색에 의한 정보 표현 방지	차트나 그래프 등을 고대비 모드로 화면에 표시하면 모든 색이 단색(회색조)으로 표시되어 사용자가 색을 구분하지 못하는 경우가 발생한다. 따라서 사용자가 경조 모드에서도 콘텐츠를 인식할 수 있도록 색만을 이용하여 정보를 제공하지 않아야 한다. 즉, 색은 시각적인 강조를 위해서만 사용해야 한다.
무늬를 이용한 정보 제공	서로 다른 정보를 무늬로 구분하여 표시하면 경조 모드 사용자, 단색 디스플레이 사용자, 흑백 인쇄물의 사용자도 정보를 충분히 구분할 수 있다. 무늬와 색을 동시에 이용한 콘텐츠는 색각장애가 있는 사용자도 접근이 가능하다.

> **고대비 모드**
> 고대비 모드란 전경과 배경 간의 명도 대비를 강조하여 표시하는 것으로, 해당 항목을 보다 뚜렷하게 식별할 수 있도록 도와준다. 또한 검정색 배경에 하얀색으로 텍스트를 표시하는 경우와 같이 명도대비 또는 색대비가 큰 차이가 나도록 조정하여 화면에 표시하는 방식을 경조(硬調) 모드라고 하며, 최신 운영체제에서는 기본적으로 이 기능을 지원하고 있다.

② 자동 재생 금지

  ㉠ 웹 페이지에서 자동으로 소리(동영상, 오디오, 음성, 배경 음악 등 콘텐츠가 제공하는 모든 소리)가 재생됨으로 인해 화면 낭독 프로그램 사용자가 콘텐츠를 인식하고 사용하는 데 방해받지 않아야 한다.

  • 단, 3초 미만의 소리는 허용되지만, 3초 이상 재생되는 소리는 제어할 수 있는 수단(멈춤, 일시정지, 음량 조절 등)을 함께 제공해야 한다.

  ㉡ 자동 재생 금지를 위한 구체적인 방법은 다음과 같다.

자동 재생음을 허용하는 경우	자동으로 재생되는 소리는 3초 내에 멈추거나, 지정된 키(㉑ esc키)를 누르면 재생을 멈추도록 구현한다.
사용자 요구에 의한 재생	콘텐츠에 포함된 멀티미디어 파일은 정지 상태로 제공하며 사용자가 요구할 경우에만 재생할 수 있도록 제어판(멈춤, 일시 정지, 음량 조절 등)을 제공한다.

> **화면 낭독 프로그램**
> 동 스크린 리더, 화면 읽기 프로그램

> **📝 명도 대비**
> 색의 밝고 어두운 정도를 말한다.

③ 텍스트 콘텐츠의 명도 대비

㉠ 웹 페이지에서 보이는 텍스트 콘텐츠(텍스트 및 텍스트 이미지)와 배경 간의 충분한 대비를 제공하여, 저시력장애인, 색각장애인, 고령자 등도 콘텐츠를 인식할 수 있도록 제공해야 한다.

㉡ 텍스트 콘텐츠의 명도 대비를 충족시키기 위한 구체적인 방법은 다음과 같다.

콘텐츠의 명도 대비	웹 페이지가 제공하는 텍스트 콘텐츠(텍스트 및 텍스트 이미지)와 배경 간의 명도 대비는 4.5 대 1 이상이어야 한다.
폰트 크기에 따른 명도 대비	텍스트 콘텐츠를 구성하고 있는 텍스트 폰트를 18pt 이상 또는 14pt 이상의 굵은 폰트를 사용하는 경우, 명도 대비를 3 대 1까지 낮출 수 있다
화면 확대가 가능한 콘텐츠	화면 확대가 가능하도록 구현한 텍스트 콘텐츠(텍스트 및 텍스트 이미지)의 명도 대비는 3 대 1까지 낮출 수 있다.

④ 콘텐츠 간의 구분

㉠ 웹 페이지를 구성하는 이웃한 콘텐츠는 시각적으로 구분되도록 제공해야 한다.

㉡ 이웃한 콘텐츠를 시각적으로 구분하기 위한 예는 다음과 같다.

- 테두리를 이용하여 구분
- 콘텐츠 사이에 시각적인 구분선을 삽입하여 구분
- 서로 다른 무늬를 이용하여 구분
- 콘텐츠 배경색 간의 명도 대비(채도)를 달리하여 구분
- 줄 간격 및 글자 간격을 조절하여 구분
- 기타 콘텐츠를 시각적으로 구분할 수 있는 방법 등

2. 원칙 2. 운용의 용이성

운용의 용이성은 사용자가 장애 유무 등에 관계없이 웹 사이트에서 제공하는 모든 기능을 운용할 수 있도록 제공하는 것을 의미한다. 운용의 용이성은 입력장치 접근성, 충분한 시간 제공, 광과민성 발작 예방, 쉬운 내비게이션, 입력 방식의 다섯 가지 지침으로 구성되어 있다.

지침(5개)	검사항목(15개)
입력장치 접근성	(키보드 사용 보장) 모든 기능은 키보드만으로도 사용할 수 있어야 한다.
	(초점 이동과 표시) 키보드에 의한 초점은 논리적으로 이동해야 하며, 시각적으로 구별할 수 있어야 한다.
	(조작 가능) 사용자 입력 및 콘트롤은 조작 가능하도록 제공되어야 한다.
	(문자 단축키) 문자 단축키는 오동작으로 인한 오류를 방지하여야 한다.
충분한 시간 제공	(응답시간 조절) 시간제한이 있는 콘텐츠는 응답시간을 조절할 수 있어야 한다.
	(정지 기능 제공) 자동으로 변경되는 콘텐츠는 움직임을 제어할 수 있어야 한다.
광과민성 발작 예방	(깜빡임과 번쩍임 사용 제한) 초당 3~50회 주기로 깜빡이거나 번쩍이는 콘텐츠를 제공하지 않아야 한다.
쉬운 내비게이션	(반복 영역 건너뛰기) 콘텐츠의 반복되는 영역은 건너뛸 수 있어야 한다.
	(제목 제공) 페이지, 프레임, 콘텐츠 블록에는 적절한 제목을 제공해야 한다.
	(적절한 링크 텍스트) 링크 텍스트는 용도나 목적을 이해할 수 있도록 제공해야 한다.
	(고정된 참조 위치 정보) 전자출판문서 형식의 웹 페이지는 각 페이지로 이동할 수 있는 기능이 있어야 하고, 서식이나 플랫폼에 상관없이 참조 위치 정보를 일관되게 제공·유지해야 한다.
입력 방식	(단일 포인터 입력 지원) 다중 포인터 또는 경로기반 동작을 통한 입력은 단일 포인터 입력으로도 조작할 수 있어야 한다.
	(포인터 입력 취소) 단일 포인터 입력으로 실행되는 기능은 취소할 수 있어야 한다.

(레이블과 네임) 텍스트 또는 텍스트 이미지가 포함된 레이블이 있는 사용자 인터페이스 구성요소는 네임에 시각적으로 표시되는 해당 텍스트를 포함해야 한다.

(동작기반 작동) 동작기반으로 작동하는 기능은 사용자 인터페이스 구성요소로 조작할 수 있고, 동작기반 기능을 비활성화할 수 있어야 한다.

출처 ▶ 방송통신표준심의회(2022)

(1) 입력장치 접근성

① **키보드 사용 보장** [10중특, 21초특, 21중특]

웹 페이지에서 제공하는 모든 기능은 키보드만으로도 사용할 수 있도록 제공해야 한다.

② **초점 이동과 표시** [12중특]

㉠ 웹 페이지에서 제공하는 모든 기능을 키보드만으로 사용하는 경우에도 사용자 입력 간의 초점 이동은 적절한 순서를 따라야 하며, 이 과정에서 콘텐츠는 조작이 불가능한 상태가 되거나 갑작스러운 페이지의 전환 등이 일어나지 않아야 한다.

- 초점을 받은 콘텐츠는 저시력장애인과 지체장애인이 인지할 수 있도록 시각적으로 구별되어야 한다.

㉡ 초점 이동과 표시를 위한 구체적인 방법은 다음과 같다.

초점 이동 순서 유지	• 사용자가 키보드를 이용하여 초점을 이동하는 경우 이동 순서가 관례를 벗어나면 사용자에게 혼란을 주기 때문에, 초점 이동 순서는 사용자가 예측하는 이동 순서와 일치해야 한다. • 바람직한 방법은 기존의 관례를 따르도록 콘텐츠를 제공하는 것이다. 예 사용자 아이디, 비밀번호를 입력하는 입력 창과 로그인 버튼 간의 초점 이동 순서는 사용자 아이디, 비밀번호, 로그인 버튼의 순서이어야 한다.
함정 또는 오류 방지	웹 콘텐츠는 더 이상 키보드 조작이 불가능한 상태가 되어 다음 사용자 입력 또는 컨트롤 등으로 초점을 이동할 수 없거나 이전 페이지로 초점을 이동할 수 없는 상태가 되지 않도록 구현해야 한다.
초점의 시각화	사용자 입력 등이 위치 지정 도구(마우스)나 키보드 조작을 통해 초점을 받았을 때, 해당 컨트롤이 초점을 받았음을 시각적으로 구별할 수 있음을 의미한다. 예 키보드 조작을 통해 버튼이 초점을 받았을 때, 이 버튼의 주위에 점선의 테두리가 표시되는 것을 들 수 있다

✏️ 키보드
사용자가 텍스트를 입력하기 위하여 사용하는 입력장치를 의미한다. 여기에는 키보드의 자판입력을 해독하기 위하여 사용되는 소프트웨어도 포함된다. 예를 들어, 키보드의 형태를 가지지 않았지만 기능적으로 키보드를 대신하는 입력장치[예 노트북 및 개인 휴대정보 단말기(Personal Digital Assistant, PDA) 등의 터치패드, 음성 입력장치 등] 등도 키보드로 간주한다. 위치 지정 도구와 화면 키보드 프로그램을 조합한 가상 키보드 입력장치와 스마트폰과 태블릿 기기의 키보드 입력 프로그램도 키보드의 일종으로 간주한다.

✏️ 초점
웹 페이지 안에서 프로그램에 의해 또는 사용자의 행위[예 탭(tab) 키를 이용한 이동]에 의해 어떤 요소(element)가 선택되었을 경우에 초점이 그 요소에 있다고 말한다. 또한 어떤 요소가 선택되었다는 것은 그 요소가 사용 가능 상태임을 의미한다. 대부분의 응용 소프트웨어(웹 브라우저 포함)에서 초점을 받은 요소는 다른 요소와 구분할 수 있게 밑줄을 보이게 하거나, 테두리를 씌우거나 또는 색을 변경하는 등 시각적으로 구별할 수 있는 기능을 제공한다.

③ 조작 가능
　㉠ 웹 페이지에서 제공하는 모든 이웃한 콘트롤은 개별적으로 선택하고 사용할 수 있도록 충분한 크기로 제공해야 한다.
　㉡ 조작 가능한 콘텐츠 제작을 위한 구체적인 방법은 다음과 같다.

콘트롤의 크기	콘텐츠에 포함된 모든 콘트롤은 대각선 방향의 길이를 6.0mm 이상으로 제공하는 것이 바람직하다.
링크, 사용자 입력, 기타 콘트롤 등의 안쪽 여백	링크, 사용자 입력 및 기타 콘트롤은 테두리 안쪽으로 1픽셀 이상의 여백을 두고, 그곳에서는 위치 지정 도구의 조작에 반응하지 않도록 구현하는 것이 바람직하다.

④ 문자 단축키
　단일 문자 단축키(예 대/소문자, 구두점, 기호 등 글자키나 숫자키 또는 특수문자키)를 제공하는 경우, 오류를 방지하기 위하여 다음 중 하나 이상을 충족해야 한다.

비활성화	단축키를 끌 수 있는 방법을 제공해야 한다.
재설정	한 개 이상의 기능키(예 Ctrl, Alt, Shift, Option, Command 등)를 조합하여 단축키를 재설정할 수 있어야 한다.
초점을 받은 경우에만 활성화	사용자 인터페이스 구성요소(예 폼 콘트롤, 링크, 콘텐츠 에디터 등)가 초점을 받은 경우에만 단축키가 활성화되어야 한다.

(2) **충분한 시간 제공**

① 응답시간 조절 20초특
　㉠ 웹 콘텐츠 제작 시 시간제한이 있는 콘텐츠는 가급적 포함하지 않는 것이 바람직하며, 보안 등의 사유로 시간제한이 반드시 필요할 경우 이를 회피할 수 있는 수단을 제공해야 한다.
　㉡ 응답시간 조절을 위한 구체적인 방법은 다음과 같다.

시간제한 콘텐츠 사용 배제	시간제한이 있는 콘텐츠는 제공하지 않아야 한다.
예외 콘텐츠	시간제한이 있더라도 온라인 경매, 실시간 게임 등과 같이 반응시간의 조절이 원천적으로 허용되지 않는 경우, 본 검사항목이 적용되지 않는다.

✎ **사용자 인터페이스 구성요소**
사용자가 고유한 기능의 단일 콘트롤로 인식하는 콘텐츠. 대표적인 사용자 인터페이스 구성요소로는 입력 콘트롤(체크 박스, 라디오 버튼, 드롭다운 리스트, 리스트 박스, 버튼, 토글, 텍스트 필드, 날짜 필드 등)을 들 수 있다.

✎ **시간제한이 있는 콘텐츠**
시간을 통제할 수 없도록 구현된 콘텐츠를 말한다. 시간제한이 있는 콘텐츠의 예는 다음과 같다.
• 자동 갱신되도록 구성된 콘텐츠
• 몇 초 후에 다른 페이지로 이동하도록 구성된 콘텐츠
• 자동적으로 스크롤되는 콘텐츠
• 짧은 기간 동안 나타났다 일정 시간 후에 자동적으로 사라지는 대화상자(dialog box), 팝업 창, 레이어 팝업 등
• 일정시간 동안 사용하지 않으면 웹 페이지에 대한 접근이 강제로 차단되거나 사용할 수 없게 되는 콘텐츠

반응시간 조절이 필요한 콘텐츠	• 반응시간이 정해진 웹 콘텐츠를 사용자가 이용할 수 있도록 하기 위해서는 반응시간이 완료되기 전에 사용자가 다음 중 한 가지 방법을 선택하여 반응시간을 조절할 수 있는 수단을 제공해야 한다. – 시간제한을 해제할 수 있어야 한다. – 시간제한을 연장할 수 있어야 한다. • 반응시간 조절 기능은 충분한 시간(최소 20초 이상)을 두고 사전에 알려 주어야 한다.

② 정지 기능 제공

㉠ 웹 콘텐츠는 스크롤 및 자동 갱신되는 콘텐츠를 장애인 사용자가 이용할 수 있도록 일시 정지할 수 있는 수단을 제공해야 한다.

㉡ 정지 기능을 제공하기 위한 구체적인 방법은 다음과 같다.

이동하거나 스크롤되는 콘텐츠 사용 배제	스크롤 및 자동 갱신되는 콘텐츠를 사용하지 않는다.
이동하거나 스크롤되는 콘텐츠	저시력장애인이나 지적장애인 등은 이동하거나 스크롤되는 콘텐츠를 사용하기 어려우므로, 웹 콘텐츠는 사용자가 이동이나 스크롤을 일시 정지시키고, 지나간 콘텐츠 또는 앞으로 나타날 콘텐츠를 선택할 수 있는 콘트롤(예 '앞으로 이동', '뒤로 이동', '정지' 등)을 제공해야 한다.

(3) 광과민성 발작 예방

① 깜빡임과 번쩍임 사용 제한 10중특, 17중특, 20초특, 21중특

㉠ 깜빡이거나 번쩍이는 콘텐츠로 인해 발작을 일으키지 않도록 초당 3~50회 주기로 깜빡이거나 번쩍이는 콘텐츠를 제공하지 않아야 한다.

㉡ 깜빡임과 번쩍임 사용 제한을 위한 구체적인 방법은 다음과 같다.

번쩍이는 콘텐츠 사용 금지	번쩍임이 초당 3~50회이며, 10인치 이상의 화면에 표시된 번쩍이는 콘텐츠가 차지하는 면적의 합이 화면 전체 면적의 10%를 넘지 않아야 한다.
깜빡이는 콘텐츠 사용 금지	초당 3~50회의 속도로 깜빡거리게 만든 콘텐츠는 그 깜빡임을 정지시킬 수 있어야 한다.
번쩍이는 시간 제한	웹 페이지에 포함되는 콘텐츠의 번쩍이는 시간을 3초 미만으로 제한하면, 지속적인 번쩍임으로 인한 사용자(예 광과민성 증후 환자, 학습장애인, 저시력장애인 등)의 발작을 예방하면서도 콘텐츠의 중요성을 알릴 수 있다.

✏️ **광과민성 증후**

빛의 깜빡거림에 의해 발작을 일으키는 증상을 말한다. 주로 초당 3~50회 주기의 번쩍거림이 광과민성 발작을 일으키는 원인이 되며, 초당 20회 부근의 번쩍거림이 발작을 가장 잘 일으키는 주파수로 알려져 있다.

(4) 쉬운 내비게이션

① 반복 영역 건너뛰기 ^{12중특, 20초특}

㉠ 반복 영역을 바로 건너뛰어 핵심 영역으로 직접 이동할 수 있는 수단을 제공해야 한다.

㉡ 반복 영역 건너뛰기를 위한 구체적인 방법은 다음과 같다.

반복 영역을 건너뛸 수 있는 수단 제공	웹 페이지가 제공하는 핵심 영역이 위치한 곳으로 직접 이동하는 건너뛰기 링크를 제공한다. 건너뛰기 링크는 웹 페이지의 가장 앞에 제공한다.
여러 개의 건너뛰기 링크 제공	여러 개의 건너뛰기 링크를 제공하는 경우, 핵심 영역으로 이동하기 위한 건너뛰기 링크를 가장 먼저 나타내도록 한다.
시각적인 구현	건너뛰기 링크는 시각장애인뿐만 아니라 지체장애인도 키보드 조작 횟수를 줄일 수 있게 하는 효과적인 수단이므로, 메뉴 건너뛰기 링크는 화면에 보이도록 구현해야 한다.

② 제목 제공

㉠ 페이지, 프레임, 콘텐츠 블록의 제목은 사용자가 웹 콘텐츠를 운용하기 쉽게 도와준다.

• 제목은 간단명료해야 하며, 해당 페이지, 프레임, 콘텐츠 블록을 유추할 수 있도록 제공해야 한다.

㉡ 제목을 제공하는 구체적인 방법은 다음과 같다.

웹 페이지 제목 제공	• 모든 웹 페이지가 해당 내용을 간단명료하게 기술한 제목을 포함하고 있을 경우, 사용자(옙 시각장애인, 지적장애인, 중증지체장애인 등)는 여러 개의 웹 페이지가 열려 있더라도 제목을 통해 웹 페이지를 선택하므로, 모든 웹 페이지에는 해당 페이지를 간단명료하게 설명한 제목을 제공해야 한다. • 웹 페이지는 유일하고 서로 다른 제목을 제공해야 한다.
팝업창 제목 제공	팝업창에도 제목을 제공해야 한다.
프레임 제목 제공	• 웹 페이지의 모든 프레임에는 각 프레임을 설명하는 간단명료한 제목을 제공해야 한다. • 모든 프레임에 간단명료한 제목이 부여되면, 사용자(옙 시각장애인, 지적장애인, 중증지체장애인 등)는 프레임 제목을 통해 프레임의 선택, 이동 등이 가능하다. • 아무런 내용이 없는 프레임에도 '빈 프레임' 등과 같이 제목을 제공해야 한다.

반복 영역
반복되는 영역, 메뉴, 링크 모음과 같이 동일한 내용이 같은 위치에 여러 웹 페이지에 걸쳐 나타나는 영역을 의미한다. 글로벌 내비게이션(global navigation)도 반복 영역의 하나이다. 모든 페이지에 걸쳐 존재하는 광고 영역 등도 그 내용의 다름 여부와 관계없이 반복 영역으로 간주된다.

건너뛰기 링크
반복 영역의 순차적인 내비게이션을 생략하고 웹 페이지의 핵심 영역으로 이동할 수 있는 수단(버튼, 텍스트 링크을 의미한다.)

핵심 영역
웹 페이지의 핵심이 되는 주제 또는 콘텐츠를 담고 있는 영역으로, 웹 페이지별로 사용자에게 전달하고 싶은 핵심 주제를 담고 있는 콘텐츠가 위치한 영역을 의미한다. 예를 들어, 뉴스 포털의 경우에 헤드라인 뉴스가 위치한 곳을 핵심 영역이라고 할 수 있다.

콘텐츠 블록
특정 내용에 관해 설명하거나 기술하고 있는 정보의 묶음 또는 영역을 의미하며, 일반적으로 하나의 주제를 설명 또는 기술하고 있는 장(chapter)이나 절(section) 등을 들 수 있다.

📝 **적절한 제목**
콘텐츠의 내용을 쉽게 파악할 수 있도록 해당 주제나 목적을 간단명료하게 표현한 명칭을 의미한다.

콘텐츠 블록 제목 구성	• 콘텐츠 블록에는 적절한 제목(heading)을 제공하면 제목과 본문을 구분할 수 있으며, 제목을 이용하여 콘텐츠 블록 간의 이동이 가능하다. • 본문이 없는 콘텐츠 블록에는 제목을 붙이지 않아야 한다.
특수 기호 사용 제한	웹 페이지, 프레임 또는 콘텐츠 블록의 제목은 문장의 하나로 간주하여 불필요한 특수 기호를 반복하여 사용하지 않아야 한다.

③ 적절한 링크 텍스트 ^{12중특}

㉠ 링크는 주변 맥락을 통하여 용도나 목적지를 명확하게 이해할 수 있는 링크 텍스트를 제공해야 한다.

㉡ 링크 텍스트를 적절하게 제공하기 위한 구체적인 방법은 다음과 같다.

맥락을 통해 이해할 수 있도록 링크 텍스트 제공	링크의 용도나 목적지를 링크 텍스트만으로 또는 주변의 맥락으로부터 충분히 이해할 수 있도록 링크 텍스트를 제공해야 한다.	
	문장의 일부분에 링크를 연결하는 경우	URL 목적지, 용도 등을 표현한 텍스트에 링크를 연결해야 한다.
	'바로가기', 'GO' 등의 링크 텍스트를 제공하는 경우	URL에 관한 정보를 제공하는 텍스트에 이어서 링크 텍스트를 삽입해야 한다.
	이미지 링크를 제공하는 경우	URL에 관한 정보를 제공하는 텍스트와 URL로 이동하는 이미지 링크는 하나의 링크로 구성하는 것이 바람직하다. - 이 경우, 이미지 링크의 대체 텍스트는 공백 문자로 제공해야 한다.
이미지 링크 구성	아이콘(icon)으로 링크 텍스트를 대신하여 표현한 경우(ⓔ 홈 페이지로 이동하기 위한 링크를 집 모양의 아이콘 이미지로 대신하고 해당 아이콘에 홈 페이지로 이동하는 링크를 걸어놓은 경우), 해당 아이콘 이미지만으로도 링크의 용도나 목적지, 내용 등을 충분히 이해할 수 있도록 직관적이고 명료하게 제공해야 한다.	

📝 **공백 문자**
아무런 정보도 가지고 있지 않은 문자열을 의미한다. HTML 등의 문법에서 공백 문자는 " "을 나타낸다. 공백 문자를 화면 낭독 프로그램을 사용하여 읽으면 아무런 소리도 나지 않는다.

④ 고정된 참조 위치 정보
  ㉠ 페이지 구분이 있는 전자출판문서 형식의 웹 페이지는 참조 위치 정보(ⓔ 페이지 번호와 같은 페이지 구분자)를 제공해야 하고, 각 페이지로 이동할 수 있는 기능도 제공해야 한다.
  ㉡ 콘텐츠의 확대/축소 등으로 서식이 변경되거나 플랫폼이 변경되어 참조 위치 정보가 사라지거나 일관된 위치에 제공·유지되지 않을 경우, 참조 위치 정보를 사용하여 콘텐츠의 특정 부분을 지칭해야 하는 상황(강의 등)에서 어려움이 있을 수 있기 때문에, 해당 참조 위치 정보는 서식이나 플랫폼이 변경되더라도 일관된 위치에 제공·유지해야 한다.

(5) 입력 방식
  ① 단일 포인터 입력 지원
    두 개 이상의 손가락을 동시에 사용해야 하는 다중 포인터(ⓔ 핀치 줌, 두 손가락 탭 등) 또는 쓸어 넘기기 등의 경로기반 동작(ⓔ 스와이프, 끌기와 놓기, 그리기 등)을 통한 입력으로 작동하는 모든 기능은 단일 포인터 입력으로도 조작할 수 있어야 한다.
  ② 포인터 입력 취소
    단일 포인터 입력으로 실행되는 기능은 해당 입력이 실수로 실행되는 것을 방지하기 위하여, 다음 중 하나 이상을 준수해야 한다.

다운 이벤트만으로 실행 금지	기능은 다운 이벤트만으로 실행되지 않아야 한다.
중지 또는 실행 취소	기능은 업 이벤트에 완료되어야 하며, 실행 전에 중지시키거나 실행 후에 취소시킬 수 있어야 한다.
되돌리기	다운 이벤트로 실행된 모든 기능은 업 이벤트로 되돌릴 수 있어야 한다.
필수적인 경우	기능을 완료하는 데 다운 이벤트가 반드시 필요하다.

  ③ 레이블과 네임
    ㉠ 사용자 인터페이스 구성요소(ⓔ 메뉴, 링크, 버튼 등)에서 시각적으로 표시되는 텍스트를 네임에 제공하지 않은 경우 보조기술이 해당 사용자 인터페이스 구성요소를 인식할 수 없기 때문에, 네임에는 시각적으로 표시되는 텍스트를 제공해야 한다.
    ㉡ 네임과 텍스트를 다르게 제공한 경우 해당 정보 사용자(ⓔ 음성명령 사용자)가 혼란을 겪을 수 있기 때문에, 네임과 텍스트는 동일하게 제공하는 것이 좋으며, 동일하지 않게 제공할 경우 텍스트는 네임의 앞부분에 제시하는 것이 좋다.

✎ 다운 이벤트
포인터가 눌러질 때 발생하는 플랫폼 이벤트. 다운 이벤트는 플랫폼에 따라 '터치스타트(touchstart)' 또는 '마우스다운(mousedown)'과 같은 다른 이름을 가질 수 있다.

✎ 레이블
사용자가 웹 콘텐츠 내의 구성요소를 식별할 수 있도록 제시된 텍스트나 텍스트 대체수단이 있는 구성요소. 네임(name)은 숨겨져 있을 수 있으며 보조기술에 의해서만 노출되는 반면, 레이블은 노출되어 있어 모든 사용자가 볼 수 있다. 대부분의 경우, 네임과 레이블은 동일하다.

✎ 네임
사용자가 소프트웨어를 통해 웹 콘텐츠 내의 구성요소를 식별할 수 있도록 제공된 텍스트를 의미한다. 레이블(label)은 노출되어 있어 모든 사용자가 볼 수 있는 반면, 네임은 숨겨져 있을 수 있으며 보조기술에 의해서만 노출된다. 대부분의 경우, 레이블과 네임은 동일하다.

④ 동작기반 작동

사용자가 장치를 움직이거나 사용자의 움직임을 통하여 작동하는 기능(예 흔들어서 실행 취소, 손동작을 이용한 사진 촬영 등)은 사용자 인터페이스 구성요소로 조작할 수 있어야 하며, 의도하지 않는 동작으로 기능이 작동하는 것을 예방하기 위해 해당 기능을 비활성화할 수 있어야 한다.

3. 원칙 3. 이해의 용이성

이해의 용이성은 사용자가 장애 유무 등에 관계없이 웹 사이트에서 제공하는 콘텐츠를 이해할 수 있도록 제공하는 것을 의미한다. 이해의 용이성은 가독성, 예측 가능성, 입력 도움의 세 가지 지침으로 구성되어 있다.

지침(3개)	검사항목(7개)
가독성	(기본 언어 표시) 주로 사용하는 언어를 명시해야 한다.
예측 가능성	(사용자 요구에 따른 실행) 사용자가 의도하지 않은 기능(새 창, 초점에 의한 맥락 변화 등)은 실행되지 않아야 한다.
	(찾기 쉬운 도움 정보) 도움 정보가 제공되는 경우, 각 페이지에서 동일한 상대적인 순서로 접근할 수 있어야 한다.
입력 도움	(오류 정정) 입력 오류를 정정할 수 있는 방법을 제공해야 한다.
	(레이블 제공) 사용자 입력에는 대응하는 레이블을 제공해야 한다.
	(접근 가능한 인증) 인증 과정은 인지 기능 테스트에만 의존해서는 안 된다.
	(반복 입력 정보) 반복되는 입력 정보는 자동 입력 또는 선택 입력할 수 있어야 한다.

출처 ▶ 방송통신표준심의회(2022)

(1) 가독성

① 기본 언어 표시

웹 브라우저는 웹 페이지를 구성하는 텍스트 콘텐츠의 언어 정보를 바탕으로 텍스트 콘텐츠를 화면에 표시하거나 보조기술로 전달한다. 다국어를 지원하는 화면 낭독 프로그램을 사용하는 경우, 텍스트 콘텐츠의 언어 정보를 화면 낭독 프로그램으로 전달하여 정확한 발음으로 읽어 주도록 제어하기도 한다. 따라서 웹 페이지의 기본 언어는 정확히 정의해야 한다.

✏️ **보조 기술**
장애를 지닌 사용자의 요구 조건을 만족시키는 기능을 추가하여 제공하는 하드웨어 또는 소프트웨어를 의미한다. 대표적으로 화면 낭독 프로그램(screen reader), 화면 확대 프로그램, 특수 키보드 등을 들 수 있다. 보조 기술은 보조공학(기기) 또는 보조기기라고도 한다.

(2) 예측 가능성

① 사용자 요구에 따른 실행 [16유특]

㉠ 콘트롤이나 사용자 입력은 초점을 받았을 때 의도하지 않는 기능이 자동적으로 실행되지 않도록 콘텐츠를 개발해야 한다. 즉, 콘트롤이나 사용자 입력 기능은 사용자의 마우스 클릭이나 키보드 조작에 의하여 실행되어야 한다.

- 특히 새 창, 팝업창 등은 사용자가 인지하지 못한 상황에서 열리지 않아야 한다.

㉡ 예측 가능한 콘텐츠 개발을 위한 구체적인 방법은 다음과 같다.

초점에 의한 맥락 변화	웹 콘텐츠를 구성하는 콘트롤이 초점을 받았을 경우, 사용자가 의도하지 않은 기능이 실행되지 않아야 한다.
입력에 따른 변화	• 사용자가 선택할 수 있는 콘트롤(웹 콤보 박스, 라디오 버튼, 체크 박스 등)에서 어떤 항목을 선택하는 경우, 해당 항목이 의미하는 기능이 실행되거나 서식 제출이 일어나지 않아야 한다. • 실제로 해당 기능이 실행되거나 서식 제출이 일어나는 것은 사용자가 선택할 수 있는 콘트롤과 함께 제공되는 실행 버튼을 활성화(클릭)하였을 때 비로소 실행되어야 한다.
새 창/팝업창	사용자가 예측할 수 없는 상황에서 새 창을 열어 정보를 전달해서는 안 된다.
레이어 팝업	레이어 팝업은 콘텐츠의 논리적 초점 이동 및 콘텐츠의 선형구조를 위반할 가능성이 많으므로 사용하지 않는 것이 바람직하다.
새 창/팝업창/레이어 팝업의 닫음	새 창/팝업창/레이어 팝업에 초점이 있을 경우, 새 창/팝업창/레이어 팝업을 닫거나 종료 버튼을 클릭하였을 때, 해당 창 또는 팝업 등이 종료되어야 한다.

② 찾기 쉬운 도움 정보

㉠ 단일 페이지 웹 애플리케이션 또는 웹 페이지 세트에서 다음 도움 정보 중 하나 이상의 도움 정보가 제공되면, 최소한 하나의 도움 정보는 해당 페이지에서 동일한 상대적인 순서대로 제공되어야 한다.

㉡ 찾기 쉬운 도움 정보 제공을 위한 구체적인 방법은 다음과 같다.

담당자 상세 연락처	전화번호, 이메일, 운영시간 등
담당자 연락 방법	메신저, 채팅창, 게시판, SNS 등
도움말 옵션	FAQ, 사용법 등
자동화된 연결방법	챗봇 등

✎ 새 창, 팝업창

새로운 페이지를 보여 주기 위해 현재의 창이 아닌 별도의 창 또는 탭으로 열리는 경우, 이를 새 창이라고 한다. 단, 스크립트 언어의 고유한 기능이나 플랫폼에 의해 생성되는 경고(alert), 확인(confirm), 입력 프롬프트(prompt) 등의 메시지 대화상자(dialog box)는 새 창이나 팝업창의 범주에 포함되지 않는다. 여기서 팝업창은 웹 페이지가 로드될 때 자동으로 열리는 새 창을 의미한다.

✎ 레이어 팝업 콘텐츠

팝업창 차단 기능이 있는 브라우저에서 시각적으로 팝업창과 같은 효과를 내도록 구현한 콘텐츠. 레이어 팝업 콘텐츠는 같은 페이지의 일부 영역을 가리고 그 위에 표시되므로, 그 뒤의 콘텐츠를 보기 위해서는 반드시 레이어 팝업을 화면에서 사라지도록 해야 한다. 레이어 팝업은 웹 페이지에 포함되는 콘텐츠이므로, 6.1.2절(초점 이동과 표시)과 5.3.2절(콘텐츠의 선형구조)을 위반하지 않도록 구현해야 한다.

(3) 입력 도움

① 오류 정정

㉠ 입력서식 작성 시, 사용자의 실수로 오류가 발생할 경우, 이를 정정할 수 있는 방법을 제공해야 한다.

㉡ 오류 정정을 위한 구체적인 방법은 다음과 같다.

- 사용자 입력 오류 안내: 온라인 서식에서 오류가 발생하는 경우, 사용자에게 오류가 발생한 위치와 오류를 유발하게 된 이유 등에 관한 정보를 알려 주어야 한다.
    - 예 이름, 주소, 전화번호, 이메일 주소를 입력하도록 구성한 입력 서식에서 일부 항목을 기입하지 않고 제출하였을 경우, 어떤 항목의 입력이 누락되었는지를 알려 주어야 한다.

② 레이블 제공

㉠ 사용자 입력은 용도를 이해할 수 있도록 레이블을 제공해야 한다.

㉡ 레이블 제공을 위한 구체적인 방법은 다음과 같다.

- 사용자 입력에 대응하는 레이블 제공: 사용자 입력 근처에 사용법을 알려 주는 레이블을 보조기술이 알 수 있도록 해당 콘트롤과 대응하여 제공해야 한다. 레이블과 사용자 입력 간의 관계를 보조기술이 인식할 수 있도록 대응시키지 않고 단순히 텍스트로만 제공할 경우, 보조기술은 해당 사용자 입력에 대한 레이블을 인식할 수 없다.

③ 접근 가능한 인증

사용자 로그인 등과 같은 인증 과정이 인지 기능 테스트(예 로그인을 위한 비밀번호 입력, 터치스크린 화면의 패턴 인식, 임의의 문자열 기억, 계산 수행, 특정 객체를 포함하고 있는 이미지 찾기 등)에 의존하는 경우, 인지 기능 테스트에 의존하지 않는 인증 방법을 적어도 하나 이상 제공해야 한다.

④ 반복 입력 정보

하나의 과정 중 특정 단계에서, 이전 단계에서 사용자가 이미 입력했거나 사용자에게 제공되었던 동일한 정보를 반복 입력해야 하는 경우, 반복되는 입력 정보는 자동으로 채워지거나 사용자가 해당 정보를 선택 입력할 수 있어야 한다.

예 온라인 구매에서 주문자와 수령자 주소가 동일한 경우, 이전 단계에서 입력한 주문자 주소를 수령자 주소에 재입력 없이 선택하여 채울 수 있다.

- 패스워드와 같이 보안 목적 등으로 재입력이 필수적인 경우는 예외로 간주한다.

온라인 서식

온라인 서식은 사용자의 입력을 통해 값을 수정하여 전달할 수 있는 여러 가지 컨트롤(예 텍스트 입력 상자, 드롭다운 선택 메뉴, 라디오 버튼, 누르는 버튼 등)과 그것의 레이블로 구성된 콘텐츠를 말한다.

4. 원칙 4. 견고성

견고성은 사용자가 콘텐츠를 이용할 수 있도록 기술에 영향을 받지 않아야 함을 의미한다. 견고성은 문법 준수, 웹 애플리케이션 접근성의 두 가지 지침으로 구성되어 있다.

지침(2개)	검사항목(2개)
문법 준수	(마크업 오류 방지) 마크업 언어의 요소는 열고 닫음, 중첩 관계 및 속성 선언에 오류가 없어야 한다.
웹 애플리케이션 접근성	(웹 애플리케이션 접근성 준수) 콘텐츠에 포함된 웹 애플리케이션은 접근성이 있어야 한다.

출처 ▶ 방송통신표준심의회(2022)

(1) 문법 준수

① 마크업 오류 방지

㉠ 마크업 언어로 작성된 콘텐츠는 해당 마크업 언어의 문법을 최대한 준수하여 제공하는 것이 바람직하다. 특히 요소의 열고 닫음, 중첩 관계의 오류가 없도록 제공해야 한다.
- 요소의 속성도 마크업 문법을 최대한 준수하여 제공하는 것이 바람직하다.

㉡ 마크업 오류 방지를 위한 구체적인 방법은 다음과 같다.

요소의 열고 닫음 일치	마크업 언어로 작성된 콘텐츠는 표준에서 특별히 정한 경우를 제외하고 시작 요소와 끝나는 요소가 정의되어야 한다.
요소의 중첩 방지	시작 요소와 끝나는 요소의 나열 순서는 포함 관계가 어긋나지 않아야 한다.
중복된 속성 사용 금지	하나의 요소 안에서 속성을 중복하여 선언하지 않아야 한다.
id 속성값 중복 선언 금지	하나의 마크업 문서에서는 같은 id값을 중복하여 선언하지 않아야 한다.

✏ 마크업 언어
마크업 언어(markup language)는 텍스트의 각 부분에 의미를 나타내는 정보를 기술할 수 있도록 정의한 프로그래밍 언어를 말한다. HTML, 확장 마크업 언어(eXtensible Markup Language, XML) 등이 이에 해당한다.

(2) 웹 애플리케이션 접근성

① 웹 애플리케이션 접근성 준수

㉠ 웹 콘텐츠를 사용하는 데 필요한 플러그인 또는 웹 페이지의 기능을 실행하는 데 필요한 웹 애플리케이션은 사용자가 웹 페이지에 접근하여 사용하는 것을 방해하지 않아야 한다.

㉡ 웹 애플리케이션은 다음에 설명한 모든 요구사항을 적용하여 제작해야 한다.

접근성 프로그래밍 인터페이스 사용 지원	웹 애플리케이션은 운영체제 또는 플랫폼이 제공하는 접근성 프로그래밍 인터페이스를 사용하여 제작해야 한다. 그렇지 않으면 보조기술이 웹 애플리케이션의 접근성 기능을 지원하지 못하는 경우가 발생할 수 있다.
접근성 프로그래밍 인터페이스 대체수단 제공	웹 애플리케이션을 구현하는 과정에서 운영체제(플랫폼 포함)가 제공하는 접근성 프로그래밍 인터페이스가 정의되지 않은 새로운 기능을 구현할 경우, 그 기능의 명칭, 역할, 상태 및 값에 관한 정보를 운영체제(또는 플랫폼)의 접근성 프로그래밍 인터페이스로 전달하도록 구현함으로써 보조기술이 그 정보를 이용할 수 있게 해야 한다.
보조기술 지원	국내의 보조기술로 접근이 불가능한 웹 애플리케이션은 가능한 한 사용하지 않는 것이 좋으며, 반드시 사용해야 하는 경우, 해당 웹 애플리케이션에 대한 대체수단을 제공해야 한다.

✎ **웹 애플리케이션**
웹 콘텐츠에 포함되어 특정한 기능을 수행하도록 구성된 소프트웨어의 일종으로, 리치 인터넷 애플리케이션(Rich Internet Application, RIA)이라고도 한다.

✎ **프러그인(plug-in)**
어떤 응용 프로그램에 추가되어 특정한 기능을 수행하도록 구현한 프로그램 모듈로, 웹 브라우저에서 사용되는 플래시 플레이어(Flash Player), 실버라이트 플레이어(Microsoft Silverlight Player), 검색기(search engine) 및 자바 플러그인(Java plug-in) 등이 이에 해당한다.

KORSET 합격 굳히기 한국형 웹 콘텐츠 접근성 지침

1. 한국형 웹 콘텐츠 접근성 지침 2.1과 2.2 비교 대조표

지침 2.2	대조 (2.1 대비)	지침 2.1
5. 인식의 용이성		5. 인식의 용이성
5.1 대체 텍스트		5.1 대체 텍스트
5.1.1 적절한 대체 텍스트 제공		5.1.1 적절한 대체 텍스트 제공
5.2 멀티미디어 대체 수단		5.2 멀티미디어 대체 수단
5.2.1 자막 제공		5.2.1 자막 제공
5.3 적응성	신규	
5.3.1 표의 구성	7.3.2	
5.3.2 콘텐츠의 선형구조	7.3.1	
5.3.3 명확한 지시사항 제공	5.3.2	
5.4 명료성	5.3	5.3 명료성
5.4.1 색에 무관한 콘텐츠 인식	5.3.1	5.3.1 색에 무관한 콘텐츠 인식
5.4.2 자동 재생 금지	5.3.4	5.3.2 명확한 지시 사항 제공
5.4.3 텍스트 콘텐츠의 명도 대비	5.3.3	5.3.3 텍스트 콘텐츠의 명도 대비
5.4.4 콘텐츠 간의 구분	5.3.5	5.3.4 자동 재생 금지
		5.3.5 콘텐츠 간의 구분
6. 운용의 용이성		6. 운용의 용이성
6.1 입력장치 접근성		6.1 입력장치 접근성
6.1.1 키보드 사용 보장		6.1.1 키보드 사용 보장
6.1.2 초점 이동		6.1.2 초점 이동
6.1.3 조작 가능		6.1.3 조작 가능
6.1.4 문자 단축키	신규	
6.2. 충분한 시간 제공		6.2. 충분한 시간 제공
6.2.1. 응답시간 조절		6.2.1. 응답시간 조절
6.2.2. 정지 기능 제공		6.2.2. 정지 기능 제공
6.3 광과민성 발작 예방		6.3 광과민성 발작 예방
6.3.1. 깜빡임과 번쩍임 사용 제한		6.3.1. 깜빡임과 번쩍임 사용 제한
6.4. 쉬운 내비게이션		6.4. 쉬운 내비게이션
6.4.1. 반복 영역 건너뛰기		6.4.1. 반복 영역 건너뛰기
6.4.2. 제목 제공		6.4.2. 제목 제공

6.4.3. 적절한 링크 텍스트		6.4.3. 적절한 링크 텍스트	
6.4.4 고정된 참조 위치 정보	신규		
6.5 입력 방식	신규		
6.5.1. 단일 포인터 입력 지원	신규		
6.5.2. 포인터 입력 취소	신규		
6.5.3. 레이블과 네임	신규		
6.5.4. 동작기반 작동	신규		
7. 이해의 용이성		7. 이해의 용이성	
7.1. 가독성		7.1. 가독성	
7.1.1. 기본 언어 표시		7.1.1. 기본 언어 표시	
7.2. 예측 가능성		7.2. 예측 가능성	
7.2.1. 사용자 요구에 따른 실행		7.2.1. 사용자 요구에 따른 실행	
7.2.2 찾기 쉬운 도움 정보	신규		
		7.3 콘텐츠의 논리성	
		7.3.1 콘텐츠의 선형 구조	
		7.3.2 표의 구성	
7.3. 입력 도움		7.4. 입력 도움	
7.3.1. 오류 정정		7.4.1. 레이블 제공	
7.3.2. 레이블 제공		7.4.2. 오류 정정	
7.3.3 접근 가능한 인증	신규		
7.3.4 반복 입력 정보	신규		
8. 견고성		8. 견고성	
8.1. 문법 준수		8.1. 문법 준수	
8.1.1. 마크업 오류 방지		8.1.1. 마크업 오류 방지	
8.2.1. 웹 애플리케이션 접근성 준수		8.2.1. 웹 애플리케이션 접근성 준수	

원　　칙: 4개
지　　침: 13개 → 14개(신규 2개, 삭제 1개)
검사항목: 24개 → 33개(신규 9개)

출처 ▶ 방송통신표준심의회(2022)

2. 한국형 웹 콘텐츠 접근성 지침 2.1(2015. 3. 31. 개정)

① 원칙 1. 인식의 용이성

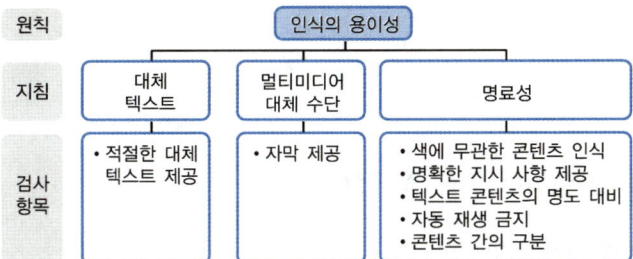

② 원칙 2. 운용의 용이성

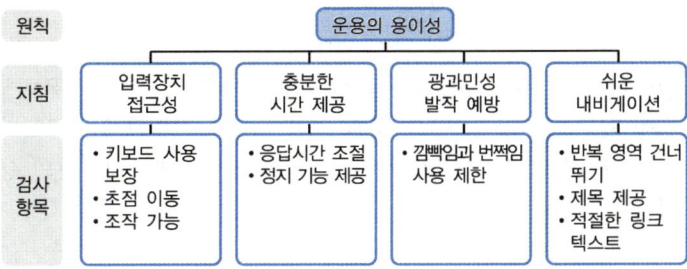

③ 원칙 3. 이해의 용이성

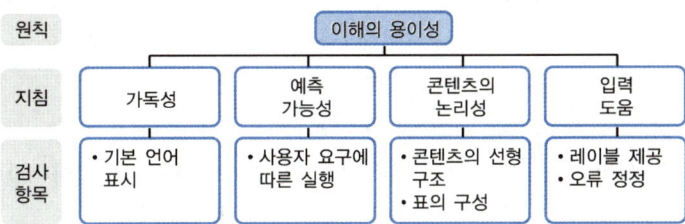

④ 원칙 4. 견고성

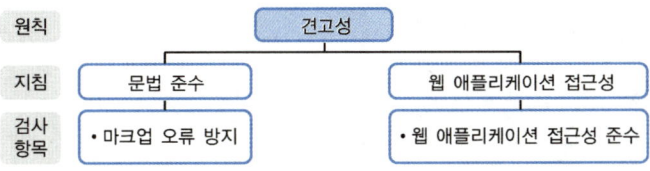

Chapter 04 물리적 접근과 보편적 설계

01 시설 및 설비에 대한 접근권

1. 장애인 편의시설 설치 관련 법규

① 각급 학교의 장은 통합교육을 실시하는 경우 특수학급을 설치·운영하고 대통령령으로 정하는 시설·설비 및 교재·교구를 갖추어야 한다(「장애인 등에 대한 특수교육법」 제21조).

② 일반학교의 장은 통합교육을 실시하는 경우에는 특수교육대상자의 이동이 쉽고 세면장·화장실 등과 가까운 곳에 위치한 66제곱미터 이상 교실에 특수학급을 설치하여야 하며 배치된 특수교육대상자의 성별, 연령, 장애유형·정도 및 교육활동 등에 맞도록 교재·교구를 갖추어야 한다(「장애인 등에 대한 특수교육법 시행령」 제16조).

③ 시설주는 장애인 등이 공공건물 및 공중이용시설을 이용할 때 가능하면 최대한 편리한 방법으로 최단거리로 이동할 수 있도록 편의시설을 설치하여야 한다(「장애인·노인·임산부 등의 편의증진 보장에 관한 법률」 제3조).

④ 교육책임자가 교육기관 내 교실 등 학습시설 및 화장실, 식당 등 교육활동에 필요한 시설·설비 및 이동수단을 제공하여야 한다(「장애인차별금지 및 권리구제 등에 관한 법률 시행령」 제8조).

2. 장애인 편의시설의 종류

교육연구시설에 갖추어야 하는 편의시설의 종류는 다음과 같다.

편의시설 대상시설	매개시설			내부시설			위생시설			안내시설		
	주출입구 접근로	장애인 전용 주차구역	주출입구 높이차이 제거	출입구(문)	복도	계단 또는 승강기	화장실			점자 블록	유도 및 안내 설비	경보 및 피난 설비
							대변기	소변기	세면대			
교육 연구 시설 — 학교(특수학교 포함)	의무	의무	의무	의무	의무	의무	의무	의무	권장	의무	의무	의무
교육원·직업훈련소·학원 기타 이와 유사한 용도의 시설	의무	의무	의무	의무	의무	의무	의무	의무	권장	권장	권장	권장
도서관	의무	의무	의무	의무	의무	의무	의무	의무	의무	권장	권장	권장

02 보편적 설계

1. 보편적 설계의 개념 20유특

① 보편적 설계(Universal Design, UD)는 제품과 환경을 개조하거나 추가적인 특별한 설계 없이 모든 사람이 최대한 편리하게 사용할 수 있도록 설계하는 공학적 개념이다.

    ㉠ 보편적 설계는 건축학에서 모든 제품과 건축물들을 개조하거나 특수한 디자인 없이 모든 사람들이 사용할 수 있도록 디자인한다는 것에서 비롯된 개념이다.

    ㉡ 보편적 설계는 사람들의 다원적인 요구와 변화하는 유동적 요구를 포용할 수 있는 공통 설계요인을 최대한 반영한 디자인으로 제품, 통신수단, 건축 환경 등을 추가적인 비용 없이 또는 최소한의 비용만으로 유용하게 만듦으로써 장애인이나 노약자만이 아니라 남녀노소, 장애유무와 상관없이 모든 사람들의 생활을 간편하게 하는 것을 의미한다.

② 보편적 설계는 제품의 생산 후보다는 생산 전에 장애인을 위한 편의를 만듦으로써 많은 특별한 종류의 보조공학기기와 보조공학서비스에 대한 요구를 줄일 수 있다는 이점이 있다.

> ✏️ **보편적 설계**
> 제품과 환경을 개조하거나 추가적인 특별한 설계 없이도 모든 사람이 최대한 편리하게 사용할 수 있도록 설계하는 공학적 개념이다. 이 개념은 건축학에서 비롯했으며 무장애 설계, 통합 설계 또는 모든 사람을 위한 설계라고도 한다. 장애인이건 비장애인이건 상관없이 모든 사람의 다원적인 요구와 변화하는 유동적 요구를 포용할 수 있는 공통 설계 요인을 최대한 반영한다(특수교육학 용어사전 2018).

> **▶ 보편적 설계의 적용 예시**
>
> 교사 A : 저희 원은 새로 입학한 홍길동을 위해 실내·외 환경을 개선했어요. 휠체어를 타는 홍길동에게 위험하지 않도록 교실 바닥의 높이 차이를 없앴더니 다른 학생들도 안전하게 생활하게 되었어요.
> 교사 B : 그렇군요. 교실 바닥 공사가 홍길동에게만 좋은 것이 아니라 모든 학생들에게도 좋은 거네요.
> 교사 A : 자갈길로 되어 있던 놀이터 통로도 목재로 바꾸고, 놀이터에 계단 없는 미끄럼틀도 설치했어요. 홍길동이 휠체어를 타고 내려올 수 있을 정도로 넓게 설치했더니 그 곳에서 홍길동과 함께 여러 명의 학생들이 미끄럼틀을 타면서 놀게 되었어요. 이번에는 그네도 높이가 낮으면서 등받침이 있는 의자가 있는 것으로 바꾸었어요.
> 교사 B : 와우! 홍길동이 그네도 탈 수 있게 되었네요. 결국 누구나 놀 수 있는 놀이터가 되었네요.

2. 보편적 설계의 원리

보편적 설계의 일곱 가지 원리와 해당 지침은 다음과 같다.

(1) 공평한 사용

공평한 사용
동 동등한 사용

정의	디자인은 다양한 능력을 가진 사람들에게 유용하고 시장성이 있어야 한다.
지침	• 지침 1a: 모든 사용자들에게 동일한 사용수단을 제공하라. 가능하면 똑같이, 가능하지 않다면 등가로. • 지침 1b: 어떠한 사용자도 분리되거나 낙인찍히지 않도록 하라. • 지침 1c: 사생활, 보장성, 그리고 안전성에 대한 조항은 모든 이용자들에게 공평하게 제공되어야 한다. • 지침 1d: 모든 사용자들의 흥미를 끌도록 설계해야 한다.

(2) 사용상의 융통성

정의	디자인은 광범위한 개인적 성향과 능력을 수용해야 한다.
지침	• 지침 2a: 사용방법상의 선택권을 제공하라. • 지침 2b: 오른손잡이 또는 왼손잡이가 접근하고 이용할 수 있도록 편의를 도모하라. • 지침 2c: 사용자의 정확성과 정밀도를 촉진하라. • 지침 2d: 사용자의 속도를 위해 적응성을 제공하라.

(3) 단순하고 직관적인 사용

정의	사용자의 경험, 지식, 언어 기술 또는 현재의 주의집중 수준에 관계없이 이해하기 쉬운 디자인을 이용해야 한다.
지침	• 지침 3a: 불필요하게 복잡한 것을 제거하라. • 지침 3b: 사용자의 기대와 직관에 일치되게 하라. • 지침 3c: 광범위한 문해력과 언어 기술을 수용하라. • 지침 3d: 그것의 중요성과 일치하는 정보를 배열하라. • 지침 3e: 과제수행 중 그리고 과제수행 후에는 효과적인 촉진과 피드백을 제공하라.

(4) 지각할 수 있는 정보

정의	주위의 조건 또는 사용자의 지각능력에 관계없이 사용자에게 필요한 정보를 효과적으로 전달해야 한다.
지침	• 지침 4a: 필수적인 정보를 풍부하게 표현하기 위해 다양한 방식(그림, 음성, 촉감)을 사용하라. • 지침 4b: 필수적인 정보의 '가독성'을 최대화하라. • 지침 4c: 기술할 수 있는 다양한 방법으로 요소들을 차별화시켜라. • 지침 4d: 지각이 제한적인 사람들이 사용하는 공학제품 또는 장치들에 호환성을 제공하라.

지각할 수 있는 정보
동 인식 가능한 정보, 정보 이용의 용이성

(5) 오류에 대한 관용

정의	우발적이거나 의도하지 않은 행동으로 인해 발생할 수 있는 위험한 그리고 부정적인 결과를 최소화해야 한다.
지침	• 지침 5a: 위험과 오류를 최소화하기 위한 요소를 배열하라. 가장 많이 쓰이는 요소, 가장 접근 가능한 요소, 위험요소들을 제거하고, 격리시키고, 혹은 보호장치를 하라. • 지침 5b: 위험과 오류에 대한 경고를 제공하라. • 지침 5c: 안전구조의 특징을 제공하라. • 지침 5d: 주의를 필요로 하는 과제수행 시 무의식적인 행동을 하지 않도록 하라.

(6) 낮은 신체적 수고

정의	효율적이고 편리하게 그리고 최소한의 신체적 노동으로 사용할 수 있어야 한다.
지침	• 지침 6a: 사용자가 자연스런 신체적 자세를 유지할 수 있도록 하라. • 지침 6b: 작동시키는 데 있어 적당한 힘을 사용하게 하라. • 지침 6c: 반복적인 동작을 최소화하라. • 지침 6d: 지속적인 신체적 수고를 최소화하라.

(7) 접근과 사용을 위한 크기와 공간

정의	사용자의 신체적 크기, 자세 혹은 이동성에 상관없이 접근, 도달, 작동 그리고 활용할 수 있는 적절한 크기와 공간이 제공되어야 한다.
지침	• 지침 7a: 사용자가 앉거나 혹은 서 있더라도 주요 요소에 대한 뚜렷한 시야를 제공하라. • 지침 7b: 모든 구성요소를 앉아 있거나 서 있는 사용자가 편안하게 도달할 수 있도록 제작하라. • 지침 7c: 손이나 악력의 크기에 따라 조절이 가능하도록 하라. • 지침 7d: 보조공학장치의 사용 혹은 개인적 지원을 위한 적절한 공간을 제공하라.

3. 보편적 설계의 원리와 교육적 활용 09중특

물리적 원리	교육적 활용
[공평한 사용] 설계는 모든 사용자가 공평하게 접근할 수 있도록 하며, 어느 누구도 차별을 받거나 낙인찍히지 않도록 한다.	[공평한 교육과정] 교수는 매우 다양한 능력을 가진 학습자가 접근 가능한 단일 교육과정을 사용한다. 즉, 교육과정은 학습자를 불필요하게 차별하거나 '차이점'에 지나친 관심을 불러일으켜서는 안 된다. 교육과정은 모든 학습자가 참여할 수 있도록 설계한다.
[사용상의 융통성] 설계는 광범위한 개인적 선호도와 능력을 수용한다.	[융통성 있는 교육과정] 교육과정은 광범위한 개인의 능력과 선호도를 수용하기 위해서 융통성 있게 제시될 수 있도록 설계한다. 따라서 언어, 학습 수준, 표현의 복잡성이 조절될 수 있어야 하며, 필요한 경우 학습자의 진도는 목적과 교수방법이 재설정될 수 있도록 지속적으로 검토한다.

[단순하고 직관적인 사용] 설계는 이해하기 쉬워야 한다.	[간단하고 직감적인 교수] 교수는 간단해서 학습자가 가장 쉽게 접근 가능한 양식으로 제공한다. 언어, 학습 수준, 제시의 복잡성은 조정될 수 있다. 학습자의 진도는 필요한 경우 목적과 교수방법을 재설정하기 위해 계속적으로 모니터링된다.
[지각할 수 있는 정보] 설계는 사용자의 지각 능력에 상관없이 다양한 양식(그림의, 언어적, 촉각의)을 통해 사용자에게 필요한 정보를 효과적으로 전달한다.	[다양한 표상수단들] 교육과정은 학습자의 지각능력, 이해도, 주의집중도에 상관없이 가장 효과적인 방법으로 가르치기 위한 다양한 표상수단을 제공한다.
[오류에 대한 관용] 설계는 우발적이거나 의도하지 않은 행동으로 인해 발생할 수 있는 위험과 부정적인 결과를 최소화한다.	[성공 지향적 교육과정] 교사는 참여에 대한 불필요한 장애를 제거함으로써 교육과정에 참여할 수 있도록 독려한다. 필요한 경우 교사는 효과적인 교육과정 설계의 원리를 적용한(예 대요 가르치기, 배경지식 제공하기, 교수를 비계하기 등) 계속적인 지원을 통해 지원적인 학습환경을 제공한다.
[낮은 신체적 수고] 설계는 효율적이고 편안하게 피로를 최소화하면서 사용되어야 한다.	[적절한 학습자의 노력 수준] 교실환경은 다양한 학습자의 반응수단을 수용함으로써 교육과정 교수자료에 대한 접근의 용이성을 제공하고, 편안함을 증진하며, 동기를 촉진하고, 학습자의 참여를 독려한다. 평가는 지속적으로 행해져야 하며, 수행을 측정한다. 교수는 평가결과에 근거해서 바꿀 수 있다.
[접근과 사용을 위한 크기와 공간] 사용자의 신체 크기, 자세 혹은 운동성에 상관없이 접근, 도달, 작동, 사용할 수 있는 적절한 크기와 공간을 제공한다.	[학습을 위한 적절한 환경] 교실환경에 교육과정 교수자료의 조직은 교수방법에 있어서의 변화뿐만 아니라 학습자에 의한 물리적·인지적 접근에 있어서의 변화를 허용한다. 교실환경은 다양한 학습자의 집단화를 허용한다. 교실공간은 학습을 독려한다.

출처 ▶ 김남진 외(2017)

Chapter 05 보편적 학습설계의 이해

01 보편적 학습설계의 개념

1. 보편적 학습설계의 정의 10중특

① 보편적 학습설계(Universal Design for Learning, UDL)란 모든 학습자들을 학습전문가가 되도록 하는 데 방해가 되는 주요 장애, 즉 학습에 대해 의도하지 않은 장애들을 야기하는 융통성 없고 획일적인 교육과정을 다루거나 수정하기 위한 준거 틀이다(CAST).

② 건축학에서 유래한 보편적 설계를 학습에 적용한 개념으로, 이질적 특성을 지닌 다양한 학습자를 일반교육과정에 참여시킴으로써 학업 향상을 촉진하기 위해 제안되었다.

③ 보편적 학습설계에서 '보편적(universal)'이란 모두를 위한 한 가지 최선의 해결책을 의미하는 것이 아니라 개별 학습자의 다양한 특성과 차이에 적합한 학습형태나 제시 방법을 창출하는 것을 의미한다.

④ 보편적 학습설계는 일반교육과정의 수준을 낮추는 것이 아니라, 융통성 있는 다양한 방법을 제시함으로써 장애학생이 일반교육과정에 접근할 수 있도록 하는 것이다.

⑤ 보편적 학습설계는 교육 내용이나 교수 자료를 개발할 때 대안적인 방법을 포함시킴으로써 별도의 교수적 수정을 하지 않도록 하는 것이다.

2. 보편적 학습설계의 기본 가정 10중특

① 보편적 학습설계는 교실에서의 학습 차이의 연속성을 가정한다.
  ㉠ 학습자는 학년 수준과 동일한 수준에서 혹은 그보다 낮은 수준에서 그리고 그보다 상위의 수준에서 학습할 것이다.
  ㉡ 개별 학습자는 개인적인 장단점을 가지고 있다.

② 보편적 학습설계는 융통성 있게 제시된 일반교육 교육과정에 의존한다.

③ 특정 학생만을 위한 대안적 교육과정이나 기준을 제시하기보다는 모든 학생을 동일한 기준에 근거하여 평가한다.
  ㉠ 모두를 위한 높은 기대를 유지한다.
  ㉡ 장애학생을 위한 교육과정을 '질적으로 저하시키지' 않는다.

✏️ 보편적 학습설계

건축학의 보편적 설계를 학습에 적용한 개념으로, 이질적 특성을 지닌 다양한 학습자를 일반교육과정에 참여시켜 학업 향상을 촉진하려고 제안되었다. 모든 범위의 학습자, 즉 장애와 비장애, 평균 이상과 이하의 학습자뿐 아니라 보통의 학습자 모두의 요구를 충족하기 위해 유연한 교수 목표, 유연한 교수 방법, 유연한 교수 자료, 유연한 평가에 근거하여 교육과정과 수업을 설계하는 것을 의미한다. 설계 원리로 교실 수업에서 다양한 표상 방식, 다양한 행동과 표현 방식, 다양한 참여 방식이 제안되었다(특수교육학 용어사전, 2018).

④ 교수와 관련된 제반 사항이 설계 단계부터 포함된다. 수업 방법과 보조 공학은 처음부터 통합되어 구축되거나 쉽게 이용할 수 있게 될 것이다.

3. 보편적 학습설계의 이론적 배경

(1) 뇌의 사고시스템

① 영상과학의 발달로 인해 학습을 할 때 우리의 뇌가 어떻게 작용하는지를 객관적·가시적으로 확인할 수 있게 되었으며, 인간의 뇌가 학습할 때 어떤 부분이 어떤 작용을 하는지도 알게 되었다.

② 뇌에 대한 연구를 통해 인간의 뇌는 많은 세분화된 요소들의 집합체라는 것을 알게 되었고, 그것은 하나의 보편적이고 일반적인 목적의 학습 장치가 아니라 특정 목적에 각각 기여하는 많은 다른 종류의 신경 중추 학습도구들로 채워진 하나의 도구상자라는 것을 알게 되었다.

③ 인간이 학습과제를 수행하는 데 있어서 수반되는 뇌의 신경 네트워크에는 기능적·공간적으로 구별이 가능한 인지적 네트워크와 전략적 네트워크 그리고 정서적 네트워크가 있으며, 개인차를 이해하는 데 매우 중요하며 학습을 위해 필수적이다.

　㉠ 인지적 네트워크는 우리에게 물체가 무엇이며 어디에 있는지를 말해 주는 유형을 확인한다.

　㉡ 전략적 네트워크는 우리에게 일을 하는 방법에 대하여 말해 주는 유형을 산출한다.

　㉢ 정서적 네트워크는 어느 대상이 중요하고 흥미로운지를 말해 주는 우선권을 결정하는 시스템이다.

④ 세 가지 신경 네트워크는 상호 연결되어 상호작용하지만 각기 독특하기 때문에, 세분화된 뇌에 의하여 이루어지는 여러 종류의 학습은 교수 적용과 매체 사용에서 다른 접근을 필요로 한다.

자료
뇌의 신경 네트워크에 대해서는 '02 보편적 학습설계의 원리와 가이드라인'에서 자세히 다룬다.

(2) 다중지능이론

① 다중지능이론의 기본적 원리는 지능은 단일한 능력 요인 혹은 다수의 능력 요인으로 구성된 하나의 지능으로 구성되는 것이 아니라, 서로 독립적이지만 상호작용하는 다수의 지능으로 구성된다는 것이다.

② Gardner는 지능의 종류를 언어 지능, 논리 수학 지능, 공간 지능, 신체 운동 지능, 음악 지능, 대인 관계 지능, 자기이해 지능, 자연 탐구 지능으로 나누고 있다. 20중특, 24중특

지능의 유형	교육적 활용
1. 언어 지능 • 학습자는 읽기, 쓰기, 말하기, 그리고 모국어 혹은 외국어로 대화하는 데 강세를 보인다. • 이 지능에 강세를 보이는 학습자는 전통적인 수업과 전통적인 평가에 일치한다.	• 텍스트 기반 학습, 언어적인 반응 • 읽기, 암기, 쓰기, 말하기, 논쟁 • 단어 게임과 퍼즐
2. 논리 수학 지능 • 학습자는 숫자나 계산 기능, 패턴과 관계 인식, 시기와 순서, 그리고 논리를 통해 다른 종류의 문제를 해결할 수 있는 능력이 강하다. • 학습자는 일반적으로 수업이 논리적으로 계열화되어 있고 순응적인 태도를 요구하는 전통적인 교실에서 잘 수행한다.	• 문제 해결과 실험, 질문과 답 연구 • 분류, 범주화, 패턴화, 추상화 • 조직자: 행렬(matrix), 차트, 표
3. 공간 지능 • 학습자는 자신의 환경을 시각적으로 인식한다. 교사가 말하고 있는 것을 보기를 좋아한다. • 학습자는 심상 이미지를 만들고 조작한다. • 학습자의 강점: 지도와 차트를 읽고, 스케치하며, 미로와 시각적인 퍼즐을 사용하고, 사물을 상상	• 이미지는 개념을 강화하고 복잡한 개념을 표현 • 지도와 모델, 그래프, 다이어그램, 시각적 조직자, 멀티미디어 자료 • 설계, 도안, 공상, 그림보기
4. 신체 운동 지능 • 학습자는 뛰어난 신체적 협조와 기민함을 가지고 있다. 소근육과 대근육 운동 기능을 사용하며, 자신을 표현하거나 신체적인 활동을 통해 학습한다. • 이러한 학생은 가만히 앉아서 학습하기를 요구하는 전통적인 교실에서는 '지나치게 적극적'이라고 분류된다.	• 전신 활동, 행위와 물리적인 접촉(교수 자료 만지기) • 역할놀이와 시뮬레이션 • 도구와 기교(crafts) 사용
5. 음악 지능 • 학습자는 음악과 율동적인 활동 혹은 춤을 통해 자신을 이해하고 표현한다. 그는 음악을 작곡하고 연주하며 지휘하거나 리듬을 사용한다. • 학습자의 강점: 노래를 부르고, 소리를 청취하며, 멜로디나 리듬을 기억 • 전통적인 교육에서 이러한 지능을 가지고 있는 학생은 간과되기 쉽다.	• 리듬, 랩, 멜로디, 줄넘기 노래(jump rope songs) • 음악이나 율동적인 시를 연주하고 듣는 기억을 도와주는 장치

6. 대인 관계 지능 • 학습자는 다른 사람과 의사소통하는 방법과 협력적으로 일하는 방법을 쉽게 이해한다. • 학습자의 강점: 통솔하고, 조직하며, 갈등을 해소하고, 의사소통하는 것 • 그는 전통적인 교실에서 말이 많거나 혹은 '사회화되는 것에 너무 관심이 많은' 것으로 인지되어 왔다.	• 팀이나 협동 집단을 사용·공유하고, 비교하며, 관련짓고, 인터뷰하는 것을 권장 • 강의와 격리된 조용한 일 최소화	
7. 자기이해 지능 • 학습자는 자신의 내적 감정과 사고의 세계를 쉽게 이해한다. • 학습자의 강점: 장·단점을 인식하고, 자신을 위한 목표 설정 • 학습자는 보수적이 되기 쉽지만 자신이 학습한 것과 그것을 어떻게 관련시킬지에 대해 직관적이다.	• 숙고하고 혼자 일하며 관심사를 추구하고, 새로운 학습을 통합할 수 있는 기회 제공 • 자기진도(self-paced) 프로젝트, 컴퓨터 기반 과제	**자기이해 지능** 동 개인 내적 지능, 자기성찰 지능
8. 자연 탐구 지능 • 학습자는 실외를 편안하게 느끼는 경향이 있다. • 학습자의 강점: 자연 세계에 있는 법칙 이해 • 학습자는 자연과 자연 세계로부터 학습하기가 쉽다.	• 외부 활동에 참여할 수 있는 기회 제공, 환경과 관련된 자연 방문과 활동을 권장	**자연 탐구 지능** 동 자연주의적 지능, 자연 친화 지능

출처 ▶ Council for Exceptional Children(2006)

③ 다중지능이론은 모든 학생들은 최소한 하나의 우수한 지능을 가지고 있으며, 이 지능을 이용하여 가르치면 성공적으로 학습할 수 있다는 교육 철학과 믿음을 가지고 있다.

㉠ 전통적인 수업은 다른 지능을 희생시키고 언어적 지능과 논리 수학적인 지능을 강조하는 문화에서 행해졌다.

㉡ 다중지능의 관점에서는 특정한 기준을 세워서 학습자 간의 능력을 비교하기보다는 개인 학습자가 가지고 있는 다양한 능력과 지능의 종류에 관심을 가지고, 그 특성에 맞는 학습지도나 행동지도를 하는 것이 학습자에게 도움이 된다고 생각한다.

(3) 테크놀로지의 발달
① 보편적 학습설계의 핵심은 디지털 테크놀로지를 활용하여 학습자가 반응하는 방식과 자료가 제시되는 방식을 전환할 수 있는 융통성에 있다.
② 디지털 자료들이 보편적 학습설계의 교육과정을 전달하는 유일한 방식은 아니지만 표현에 있어서 최대의 융통성을 허용해 주기 때문에 다양한 학생들의 능력 범위에 적응하는 것을 쉽게 만들어 줄 수 있다.

4. 보편적 학습설계와 보편적 설계의 비교 10중특

보편적 학습설계와 보편적 설계를 접근과 참여의 수단, 활용, 도전 측면에서 비교하면 다음과 같다.

구분	보편적 설계	보편적 학습설계
접근과 참여의 수단	• 생산물과 환경은 부가적인 조정의 필요 없이 모든 사람들에 의하여 사용될 수 있게 한다.	• 교육과정은 교사에 의한 추가적인 조정의 필요 없이 모든 학습자들에 의해 활용 가능해야 한다.
활용	• 사용자들이 모든 접근을 통제하며 다른 사람들의 도움이 없거나 거의 필요하지 않다.	• 학습자들이 접근 수단을 통제하지만 교사들은 교수와 촉진, 학습자들의 학습에 대한 평가를 계속한다.
도전	• 만약 제거할 수 없다면 최소화해야 한다. • 접근에 대한 장애는 가능한 한 많이 없어진다. • 가장 좋은 설계는 가장 쉽고 광범위한 접근을 제공한다.	• 몇몇 인지적인 도전들이 여전히 유지되어야 한다. • 접근에 대한 장애들은 없어져야 하지만 적합하고 적당한 인지적 도전은 유지되어야 한다. • 만약 인지적 도전이 너무 없다면, 학습은 더 이상 일어나지 않을 것이다.

5. 보편적 학습설계와 교수적 수정의 비교

① 교수적 수정은 특수교육에서 유래된 것이지만 보편적 학습설계는 건축학의 보편적 설계에서 유래된 것이다.
② 교수적 수정의 대상은 장애학생으로 한정되지만, 보편적 학습설계의 대상은 장애학생을 포함한 모든 학생이다.

③ 교수적 수정은 장애학생을 위한 조정이나 수정이 교육과정 설계 이후에 이루어지는 것이고, 보편적 학습설계는 모든 학생들을 위한 대안적 방법을 교육과정 설계 단계에서부터 반영하는 것이다.
   - 보편적 학습설계는 교수적 수정과 같이 나중에 이루어질 필요가 없으며, 교수적 수정이 없이도 교수가 모든 학생에 의해 쉽게 인식되고, 일반 교육과정에 접근하는 데 있어서 불필요한 노력이나 좌절을 줄이도록 구조화되며, 학생에게 동기를 주고, 학생이 일반교육 교육과정에 참여할 있도록 한다.

④ 보편적 학습설계는 학문적인 면에서 도전이나 어려움을 제거하는 것이 아니라, 접근에 대한 장애물을 제거하는 것이다.
   - 교수적 수정은 일반학습의 일상적인 수업을 특수교육 욕구가 있는 학생들의 수업참여의 양과 질을 최적합한 수준으로 성취하기 위해서 교수환경, 교수적 집단화, 교수방법, 교육내용, 평가에서 수정 및 보완을 하는 것이지만, 보편적 학습설계는 모든 학생들에 대해 높은 기대를 가지고 있으며, 교육과정의 동일한 수준에서 진전하도록 하며, 장애학생을 위한 교육과정의 수준을 낮추지 않는다.

02 보편적 학습설계의 원리와 가이드라인

1. 보편적 학습설계의 원리
09중특, 10유특, 11중특, 12초특, 13중특, 13중특(추시), 14유특, 15초특, 17유특·중특, 18초특, 20초특, 21유특·초특, 24중특

① 보편적 학습설계의 원리는 뇌의 신경 네트워크(인지적 네트워크, 전략적 네트워크, 정서적 네트워크)와 관련된 이론으로부터 도출되었다.

인지적 네트워크	• 정보 수집 기능을 담당하며 학습에 있어 무엇(what)을 배우는가와 관련 • 뇌의 뒷부분에 위치해 있는 두정엽, 후두엽 그리고 측두엽으로 시각, 청각, 미각, 촉각적인 것을 구분하고 형태를 해석할 수 있도록 함
전략적 네트워크	• 수집된 정보를 조직화하고 생각을 표현하고 실제 수행하는 기능을 담당하며, 학습에 있어서는 어떻게(how) 학습하는가 혹은 어떻게 문제를 해결하는가와 관련 • 뇌의 중심구 앞부분인 전두엽을 지칭하며, 전두엽은 주의, 계획, 사고 기능을 담당
정서적 네트워크	• 학습에 대한 동기와 관심에 따른 차이를 설명해 주는 것으로 왜(why) 배우는가와 관련 • 주로 뇌의 중심에 위치해 있으며 정서적 반응을 탐지하고 이를 표현하는 데 관여하는 변연계와 관련

자료
뇌의 신경 네트워크 종류
- 인지적
- 전략적
- 정서적

② 뇌의 신경 네트워크가 의미하는 바는 네트워크를 통해 이루어지는 정보 처리방식의 개인차 때문에 장애 유무에 상관없이 여러 사람들에게 동일한 정보가 제공된다고 하더라도 새로운 정보의 처리 혹은 학습 과정은 각기 상이한 방식으로 나타난다는 것이다.

③ 뇌의 신경 네트워크로부터 도출된 보편적 학습설계의 세 가지 원리는 다음과 같다.

다양한 방식의 표상 수단 제공
동 다양한 정보 제시 수단의 제공

다양한 방식의 표상 수단 제공	인지적 학습을 지원하기 위해, 다양한 표상을 제공하라. 즉, 무엇(what)을 가르치고 배울 것인지를 융통성 있게 제공하는 것을 의미한다.
다양한 방식의 행동과 표현 수단 제공	• 전략적 학습을 지원하기 위해, 다양한 행동과 표현 수단을 제공하라. 즉, 어떻게(how) 학습할 것인지 그리고 알고 있는 바를 어떻게 표현할 것인지에 대한 융통성 있는 선택권을 제공하는 것을 의미한다. • 장애학생을 비롯한 모든 학생의 학업성취도를 측정하고 평가하기 위해서 교육과정 내에 다양한 옵션을 마련하는 것이 포함된다.
다양한 방식의 참여 수단 제공	정서적 학습을 지원하기 위해, 다양한 참여 수단을 제공하라. 즉, 왜(why) 학습하는지에 대한 동기를 생성하고 유지하기 위해 융통성 있는 선택권을 제공해야 함을 의미한다.

④ 보편적 학습설계의 원리를 이끌어 내는 데 결정적 역할을 한 신경 네트워크와 보편적 학습설계의 원리 그리고 해당 원리를 실현하기 위한 구체적인 교육방법 사례를 제시하면 다음과 같다.

네트워크	UDL 원리	교육방법 예
인지적 네트워크	다양한 방식의 표상 수단 제공	• 다양한 사례 제공 • 핵심적인 특징 강조 • 다양한 매체와 형태로 제공 • 배경 맥락 제공
전략적 네트워크	다양한 방식의 행동과 표현 수단 제공	• 융통성 있고 고도로 숙련된 수행모델 제공 • 지원과 함께 연습 기회 제공 • 지속적이고 적절한 피드백 제공 • 기능을 시범 보일 수 있는 융통성 있는 기회 제공
정서적 네트워크	다양한 방식의 참여 수단 제공	• 내용과 도구에 관한 선택권 제공 • 조절 가능한 도전 수준 제공 • 보상에 관한 선택권 제공 • 학습 맥락에 관한 선택권 제공

2. 보편적 학습설계 가이드라인 2.2

(1) 개념

① UDL 가이드라인이란 UDL의 기본 틀을 명료화한 것이다.

② UDL 가이드라인은 다음과 같은 역할을 수행한다.

㉠ 도전 및 지원 수준을 최적화하고, 교수·학습의 장벽을 제거하며, 출발부터 모든 학습자들의 요구에 부합할 수 있도록 수업을 설계하거나 교육과정을 개발하도록 돕는다.

㉡ 통합교실에서의 실행을 위한 지침을 제공하기 위한 것이며, 현재의 교육과정이 지닌 장벽을 확인하는 데도 도움을 준다.

③ UDL 가이드라인은 크게 '원리 - 지침 - 체크포인트 - 목적'으로 구성되어 있다.

④ 보편적 학습설계는 궁극적으로 학습전문가 양성을 목적으로 함을 제시하고 있다.

- 보편적 학습설계가 목적으로 하는 학습전문가란 구체적으로 다음과 같은 세 가지 특성을 지닌 학습자를 의미한다.

학습자원이 풍부하고 지식을 활용할 수 있는 학습자	• 학습전문가들은 새롭게 학습하게 될 내용과 관련한 상당한 수준의 선수지식을 갖추고 있으며, 그 선수지식을 분류, 조직, 우선 순위화함으로써 새로운 지식을 완전히 이해한다. • 어떤 기술과 자원(기존 지식)이 새로운 정보의 탐색 및 구조화 그리고 기억에 도움을 주는지에 대해 알고 있으며 새로운 정보를 의미 있고 사용 가능한 정보로 만드는 방법에 대해서도 능통하다.
전략적이고 목표 지향적인 학습자	• 학습전문가들은 학습 계획을 수립하고, 학습을 최적화하기 위한 효과적인 전략과 전술을 찾아내고, 학습을 촉진하기 위한 정보와 기술들을 조직화하며, 자신들의 발전/진보 정도에 대해서도 평가한다. • 학습전문가들은 학습자로서 그들 자신의 장단점을 잘 알고 있는 만큼 비효율적인 계획과 전략들은 사용하지 않는다.
목적의식과 학습동기가 뚜렷한 학습자	• 학습전문가들은 새로운 것을 배우는 것을 좋아하고 배우던 것을 완전히 습득하기 위해 계속적으로 학습한다. • 학습전문가는 학습에 있어 목표 지향적으로, 자신의 수준에 알맞은 도전적인 목표 설정, 설정한 목표를 달성하기 위한 노력과 융통성을 조절하는 방법, 성공적인 학습에 방해가 될 수 있는 감정들을 살피고 조절할 줄 아는 특성을 지닌다.

자료

UDL 가이드라인 발표 시기
- UDL 가이드라인 1.0 : 2008년 발표
- UDL 가이드라인 2.0 : 2011년 발표
- UDL 가이드라인 2.2 : 2018년 발표

출처 ▶ 응용특수공학센터(CAST) 홈페이지

	다양한 방식의 **표상** 수단 제공 인지적 네트워크 "무엇을" 학습하는가	다양한 방식의 **행동과 표현** 수단 제공 전략적 네트워크 "어떻게" 학습하는가	다양한 방식의 **참여** 수단 제공 정서적 네트워크 "왜" 학습하는가
접근성 (Access)	**인지** 방법의 다양한 선택 제공 (1) • 정보의 제시 방식을 학습자에 맞게 설정하는 방법 제공하기 (1.1) • 청각 정보의 대안 제공하기 (1.2) • 시각 정보의 대안 제공하기 (1.3)	**신체적 표현** 방식에 따른 다양한 선택 제공 (4) • 응답과 자료 탐색 방식 다양화하기 (4.1) • 다양한 도구들과 보조공학기기 이용 최적화하기 (4.2)	**흥미 유발**을 위한 다양한 선택 제공 (7) • 개인의 선택과 자율성 최적화하기 (7.1) • 학습자와의 관련성, 가치, 현실성 최적화하기 (7.2) • 위협이나 주의를 분산시킬 만한 요소 최소화하기 (7.3)
형성 (Build)	**언어 & 기호**의 다양한 선택 제공 (2) • 어휘와 기호의 뜻을 명료하게 하기 (2.1) • 글의 짜임새와 구조를 명료하게 하기 (2.2) • 문자, 수식, 기호의 해독 지원하기 (2.3) • 범언어적인 이해 증진시키기 (2.4) • 다양한 매체들을 통해 의미 보여주기 (2.5)	**표현과 의사소통**을 위한 다양한 선택 제공 (5) • 의사소통을 위한 여러 가지 매체 사용하기 (5.1) • 작품의 구성과 제작을 위한 여러 가지 도구들 사용하기 (5.2) • 연습과 수행을 위한 지원을 점차 줄이면서 유창성 키우기 (5.3)	**지속적인 노력과 끈기**를 돕는 선택 제공 (8) • 목표나 목적을 뚜렷하게 부각시키기 (8.1) • 난이도를 최적화하기 위한 요구와 자료 다양화하기 (8.2) • 협력과 동료 집단 육성하기 (8.3) • 성취 지향적 피드백 증진시키기 (8.4)
내면화 (Internalize)	**이해**를 돕기 위한 다양한 선택 제공 (3) • 배경지식을 제공하거나 활성화시키기 (3.1) • 패턴, 핵심 부분, 주요 아이디어 및 관계 강조하기 (3.2) • 정보 처리, 시각화, 이용 과정 안내하기 (3.3) • 정보 전이와 일반화 극대화하기 (3.4)	**실행기능**을 위한 다양한 선택 제공 (6) • 적절한 목표 설정에 대해 안내하기 (6.1) • 계획과 전략 개발 지원하기 (6.2) • 정보와 자료 관리를 용이하게 돕기 (6.3) • 학습 진행 상황을 모니터하는 능력 증진시키기 (6.4)	**자기조절** 능력을 키우기 위한 선택 제공 (9) • 학습 동기를 최적화하는 기대와 믿음 증진시키기 (9.1) • 극복하는 기술과 전략 촉진시키기 (9.2) • 자기평가와 성찰 발전시키기 (9.3)
목적 (Goal)	**학습전문가** 학습자원이 풍부한 & 지식을 활용할 수 있는	전략적인 & 목표 지향적인	목적의식 & 학습동기가 뚜렷한

| UDL 가이드라인 2.2 |

KORSET 합격 굳히기 — UDL 가이드라인 3.0(2024)

	다양한 참여 수단 설계	다양한 표상 수단 설계	다양한 행동과 표현 수단 설계
접근	다양한 흥미와 정체성 수용을 위한 설계 옵션 • 선택과 자율성 최적화 • 관련성, 가치, 현실성 최적화 • 즐거움 증진 • 편견 제거, 위협 감소, 주의 분산 요소 제거	지각을 위한 설계 옵션 • 정보 표시 방법을 사용자 지정할 수 있는 기회 지원 • 다양한 정보 지각 방법 지원 • 다양한 관점과 정체성을 있는 그대로 표현	상호작용을 위한 설계 옵션 • 응답양식, 탐색 방식과 움직임의 다양성 존중 • 접근 가능한 자료 및 보조공학 그리고 접근 가능한 공학 및 도구에 대한 접근성 최적화
지원	지속적인 노력과 끈기를 위한 설계 옵션 • 목표의 의미와 목적을 명확히 하기 • 도전과 지원 최적화 • 협동, 상호 의존 및 집단학습 촉진 • 소속감 및 집단의식 함양 • 행동 중심의 피드백 제공	언어 및 기호를 위한 설계 옵션 • 어휘, 상징, 언어 구조를 명확히 하기 • 문자, 수학적 표기법, 기호 해독 지원 • 서로 다른 언어나 표현 형식에 대한 이해와 존중 • 언어나 기호 사용에 대한 편견 없애기 • 다양한 매체를 통한 설명	표현 및 의사소통을 위한 설계 옵션 • 의사소통을 위한 다양한 수단 사용 • 구성, 글쓰기, 창의성을 위해 다양한 도구 사용 • 연습 및 수행에서의 지원을 단계적으로 조절하여 유창성 키우기 • 표현 및 의사소통 수단과 관련된 편견 제거
실행기능	정서적 능력 배양을 위한 설계 옵션 • 명확한 기대, 신념 및 동기 • 자신과 타인에 대한 인식 함양 • 개인 및 집단에 대한 성찰 촉진 • 공감대 형성 및 회복 실천	지식 구축을 위한 설계 옵션 • 사전 지식과 새로운 지식의 연계 • 다양한 패턴, 주요 특징, 핵심 사상 및 상호 관계 강조하기 • 이해를 돕기 위해 다양한 방법 사용 • 학습의 전이와 일반화 극대화	전략 개발을 위한 설계 옵션 • 의미 있는 목표 설정 • 도전 계획 및 예측 • 정보 및 자료 조직 • 진행 상황 모니터링 역량 강화 • 배타적인 행동 거부

출처 ▶ CAST(2024). 응용특수공학센터(CAST) 홈페이지

(2) 지침

UDL 가이드라인 2.2를 구성하는 아홉 가지 지침의 내용은 다음과 같다.

① **다양한 방식의 표상 수단 제공 원리 관련 지침** [12초특, 23중특]

㉠ 지침 1(인지 방법의 다양한 선택 제공)은 학생들이 정보를 인식하는 방법에 있어 다양한 기회를 제공하는 것이 매우 중요하다는 것을 강조한다. 학생들에게 내용을 전달하는 방법에 초점을 두고 있기 때문에 '접근' 지침으로 생각할 수 있다.

㉡ 지침 2(언어와 기호의 다양한 선택 제공)는 언어, 수식 및 기호와 관련한 다양한 옵션을 고려할 것을 알려 준다. 학생들은 다양한 형태의 표상과 관련하여 광범위한 강점과 도전 과제를 동시에 가지고 있기 때문에 이와 같은 점들을 고려해야 한다.

㉢ 지침 3(이해를 돕기 위한 다양한 선택 제공)은 이해를 위한 옵션을 제공할 것을 요구한다. 최고의 프레젠테이션일지라도 학생들이 정보를 이해할 수 없다면 그것은 효과가 없는 것이다.

② **다양한 방식의 행동과 표현 수단 제공 원리 관련 지침** [11중특]

㉠ 지침 4(신체적 표현 방식에 따른 다양한 선택 제공)는 지침 1과 마찬가지로 신체적 장벽에 대해 명확히 다루고 있다. 이 지침에서는 학생들의 운동 능력으로 인해 그들의 표현이 방해받지 않도록 신체적 행동에 대한 다양한 선택을 고려하도록 한다.

> 예 학생 개개인의 운동 능력을 고려하여 다양한 옵션의 신체적 반응 양식을 제공한다.

㉡ 지침 5(표현과 의사소통을 위한 다양한 선택 제공)는 학생들의 학습 과제에 대한 접근 방법과 자신을 표현하는 방법에 대한 선택을 제공할 것에 초점을 두고 있다. 학습자들마다 소통 방식과 최선의 문제 해결 방식은 매우 다양할 뿐만 아니라 학습자들은 스캐폴딩의 역할(점차 감소하게 됨)을 수행해 줄 숙련된 수행 모델, 연습을 위한 충분한 시간을 필요로 할 수 있기 때문이다.

> 예 학생 개개인의 표현 능력을 향상시키기 위해 다양한 옵션의 글쓰기 도구를 제공한다.

㉢ 지침 6(실행기능을 위한 다양한 선택 제공)은 학생들의 실행기능을 위한 스캐폴딩의 중요성을 상기시켜 준다. 교사는 목표 설정을 개발하기 위한 지침, 계획을 지원하기 위한 기준 점검표 및 효과적인 노트 작성을 장려하는 모델과 같은 옵션을 제공함으로써 학생들이 비판적 사고 능력을 개발하도록 도울 수 있다.

✏️ **실행기능**
최선의 문제 해결을 위해 어떤 전략을 언제, 어디서, 어떻게 적용할 것인지를 알고 적용하는 기능이다. 심리학자들이나 신경과학자들 사이에서는 인지조절과 동일한 개념으로도 사용되고 있다.

③ 다양한 방식의 참여 수단 제공 원리 관련 지침
  ㉠ 지침 7(흥미 유발을 위한 다양한 선택 제공)은 학생들의 흥미를 끄는 가장 좋은 방법 중 하나는 학생들에게 선택권을 제공하는 것임을 알려준다. 뿐만 아니라 관심을 끌기 위해 학습목표와 활동은 학습자에게 가치 있고 관련이 있어야 한다.
  ㉡ 지침 8(지속적인 노력과 끈기를 돕는 선택 제공)은 가장 효율적으로 학습이 이루어지기 위해서는 학생들에게 도전과 지원이 적절히 균형을 이룰 수 있게 해주는 옵션을 필요로 한다는 것을 알려 준다. 활동이 너무 어렵다면 학생들은 좌절할 수 있고, 이와 반대로 너무 쉽다면 지루해 할 수 있다. 도전과 지원의 균형은 동료들과의 협력 기회 창출 혹은 특정 과제에 대한 대안적 도구와 스캐폴딩 제공을 통해 가능하다.
  ㉢ 지침 9(자기조절 능력을 키우기 위한 선택 제공)는 외적 환경으로부터 학생들의 내적 환경으로 이동하는 것을 다루는데, 실질적인 실천과정에 학생들이 자신의 정서와 동기를 조절하는 본질적인 능력을 개발하도록 하는 전략의 적용을 고려하도록 촉구한다.

03 보편적 학습설계의 실행

보편적 학습설계의 실행은 '교실 상황에서의 보편적 학습설계 실행 과정'과 '조직차원의 보편적 학습설계 실행 과정'으로 구분할 수 있다. 특히 교실 상황에서의 보편적 학습설계 실행 과정은 교실 상황에서 다양한 배경의 모든 학생들에게 적용 가능한 수업설계를 고려한 것인 만큼 PAL(planning for all learner)로 표현된다.

1. 교실 상황에서의 보편적 학습설계 실행 과정

자료
교실 상황에서의 보편적 학습설계 실행 과정

단계	주요 활동	내용
목표 설정	• 맥락 설정 • 표준에 따른 배열	• 국가가 제시한 교육과정의 하위 목표에 근거하여 학생들에게 수업 내용과 학생 수준에 적절한 목표를 수립·제시할 수 있도록 계획하는 단계이다. • 교사들은 목적 달성을 위해 교수적 맥락을 설정할 수 있으며, 맥락은 일반적으로 국가 표준으로부터 도출되거나 그것에 기초하여 수업에 필요한 사상(episode)을 설정하는 방식을 취한다.
상황 분석	• 방법, 매체, 사정 확인 • 방해요소 확인	• 교과과정과 학습의 현재 상황을 분석하는 단계이다. • 학습 단원을 설계함에 있어 각 학생들의 개인차를 이해하는 데 목적이 있다. • 현재 상황 관련 기본 정보를 통해 교육과정 접근, 참여, 진보에 관한 장벽을 분석하여 예방하는 데 도움이 된다.
UDL 적용	• UDL 교수방법과 매체 확인 • 학습지도안 작성 • 매체의 수집 및 조직화	• UDL을 수업 내용 및 단원에 적용하여 학습지도안을 개발하는 단계이다. • 교사는 UDL 원리에 기반하여 ① UDL 원리와 학습목표, 교수방법, 평가, 학습자료의 일치 여부, ② 학급 내 학생들의 다양성을 다루었는지에 대한 점검 여부, ③ 확인된 잠재적 장벽 제거 여부를 점검해야 하며, 평가 방법과 교수·학습자료를 선정하여 수업계획을 세우고 UDL 수업을 지원하는 교수자료를 수집하고 조직하는 과정이 이 단계에서 이루어진다.
UDL 수업 지도	• 수업 지도 • 성공 여부 평가 • 수업/단원 수정	• 실제 수업을 실행하고, 평가하고, 결과를 이후의 수업에 반영하는 단계이다. • 실제 수업을 진행함에 있어, 교사들은 수업의 방해요소를 최소화하고 개별 학생들의 학습에 대한 장점과 어려움을 이해해야 한다. • 효과적인 교수 실제들에 의존하고, 각각의 학습자에게 적절한 도전들을 적용한다. • 수업 후에는 결과를 평가하여 모든 학생들이 학습목표에 도달하였을 때는 다른 단원도 앞서의 절차에 따라 시행하면 된다.

2. 조직차원의 보편적 학습설계 실행 과정

단계	내용
탐색	• UDL 실행을 시작하는 데 따른 실무진들의 의지 및 흥미를 결정하는 단계이다. • 탐색 단계의 주된 초점: 전(全) 조직적 의사결정의 잠재적 모형으로써 UDL에 대해 조사하고, 조직을 둘러싼 주요 이해당사자들의 보편적 학습설계에 대한 인식을 형성하는 것이다.
준비	• 준비 단계의 주된 초점: 유연한 분위기를 만들되 구성원 모두가 UDL 실행에 대한 높은 기대수준을 유지할 수 있도록 하는 데 초점을 맞추어야 한다. – 특정 인물과 구조(실천 계획, 자료, 교육과정)를 포함한 향후 필요한 자료와 과정에 대한 조직도를 그릴 수도 있으며, 전략적 목표, 행동 계획 그리고 기대되는 수행성과를 규정할 수도 있다.
통합	• 교수와 학습을 위한 UDL의 틀을 적용하기 시작하고, 효과성 검토를 위한 기구를 설치하여야 하는 단계이다. • 통합 단계의 주된 초점: 실행을 지원하고 그 효과를 평가하기 위한 개별적, 전 조직적인 구조 및 과정 개발, 교사의 전문성 개발 및 교수실제와 의사결정에 UDL 적용하기, UDL을 폭넓게 통합하기 위한 협력과 지원을 촉진하는 활동 등이 중점적으로 이루어진다.
확장	• 학군 또는 고등교육기관이 교육과정과 의사결정의 틀로 조직 전반에 걸쳐 UDL 실행을 확장하는 단계이다. • 확장 단계의 주된 초점: 계속적인 전문적 성장 촉진 – 전문적인 개발과 기술적 지원을 통한 효과적인 연습과 과정 그리고 구조의 확장, 차이와 요구의 지속적인 평가를 통한 UDL 실행에 대한 전 조직적 접근의 신장에도 주의를 기울여야 한다.

최적화	• 최적화 단계의 주된 초점
	  – UDL의 원리를 반영하고 조절한 교수·학습방법의 진보를 극대화하는 것을 목표로 조직 전체의 문화를 강화시켜야 한다.
	  – UDL 실행에 영향을 줄 수 있는 잠재적인 내부 및 외부의 변화에 대한 예측, 준비, 그리고 반응 능력을 신장시켜야 한다.
	  – 조직 내에 존재하는 변화에 대응하는 과정을 내면화함으로써 향상을 극대화해야 한다.

자료

조직차원의 보편적 학습설계 실행 과정

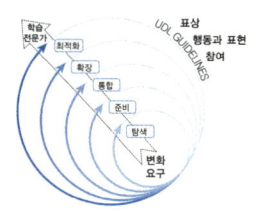

Chapter 06 교육용 소프트웨어의 선정과 평가

01 교육용 프로그램의 선정과 평가

1. 교육용 프로그램의 선정

교육용 프로그램을 선정할 때는 다음과 같은 사항을 충분히 고려하여 장애학생의 교육적 요구에 부응하고 학습 장면에서 실제적 효율성을 보일 수 있는 프로그램을 선정해야 한다.

(1) 학습자, 학습과제, 수업사태 및 교수·학습 장면의 특성

프로그램 및 자료는 학습자의 특성, 학습유형, 수업사태에 기여할 수 있으며 교수·학습 장면에 따라 효과 차이가 발생하기 때문에 이와 같은 사항을 고려한 후 적합한 프로그램을 선정하는 것이 필요하다.

(2) 물리적 속성

① 물리적 속성이란 시각매체, 인쇄매체, 동영상 및 소리매체, 동작, 색채, 실물 등 매체 종류에 따른 매체 자체의 속성을 의미한다.

② 단순히 매체 간의 비교를 통한 선택보다는 매체의 물리적 속성을 고려하여 프로그램을 선정해야 한다.

(3) 실용적 요소

① 실용적 요소란 교수·학습 매체를 구입하거나 제작하기 위한 비용이나 기자재의 활용과 같은 요소를 고려해야 함을 의미한다.
  - 즉, 교수·학습 매체의 제작비용, 유지비, H/W 및 S/W의 활용도, 교수자의 선호도 및 제작 기간 등을 고려하는 것이다.

② 실용적 요소를 너무 강조하게 되면 효과성과 적절성이 떨어질 수 있음에 유의할 필요가 있다.

(4) 초학문적 팀에 의한 선정

① 다양한 요소들을 고려하여 소프트웨어를 선정해야 하기 때문에 소프트웨어의 선정과정은 반드시 특수교사와 일반교사 그리고 학부모 및 공학 관련 전문가로 구성된 초학문적 팀에 의해 이루어져야 한다.

② 초학문적 팀 접근을 실시할 때에는 다양한 영역의 전문가들의 협력을 기초로 서로의 정보와 기술, 그리고 역할을 공유하고 최종 결정은 팀의 합의를 거친다.

🔧 **초학문적 팀의 구성과 역할**

구성원	역할
특수교사	• 교육과정에 기초한 기능적 어휘 선정 • 학습자의 학업 특성 정보 제공
일반교사 (원적학급 교사)	• 원적학급 교육내용에 대한 정보 제공 • 일반학생 소프트웨어 교육내용 제공
학부모	• 학생의 가정생활환경 정보 제공 • 가정에서의 기능적 어휘 관련 정보 제공
공학 관련 전문가	• 소프트웨어 프로그램 수행 관련 정보 • 장애학생의 공학매체 활용에 관한 교육방법 의견 교환

2. 교육용 프로그램의 평가

(1) 외부평가 13중특

① 개념
  ㉠ 외부평가란 외부 전문가로 구성된 팀에 의해서 종합적이고 거시적인 평가 정보를 제공하는 평가를 의미한다.
  ㉡ 프로그램 선정에 개인적 관점을 배제하고 프로그램의 기술과 공학에 초점을 두는 평가를 한다.

② 외부평가자의 자질 13중특
  ㉠ 평가자는 소프트웨어가 적용되는 대상자에 대한 전문적인 지식과 경험을 가져야 한다.
    • 평가자는 장애학생의 각 장애 영역에 따른 인지, 심리, 교육 특성 등에 대한 전문적인 지식이 있어야 한다.
  ㉡ 평가자는 교과 지도 경험이나 교과 관련 전문 지식을 가져야 한다.
    • 장애를 가지고 있는 학습자의 교과내용에 대한 경험이나 지식이 없으면 평가 결과가 적절하지 않을 수 있으므로, 평가자에게는 교수·학습용 프로그램과 관련한 내용의 지도 경험이나 전문 지식이 필수적이라고 할 수 있다.

자료

교육용 프로그램의 평가
• 특수교사, 일반교사를 비롯한 관련 교육전문가들은 무엇보다도 교수·학습용 소프트웨어의 평가, 선택, 교수·학습 환경에서의 현실적인 적용 및 활동 타당성에 대해서 관심을 가져야 한다. 왜냐하면 교수·학습용 소프트웨어는 실제 학습의 효율성 및 효과와 가장 밀접한 관계를 가지고 있으며 여러 요인들에 의해 영향을 받기 때문이다.
• 장애학생의 특성과 요구에 적합한 교육을 제공하기 위한 목적으로 사용될 프로그램은 외부평가와 내부평가의 과정을 통해 최종 선정된다. 평가 과정 역시 선정에서와 마찬가지로 초학문적 팀 접근이 이루어져야 한다.
출처 ▶ 김남진 외(2017)

ⓒ 평가자는 특수교육 현장의 고유한 특성과 컴퓨터 및 디지털 관련 공학 간의 상호관계를 이해하여야 한다.
- 멀티미디어 교수·학습용 소프트웨어를 평가할 때, 프로그램 혹은 디지털 관련 기술에만 초점을 맞추어 평가할 경우 장애를 가진 학습자의 고유한 특성이 간과되기 쉽다.
  - **예** 시각장애를 가진 학습자를 위해서는 청각적 지원에 초점을 둔 매체가 주된 매체로 제공되어야 하며, 청각장애를 가진 학습자를 위해서는 시각적 지원에 초점을 둔 매체가 주된 매체로 제공되어야 한다.

③ 외부평가 단계

[1단계 : 평가할 교수·학습용 프로그램 수집]
평가할 교수·학습용 프로그램을 수집하고, 프로그램의 목표, 주요 대상자, 사용 시 고려사항에 대한 정보를 확인한다.

↓

[2단계 : 평가팀 구성]
- 프로그램의 주요 내용과 대상자의 특성을 고려하여 관련 전문가들로 팀을 구성한다.
- 구성된 평가팀에 의해서 기본적인 평가(내용, 전개방법, 난이도, 사용방법, 프로그램 활용을 위한 하드웨어 사양 등)를 실시한다.

↓

[3단계 : 현장조사 실시]
이 프로그램이 사용될 현장의 정보를 확인하고, 이 프로그램을 사용할 주 대상자인 교수자와 학습자들을 참여시켜 현장조사를 실시한다.

↓

[4단계 : 정밀평가 실시]
평가팀의 기본적인 평가와 현장조사 자료를 토대로 정밀평가를 실시한다.

↓

[5단계 : 재평가 및 정보 제공]
미리 실시한 평가 결과에 대한 재평가를 실시하여 내용의 타당성, 교육현장에서의 적절성, 사용상의 주요 고려사항들을 다시 한 번 검토하고 이를 종합하여 평가결과를 교사 및 교육, 임상전문가들에게 제공한다.

④ 외부평가 결과에 대한 교수자의 고려사항

교수·학습 프로그램을 사용할 교수자는 아래와 같은 항목으로 외부평가 결과를 고려하여 활용하는 것이 바람직하다.

㉠ 교수·학습용 프로그램 평가는 정확한 과정으로 이루어졌는가, 과정은 어떠하였는가?
㉡ 교수·학습용 프로그램 평가는 개인이나 팀으로 이루어졌는가?
㉢ 평가자는 어떠한 배경을 바탕으로 교수·학습용 프로그램을 평가하였는가?
㉣ 평가 중에 고려된 주요 요인 및 항목(예 장애 유형, 장애 정도, 연령)은 무엇인가?

(2) 내부평가

① 개념 ^{13중특}

㉠ 내부평가란 학급 단위로 수업 및 학급 구성원 개개인을 위해 전문가가 실시하여 미시적인 평가 정보를 제공하는 평가를 의미한다.
㉡ 내부평가 시에는 수업과 관련된 일반적인 사항, 교육의 적절성, 공학기기의 적합성에 대해 고려해야 한다.

② 고려사항 ^{13중특}

| 수업과 관련된 일반적인 사항 | 수업 정보 영역에서는 수업과 직접적인 연관이 있는 학습자와 교수자의 특성이 포함된다.
• 교수·학습 장면에 적합하고, 학습방법 및 전개 방식이 교사의 수업 유형과 조화를 이루어야 한다.
   - 장애학생에게 제공하는 피드백과 강화는 적절해야 하는데, 특히 강화는 교사가 장애학생에게 제공하는 방식과 유사한 것이 좋다.
• 학습자의 학습 특성 및 독특한 요구에 부합해야 한다.
• 학습자들의 상위 사고기능을 촉진시키기 위하여 여러 가지 교수방법 및 전개 전략을 사용해야 한다.
• 인지적 장애와 낮은 수행능력 수준으로 인하여 다음 단계로 이행할 수 없을 때에는 반복학습과 같은 다른 방법적인 면을 고려해야 한다. |

구분	내용
교육의 적절성	프로그램이 얼마나 교수·학습 장면에서 적절하게 활용될 수 있는지 여부를 고려해야 한다. • 멀티미디어가 가지는 특성과 교수·학습 장면의 여러 요소를 고려하여야 한다. • 학습자들의 입력에 대한 프로그램 반응의 방법이 여러 가지 행동수정의 원리에 근거하여 고려되었는지 확인해야 한다. • 교수·학습용 소프트웨어는 학습자가 재시도하거나, 반응에 대한 자기 교정적인 또 다른 기회를 제공할 수 있도록 제작되었는지 확인해야 한다. • 학습자의 학습동기에 대한 측면에 대해서도 고려해야 한다.
공학기기의 적합성	현재 대부분의 교수·학습용 소프트웨어는 멀티미디어를 기반으로 하기 때문에 각각의 매체를 학습자가 사용 및 조정할 수 있는지에 대한 사항을 살펴보아야 한다. • 화면 구성이 복잡해서는 안 되며, 문자, 그래픽, 애니메이션, 비디오가 적절하게 배치되고 그 수가 적절한지를 파악하여야 한다. • 입력 장치에 대한 고려가 있어야 한다: 일반적인 마우스와 키보드 이외에 다른 입력기기로 조작할 수 있는지, 그리고 다른 대체 입력기기가 쉽게 설치되고, 마우스와 키보드와 비교하였을 때 사용상의 어려움이나 불이익은 없는지에 대하여 파악하는 것이 필요하다. • 기타 장비에 대한 고려사항: 일반적으로 컴퓨터는 입출력을 위하여 프린터, DVD, 외부 메모리, 디지털 카메라, 캠코더, VCR 등의 기타 장비들이 필요한데 이러한 장비가 학습내용상 학습자들에게 필요한지 그 적절성을 파악하여 설치 및 운영하여야 한다. 또한 이러한 기기들에 대한 기본적인 사용상의 주의점에 대한 정보가 있어야 한다.

KORSET 합격 굳히기 기술적 평가와 교육적 평가

프로그램의 평가는 기술적 측면과 교육적 측면에서 이루어지기도 한다.

1. 기술적인 측면에서는 현재 사용 가능한 컴퓨터 환경에서 별도의 하드웨어나 소프트웨어의 설치 없이 프로그램이 제대로 구동되는지, 기술적인 오류는 없는지, 사용설명서와 보조자료는 잘 갖추어져 있는지, 화면의 색상과 음질, 디자인의 품질이 떨어지지 않는지를 살펴보아야 한다.

2. 교육적인 측면에서는 원하는 학습목표가 달성될 수 있도록 학습내용이 체계적으로 짜여 있는지, 불필요한 내용이나 혼란을 줄 만한 내용은 없는지, 어휘 수준이 학습자에게 적합한지, 학습자와의 상호작용이 적절한지, 내용의 제시방법이 효과적인지, 학습자의 관심을 끌 수 있는지 등을 확인하는 것이 중요하다.

02 소프트웨어의 개발

1. 교수·학습용 소프트웨어 개발 시 일반적 고려사항
① 학습목표와 활용방안을 구체적이고 명백하게 교수·학습용 소프트웨어에 반영하여야 한다.
② 교수·학습용 소프트웨어의 내용이 명확하고 조직적으로 전달되며 학습할 수 있도록 구성되어야 한다.
③ 학습자 및 사용자의 요구와 수준, 특성을 정확하게 파악하여 학습동기를 효과적으로 유발시켜서 진행할 수 있도록 하여야 한다.
④ 학습자들이 쉽게 교수·학습용 소프트웨어를 사용할 수 있도록 하여야 한다.

2. 교수·학습용 소프트웨어 개발 시 장애학생을 위한 고려사항 [10유특]
① 학습목표에 맞게 주제가 적절해야 하고, 컴퓨터가 가지는 특성에 맞게 적절하게 구성되어야 한다.
② 학습자의 흥미 수준에 적합하여야 하며, 이를 통하여 동기를 제공해 줄 수 있도록 설계되어야 한다.
  • 인지장애를 가지고 있는 학습자들을 위한 교수·학습용 소프트웨어를 개발 및 제작할 때 반드시 포함되어야 하는 사항이다.
③ 학습자들에게 좌절감이나 실패를 유도하지 않고, 도전의 기회를 제공하는 것이 중요하다.
④ 개인이 프로그램을 사용하는 데 능동적으로 참여할 수 있어야 하고 상호작용 장면을 제공해야 한다.
⑤ 피드백과 강화의 기능이 적절해야 한다.
⑥ 교수·학습용 소프트웨어는 개별적이어야 하며, 프로그램을 사용하는 개인과 상호작용이 이루어져야 한다.
  • 특히 나이가 어린 사용자와 낮은 인지적 기능을 가진 사람에게 중요하다.
⑦ 학습자의 기능 수준이 낮을수록 청각, 시각, 촉각에 대한 통제가 더 중요해진다.
  • 교수·학습용 소프트웨어에서 사용자가 문자를 읽을 수 있어도 어떤 경우에는 제시되지 않도록 하는 것이 좋으며, 경도장애의 경우에 종합적 청각자극이나 과다한 시각적 자극은 주의를 산만하게 할 가능성을 가지고 있기 때문에 적절한 빈도로 제공하는 것이 중요하다.

> **Tip**
> 교수·학습용 소프트웨어 개발 시 일반적 고려사항 및 장애학생을 위한 고려사항은 교육용 프로그램의 선정 시 고려해야 할 사항과 상호 연관된다.

⑧ 소프트웨어에서 지시문의 선택과 통제는 사용자의 능력 한도 내에서 제공되어야 한다.

⑨ 화면의 유형은 학습자의 기능적 수준과 학습요구를 반영해야 한다.
   예 개인의 시각은 상단 왼쪽에서부터 하단 오른쪽으로 움직이기 때문에 문자, 동영상, 그래픽, 애니메이션 등의 배치는 신중해야 한다.

⑩ 학습자가 소프트웨어를 사용할 때 오류확인이 가능해야 하며, 사용자의 잘못된 입력으로 인해 프로그램이 쉽게 끝나서는 안 된다.

Chapter 07 특수교육과 컴퓨터의 활용

01 컴퓨터 보조 수업의 이해

1. 컴퓨터 보조 수업의 개념

① 컴퓨터 보조 수업(CAI)은 흔히 교수·학습용 프로그램인 코스웨어를 지칭하는 용어로, 컴퓨터를 직접 수업매체로 활용하여 교과의 내용을 구성하고 있는 지식과 태도 그리고 기능을 가르치고 평가하는 방법이다.

② 컴퓨터 보조 수업에서는 코스웨어를 통해 학습내용을 제시하고 학습과정을 상호작용적으로 지도하고 통제하며 학습결과를 평가하게 된다.

2. 컴퓨터 보조 수업의 특징

(1) 개별화

① 학습자의 선행 학습 정도에 따라 각기 다른 프로그램을 학습할 수 있다.

② 학습자의 능력 수준에 따라 학습의 속도를 달리할 수 있다.

(2) 상호작용 촉진

① 학습자와 컴퓨터의 능동적 의사소통이 가능하다.

② 즉각적인 피드백이 가능하다.

(3) 동기유발

① 다른 교수매체보다 학습 의욕을 더 높여 준다.

② 능동적 반응 및 적극적 참여를 유도한다.

(4) 경제성

① 개발에 고비용이 들지만, 한 번 개발된 프로그램은 계속 반복해서 사용할 수 있으므로 대규모의 수업에 유리하다.

② 원격 교육이나 자기주도적 학습에 유용하다.

③ 위험하거나 고비용의 실험을 가상의 공간에서 해볼 수 있다.

3. 컴퓨터 보조 수업을 위한 프로그램 선정 시 고려사항 [10유특]

① 프로그램은 단계적으로 구성되어 있고, 각 단계별 내용 간에는 연계성이 있어야 한다.
② 교사가 프로그램의 내용을 쉽게 변화시킬 수 있는 다양한 옵션이 있어야 한다.
③ 학생의 능력 수준에 따라 프로그램의 진행 속도나 내용 수준을 조절할 수 있어야 한다.
④ 학생의 특성에 따라 과제에 대한 반응시간을 각기 상이하게 조절할 수 있어야 한다.
⑤ 화려하고 복잡한 그래픽이나 애니메이션 구성은 학생의 집중력에 방해가 되므로 피하도록 한다.
⑥ 학생이 프로그램 내의 지시를 잘 따를 수 있도록 화살표 등 신호체계가 눈에 띄게 표시되어 있어야 한다.

✿ 효과적인 교수용 프로그램의 특징

좋은 프로그램	좋지 않은 프로그램	학습원리
학습기술과 관련된 응답을 많이 제공하는 프로그램	학습기술과 관련이 없는 활동을 많이 포함하거나 조작하는 데 많은 시간이 요구되는 프로그램	과제수행에 시간을 많이 들일수록 많이 배운다.
학습한 기술이나 개념을 지원하는 그래픽이나 애니메이션이 들어 있는 프로그램	수업목표와 관련 없이 그래픽이나 애니메이션이 포함된 프로그램	그래픽이나 애니메이션이 학생의 학습활동에 관심을 촉진시키는 반면, 주의가 산만하여 기능습득에 방해가 되거나 연습시간을 감소시킬 수도 있다.
강화가 집중적으로 이루어지며, 학급에서 이루어지는 강화형태와 유사한 점이 포함된 프로그램	강화용 그래픽을 제공하거나, 매번 옳았다는 응답이 있고 난 후에 활동이 이루어지는 프로그램	학생들의 맞는 답변에 대해 너무 빈번한 강화를 해주면, 웬만한 강화에는 별로 반응을 하지 않으며, 강화활동에 소비하는 시간으로 학습시간이 지연된다.
강화가 과제의 완성이나 유지와 관련된 프로그램	학생이 바르게 반응했을 때의 강화(미소짓는 얼굴)보다 틀리게 반응했을 때 더 많은 강화(예 폭발)를 제공하는 프로그램	실제로 어떤 프로그램들은 학생들에게 고의로 틀린 답을 하게 하여 보다 자극적인 강화를 경험하게 하기도 한다.

학생들이 실수한 곳을 찾아 교정할 수 있도록 피드백을 제공하는 프로그램	질문에 대한 응답으로 "맞음" "틀림" "다시 하세요"만을 제시하는 프로그램	몇 번의 시도 후에 정답에 관한 피드백이 없으면 학생들을 좌절하게 만들거나 포기하게 만든다.
신중하게 계열화된 항목으로 작은 단위로 연습을 제공하는 프로그램	다양하고 넓은 영역에서 연습하도록 했거나, 잠정적 항목의 광대한 세트에서 마음대로 항목을 끌어내게 만든 프로그램	유사한 항목들 사이의 잠재적 혼동을 감소시키기 위해, 작은 단위의 신중하고 계열적으로 고려된 항목들이 주어졌을 때 더 빨리 정보를 숙달할 수 있다.
다양한 방법으로 연습을 제공하는 프로그램	항상 같은 방법 또는 항목 중에서 같은 단위로 연습을 제공하는 프로그램	다양하게 연습이 이루어지지 않는다면 새로운 상황이나 환경에서 일반화시키기가 힘들다.
누적된 사고를 할 수 있게 해주는 프로그램	누적된 사고를 할 필요가 없는 프로그램	자신이 배운 것을 잊지 않기 위해서는 선행지식 및 기술에 대한 반복이 필요하다.
추후에 교사가 학생들의 과제수행 기록을 확인할 수 있는 프로그램	기록기능이 포함되어 있지 않은 프로그램	교사는 학생들의 컴퓨터 과제수행을 통제하기가 어렵다. 따라서 학생의 수행기록에 교사가 접근할 수 있게 하여 학생에 대한 프로그램의 효과성 유무와 추가적인 서비스의 필요성 여부를 결정한다.
문제제시 속도, 피드백 형태, 문제의 난이도, 연습시도 횟수 등과 같은 선택사항이 제공되는 프로그램	모든 학생들에게 동일한 학습내용과 학습방법 등이 제시되는 프로그램	다양한 선택사항을 사용함으로써 비용이 감소되며, 교사로 하여금 적절한 개별화 수업을 제공할 수 있다.

출처 ▶ 김남진 외(2017)

4. 컴퓨터 보조 수업 활용상의 유의점

① CAI는 교수·학습의 보조수단이 아니라, 완전한 교수·학습 프로그램으로 고려되어야 하고, 특히 개별화 학습이 가능할 수 있도록 활용되어야 한다.

② CAI 프로그램을 선정함에 있어서 컴퓨터에 능통하지 않은 학생이라도 충분히 사용할 수 있는 것인가를 고려하여야 한다.
- 컴퓨터에 대한 기초지식이 필요한 경우 사전에 이를 지도하여 CAI 프로그램을 두려워하는 학생이 없도록 하여야 한다.

③ 교사는 사전에 CAI 프로그램의 내용을 충분히 숙지하고 수업에 임하여야 한다.

④ CAI 프로그램을 활용한 학습에서 학생 전체에게 동일한 프로그램을 제공하는 것이 아니라, 학생 개개인의 능력에 적합한 프로그램을 제시해 주어야 한다.

⑤ CAI 프로그램을 이용하여 학습을 할 경우 개별 학생의 진행 상황, 이해 여부 등을 판단하여 해당 학습이 계속 필요한 학생에게는 반복학습의 기회를 부여하여야 한다.

5. 컴퓨터 보조 수업의 장단점

(1) 장점

컴퓨터 보조 수업의 장점은 다음과 같다.

① 개개인에게 맞는 수준과 속도로 학습을 할 수 있게 해준다.
② 학습내용을 흥미 있는 방식으로 제시할 수 있어 동기유발이 쉽다.
③ 학습에의 주의집중 수준을 높일 수 있다.
④ 비위협적인 학습환경을 제공해 준다.
⑤ 교수자료들이 다감각적으로 제시된다.
⑥ 효과적인 훈련 및 연습을 제공해 준다.
⑦ 장애학생과 비장애학생 간의 상호작용이 촉진될 수 있다.
⑧ 학생의 성취도에 대한 기록이 쉽고, 저장이 가능하므로 교사가 학생의 학습을 진단하거나 촉진하는 데 도움이 된다.
⑨ 빈번하고 즉각적인 피드백이 가능하다.

(2) 단점

다음과 같은 단점(문제점)은 여전히 남아 있다.

① 질 높은 프로그램의 개발이나 소프트웨어의 선정이 어렵다.

② 기계적인 정답만을 찾아내는 학습이 이루어질 수도 있다.

③ 교수·학습 상황에서 정서적 교류가 거의 불가능하다.

④ 정의적 영역의 학습효과가 크지 않다.

02 컴퓨터 보조 수업의 유형 16유특, 20초특, 21중특

컴퓨터 보조 수업은 학습내용의 구성요소에 따라 반복연습형, 개인교수형, 시뮬레이션형, 게임형, 발견학습형, 문제해결형으로 나눌 수 있다.

1. 반복연습형 18초특

① 반복연습형은 학습자들이 정해진 수준의 성취도를 달성하도록 주어진 과제를 반복적으로 학습하도록 설계된 프로그램이다.
- 학습자에게 새로운 개념을 가르치는 것이 아니라, 학습자들이 이미 다른 방법을 통해서 배운 지식이나 개념을 유지하고 더욱 정확하게 하며, 틀림없이 수행하게 하는 데 활용되는 소프트웨어이다.

② 대체로 단순 암기를 통하여 지식이나 기능을 학습하고자 할 때 활용한다.

③ 반복연습형 소프트웨어 선정·활용 시에는 다음과 같은 사항을 고려해야 한다.
  ㉠ 새로운 지식이나 기술을 제시할 경우 학습자의 기존 지식이나 기능을 방해하지 않도록 설계되어야 한다.
  ㉡ 연습은 작은 단위로 나누어 짧은 시간에 하는 것이, 많은 내용을 장시간에 걸쳐 하는 것보다 효과적이다.
  ㉢ 배우고 얼마 되지 않아 반복하는 것이 기억에 도움을 준다.

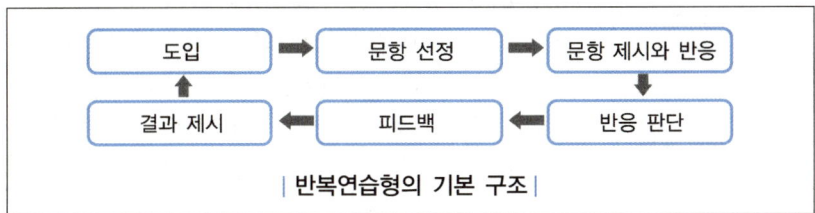

| 반복연습형의 기본 구조 |

도입	학습과정에서 학습자의 반응 요령, 문항 선정 및 진행방법 등과 같은 학습할 내용 및 방법에 대한 일반적인 안내를 제시한다.
문항 선정	프로그램 개발자가 미리 정한 순서에 따라 연습할 문항이 무작위로 선택된다.
문항제시와 반응	학습자가 제시한 문항에 적절한 반응을 입력한다.
반응 판단	입력된 반응을 정답과 비교하여 정답 또는 오답으로 구분하여 저장한다.
피드백	학습자의 반응에 대한 적절한 정보(새로운 학습과제로 이행 또는 동일한 수준과 유형의 문제를 반복)를 알려 준다.
결과 제시	학습자의 학습결과를 제시한다.

출처 ▶ 김용욱 외(2003). 내용 요약정리

2. 개인교수형

① 개인교수형은 특정 영역에 대한 새로운 정보를 가르치고, 확인하고, 강화해 줌으로써 학습자 스스로 학습할 수 있도록 설계된 프로그램이다.

② 학습자는 마치 교사와 일대일의 교수 상황에서 학습을 수행하는 것처럼 프로그램과 상호작용한다.

③ 원리학습이나 문제해결 학습과 같은 고등 정신기능을 위해 활용할 수 있다.

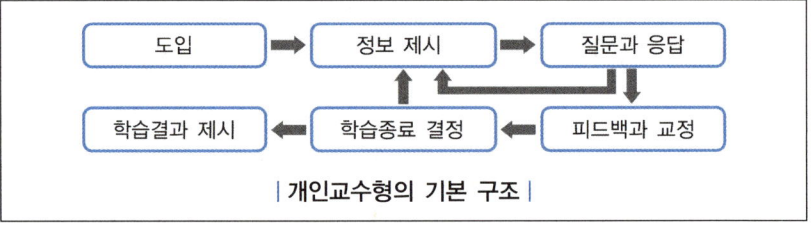

| 개인교수형의 기본 구조 |

도입	제목과 학습목표를 제시, 선행 학습을 상기, 학습순서와 내용을 선택할 메뉴 제공, 사전 검사를 실시한다.
정보 제시	• 수업의 중심단계라고 할 수 있다. • 학습자의 수준과 특성에 맞도록 내용을 제시한다.
질문과 응답	• 학습자의 주의를 집중시키고, 이해정도를 가늠하고, 후속 학습의 계열을 정하기 위해 수시로 질문이 제시된다. • 질문내용은 학습자의 수준과 맞아야 하고, 긍정적인 질문을 하는 것이 좋으며, 개념을 다양하게 응용하여 질문한다.

피드백과 교정	• 학습자의 정답에 대해 "잘했습니다.", "맞았습니다."와 같은 피드백을 제공해 주는데, 모든 피드백은 긍정적이어야 한다. • 피드백과 함께 교정적 정보가 제시되는데, 이때 틀리게 반응한 정보내용은 더 쉽고 재미있게 이해할 수 있도록 제시하는 것이 좋다.
학습종료 결정	학습종료는 학습자가 선택할 수 있도록 허용한다.
학습결과 제시	단원학습이 끝나면 학습내용을 요약해 주고, 계속되는 학습에 대한 안내를 제공한다.

출처 ▶ 김용욱 외(2003). 내용 요약정리

3. 시뮬레이션형 ^{20초특, 21중특}

① 시뮬레이션형은 가상적 상황에서 과제를 수행하고 그 결과를 확인함으로써 구체적인 지식을 습득할 수 있도록 설계된 프로그램이다.
   • 모의실험 또는 가상실험은 실제와 유사한 현상을 컴퓨터라는 가상공간을 통해 수행할 수 있다.

② 시뮬레이션형의 장점은 다음과 같다.
   ㉠ 실제로 행하는 것보다 위험 부담이 적다.
   ㉡ 비용이 절감된다.
   ㉢ 실제 상황보다 더 간편하다.
   ㉣ 시간을 절약할 수 있다.
   ㉤ 어떤 현상의 구체적인 상황에 초점을 맞추는 능력이 증가된다.
   ㉥ 경험을 반복할 수 있다.

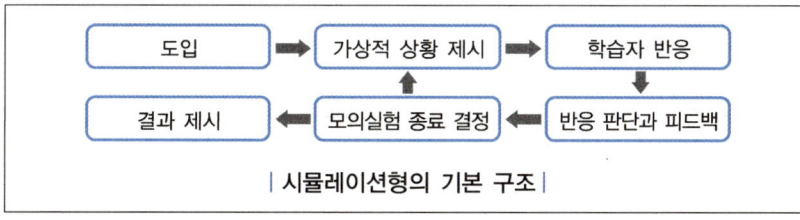

| 시뮬레이션형의 기본 구조 |

시뮬레이션형
동 모의실험형

시뮬레이션형의 기본 구조

출처 ▶ 2021 중등B-10 기출

도입	학습목표를 제시, 모의실험에 대한 개략적인 설명과 진행방법에 대한 정보를 제시한다.
가상적 상황 제시	가상적 상황은 실제 상황을 정확하게 모방하여야 한다.
학습자 반응	실험 내용에 타당한 컴퓨터 입력 장치의 개발 및 활용이 중요하다.
반응 판단과 피드백	때로는 즉각적으로, 때로는 지연된 피드백을 준다.
모의실험 종료 결정 및 학습결과 제시	모의실험은 학습자가 종료를 결정할 수 있고, 이후 학습결과를 제시한다.

출처 ▶ 김용욱 외(2003). 내용 요약정리

4. 게임형

① 게임형은 교육용 소프트웨어에 경쟁, 도전, 흥미 요소를 포함시켜 학습자가 능동적으로 학습에 참여하도록 함으로써 원하는 학습목표에 도달하도록 하는 형태로, 학습자는 게임에 몰입하는 동안 자연스럽게 학습목표에 도달하게 된다.

② 효과적인 게임을 개발하기 위해서는 그래픽과 영상, 음향효과가 고품질이어야 하며, 학습자에게 적합한 수준의 난이도를 유지함으로써 도전감을 줄 수 있어야 한다.

5. 발견학습형

① 발견학습형은 귀납적 방법을 사용하는 학습행동을 가리키는 일반적인 용어로 학습자에게 제시된 문제를 시행착오나 체계적 접근법을 통하여 해결한다.

② 학습자가 가설을 세운 다음 데이터베이스에 질문을 던지면서 귀납적으로 접근한 후 시행착오를 통해 가설을 검증하게 된다.

6. 문제해결형

① 문제해결형은 학습자가 주어진 복잡한 문제를 해결해 나가도록 만든 형태다.

② 학습자는 도전적인 문제를 해결하기 위해 주어진 정보와 데이터를 수집하고, 문제를 분명하게 진술하며, 가설을 세우고, 실험을 하고, 해결안을 도출한다.

학습내용의 구성에 따른 컴퓨터 보조 수업의 유형별 특징 비교

유형	핵심내용	교사의 역할	컴퓨터의 역할	학습자의 역할	보기
반복연습형	• 기본적인 사실이나 용어 등 이전 학습에서의 학습 내용 • 다양한 유형의 질문 • 필요에 따라 반복되는 질의·응답을 통한 연습	• 선수지식들의 순서화 • 연습을 위한 자료 선택 • 진행상황 점검	• 학생 반응을 평가하는 질문 던지기 • 즉각적 피드백 제공 • 학생진전 기록	• 이미 배운 내용을 연습 • 질문에 응답 • 교정/확인받음 • 내용과 난이도 선택	• 낱말 만들기 • 수학 명제 • 지식 산출
개인교수형	• 새로운 정보제시로 개념과 원리 학습 • 교정수업을 제공	• 자료 선택 • 교수에 적응 • 모니터	• 정보 제시 • 질문하기 • 모니터/반응 • 교정적 피드백 제공 • 핵심 요약 • 기록 보존	• 컴퓨터와 상호작용 • 결과 보고 • 질문에 대답하기 • 질문하기	• 사무원 교육 • 은행원 교육 • 과학 • 의료 절차 • 성경공부
시뮬레이션형 (모의실험형)	• 실제 상황을 모사한 실제적 모형에 기초한 학습 • 개별, 또는 모둠(조별) 활동	• 주제 소개 • 배경 제시 • 간략하지 않은 안내	• 역할하기 • 의사결정의 결과 전달 • 모형의 유지와 모형의 데이터베이스	• 의사결정을 연습 • 선택하기 • 결정의 결과받기 • 결정 평가	• 고난 극복 • 역사 • 의료진단 • 시뮬레이터 • 사업관리 • 실험실 실험
게임형	• 경쟁을 통한 높은 학습동기 부여와 함께 반복 연습 • 개별, 또는 모둠(조별) 활동	• 한계를 정함 • 절차 지시 • 결과 모니터링	• 경쟁자, 심판, 점수기록자로 행동	• 사실, 전략, 기술을 학습 • 평가 선택 • 컴퓨터와의 경쟁	• 분수 게임 • 계산 게임 • 철자 게임 • 타자 게임
발견학습형	• 자료원을 통한 탐구활동 • 귀납적 접근 방법 • 시행착오의 반복 • 가설을 검증	• 기본적인 문제 제시 • 학생 진전을 모니터	• 정보 원천을 학습자에게 제공 • 데이터 저장 • 검색절차 허용	• 가설 만들기 • 추측을 검증하기 • 원리나 규칙 개발하기	• 사회과학 • 과학 • 직업 선택
문제해결형	• 문제 파악 • 가설 수립 • 자료 분석 • 해결책 제시	• 문제를 확인 • 학생들을 돕기 • 결과 검증	• 문제 제시 • 데이터 조작 • 데이터베이스 유지 • 피드백 제공	• 문제를 정의하기 • 해결안을 세우기 • 다양성을 조절	• 사업 • 창의력 • 고난 극복 • 수학 • 컴퓨터 프로그래밍

03 멀티미디어 활용 수업

1. 멀티미디어 활용 수업의 개념

① 멀티미디어란 다양한 매체를 활용하여 언어적 정보와 회화적 정보를 제시하는 것이다.
- 멀티미디어는 정보를 다양한 형태로 제공할 수 있음을 특징으로 하는 만큼 언어적 정보와 회화적 정보를 동시에 제시하는 것이 학습에 유용하다.

② 멀티미디어 학습 혹은 수업은 단일 미디어를 자료로 활용하는 것보다 다양한 방식에 의해 자료를 제시했을 때 학습자의 학습효과도 향상될 것임을 기본적으로 가정하고 있다.

2. 멀티미디어 활용 수업의 장단점

(1) 장점
① 실제와 유사한 간접경험의 기회를 제공한다.
② 풍부한 자료를 제공한다.
③ 학습의 개별화를 촉진한다.
④ 동기유발과 자신감을 갖게 한다.
⑤ 비용의 절감, 안전성의 증대, 훈련시간을 단축한다.
⑥ 구조화된 학습환경을 제공한다.

(2) 단점
① 멀티미디어 시스템을 갖추기 위해서는 비싼 하드웨어와 소프트웨어를 구입해야 한다(구입상의 어려움).
② 고가의 하드웨어와 소프트웨어를 구입하더라도 장비와 프로그램의 사용 연한이 짧기 때문에 지속적으로 교체해야 한다(관리상의 어려움).
③ 새로운 하드웨어와 소프트웨어를 다룰 수 있는 기술의 습득이 필요하다(교육상의 어려움).

04 ICT 활용 수업

1. ICT 활용 수업의 개념

① ICT(Information & Communication Technology)는 정보 기술(information technology)과 통신 기술(communication technology)의 합성어로 하드웨어 및 이들 기기의 운영 및 정보 관리에 필요한 소프트웨어 기술과 이들 기술을 이용하여 정보를 수집, 생산, 가공, 보존, 전달, 활용하는 모든 방법을 의미한다.

② 교수·학습 과정에서 ICT 활용의 가장 큰 목적은 학습자의 창의적 사고와 다양한 학습활동을 촉진시켜 학습목표를 효과적으로 달성할 수 있도록 지원하는 데 있다.

③ ICT 활용 수업은 ICT 소양교육과 ICT 교과활용교육으로 구성된다.

ICT 소양교육	ICT 자체에 대한 교육으로 정보의 생성, 처리, 분석, 검색 등 기본적인 정보활용능력을 기르는 교육으로 컴퓨터과학과 정보통신윤리를 강조한다.
ICT 교과활용교육	ICT 소양교육의 결과를 교과별로 활용하여 그 교과의 목표를 효과적으로 달성하려는 것을 의미한다.

2. ICT 활용 수업의 구성요소

ICT를 활용한 교육의 효과를 극대화하기 위해서는 하드웨어, 소프트웨어, 휴먼웨어(인적 구성원)와 같은 구성요소를 필요로 한다.

① 하드웨어에는 실물화상기 및 OHP, 디지털 카메라, 컴퓨터, 디지털 교과서 등과 같은 아날로그 혹은 디지털 기반의 매체가 포함된다.

② 소프트웨어에는 워드프로세서, 스프레드시트, 웹, 게임 소프트웨어 등이 포함된다. 소프트웨어의 선정에 있어서 가장 우선적으로 고려해야 할 것은 학습결과의 맥락 속에서 사용되어질 소프트웨어가 일정 수준 이상의 효과가 있을 것인가를 검토하는 것이다.

③ 휴먼웨어에는 교사와 학생, 교육행정가, 그리고 지원 인사들이 포함된다. 휴먼웨어는 하드웨어와 소프트웨어와는 달리 수업운영의 주체로서 주어진 환경이 아니라 만들어 가고 구성되어지는 변인이라고 할 수 있다. 이런 점에서 앞의 두 요소보다 더욱 중요시된다.

ICT 활용 수업
동 ICT 활용 교육, ICT 교육

자료

교육적 활용을 위한 ICT
교육적 활용을 위한 ICT란 컴퓨터 기반의 하드웨어와 소프트웨어와 관련된 도구와 기법을 의미한다. 이는 통신, CD-ROM과 인터넷 같은 정보자원, 정보통신공학과 관련을 맺고 있으며, 이를 통한 정보의 수집, 가공, 저장, 검색, 전송, 수신, 표현, 통제, 관리, 조작 등과 관련된 모든 시스템을 포함하며, 이를 직업과 일상생활에서 적절히 이용하여 효과적으로 학습하기 위해 필요한 지식, 기술(skill), 이해를 지원하기 위한 용어이다.

3. ICT 활용 수업의 교육적 특징

① 학습자의 자율성 및 유연한 학습활동을 제공할 수 있다.

ICT 활용교육은 지식 전달 위주의 교육방법과 교실 중심의 제한된 교육환경에서 탈피하여 학습자의 자율과 특성을 존중하며, 다양하고 유연한 학습활동을 수행할 수 있게 한다.

② 학생들에게 자기주도적 학습환경을 제공할 수 있다.

ICT를 활용한 정보 검색 및 의견 교환을 통해 학습목표와 방법 수립, 평가 등 일련의 학습과정에서 학습자에게 주도적인 역할을 부여함으로써 자기주도적 학습환경을 제공할 수 있다.

③ 창의력 및 문제해결 능력 향상에 도움을 준다.

다양한 ICT를 활용하여 정보 검색 및 수집, 분석, 종합 등 새로운 정보 창출 과정에 직접 참여함으로써 창의력과 문제 해결 능력을 신장시킨다.

④ 교수자들은 다양한 교수·학습 활동을 유발시킬 수 있다.

문제해결학습, 프로젝트학습, 상황학습, 협동학습 등 다양한 수업활동을 지원함으로써 교수·학습의 질적, 양적 향상이 이루어질 수 있다.

⑤ 물리적으로 한정적이던 교육의 장을 확대할 수 있다.

시·공간의 제약성을 극복할 수 있는 다양한 ICT(예 웹 기반 가상교육 등)의 활용을 통해 교육의 장을 더욱 확대함으로써 사고의 폭을 넓히고 고차원적인 사고 능력을 신장시킬 수 있다.

4. ICT 활용 수업의 유형

ICT를 활용한 수업의 활동 형태는 다음과 같이 크게 여덟 가지로 나눌 수 있다. 그러나 이들 활동 유형을 실제 수업에 적용할 때는 각각의 유형별로 배타적이기보다는 상호 보완적, 복합적으로 적용되는 경우가 많다. 따라서 실질적인 수업 전개 시 여덟 가지 이상의 다양한 ICT 활용 수업 형태가 나올 수 있고, 복합적인 형태로 나타나는 경우가 많다.

유형	설명
정보 탐색하기	과제 해결을 위한 첫 단계로 인터넷 검색엔진을 비롯한 웹 사이트, CD-ROM 타이틀, 인쇄자료 등을 활용하여 자료를 탐색하거나 정보를 갖고 있는 사람과의 직접적인 정보교환 등을 통해 다양한 정보를 찾아보는 유형
정보 분석하기	웹 사이트 검색, 설문조사, 실험, 구체물을 통한 자료의 확보 등과 같은 다양한 방법으로 수집한 원자료를 문서편집기나 데이터베이스, 스프레드시트 등을 이용하여 비교·분류·조합하는 정보 분석 활동을 통해 결론을 예측하고 추론해 보는 유형
정보 안내하기	교사가 대부분의 학습활동을 주도하는 유형으로, 미리 잘 짜인 수업처럼 교사가 미리 수업을 계획하여 필요한 단계에서 교육용 CD-ROM 타이틀을 제공하거나, 미리 개발한 프레젠테이션 자료 또는 홈페이지를 통해 학습자에게 수업내용을 안내하는 유형
웹 토론하기	채팅이나 게시판, 전자우편 등을 활용하여 어떤 특정한 주제에 대해 허락이 된 참여자 또는 불특정 다수가 자신의 의견을 게시할 수 있는 유형
협력 연구하기	교실이라는 제한된 범위를 넘어 다른 지역, 다른 나라 학습자들끼리 공동 관심사항에 대해 각기 자료를 검색하고 취합하여 결과물을 공유하는 유형
전문가 교류하기	인터넷을 통해 특정 분야의 전문가를 비롯한 학부모, 선배, 다른 교사 등과 의사소통을 하면서 학생이 탐구 및 학습활동을 할 때 관련 분야의 전문지식을 활용하도록 지원하기 위한 유형
웹 펜팔하기	E-pals(혹은 keypals)은 인터넷의 전자우편을 이용하여 여러 지역의 다른 사람과 개인적인 교류를 하거나 언어학습 또는 문화에 대한 이해를 위한 목적으로 교류를 하는 유형
정보 만들기	문제해결 과정에서 산출된 각종 결과물을 다른 사람이 볼 수 있도록 보고서나 프레젠테이션 자료, 홈페이지로 만드는 유형

5. ICT 활용 수업의 장점과 방해 요인

(1) 장점

① 다양한 교수·학습 방법을 적용할 수 있다.
- 전통적인 교육에서는 교육을 위해 일정한 시·공간이 필요했으나 웹의 장점을 활용하여 정보를 수집하거나 제공하고, 다른 학습자 및 전문가와의 교류와 같은 활동 유형을 선정하여 학습을 전개할 수 있다.

② 필요한 정보에 접근하거나 활용할 수 있다.
- 중증의 장애를 가진 학생들도 인터넷을 이용하여 공공기관을 이용하거나 필요한 물건을 구입하는 방법을 학습할 수 있다.

③ 정보화 매체의 활용은 학습자에게 학습동기를 부여할 수 있다.
- 테크놀로지를 이용한 수업은 학습자들의 수업 자체에 대한 흥미와 태도를 향상시켜 주는 효과가 있으며, 학습자의 수준에 맞추어 일제학습과 개별학습이 동시에 가능하기 때문에 학습자의 학업에 대한 동기를 유발시킬 수 있다.

④ 주의집중에 어려움이 있는 장애학생들의 문제를 극복할 수 있는 가능성을 높여 준다.
- 멀티미디어나 인터넷과 같은 정보통신 매체가 수업에 도입될 때 교사는 새롭고 다양한 자료의 제시를 통해 학습자들의 주의를 지속시킬 수 있다.

⑤ ICT 활용 수업을 통하여 정보를 탐색하고, 찾은 정보를 정리하여 필요에 따라 활용할 수 있는 방법을 익히는 학습은 장애학생들이 정보 활용의 경험부족으로 인해 겪는 '이중적 불이익'을 방지할 수 있다는 점에서 매우 중요시된다.
- 교수자는 학습자와 ICT를 활용한 정보 검색 및 의견 교환을 통해 학습목표와 방법 수립, 평가 등 일련의 학습과정을 같이 설계할 수 있으며, 어떤 부분에 있어서는 학습자에게 정보 검색의 주도적인 역할을 부여함으로써 학습자의 정보활용 능력을 신장시킬 수 있다. 이러한 활동은 학습자에게 자기주도적인 학습 환경을 제공할 수 있고, 창의력과 문제해결 능력을 신장시킨다.

(2) **방해 요인**

ICT 활용 수업을 방해하는 요인은 자원의 제한 혹은 공학적 지원의 부족 등에 의한 외적 혹은 일차적 요인과 ICT의 활용에 대한 교사의 태도 등을 포함하는 내적 혹은 이차적 요인과 같은 두 가지 유형에 의해 구분된다. 또 다른 분류 방법으로는 ICT 활용 수업이 활성화되지 못하는 이유가 교사 개인과 연관이 있는지, 학교 수준에서 발생하는 상황적인 것인지를 고려하는 것이다.

✿ ICT 활용 수업 활성화 저해 요인 구분

구분		내용
원인의 소재	외적	• 자원에 대한 접근성 제한 • 시간의 한정성 • 효과적인 훈련 부족 • 공학적인 문제들
	내적	• 자신감 결여 • 변화에 대한 저항감 및 부정적인 태도 • 이점에 대한 무지각
원인과의 관련성	학교 수준	• 자원에 대한 접근성 제한(하드웨어 부족, 부적절한 조직, 낮은 질의 소프트웨어) • 시간의 한정성 • 효과적인 훈련 부족 • 공학적인 문제들
	교사 개인 수준	• 시간의 한정성 • 자신감 결여 • 변화에 대한 저항감 및 부정적인 태도 • 이점에 대한 무지각 • 자원에 대한 접근 제한성(개인적/가정적 접근)

Chapter 08 보조공학의 이해

01 보조공학의 개념

1. 보조공학의 정의

① 보조공학이란 장애인의 기능적 역량을 증진, 유지, 향상하기 위해 사용되는 품목이나 장비 또는 생산 시스템을 의미한다.

② 보조공학 활용의 목적은 사용자의 기능적 활동 수행을 가능하도록 하는 것이다.

③ 장애인의 신체적·인지적 기능을 유지 또는 향상시키기 위한 목적으로 지원되는 보조공학기기와 보조공학서비스를 포함하는 개념으로 상업적으로 구매 가능한 기성품, 변형이나 개별 맞춤 제작된 것은 모두 여기에 속한다.

- 보조공학을 구성하는 보조공학기기와 보조공학서비스의 의미를 구체적으로 살펴보면 다음과 같다(IDEA, 2004).

보조공학기기	장애를 가진 개인들의 기능적 능력을 늘리거나, 유지하거나, 향상시키기 위해 사용되는 물건이나 장비, 또는 제품의 일부분이거나 생산 시스템으로, 상업적으로 기성화된 것 또는 개조된 것, 또는 전용으로 맞춘 것
보조공학서비스	장애를 가진 사람들이 보조공학기기를 선택, 습득, 사용할 수 있도록 직접적으로 도와주는 것

④ 보편적 설계와 보조공학의 특징을 비교하면 다음과 같다.

보편적 설계	보조공학
디자이너/개발자의 책임감	사용자나 사용자 대리인의 책임감
서비스나 제품이 개발되는 동안 이루어짐	제품이 완성된 후 또는 서비스가 전달되는 동안 이루어짐
즉시 많은 사람들에게 제공됨	한 번에 한 사용자에게 제공됨
계속적인 접근성	소모적인 접근성
뜻밖의 발견을 허락함	혁신방법이 드물게 사용됨

보조공학

장애인의 기능적 역량을 증진, 유지, 향상하기 위해 사용되는 품목이나 장비 또는 생산 시스템을 이른다. 상업적으로 구매 가능한 기성품, 변형이나 개별 맞춤 제작된 것을 모두 포함한다. 보조공학은 다양한 공학적 수준에 따라 노테크(no tech), 로우테크(low tech), 미드테크(mid tech), 하이테크(high tech)로 분류된다. 노테크는 어떠한 공학적 도구도 사용하지 않으면서 장애인의 기능적 역량을 증진해 주는 것으로, 그림 상징이 배열된 의사소통 책이나 의사소통 앨범, 의사소통 지갑 등이 이에 속한다. 로우테크는 적은 비용으로 구입하거나 변형하여 사용할 수 있는 비전자적 도구로, 의사소통판이나 하루 스케줄판, 페이지 터너, 변형 숟가락 등이 이에 속한다. 미드테크는 라이트 테크(light tech)라고도 하는데, 사용하려면 훈련이 약간 필요할 수도 있다. 단일 메시지나 몇 가지 복잡한 메시지를 녹음하여 사용할 수 있는 음성산출도구, 스위치, 변형 장난감 등이 이에 속한다. 하이테크는 고비용의 도구로 사용하려면 훈련이 많이 필요하며, 일반적으로 전자적이며 전력 장치가 연결되어 있는 경우가 있다. 레이저 지팡이, 화면 확대기, 전동 휠체어, 텍스트 변환 음성산출도구 등이 이에 속한다(특수교육학 용어사전, 2018).

보조공학의 목적

2012 중등1-40 기출	본문 참조
한국보조공학사협회 (2016)	궁극적으로 보조공학은 기능적 능력 회복을 통하여 장애인의 삶의 질을 향상시키는 데 목적이 있다.

2. 보조공학의 연속성 ^{11중특, 25중특}

① 보조공학은 장치에 적용된 기술력의 정도에 따라 로우테크놀로지-미드테크놀로지-하이테크놀로지로 구분할 수 있으며, 여기에 체계적인 교수의 제공과 관련 서비스를 제공하는 노테크놀로지에 이르기까지 연속적으로 구성되어 있다.

② 보조공학의 연속성은 학자들마다 조금의 차이가 있는데, Blackhurst가 제안한 보조공학의 연속적 구성을 살펴보면 다음과 같다.

하이테크놀로지 (high-technology)	• 컴퓨터, 상호작용 멀티미디어 시스템 등의 정교한 장치 • 일반적으로 전자적이며 전력 장치가 연결되어 있는 경우도 있다. • 화면 확대기, 전동 휠체어, 텍스트 변환 음성산출 도구 등이 이에 속한다.
미드테크놀로지 (medium-technology, light technology)	• 비디오 장치, 휠체어 등의 덜 복잡한 전기장치 혹은 기계장치 • 사용하려면 훈련이 약간 필요할 수도 있다. • 단일 메시지나 몇 가지 복잡한 메시지를 녹음하여 사용할 수 있는 음성산출도구, 스위치, 변형 장난감 등이 이에 속한다.
로우테크놀로지 (low-technology)	• 적은 비용으로 구입하거나 변형하여 사용할 수 있는 비전자적 도구 • 의사소통판이나 하루 스케줄판, 변형 숟가락 등이 이에 속한다.
노테크놀로지 (no-tech solutions)	• 어떤 공학적 도구도 사용하지 않으면서 장애인의 기능적 역량을 증진해 주는 것 • 노테크(무공학)에 해당되는 예는 다음과 같다. - 교실에서 휠체어를 탄 장애학생이 지나갈 수 있도록 책상 사이의 간격을 넓혀 주는 것 - 장애학생이 놀이에 참여할 수 있도록 놀이 규칙과 참여 방법을 수정하는 것 - 그림 상징이 배열된 의사소통 책이나 의사소통 앨범, 의사소통 지갑 등

③ 한 학생이 사용할 수 있는 보조공학기기가 여러 가지일 때도 있는데, 그럴 경우에는 가장 단순하면서도 덜 방해받는 것을 선택한다.
  • 예를 들어, 행동 범위가 제한된 학생이 책장을 넘기기 위해 비싼 전자식 책장 넘기기 도구보다는 연필 뒤에 달려 있는 지우개를 활용해 책장을 넘기는 것이 훨씬 효과적이다.

비교

노테크, 로우테크, 하이테크의 예

1. 보조공학의 연속성과 각 시스템의 예로 제시되는 제품의 종류는 학자들마다 조금의 차이가 있다.
2. Dell 등(보조공학의 연속성을 로우테크, 미드테크, 하이테크로 구분)은 그림으로 만든 간단한 의사소통판을 로우테크로 분류하였으며 보조공학의 연속성을 4단계로 구분한 Blackhurst 역시 의사소통판을 로우테크로 분류하였다. 반면에 Brown 등(2017)은 의사소통판을 아래의 표와 같이 노테크로 분류하고 있다.

AAC 시스템	예
노테크	• 많은 상징의 페이지로 이루어진 의사소통 책 • 벽이나 책상, 휠체어에 있는 쉽게 올리거나 휴대할 수 있는 의사소통판 • 지갑의 사진첩에 상징이 들어가 있는 의사소통 지갑
로우 테크, 라이트 테크	• 스위치를 누를 때 메시지가 나오는 스위치 음성산출 기기 • 상징이 순서대로 제시되고(예 커서와 백라이트를 통해서) 원하는 상징이 제시되면 개인이 스위치를 눌러 원하는 상징을 선택하는 간단한 스캐닝 시스템
하이 테크	• 녹음된 음성을 활용하는 의사소통의 목적으로만 설계된 시스템 • 컴퓨터 산출 음성을 활용한 의사소통의 목적으로만 설계된 시스템 • 음성 산출과 상징을 표시하는 소프트웨어를 갖추어 의사소통을 위해 사용될 수 있는, 단지 의사소통의 목적으로만 설계되지는 않은 시스템

3. 보조공학의 유용성

(1) ABC 모델

① Lewis는 특수교육대상자에게 제공할 수 있는 보조공학의 특별한 이점을 ABC 모델로 제시하였다.
  ㉠ 능력의 신장(Augment abilities)
  ㉡ 매체로의 대체(Bypass)
  ㉢ 장애의 보상(Compensate for disabilities)

② 능력의 신장은 인지적·신체적 손상으로 인해 저하된 능력을 공학기기를 이용하여 증진시키는 것을 의미한다.
  • 저시력인 경우 문자 확대기를 이용함으로써 잔존능력을 적절히 이용할 수 있게 되는 경우가 이에 속한다.

③ 매체로의 대체에는 정보의 입출력과 관련하여 정보의 입력이 불가능한 경우, 혹은 정보를 시각적으로 확인할 수 없는 경우, 음성을 통한 입력 그리고 청각적 부호에 의한 출력을 제공하는 경우 등이 속한다.

④ 장애의 보상이란 장애로 인한 비효율성을 최소화하는 것이다.
  • 철자를 자동으로 점검하게 하는 프로그램이나 문장을 자동으로 완성하게 하여 학습자의 신체적 수고를 최소화하는 프로그램 등이 이에 해당한다.

(2) Wile 모델

① Wile은 인간행동에 영향을 미치는 변인을 조직 체계, 보상, 인지적 지원, 도구, 물리적 환경, 기술 또는 지식, 타고난 능력 등과 같은 일곱 가지로 구분한다.
  ㉠ 인간의 행동은 개별 변인의 독립적인 영향에 의해 행해지는 것이 아니라 외적 변인과 내적 변인의 영향을 받는다.
  ㉡ 외적 변인과 내적 변인을 구성하는 하위 변인들은 하나 또는 하나 이상의 변인들이 혼합되어 행동적 문제를 야기한다.
  ㉢ 각각의 변인들은 상호 연관되어 있지만, 행동에 미치는 영향력과 통제 가능성에 있어서 서로 상이한 특성을 갖고 있음을 강조한다.

② Wile 모델에서는 공학적 접근이 모든 인간행동의 문제를 해결할 수 있는 만병통치약은 아니라는 전제하에 공학적 개입은 행동적 문제를 야기하는 다른 변인들과의 상호 연계를 통해 행동 문제의 완화 및 해결에 효과적임을 주장하였다.

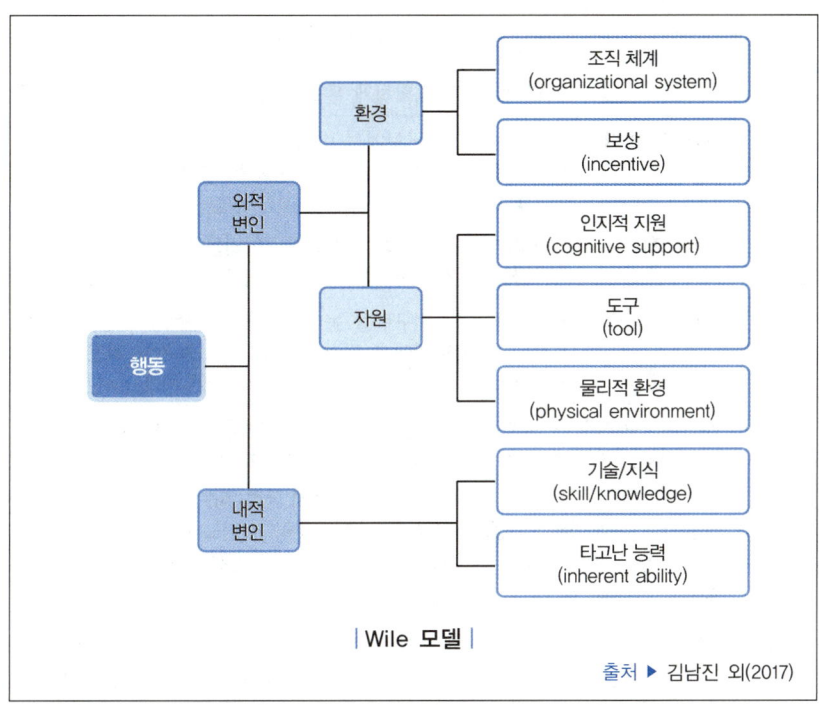

| Wile 모델 |

출처 ▶ 김남진 외(2017)

KORSET 합격 굳히기 지원과 Wile의 HPT 모델

1. 인간 기능성은 개인과 환경 간의 부조화를 감소시키고 개인적 성과를 증진시킬 때 향상된다. 그러한 기능성은 다차원적이기 때문에 인간 기능성을 개선하기 위한 수단으로서 지원을 고려하는 것은 지원 제공의 더욱 구체적 기능들에 대해 사고할 수 있는 구조를 제공한다.

2. 인간 수행 공학(Human Performance Technology, HPT) 이론가들은 인간 기능성은 개인의 행동과 환경의 상호작용의 결과라고 가정한다. 예를 들면, HPT 모델을 만들어 낸 Wile은 다른 다섯 가지 유망한 HPT 모델들을 종합하여 인간 수행은 조직 체계, 보상(incentives), 인지적 지원, 도구, 물리적 환경, 기술/지식, 타고난 능력과 같은 일곱 가지 요소에 의해 영향을 받는다고 제안한다.

3. Wile이 말한 인간 수행에 영향을 주는 일곱 가지 요소에 각각 대응하는 지원 유형의 예는 다음과 같다.

HPT 요소	지원 유형의 예
1. 조직 체계	• 지적장애인을 고용할 경우 인센티브를 주는 법이나 공공정책을 통과함 • 보편적 설계의 원칙에 기초하여 집과 지역사회 환경의 건설과 재건축을 위한 산업 기준을 수립함
2. 보상	• 개인의 집이 깨끗하고 위생적으로 유지되도록 하는 행동에 긍정적 강화를 포함하는 행동계약을 개발함 • 일을 잘해서 돈을 더 많이 번 결과로 선호하는 활동에 참여할 기회를 증가시킴
3. 인지적 지원	• 다른 작업활동으로 전환하도록 동료 직원이 알려줌

4. 도구	• 표현적 의사소통을 원활하게 하기 위해 보완대체의사소통 체계를 사용함 • 쇼핑할 때에 정확하게 돈을 지불할 수 있게 계산기를 사용함
5. 물리적 환경	• 시험을 볼 때 교실에서 비교적 집중이 잘 되는 자리에 배치함 • 휠체어를 타고 다니는 사람이 서류를 정리할 수 있게 서류함 높이를 낮춤
6. 기술/지식	• 지역사회 헬스클럽을 이용하는 방법을 교수함 • 병원을 이용할 수 있는 사전 준비로서 상황이야기를 활용함
7. 타고난 능력	• 신체 활력과 지구력을 높이기 위해서 운동함 • 활동 혹은 환경에서 잘하기 위해 내적 동기를 사용함 • 개인의 상대적 강점에 맞게 직무와 다른 활동을 선택함

① Wile은 1번부터 5번까지는 외적 변인이고 6번과 7번은 내적 변인이라고 한다.
② 인간 수행과 관련하여 이 일곱 가지 요소는 상호 의존적이며 보다 정확히 말해 축적적으로 생각되어져야 한다. 따라서 지원의 관점에서 보면, 하나의 요소에 관련된 문제를 해결하기 위해 다른 요소를 간과할 수는 없는 것이다. 어느 개인에게 요소 4(도구)를 사용하여 수행을 높이려는 경우에 그가 동기 요소 2(보상)가 결여되어 있다면 도구 활용은 효과를 볼 수 없을 것이다.

4. Wile의 HPT 모델에 의하면 지원은 생활 속에서 구별되는 활동이나 분리된 사건들에 초점을 맞추어서는 안 되며 지원을 제공하는 특정의 인물(예 교사, 직무지도원)에 기초해서도 안 된다. 지원 체계는 다중적 환경에서 인간 수행의 복합적 측면을 고려해야 한다.
5. Wile의 HPT 모델의 함의는 조직적인 차원에서 지원이 이루어져야 한다는 것이다.

출처 ▶ AAIDD(2011)

(3) BBEE 모델

① BBEE(Baker's Basic Ergonomic Equation) 모델에 의하면 보조공학 사용자들이 효과적인 과제수행을 위해서는 동기, 신체적 노력, 인지적 노력, 언어적 노력, 시간에 대한 부담 등과 같은 요소들의 작용을 필요로 한다.

  ㉠ 주어진 과제를 성공적으로 수행하기 위해서는 무엇보다 동기의 영향력이 상당히 큰 만큼 이를 극대화하고, 반면에 신체적·인지적·언어적 노력 그리고 시간은 최소화시키는 것이 유리하다. 그러나 반대 현상이 유발될 경우 과제수행은 실패할 가능성이 높다.
  ㉡ 요소들 간의 관계를 고려할 때 보조공학의 사용은 분자에 해당하는 동기를 극대화시켜 줄 수 있으며, 동시에 분모에 해당하는 요소들을 최소화시켜 줄 수 있는 기능을 제공한다.

$$성공 혹은 실패 = \frac{보조공학\ 이용자가\ 주어진\ 과제를\ 지속적이고\ 완벽하게\ 처리하기\ 위한\ 동기}{신체적\ 노력 + 인지적\ 노력 + 언어적\ 노력 + 시간}$$

② BBEE 모델에서는 보조공학의 사용이 동기를 극대화시켜 줄 수 있으며, 신체적·인지적·언어적 노력을 최소화시켜 줄 수 있는 기능을 제공하는 동시에 과제 수행에 소요되는 시간을 절약시켜 주는 기능을 제공함으로써 과제를 성공적으로 수행할 수 있도록 하는 이점을 제공한다는 점을 보여준다.

02 보조공학 사정 및 전달체계

1. 보조공학 사정

① 보조공학 사정이란 특수교육대상자의 인지적, 신체적, 정서적 어려움을 유발하는 부정적 요인이 무엇인지를 찾아내어, 이를 최소화하고 학습자의 장점을 극대화하기 위한 기기를 탐색하는 일련의 과정을 의미한다.

② 보조공학 사정 역시 여타의 사정과 마찬가지로 해당 프로그램의 강점과 약점 확인, 효율성의 결정, 중재의 선택, 그리고 조사 시행하기 등의 요소로 이루어진다.

③ Bryant 등은 보조공학 사정의 일반적 특성을 다음과 같이 제시하였다.

18중특, 24초특

생태학적 사정	• 보조공학의 사정은 보조공학과 관련된 다양한 요소들을 모두 고려해야 한다. • 효과적인 사정은 사용자에게 영향을 끼칠 사람들과 기기가 사용될 다양한 환경을 고려해야 한다.
실천적 사정	• 보조공학 사정은 학생들의 행동이 나타날 상황에서 보조공학기기들을 사용함으로써 현실적으로 계속되어야 한다. 　- 사용자들이 자연적인 환경에서 기기들을 사용하면서 경험을 얻는 것과 동시에 장치로 훈련받도록 해야 한다. • 보조공학기기가 선택되고 사용자에게 맞춰진 후, 사정은 보조공학기기들이 사용될 복잡한 상황에서 계속된다.
계속적 사정	• 사정은 한 가지 형식이나 다른 형식으로 계속된다. • 사정팀의 결정이 정확하고 보조공학기기가 효과적이고 올바른 방법으로 사용되고 있는지 확인하기 위해 보조공학기기의 사용이 감시되고 지속적으로 평가되어야 한다.

보조공학 사정 및 중재의 원칙

Cook 등(2014)은 보조공학 사정 및 중재의 원칙을 다음과 같이 다섯 가지로 정리하여 제시하였는데, 여기에는 Bryant 등이 제시한 보조공학 사정의 세 가지 특성이 포함되어 있다.

1. 보조공학 사정과 중재는 인간, 활동, 보조공학, 주변 상황을 고려해야 한다.
2. 보조공학 중재의 목적은 사람을 재활시키거나 손상을 치료하는 데 있는 것이 아니라 기능적 활동을 수행하는 것을 가능하게 만드는 보조공학 시스템을 제공하는 데 있다.
3. 보조공학 사정은 지속적이고 신중해야 한다.
4. 보조공학 사정과 중재는 협력과 소비자 중심적 방법을 필요로 한다.
5. 보조공학 사정과 중재는 데이터를 수집하고 해석하는 방법에 대한 이해를 필요로 한다.

2. 보조공학 전달체계 [12중특]

① 보조공학 전달체계란 보조공학기기와 서비스를 장애학생에게 전달하는 전반적인 과정을 말한다.

② WATI(Wisconsin Assistive Technology Initiative)를 포함한 각각의 전달체계는 기본적으로는 '의뢰 → 초기평가 → 추천 및 보고서 작성 → 실행 → 단기 사후지도 → 장기 사후지도'라는 유사한 과정을 거친다.

> **보조공학 전달체계**
> 圐 보조공학서비스 전달 과정

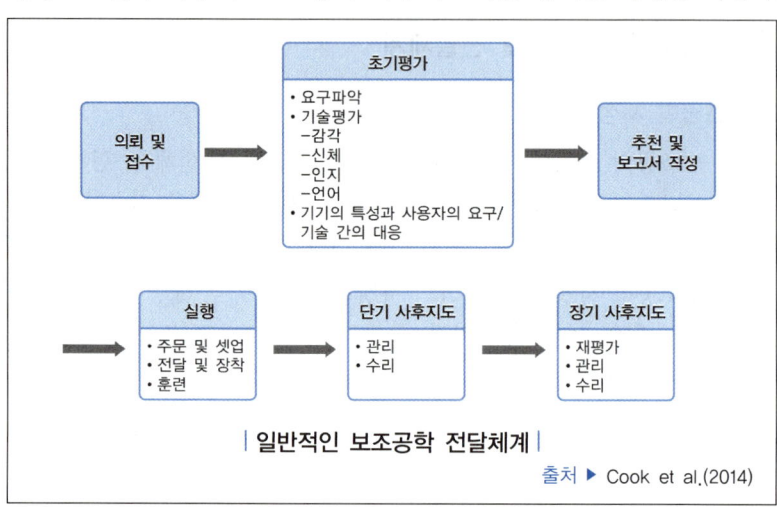

| 일반적인 보조공학 전달체계 |

출처 ▶ Cook et al.(2014)

의뢰 및 접수	• 사용자 혹은 사용자의 보호자는 보조공학 중재의 필요성을 파악하게 되고, 의뢰를 위해 해당 분야의 보조공학 전문가에게 도움을 요청한다. • 서비스 제공자는 기본적인 정보를 수집하고 자신이 제공하는 서비스 유형과 파악된 소비자의 요구 간에 대응이 있을지를 판단한다. • 요구사항 및 비용 등 서비스 지원이 가능하다고 판단되면 다음 단계인 초기평가가 시작된다.
초기평가	• 사용자의 보조공학에 대한 요구사항을 좀 더 구체화하는 요구 파악에서부터 시작된다. • 사용자의 감각, 신체, 인지, 언어 능력을 평가하는데, 공학기기를 손으로 사용하기 어려운 학생의 경우에 다리보다는 머리나 입을 이용하여 제어가 가능한지를 먼저 고려해야 한다. • 사용자에게 알맞은 보조공학을 제공하기 위해 기기의 특성과 사용자의 요구 및 기술 간의 대응을 해야 한다.
추천 및 보고서 작성	• 초기평가의 결과를 요약하고 관계자들 간의 합의를 기초로 보조공학기기에 대한 추천이 이루어진다. • 이상의 내용들은 다시 서면화된 보고서로 요약되는데, 이는 보조공학기기 및 서비스를 구매하는 데 필요한 기금 마련의 타당성을 확보하는 데 이용된다.

구분	내용
실행	• 추천된 기기가 주문되거나 개조 혹은 제작된다. 또한 사용자가 사용할 수 있도록 기기가 설치되거나 전달된다. • 뿐만 아니라 기기의 기본 조작법에 관한 기본적인 훈련과 효과적인 사용방법에 대한 지속적인 훈련도 이 단계에서 이루어진다.
단기 사후지도	• 단기 사후지도는 시스템이 전체적으로 효율성 있게 기능하는지를 파악해야 될 필요성에 의해 실시된다. • 따라서 사용자의 시스템 만족도, 그리고 설정된 목표의 충족 여부 등을 파악하게 된다.
장기 사후지도	• 장기 사후지도는 보조공학이 사용자의 요구나 목표의 변화에 부합하는지를 지속적으로 재평가하는 단계이다. • 장기 사후지도 단계는 일종의 서비스 순환고리로 연결함으로써 추가적인 보조공학서비스의 필요성이 시사될 때마다 사용자와의 정규적인 상호작용이 이루어질 수 있는 장치를 마련하는 것이다. 이를 통해 사용자는 필요할 때마다 다시 처음의 의뢰 및 접수 단계로 환류하게 되며, 이후의 과정이 전체적으로든 부분적으로든 반복되게 된다. • 서비스 전달과정에 이와 같은 장기 사후지도 단계를 둠으로써 사용자의 요구가 평생에 걸쳐 고려되는 것이 확실하게 가능해진다.

03 보조공학 사정모델

1. 인간 활동 보조공학 모델(HAAT 모델) 12중특

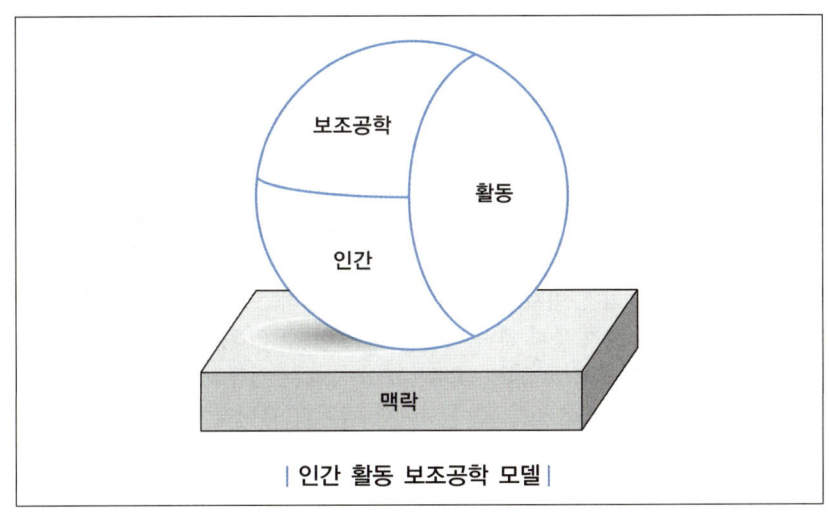

| 인간 활동 보조공학 모델 |

자료

HAAT 모델의 기반
• 인간 활동 보조공학 모델은 Bailey가 인간공학, 심리, 직업 등과 관련된 제품이나 디자인에 적용하기 위해 개발한 '인간수행 모델'을 발전시킨 모델이다.
• 기본적으로는 인간수행 모델을 기반으로 하되, 인간 활동에 영향을 미치는 두 가지 측면, 즉 환경적 요인에 물리적 상황뿐 아니라 사회·문화적 측면을 포함시켰으며, 다른 하나는 다른 변인들과 보조공학이 구체적으로 관계한다는 것을 포함시켰다.

① 인간 활동 보조공학 모델은 공학적 지원을 통한 학생의 활동 참여 증진에 주안점을 주고 있다.
- 인간 활동 보조공학 모델은 자신이 참여를 원하는 활동과 활동이 일어나는 환경을 탐색함으로써 개인이 원하는 것을 성취하는 데 초점을 맞춘다. 이를 통해 장애인이 보조공학기기를 사용하여 주어진 환경 안에서 활동하도록 촉진한다.

② 모델을 구성하고 있는 인간, 활동, 보조공학, 맥락의 네 가지 요소는 다음과 같은 각각의 하위 요소를 포함한다. 23중특
- 보조공학 활용의 중도 포기를 방지하기 위해서는 인간, 활동, 보조공학, 맥락을 체계적으로 고려하는 생태학적 사정이 이루어져야 한다.

인간	• 인간은 누가 어디서 무엇을 하는가를 나타내는 것으로, 장애인이 특정 활동에 적용할 수 있는 잠재 기술, 능력 또는 지식을 의미하는 능력과 관련된다. • 신체적, 인지적, 정서적 요소를 포함한다.
활동	• 활동은 어떤 것을 처리하는 과정이며 인간 수행의 기능적 결과로서 나타난다. • 일상생활 활동, 작업 및 생산적인 활동, 놀이 및 레저의 세 가지 기본 수행 영역으로 구분된다.
보조공학	• 장애의 존재에도 불구하고 인간 수행을 향상시킬 수 있는 토대를 제공하기 때문에 외부 가능인자라고 불린다.

맥락
(환경)
	• 다음의 네 가지 주요 요소로 구성된다.
	  - 자연과 건축 환경과 물리적 매개변수를 포함한 물리적 환경
	  - 사회적 환경
	  - 문화적 환경
	  - 공식 종교 기관, 법률 입법 및 사회문화적 제도를 포함한 제도적 환경

> ▶ **인간 활동 보조공학 모델 예시**
> 학교 컴퓨터실에서 워드 작업을 해야 할 사람이 있다고 가정하자. 여기서 워드 작업이 그의 활동이 될 것이며 학교 컴퓨터실이 맥락(상황)의 한 부분이 될 것이다. 그는 이것을 학교 숙제의 한 부분으로 완성할 필요가 있으므로 이것 역시 맥락의 한 부분이 된다. 그는 척수손상 때문에 양 손을 사용하지 못할 뿐만 아니라 말도 할 수 없다. 그래서 그를 위해 눈 응시 체계(보조공학)를 구입했다. 이 체계는 컴퓨터 스크린에 표시되는 스크린 키보드를 눈으로 응시하면 컴퓨터 모니터에 문자로 나타난다.

맥락
 주변상황

자료
사회적 환경
사회적 환경은 직접적 또는 간접적으로 보조공학을 사용하는 장애인과 상호작용하는 다른 개인인을 의미한다(Cook et al., 2014).

자료
보조공학서비스 전달에 영향을 미치는 문화적 요인
시간의 이용, 일과 놀이의 균형, 개인적 공간에 대한 감각, 재정에 대한 가치관, 가정에서의 역할, 장애에 대한 지식이나 이해와 정보의 출처, 신체적 외모를 중요시하는 정도 등(Cook et al., 2014)

자료
HAAT 모델 예시
쓰기 과제를 수행하려 하는 척수손상장애 학생 홍길동을 가정해 보자. 홍길동은 척수손상으로 손을 사용할 수 없지만 말은 분명하게 할 수 있으므로 음성 언어를 문자로 변환시켜 주는 음성인식장치로 쓰기 과제를 수행할 수 있다. 그러나 학교나 공공장소에는 여러 사람이 있기 때문에 음성인식에 오류가 생기지 않도록 소음제거 마이크를 사용해야 한다. 이러한 상황에서 홍길동을 위한 보조공학 시스템은 활동(글쓰기), 주변 배경(소음이 많은 공간), 인간 기술(말하는 것), 보조공학(음성인식장치)으로 구성된다. 홍길동이 아닌 다른 사람의 경우에는 이 시스템의 구성요소 중 하나 또는 그 이상에서 차이가 있을 수 있다. 홍길동과 달리 조용한 집 안에서만 일을 할 수밖에 없거나 말을 못해서 음성인식장치를 사용할 수 없는 경우다. 이렇게 보조공학 시스템은 각 개인마다 독특하고 차이가 있다(정동훈 외, 2018).

그의 기술(눈 응시)을 사용하여 활동(워드 작업)을 달성할 수 있는 것이다. 그가 눈으로 응시하면 자신이 직접 타이프를 치는 것처럼 보조공학이 그의 눈을 인식해서 컴퓨터에 전달하는 것이다.
보조공학 체계는 활동(워드 작업), 상황(학교 컴퓨터실, 학교 숙제 완성), 인간기술(눈 응시) 그리고 보조공학(눈 응시 시스템)이다.

출처 ▶ 한국보조공학사협회(2016)

③ HAAT 모델은 보조공학 전문가들이 각각의 변수들이 역동적이고 복잡한 상호작용을 하고 있음을 알고 이해함으로써 보조공학적 접근을 수행해야 한다는 것을 강조한다. 특히 장애인과 노인 등 신체적 불편을 겪고 있는 대상자에게 적용할 경우 당연히 보다 세밀하고 정확하게 보조공학적 변인을 고려해야 한다.

④ 인간의 활동(수행)을 장애나 손상의 관점에서 생각하기보다는 인간(사용자), 보조공학, 맥락 간의 부조화로 이해할 것을 강조한다. 따라서 ICF의 장애 개념과도 일치한다.

2. 인간-공학 대응 모델(MPT 모델)

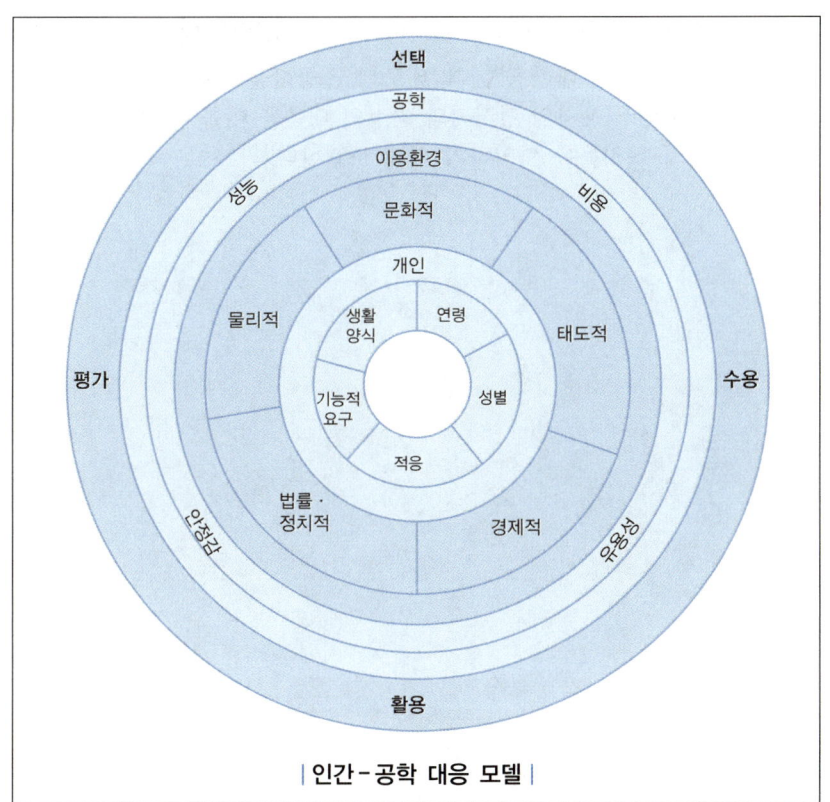

| 인간-공학 대응 모델 |

① 인간-공학 대응(Matching the Person to the Technology, MPT) 모델은 보조공학기기 사용의 심리사회적 측면을 설명하고자 시도한 모델이다.
- 심미적 측면은 기기의 사용과 비사용에 영향을 줄 수 있는데, 보조공학기기를 사용했을 때 시각적으로 다른 사람과 달라 보이거나 장애인으로 규정되어 낙인찍히는 것을 두려워한다면 보조공학기기의 사용에 대해 부정적으로 인식하게 되고 결국에는 기기를 사용하지 않게 된다.

② MPT 모델은 인간과 보조공학, 그리고 이 둘의 최적의 대응을 촉진하는 환경(milieu)의 중요성을 강조한다. 즉, 사용자의 개성·기질 및 선호도, 보조공학의 주요 특성, 물리적·사회적 환경, 지원 및 기회 그리고 이 모든 요소들이 잠재적으로 보조공학기기 사용에 미치는 영향에 초점을 두고 있다.

③ MPT 모델은 사용자 주도적 접근(user-driven approach)과 그에 수반되는 평가도구(예 자기 보고식 설문지)들을 활용함으로써 보조공학 사용자로 하여금 공학이 적절한 해법인지를 판단하고, 공학을 선택할 때 고려해야 할 개인적이고 환경적인 요소를 이해할 수 있도록 사용자에게 권한을 부여한다는 데 특징이 있다.
  ⊙ 개인 간의 차이를 인정하고 사용자가 자신의 생활 속에 보조공학기기가 차지하는 비중을 평가하는 생활 전반에 대한 접근을 취한다.
  ⓒ 보조공학에 대한 경험 및 태도, 보조공학을 사용하는 능력을 평가함으로써 사용자인 당사자와 최상의 대응을 이룰 수 있는 보조공학기기의 특징들을 파악하기 위해 노력한다.

3. SETT 구조 모델 ^{18유특, 24초특}

각 부분에 있는 질문은 그 자체로 이해하고 끝내기보다는 함께 논의해 볼 문제이다.

학생
- 기능적으로 중요한 부분이 무엇인가? 학생이 스스로 하기 어렵거나 할 수 없지만 해야 할 것은 무엇인가?
- 특별한 요구(중요 부분과 관련하여)
- 현재 능력(중요 부분과 관련하여)

환경
- 조정(교육적, 물리적)
- 지원(학생과 스탭 모두 이용할 수 있는)
- 자원과 장비(환경 내에서 다른 사람이 일반적으로 사용하는)
- 접근성 이슈(기술적, 물리적, 교육적)
- 태도 및 기대(스탭, 가족, 다른 사람의)

과제
- IEP 목표 및 목적을 완수할 수 있는 학생의 평소 환경에서 어떤 구체적인 수행과제가 생기는가?
- 환경 안에서 적극적인 참여를 위해 어떤 구체적인 수행과제가 필요한가?

학생과 환경, 수행과제에 대해 수집된 정보를 분석하고 다음의 질문과 활동에 대해 논의해 보자.

도구
- 보조공학기기와 서비스 없이 학생의 교육적 목표를 달성할 수 없을 것으로 예상하는가?
- 만약 그렇다면, 학생이 좋아하는 유용한 보조공학기기와 서비스 시스템이 무엇인지 기술한다.
- 시스템에 포함되는 도구는 학생의 요구를 수용해야 한다.
- 평소 환경에서 가장 잘 사용할 수 있는 것을 시험 사용 도구로 선택한다.
- 구체적인 시험 사용 계획을 짠다(예상되는 변화, 도구의 사용 시기와 방법 등 기타).
- 효과에 관한 데이터 수집

의사결정에 도움이 되는 정보인지 확인하고 실행이 정확하고 최신의 정보인지, 모든 관련된 지식을 확실히 반영하는지 등을 확인하기 위해 SETT 프레임워크 정보를 주기적으로 다시 참조한다.

| SETT 구조 |

자료

SETT 구조 모델 적용 예시

- 재민이의 특성
  - 뇌성마비 경직형 사지마비임
  - 신체활동에 대한 피로도가 높은 편임
  - 주의집중력이 높은 편임
  - 발성 및 조음에 어려움이 있으며 놀이 활동에 참여하고자 하나 활동 개시가 어려움
  - 활동 시간에 교사의 보조를 받아 부분 참여가 가능함
  - 코너 체어 머리 지지대에서 고개를 좌우로 정위할 수 있으나 자세를 유지하기 어려움

- 환경 특성
  - 자유 놀이 시간에 별도의 교육적·물리적 수정이 이루어지지 않음
  - 교사 지원: 교사가 유아들에게 개별 지원을 제공하나 재민이에게만 일대일로 지속적인 지원을 제공하는 데 어려움이 있음
  - 교실 자원: 다양한 놀잇감이 마련되어 있으나 재민이가 조작할 수 있는 교구는 부족함
  - 접근성 이슈: 기술적, 물리적, 교육적 측면
  - 태도 및 기대: 재민이가 독립적으로 놀이 활동에 참여할 수 있기를 희망함
  - 시설: 특이사항 없음

- 수행 과제 특성
  - 개별화교육계획과의 연계 목표: 재민이의 사회성, 의사소통 기술 향상
  - 자유 놀이 활동과 연계된 수행 과제: 또래에게 상호작용 시도하기, 놀이 개시하기

- 도구에 대한 의사결정
  - 노테크 접근: 놀이 규칙과 참여 방법 수정
  - 보조공학 도구: 싱글스위치를 이용한 보완대체의사소통 방법 활용
  - 요구 파악 및 활용도 높은 도구 선정: 코너체어 머리 지지대에 싱글스위치를 부착하고, 8칸 칩톡과 연결하여 훑기 방법 지도
  - 적용을 위한 계획 수립과 실행을 위한 지속적인 자료 수집

출처 ▶ 2018 유아A-8 기출

① SETT 구조 모델은 학생이 보조공학을 선택할 때 필요한 네 가지 주요 영역인 학생(Student), 환경(Environment), 과제(Task) 그리고 도구(Tools)를 강조하는 모델이다.
② 보조공학을 사용하는 일련의 과정은 교육자나 관련된 사람들과 가족, 그리고 학생 모두의 참여를 통해 이루어지는 과정임을 전제로 한다.
③ 구조(프레임워크)는 평가 프로토콜이기보다는 보조공학 제공에 관한 네 가지 주요 관련 부분을 탐색하는 일반적 구성을 말한다.
   - SETT 구조는 의도적으로 도구(보조공학)를 맨 마지막에 위치시켜 학생, 학생이 생활하는 환경, 학생이 수행할 과제에 초점을 유지하는 것이 중요함을 강조하고 있다. 세 가지 구성요소에 관심을 기울인 후 최종적으로 보조공학에 대해 생각할 것을 강조한다.
④ 보조공학 사용 여부를 결정하기 전에 체계화된 질문들을 이용하여 다음과 같은 사항들에 대한 구체적인 정보들을 먼저 수집해야 한다.

학생	• 참여자들은 학생이 해야 할 일을 함께 결정한다. 즉, 자립적으로 성취할 수 없는 학생을 위한 목표는 무엇인가에 대한 결정을 한다. • 학생이 해야 할 필요가 있는 것을 먼저 확인한 후 학생의 능력, 선호도, 특별한 요구에 대한 정보를 수집한다.
환경	• 참여자들은 물리적 환경에 존재하는 것들을 찾아서 목록을 작성한다. • 교수환경 조정, 필요한 교구, 시설, 지원교사, 접근성에 관한 문제점들에 대해 파악한다. 이때, 학생을 지원해 주는 사람들에게 도움이 될 만한 지원 자료들도 수집해야 한다. • 지원 자료는 해당 학생의 태도나 기대치도 포함된다.
과제	• 학생이 수행해야 할 모든 과제들이 조사되어야 한다. • 학생에게 필요한 활동들을 과제에 포함시켜서 그 학생이 전반적인 환경에서 더 많은 활동 참여를 할 수 있게 하고, IEP 목표를 달성할 수 있게 해야 한다. • 일단 정보가 수집되면, 참여자들은 중요한 요소들을 검토하여 과제의 본질을 변형시키지 않는 범위 내에서 최선의 조정사항을 결정하도록 한다.
도구	• 도구는 참여자들의 초기 결정 그리고 뒤따르는 사항들에 대한 지속적인 결정에 사용된다. 즉 참여자들은 학생과 환경, 필요한 과제들에 대해 잘 알고 있기 때문에 결정에 초점을 둘 수 있다. • 첫 번째 도구는 가능성이 있는 보조공학 해결책(무공학, 기초공학부터 첨단공학까지)을 함께 심사숙고하는 것이다. 다음 단계는 가장 적절한 혹은 가장 가능성이 있는 해결책을 찾고, 이어 참여자들은 선택된 공학에 필요한 교수 전략을 결정하게 된다. 마지막으로, 사용 기간 동안 효과성에 대해서 어떻게 점검할 것인지에 관한 방법을 결정한다.

4. 보조공학 숙고 과정 모델 [18중특]

① 보조공학 숙고 과정(AT Consideration Process) 모델은 장애학생들의 요구를 충족시켜 줄 수 있는 보조공학을 적절하게 선택하는 직접적 과정에 대해 설명한다.

② 보조공학 숙고 과정 모델은 다른 모델에 비해 정교하지는 않으며 다음의 다섯 단계를 거쳐 보조공학이 선택된다.

검토 단계	• 학생의 능력을 검토하는 것이다. • 이때 모든 중요한 측면에서의 학생의 기능적 능력과 학문적 수행을 포함한다. 뿐만 아니라 관찰이나 표준자료들을 포함하여 모든 사용 가능한 평가 자료를 포함한다.
개발 단계	• 학생의 능력과 교육적 발전에 필요한 요건(주나 지역의 교육과정 규범)에 맞추어 연간목표, 목적, 기준을 개발하는 것이다. • 이때 참여자들은 학생이 보조공학의 도움으로 주어진 목표와 목적을 달성할 수 있는가를 토론해 봐야 한다.
조사 단계	• 학생이 두 번째 단계에서 제시된 목표와 목적을 수행하는 데 필요한 모든 과제들을 조사하는 단계다. • 학생이 기술을 발휘하거나 기대를 충족시킬 수 있는 구체적 환경을 알아봐야 한다.
평가 단계	• 조사 단계에서 확인된 모든 과제의 난이도를 평가한다.
확인 단계	• 학생에게 맞는 모든 지원과 서비스를 확인해서 목표와 목적을 달성하는 것이다. • 이 단계는 특정한 보조공학 지원 혹은 서비스에 관한 결정을 포함하기도 한다.

5. 재활 모델과 욕구 중심 모델

(1) 재활 모델

① 질병의 원인을 밝히고 치료를 위해 의료 전문가에게 의존할 수밖에 없는 환자에게 중점을 두는 의료 모델에서 출발하였다. 따라서 재활 모델에서의 사정은 대개 특정 증상과 비정상적인 징후의 확인, 개인의 신체적 능력 파악에 초점을 둔다.

• 재활 모델의 중재 영역이 확장됨에 따라 재활 모델에서의 중재는 개인이 가능한 한 최대 수준의 기능으로 회복되도록 의료적, 사회적, 교육적 그리고 직업적 측면에서 통합적이고 조정된 훈련을 중재 방법으로 제공한다.

자료

보조공학 숙고 과정 모델 예시

단계	주요 내용
검토	• 하지 및 오른쪽 상지 이용에 어려움이 있음 • 활동적인 과제를 수행함 • 다양한 방과 후 활동에 참가하고 있음
개발	• 과제 수행과 다양한 방과 후 활동에 적극적으로 참가하기 • 이를 위한 휠체어 선정하기
조사	• 목표 달성에 필요한 다양한 과제 조사 • 과제 수행, 방과 후 활동과 관련한 구체적인 환경 및 맥락 조사
평가	• 각 과제별 난이도 평가
확인	• 과제 수행과 다양한 방과 후 활동에 적절한 휠체어 선정 • 오른쪽에서 왼쪽 바퀴와 오른쪽 바퀴에 동력이 전달되도록 휠체어 구조를 조정하고 주행 능력 평가

출처 ▶ 2018 중등A-10 기출

② 재활 모델은 최대한의 기능적 독립을 목표로 한다. 즉, 신체 일부의 상실과 같이 명백하게 기능을 회복할 수 없는 경우를 제외하고는 치료의 우선순위를 기능 회복에 둔다.
③ 보조공학기기는 개인이 하고자 하는 일이나 어떤 활동이 수행될 배경을 포괄적으로 고려하기보다 현재 나타난 특정한 결손에 따라 결정된다.
- 개인의 고유한 목적과 관심, 참여하고자 하는 활동의 특성 그리고 보조공학이 사용될 환경을 포괄적으로 수용하기에는 다소 한계가 있다.

(2) 욕구 중심 모델
① 욕구 중심 모델은 주류화라는 새로운 패러다임과 서비스 환경에는 부적합한 재활 모델의 문제점을 해결하기 위한 방안으로 제시된 모델이다.
  ㉠ 가정: 사람들 각자가 개인적 목표를 가지고 있으며 일상 활동에 참여하기를 원한다.
  ㉡ 목표: 개인이 제시한 욕구에 초점을 두고 기능을 향상시키는 문제해결 접근을 사용함으로써 개인의 역량, 안정감, 신체 기능의 향상을 목표로 한다.
  ㉢ 과정: 개인의 욕구는 그가 특정 환경 안에서 수행하려는 활동을 확인하고, 개인이 생각하는 기능적 목표나 욕구를 적절히 정의해 봄으로써 명확해질 수 있다고 보기 때문에 장애인들의 구체적인 욕구를 파악하기 위해 장애인을 면담 과정에 참여할 것을 권장한다. 보조공학 사용자에게 잠재적으로 자신의 욕구를 표현할 기회를 제공하고, 사용자가 스스로 목표를 설정하여 전체 서비스 과정을 이끌어 가도록 하기 위한 것이다. 이때 보조공학 전문가들은 활동 분석과 기능적 능력을 측정하고 관찰을 통해 사용자의 실제 과제수행 능력을 평가하도록 한다.
② 욕구 중심 모델은 무엇보다 사용자의 욕구 실현에 우선순위를 두고 있는 만큼, 제공된 보조공학기기의 효율성을 반드시 평가하여 보조공학 중재가 사용자의 목표를 얼마나 충족시켰는가의 관점에서 중재결과를 확인해야 한다.

Chapter 09 컴퓨터 접근성 향상을 위한 보조공학

01 장애인을 위한 접근성 기능

1. 키보드 수정

(1) **고정 키** 11중특, 21중특, 23초특, 25중특

① 고정 키는 동시에 두 개의 키를 누르기가 어려울 때 하나의 키를 미리 눌러 놓은 상태로 만들어 놓는 기능을 하는 키이다.
- 키보드를 이용할 때 두 개 이상의 키를 동시에 누르는 데 어려움이 있는 경우 활용한다.

② 고정 키 기능이 활성화되면, 일반 키만을 눌러도 모디파이어 키(Shift, Control, Alt)가 동시에 눌린 것처럼 반응한다. 따라서 단 하나의 키만 누를 수 있는 학생(즉, 동시에 두 개의 키를 누를 수 없는 학생)도 소프트웨어 프로그램과 운영체계 기능에 접근하기 위해 키보드 단축키(예 Control+S는 저장, Control+C는 복사)를 사용할 수 있다.
  예 〈Ctrl+Alt+Del〉과 같은 바로가기 키를 한 번에 하나씩 입력해도 가능하게 한다.

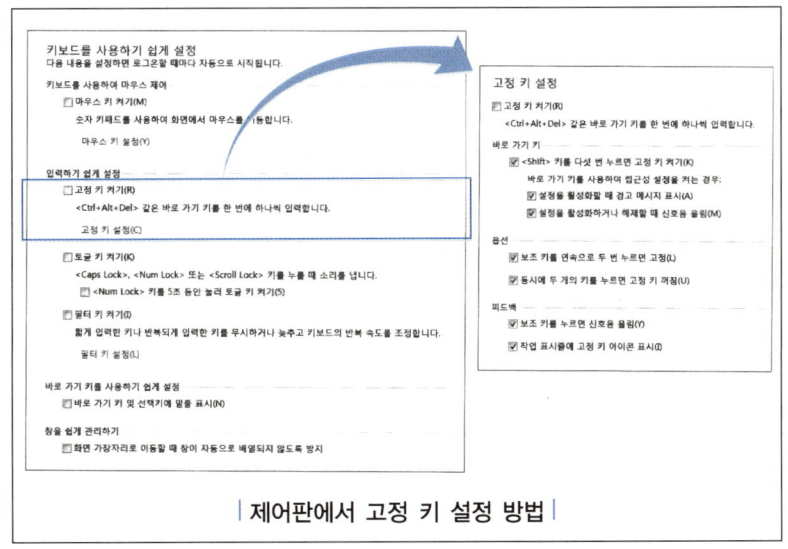

| 제어판에서 고정 키 설정 방법 |

(2) 필터 키 ¹⁴중특, ²¹중특, ²³초특, ²⁵중특

① 필터 키는 반복적으로 입력되는 키 또는 짧게 눌려진 키를 무시하도록 하는 기능으로 탄력 키와 느린 키를 포함한다.

탄력 키	• 빠른 속도로 계속해서 두 번 누르는 키를 수용하지 않는다. 즉, 반복된 키 입력을 자동으로 무시한다. 　- 만약 평상시와 같은 시간적 간격을 두고 같은 키를 두 번 누른다면, 탄력 키는 입력을 받아들인다. • 발작 증세를 보이는 사람과 파킨스병이 있는 사람을 포함한 손떨림이 있는 이들이 보다 수월하게 키보드를 조작할 수 있도록 지원한다.
느린 키	• 느린 키는 키스트로크가 인정될 수 있는 최소 시간을 연장하여 우연히 짧은 시간 동안 키가 눌려졌을 때는 키 입력을 자동으로 무시한다. 　- 신중히 그리고 보다 강한 압력에 의해 자판을 누르는 경우에 한해 컴퓨터가 이를 인식하고 실행하도록 한다. 　- 자판을 가볍게 누르는 것을 사용자가 의도하지 않거나 우연히 자판을 친 것으로 가정하기 때문에 이를 수용하지 않는다. • 타이핑을 위해 손을 움직일 때 의도하지 않게 다른 키를 건드리는 학생이 효율적으로 키보드를 사용할 수 있게 해준다. • 느린 키는 너무 많은 문자가 연속적으로 타이핑되거나 오타를 교정할 때 의도와는 달리 너무 많은 문자가 지워져서 다시 타이핑하는 일을 감소시키기 때문에 생산성을 증진시키는 데 유용하다. • 느린 키는 손의 떨림, 근 약화와 피로, 소근육운동 또는 대근육운동 조절이 어려운 학생이 사용하면 도움이 된다.

• 필터 키는 '필터 키 설정' 선택을 통해 탄력 키와 느린 키 기능을 설정할 수 있도록 활성화시킬 수 있다.

② 필터 키는 원하는 자판을 바르게 누를 수 있게 해주는 장점이 있다.

자료

탄력 키
• 탄력 키는 발작 증세를 보이는 사람과 파킨슨병이 있는 사람을 포함한 손떨림이 있는 이들을 돕는다. 프로그램은 빠른 속도로 계속해서 두 번 누르는 것을 수용하지 않는다. 만약 평상시와 같은 시간적 간격을 두고 같은 키를 두 번 누른다면, 탄력 키는 입력을 받아들일 것이다(Bowe, 2010).
• 사용자가 누르거나 뗄 경우 사용자가 키를 잘못하여 두 개의 문자가 입력되는 것을 방지(Cook et al., 2014)
동 바운스 키, bounce key

자료

탄력 키 적용 예시
길동이는 컴퓨터로 문서 작업을 할 때 어려움이 있어요. 예를 들어, '학습'이라는 단어를 칠 때 'ㅎ'을 한 번 누르고 나서 손을 떼야 하는데 바로 떼기가 어려워요. 그래서 'ㅎ'이 계속 입력되어 화면에 나타나, 지우고 다시 치느라 시간이 오래 걸려요. 이럴 때는 윈도 프로그램(Windows program)의 '내게 필요한 옵션' 중에서 반복된 키 입력을 자동으로 무시하는 탄력 키 기능을 활용하게 하고 있어요.

자료

느린 키
• 느린 키는 신중히 그리고 보다 강한 압력에 의해 자판을 누르는 경우에 한해 컴퓨터가 이를 인식하고 실행하도록 한다. 느린 키는 자판을 가볍게 누르는 것을 무시하는데, 사용자가 의도하지 않은 것으로 우연히 자판을 친 것으로 가정한다. 이것은 사지마비 혹은 발작을 일으키는 이들은 물론 뇌성마비인들에게 그들이 누르고자 하는 바를 정확하게 할 수 있도록 한다(Bowe, 2010).
• 컴퓨터에 키 입력 시간을 느리게 조절하여 부정확한 키 입력 차단(Cook et al., 2014)
동 슬로우 키, slow key

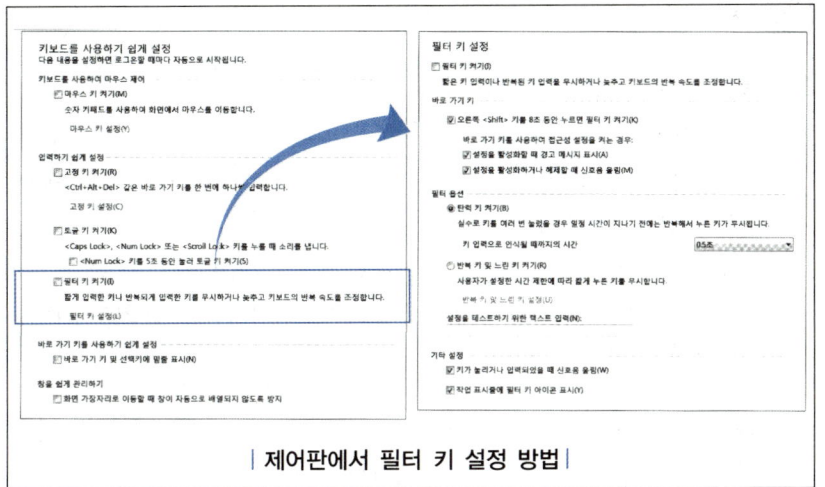

| 제어판에서 필터 키 설정 방법 |

(3) 토글 키

토글 키는 <Caps Lock>, <Num Lock> 또는 <Scroll Lock> 키를 누를 때 청각적 신호를 제공함으로써 컴퓨터에 대한 시각장애인의 접근성을 향상시킨다.

2. 마우스 키

① 마우스 키는 키보드의 숫자 키패드를 사용하여 마우스 포인터를 움직이고 모든 마우스 기능을 실행하는 접근성 기능이다.

② 마우스 포인터의 이동 및 가속 속도 모두를 개인의 요구에 맞게 조절할 수 있다.

③ 마우스 사용은 못하지만 키보드는 잘 사용할 수 있는 학생은 마우스 키를 통하여 마우스 포인터를 움직이고, 클릭, 더블 클릭, 키보드를 통한 직접 드래그를 할 수 있다. 따라서 마우스를 움직일 필요가 전혀 없다.

④ 컴퓨터의 접근성 센터에서 '마우스를 사용하기 쉽게 설정'을 통해 '마우스 키 설정'에 접근할 수 있다.

자료

숫자 키패드와 마우스 키

〈숫자 키패드〉

〈마우스 키〉

02 컴퓨터 접근을 위한 보조공학

1. 컴퓨터 사용을 위한 기초공학 장치

(1) 키가드 라벨

① 표준형 키보드의 숫자, 상징을 볼 수 있도록 표준형 키보드에 붙이는 다양한 접착식 라벨을 의미한다.

② 확대 문자 및 고대비 라벨(예 검정 바탕에 하얀 색 글자)은 시지각장애 학생 또는 저시력 학생의 요구를 충족시킬 수 있다. 점자가 새겨진 촉각 라벨은 점자를 읽는 학생의 컴퓨터 키보드 접근성을 보장해 준다.

자료
키가드 라벨

(2) 선택/포인팅 장치 09중특, 13중특(추시), 20유특

① 표준형 키보드에서 단일 키를 누르기 위해 독립적으로 손가락이나 손을 사용할 수 없는 경우에 사용하는 장치이다.
   예 마우스 포인터(마우스 스틱), 헤드 포인터(헤드 스틱)

② 선택/포인팅 장치를 사용하는 학생은 키를 선택하기 위해 손가락을 사용할 수는 없지만 상지 조절이 가능하거나 또는 상지 사용에 제한이 있지만 머리 조절이 좋은 경우이다.

자료
선택/포인팅 장치
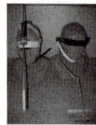

자료
전자 지시기
초음파기기, 적외선 빔, 눈동자 움직임, 신경 신호, 뇌파 등을 이용하여 화면상의 커서를 움직일 수 있도록 해준다. 사지마비로 컴퓨터 조작이 어려울 경우 머리나 목의 움직임, 눈의 움직임 등 원활한 신체부위를 이용하여 컴퓨터를 조작할 수 있다(박은혜 외, 2023).

(3) 키가드 13중특(추시), 20유특, 21초특

① 키가드는 컴퓨터 키보드 위에 놓기 위해 키마다 구멍이 뚫린 아크릴이나 금속으로 만들어진 커버를 말한다.

② 키가드 사용의 장점은 다음과 같다.
   ㉠ 키가드의 구멍이 한 번에 하나의 키만을 누를 수 있도록 유도하기 때문에 타이핑 정확도를 향상시킬 수 있다.
   ㉡ 불필요한 키보드 사용 및 조작을 감소시켜 피로감을 줄일 수 있다.
   ㉢ 선택/포인팅 장치를 사용하는 학생이나 소근육운동 조절이 어려운 사람은 원하는 각각의 키를 더 쉽게 찾을 수 있다.
   ㉣ 손 또는 팔의 피로가 쉽게 오는 학생은 키를 선택할 때 키가드 위에 손을 얹어 휴식을 취할 수 있고, 한 키에서 다른 키로 옮겨갈 때 키가드 위에서 미끄러지듯 움직일 수 있다.

자료
키가드

주) 키보드에 키가드가 부착된 사진

(4) 모이스처 가드

① 키보드 보호 장치 또는 키보드 스킨이라고도 알려져 있다.

② 모이스처 가드는 유연한 폴리우레탄 커버로써 키보드에 딱 맞게 제작되어 습기와 오물, 먼지 또는 그 밖의 해로운 물질로부터 키보드를 보호한다.

③ 모이스처 가드는 투명해서 키에 새겨진 문자를 깨끗하게 볼 수 있고, 큰 활자 인쇄 라벨이나 고대비 라벨과도 같이 사용할 수 있다.

④ 침을 흘리거나 액체를 자주 엎지르는 학생은 컴퓨터 사용을 위해 모이스처 가드가 필요하다.

2. 대체 입력장치

(1) 트랙볼 [20유특]

① 볼 마우스를 뒤집어 소켓 내에 심어 놓은 형태로, 움직이지 않는 틀 위에 있는 볼을 사용자가 움직일 수 있게 되어 있는 장치이다.

② 사용자의 운동기능이 낮은 경우, 마우스의 커서를 적절히 다루기 위하여 지시하는 기기를 이용하는 경우, 한 손가락만 이용하여 마우스의 커서를 조정해야 하는 경우, 클릭하는 부분이 떨어져 있는 것을 요구하는 경우에 적용할 수 있는 보조공학기기에 해당한다.

(2) 조이스틱 [20유특]

① 컴퓨터의 마우스 포트나 범용 직렬 버스(USB)에 연결하여 사용하는 입력장치 중의 하나로, 베이스에 거의 수직으로 움직일 수 있는 핸들이 달려 있다.

② 조이스틱의 보편적인 목적은 마우스와 같이 컴퓨터 화면상의 커서를 이동 및 조작하는 것으로 조이스틱 핸들은 많이 움직이지 않아도 마우스 포인터를 모니터상 모든 지점까지 움직일 수 있다. 그러므로 관절운동범위의 제한이 있는 학생이 사용하면 좋다.

③ 마우스를 사용할 수 있는 손의 사용능력은 있으나 화면에 나타나는 마우스의 움직임을 따라 일을 하는 경우, 손을 이용하지 않고 컴퓨터를 작동하거나 사용해야 하는 경우, 간단한 방법 및 조작으로 컴퓨터를 작동하거나 사용해야 하는 경우에 많이 사용한다.

④ 버튼의 접근성 및 장치는 조이스틱 사용의 관건이다. 버튼은 조이스틱 핸들을 움직이는 동안 잘못해서 누르지 않도록 위치해야 하지만 학생의 도달 범위 내에 있어야 한다.

자료

트랙볼과 조이스틱

〈트랙볼〉 〈조이스틱〉

비교

조우스(Jouse)

- 손과 팔 등의 상지 활동이 어려운 장애인을 위한 특수 마우스로 입 또는 턱, 볼 등 머리의 움직임을 통해 커서를 이동하고 호흡을 통해 클릭 기능을 사용할 수 있는 마우스 대체 제품이다. 호흡으로 클릭이 어려운 경우 커서가 아이콘에 머물러 있는 시간을 인식하여 작동한다(정보통신 보조기기 홈페이지 www.at4u.or.kr).
- 조우스는 입이나 턱으로 제어할 수 있는 조이스틱 마우스 작동 장치이다. 마우스 버튼은 조이스틱에 장착된 불기-빨기 스위치를 사용하여 작동시킬 수 있다(Cook et al., 2014).
- 손을 대신해서 입이나 턱, 볼 등 움직일 수 있는 부위를 이용하여 조절할 수 있는 마우스이다. 튜브를 간단하게 불고 빨아서 마우스 버튼을 작동하게 할 수도 있다(김영한 외, 2022).

자료

관절운동범위

관절의 운동 범위이다. 관절의 운동 범위는 관절의 모양과 운동 축에 의해 달라진다. 동일한 관절이라도 개인차가 있다. 관절운동범위의 제한은 강직, 약증, 경련, 수축 등에 의해 일어날 수 있다. 같은 굴곡 범위라도 관절에 따라 운동 범위가 다르다. 예를 들면, 고관절의 굴곡 범위는 0~90도이며 슬관절의 운동 범위는 0~130도가 된다. 같은 고관절이라도 슬관절을 굴곡했을 때와 신전했을 때에 따라 고관절의 정상 관절 운동 범위가 달라진다. 그 이유는 상당수의 근육이 두 개의 관절을 지나게 되어 있어서 관절을 굴곡하게 되면 근육의 길이가 변화되어 운동 범위도 변화되기 때문이다.

[동] 관절가동범위, ROM

(3) 터치스크린

① 터치스크린은 컴퓨터 모니터에 직접 접촉하는 컴퓨터 입력 방식이다.

② 터치스크린의 직접적이고 직관적인 특성 때문에 많은 어린아이와 중증 장애 학생, 자폐성장애 학생의 컴퓨터 입력 장치로 적합하다.

③ 터치스크린은 인과관계를 확립하는 데도 사용된다. 즉, 자신이 한 일에 대한 직접적인 결과를 학생에게 가르칠 때를 말하는데 접촉을 하면 컴퓨터가 그에 상응하는 반응을 보이기 때문이다.

(4) 헤드 포인팅 시스템 [21중특]

자료 ▸ 헤드 포인팅 시스템
출처 ▶ 에이블뉴스

① 머리로 조절하는 헤드 포인팅 장치는 마우스 포인터를 움직이는 등 다른 모든 마우스 기능을 위해 사용된다.

- 모니터상의 마우스 포인터의 움직임을 보고 따라갈 수 있고 좋은 머리조절 능력은 헤드 포인팅 시스템을 사용하기 위한 선행 조건이다. 필요한 경우 머리의 정확한 위치 잡기와 유지를 위해서 작은 범위의 머리 움직임이 가능해야 한다.

② 일반적으로 시스템 구성 중 하나는 컴퓨터 모니터 상부에 부착하고 학생은 나머지 구성요소를 착용하고 있다. 웨어러블 컴포넌트의 위치는 구체적인 시스템에 따라 달라지며 모니터 상부의 장치는 웨어러블 컴포넌트로부터 받는 신호를 읽고 학생의 머리 움직임을 탐지한다.

③ 헤드 포인팅 시스템은 뇌성마비, 근이영양증, 척수손상과 같은 마우스 조작을 손으로 할 수 없는 학생에게 필요한 옵션이다.

(5) 아이 게이즈 시스템 [24중특]

자료 ▸ 아이 게이즈 시스템
동 눈 응시 시스템

자료 ▸ 아이 게이즈 시스템 활용 예시
학생 A가 비교적 자유롭게 움직일 수 있는 신체 부분이 눈입니다. 그러면 학생 A의 눈동자의 움직임을 이용하는 아이 게이즈 시스템을 사용할 수 있습니다. 기기에 있는 작은 카메라로 눈동자의 움직임을 찍고 그 방향을 읽어 AAC 기기의 마우스 포인터를 움직이는 겁니다. 선택은 시선이 일정 시간 머물거나 눈을 깜박이는 동작으로 합니다. 컴퓨터와 연결하면 눈동자의 움직임으로 컴퓨터도 사용할 수 있어요.
출처 ▶ 2024 중등A-7 기출

① 아이 게이즈 시스템은 마우스 포인터 조정을 위해 안구 움직임을 사용하는 것이다.

㉠ 확실한 근육 움직임은 없지만 안구의 수의적 조절 능력이 좋은 사람이 안구 운동을 사용하여 마우스 포인터를 조정하면 컴퓨터 접근성이 향상된다.

㉡ 아이 게이즈 시스템을 성공적으로 사용하려면 충분한 시력이 있어야 하고, 작은 범위의 점진적 움직임과 한 지점에서 초점을 맞추는 것 등의 안구 움직임을 조절할 수 있어야 한다. 또한 지속적인 불수의적 머리 움직임이 없어야 한다. 아이 게이즈 시스템 사용자는 시스템 및 함께 사용하는 컴퓨터 애플리케이션을 이해하고 다룰 수 있어야 한다.

② 아이 게이즈 시스템은 적외선 센시티브 비디오 카메라를 사용하여 학생이 보는 곳을 정한 다음 그 지점에 마우스 포인터를 위치시킨다.
③ 대부분의 시스템이 화면 격자 또는 화면 키보드를 제공하여 사용자가 선택한 문자, 단어 또는 컴퓨터 기능을 주시하도록 되어 있다.

KORSET 합격 굳히기 　대체 마우스

트랙볼, 조이스틱, 터치스크린, 헤드 포인팅 시스템, 아이 게이즈 시스템은 공통적으로 마우스 포인터를 사용할 수 있게 해주므로 '대체 마우스'로 범주화되기도 한다. 대체 마우스의 범주에 해당하는 각 장치별 형태 및 사용자의 특성을 정리하면 다음과 같다.

대체 마우스	형태	학생의 특성
트랙볼	미니 트랙볼	• 관절운동범위의 제한은 있지만 소근육운동 조절이 좋은 경우
	표준형 트랙볼	• 관절운동범위가 큰 경우 • 중등도의 소근육운동 조절 기술이 있는 경우 • 대근육운동 기술이 좋은 경우
	대형 트랙볼	• 어린아이 • 소근육운동 기술이 좋지 않은 경우 • 발로 트랙볼을 조정하는 경우
	개조 트랙볼	• 소근육운동 기술이 좋지 않은 경우 • 키가드에 손목지지대가 필요한 경우
조이스틱	마우스 조정을 위해 게임용 조이스틱을 전환하는 소프트웨어	• 표준형 게임 조이스틱을 조정할 수 있는 경우
	개조 조이스틱	• 클릭을 위해 스위치를 사용해야 할 경우 • 키가드가 필요한 경우 • 손보다 신체의 다른 부위로 조이스틱을 조정해야 하는 경우
터치스크린	내장 터치스크린	• 어린아이 • 인과관계 학습이 필요한 경우
	부속 터치스크린	• 직접적이고 직관적인 인터페이스가 필요한 경우
헤드 포인팅 시스템	헤드셋과 반사 물질	• 손을 사용할 수 없는 경우 • 마우스 포인터의 움직임을 보고 따라 갈 수 있는 경우 • 머리조절 능력이 좋은 경우
아이 게이즈 시스템	모니터, 안경 또는 고글에 설치된 카메라	• 손이나 머리를 사용할 수 없는 경우 • 안구 운동을 조절할 수 있는 경우

출처 ▶ Dell et al.(2011)

아이 트래커

눈 응시 방법은 단순하게는 투명 아크릴판과 앞뒷면에 AAC 상징을 부착하여 마주 보는 로우테크 방식의 눈 응시 의사소통판부터 눈 응시와 부호화 전략이 공학적 요소로 함께 제품화되거나 아이 트래커(eye tracker)를 AAC 기기에 내장 또는 외장으로 부착하여 활용하는 것이 있다. 아이 트래킹이란 눈의 초점이 정확히 어디에 있는지 기기가 감지하여 눈의 움직임만으로 의사소통을 표현할 수 있도록 돕는 기술이다. 아이 트래킹을 하는 기기인 아이 트래커는 신체 접촉이 필요한 것과 비신체적 접촉 방법이 있다. 신체적 접촉 방법에는 일반적으로 안경을 쓰거나 이마에 부착하는 방법이 있고, 비신체적 방법에는 컴퓨터나 기기에 아이 트래커를 부착하는 방법이 있다(박은혜 외, 2023).

터치스크린

터치스크린을 Dell 등(2011)은 대체 마우스로 분류한 반면, Cook 등(2014)은 대체 키보드로 분류한다.

(6) 대체 키보드

① 표준 키보드를 사용함에 있어 불편함이 있는 장애학생들의 요구 사항을 충족시켜 줄 수 있도록 기존 키보드의 크기, 형태, 배열 등을 바꿔 컴퓨터 조작의 효율성과 편의성을 제공하기 위해 특별히 고안된 키보드를 총칭하는 용어이다.

② 대체 키보드는 확대 키보드, 미니 키보드, 화면 키보드, 한 손 사용자용 키보드 등을 포함한다. 20유특, 23초특

확대 키보드	• 표준형 키보드보다 훨씬 큰 표면적을 갖는 키보드이다. • 손, 발 또는 타이핑 보조도구를 사용하든 정확한 키스트로크를 위해서 더 큰 목표 면적이 필요한 소근육운동 조절이 어려운 학생에게 도움이 된다. • 확대 키보드를 사용하기 위해서는 모든 키에 충분히 접근할 수 있도록 넓은 관절운동범위가 필요하다. • 터치 타입을 배울 수 없는 시각장애 학생과 특정 키를 식별하려면 대형 키 라벨이 필요한 학생에게도 도움이 된다.
미니 키보드	• 표준형 키보드보다 확실히 좀 더 작은 키보드를 말한다. • 일반적으로 다음과 같은 운동장애 학생에게 유용하다. − 관절운동범위의 제한으로 표준형 키보드의 모든 키에 접근하기 어렵거나 불가능한 경우 − 좁은 관절운동범위 내에서 정확성이 좋은 경우 • 미니 키보드는 또한 한 손만을 사용하는 학생에게 효율적인 컴퓨터 입력장치가 될 수 있다.
화면 키보드	• 화면 키보드는 키보드를 사용할 만큼 운동 기술이 충분하지 않지만 조이스틱, 트랙볼 또는 헤드 컨트롤 마우스와 같은 마우스 에뮬레이터를 조작할 수 있는 학생에게 컴퓨터 접근성을 제공한다. • 컴퓨터 운영 체제에 내장되어 있어 구동이 용이하고, 다른 대체 마우스와도 같이 사용할 수 있다. • 모니터에서 주의를 옮길 때 시각적으로 초점을 다시 맞추기 어려운 학생에게도 도움이 된다.
한 손 사용자용 키보드	• 하프(half) QWERTY 키보드, 한 손자용 드보락(Dvorak) 키보드, 코오드 키보드(chorded keyboard)와 같은 한 손 사용자를 위한 키보드 옵션이 있다. | 종류 | 학생의 특성 | |---|---| | 하프 QWERTY 키보드 | − 한 손의 기민성이 좋은 경우 − QWERTY 레이아웃에 익숙한 경우 |

확대 키보드
동 확장 키보드, 대형 키보드

[자료]
확대 키보드의 기능
키보드 기능에 있어 확대 키보드가 표준 키보드와 다른 점은 학생이 키스트로크를 할 때 촉각 또는 청각 피드백을 제공한다는 것이다. 확대 키보드는 표준형 키보드와 유사한 기능을 가지고 있고 학생이 키를 누를 때 키가 더 깊이 움직인다는 느낌을 받는 것이다. 이는 키가 선택되었음을 알려 주는 촉각 피드백을 제공하는 것이다. 어떤 확대 키보드는 평평한 막(membrane)으로 된 키보드 기능을 가지고 있다. 키를 눌러도 키의 움직임이 없어 촉각 피드백이 전달되지 않는다. 학생은 키스트로크 등록 여부를 청각 피드백에 의존해야 한다(Dell et al., 2011).

미니 키보드
동 축소 키보드

화면 키보드
동 화상 키보드

[자료]
하프 QWERTY 키보드
하프 QWERTY 키보드는 표준형 키보드와 같은 물리적 외형을 갖출 수 있고 왼손 및 오른손 타이피스트 모두의 욕구를 충족시켜 줄 수 있다. 학생은 간편하게 키보드에 적합한 한편만 사용할 수 있다. 전통적인 터치 타입으로 키보드를 사용한다면 기민성이 좋은 손을 홈 로우(손가락이 놓이는 중앙 줄) 키에 놓는다. 그 손으로 타이핑하는 문자는 종전과 같이 타이핑하면 된다. 반대 손으로 타이핑하던 문자를 치기 위해서는 스페이스 바를 누른 상태로 치면 키보드가 반대 손으로 타이핑한 것처럼 반응한다. 키보드에 있는 각각의 키는 2개의 서로 다른 문자를 입력할 수 있다. 키만 단독으로 눌렀을 때 하나의 문자가 입력되고 스페이스 바와 같이 눌렀을 때 또 다른 문자가 입력된다(Dell et al., 2011).

	한 손자용 드보락 키보드	– 한 손의 기민성이 좋은 경우 – 드보락 레이아웃을 적극적으로 배우고자 하는 경우  ❙ 오른손잡이용 드보락 키보드 레이아웃 ❙ 출처 ▶ Cook et al.(2014)
	코오드 키보드	– 한 손의 기민성이 좋은 경우 – 관절운동범위가 전혀 또는 거의 없는 경우 – 코오드를 기억할 수 있는 경우

사용자 정의 키보드

- 사용자 정의 키보드는 학생의 개별적 요구에 맞게 설정할 수 있다. 즉, 키를 누르면 어떤 명령이나 텍스트가 실행될 수 있는 키보드를 말한다.
  - 예 단일 키를 프로그래밍하여 문자나 단어, 구 또는 문장을 한 번의 키스트로크로 입력이 가능하도록 할 수 있다.
- 사용자 정의 키보드는 기본적으로 세 가지 종류가 있다.

종류	학생의 특성
프로그램 키가 있는 QWERTY 키보드	– 표준형 키보드를 사용할 수 있는 경우 – 제한된 수의 맞춤형 과제 또는 명령어에 접근할 필요가 있는 경우
사용자 정의–호환형 레이아웃	– 표준형 오버레이를 개조할 필요가 있는 경우 – 인지장애가 있는 경우 – 표준형 키보드가 너무 혼란스럽거나 산만하다고 여겨지는 경우
사용자 정의 화면 키보드	– 키보드를 사용할 수 없는 경우 – 마우스 또는 마우스 에뮬레이터 조정이 가능한 경우 – 키보드보다 화면 키보드에서 키의 위치를 찾기 쉬운 경우 – 레이아웃의 개조가 필요한 경우 – 인지장애가 있는 경우 – 표준형 키보드가 너무 혼란스럽거나 산만하다고 여겨지는 경우

출처 ▶ Dell et al.(2011). 내용 요약정리

자료

드보락 키보드

- 드로락 키보드 레이아웃은 자주 사용되는 글자를 키보드의 중앙열에 배치함으로써 피로를 줄이고 속도를 높이도록 디자인되었다. 가운데 열의 왼쪽 위에는 모든 모음을 배치시켰고 가장 자주 사용하는 다섯 가지의 자음은 중앙 열의 오른쪽에 배치시켰다(Cook et al., 2014).
- 드보락 키보드 레이아웃의 사용은 다양한 방법이 있다. 첫째, 드보락 키보드는 배선에 의해 접속되고 별도의 소프트웨어 없이 표준형 키보드를 대체한다. 회로 접속에 의한 키보드는 한 장소 이상에서 컴퓨터 사용이 필요한 학생에게 좋은 해결방안이다. 학생은 키보드를 휴대하고 다니며 플러그에 연결하기만 하면 곧바로 사용할 수 있다. 다음은 키보드가 기능하도록 소프트웨어 설치가 필요하고 드보락 레이아웃을 나타내기 위해 키 라벨이 붙여진 키보드가 있다(Dell et al., 2011).

자료

코오드 키보드

- 코오드 키보드는 표준형 키보드와는 전혀 다른 외형을 가지고 있다. 일반적인 키보드에서 알 수 있는 것처럼 키의 배열을 표현하기보다는, 코오드 키보드에서는 키가 거의 없다. 코오드 키보드는 왼손 또는 오른손 사용자가 모두 사용할 수 있다. 학생은 키보드의 각 키에 손가락을 위치시키고 엄지손가락을 제외한 나머지 손가락을 같은 위치에 둔다. 엄지는 몇 개의 다른 키를 누르는 데 사용한다. 음악 화음을 연주하는 것과 유사하게 다양한 조합으로 코오드 키보드의 키를 누름으로써 표준형 키보드의 모든 기능을 사용할 수 있다. 각 문자는 키의 조합을 수정하여 누르면 만들어진다. 사용자가 다양한 키 조합을 기억해야 하기 때문에 코오드 키보드를 사용하려면 기억력이 좋아야 할 뿐만 아니라 손의 기민성도 요구된다(Dell et al., 2011).
- 가장 일반적으로 사용하는 코오드 키보드는 법정의 속기사들이 사용하는 것이다(Cook et al., 2014).

사용자 정의 키보드

동 프로그램 가능(programmable) 키보드

(7) 스위치 20초특, 22중특, 24중특

① 스위치는 손의 경직이나 마비 등으로 일반 키보드와 일반 마우스를 사용하기 어려운 경우 사용하는 대체입력장치이다.

② 키보드(대체 키보드 포함), 마우스(트랙볼, 조이스틱 등과 같은 대체 마우스 포함) 등을 사용하는 데 어려움이 있으나 주먹을 펴거나 머리를 한쪽으로 돌린다거나 발을 밟는 것과 같은 단일 운동을 확실하게 조절할 수 있는 경우 스위치를 통한 스캐닝으로 컴퓨터에 접근할 수 있다.

㉠ 최소 한 가지 이상의 자발적인 움직임이 가능한 신체부위가 있다면 적용 가능하다.
- 미세한 근육 활동만으로도 조작 가능하다.

㉡ 스위치는 누르기, 당기기, 기울이기, 호흡을 들이마시기/불기, 눈으로 깜박거리기, 손으로 쥐기 등의 기능으로 작동한다.
- 불기-빨기 스위치는 컴퓨터에 연결한 후 마우스를 머리에 쓰고 머리를 움직이며 포인터를 이동하고 불기와 빨기를 통해 클릭과 더블 클릭을 실행할 수 있도록 하는 도구이다. 미세한 움직임에 반응하므로 원숙하게 사용하기까지는 일정 기간의 훈련이 필요하다.

③ 다른 대체 컴퓨터 접근 장치와 마찬가지로, 가장 적절한 스위치와 소프트웨어 프로그램을 결정하는 일은 학생 개인의 특성과 필요에 따라 달라진다.

> **예** 책상 위에 놓인 스위치를 누르기 위해 주먹 쥔 손으로 스위치를 두드리거나 경직성으로 인해 자주 스위치를 떨어뜨리거나 의도적으로 물건을 던지는 학생의 경우 책상 위에 고정해 주는 것은 잘못된 방법이다. 손을 이용하여 스위치를 작동하는 것이 어렵다면, 투명 아크릴로 된 휠체어 트레이의 아랫부분에 스위치를 설치하고 무릎을 들어 스위치를 누르도록 고정해 줄 수 있다. 또는 마운팅 도구를 이용하여 머리를 움직여 스위치를 누를 수 있도록 머리 부분에 고정시키거나 팔꿈치 뒷부분에 고정시켜 주는 등 개별 학생의 신체적 잔존 기능에 따라 고정해 준다.

④ 어떤 스위치를 사용할 것인지 결정하기 위해서는 다양한 시도를 통해 가장 적은 노력을 들여 효율적으로 표현할 수 있는지 고려하고 피로감이나 고통이 적은 것을 선택한다.

⑤ 스위치를 이용하여 다음과 같은 교육이 가능하다.

㉠ 인과관계에 관한 직접적인 교육이 가능하다.
- 스위치는 운동 조절의 제한이 있는 학생이 배터리로 작동하는 장난감과 그 밖의 전기 장치를 한 번의 움직임만으로 작동할 수 있게 한다. 스위치를 사용함으로써 장애학생은 자신의 주변 환경과 긍정적인 상호작용을 하고 관련된 자극을 조절할 수 있게 된다.
- 인과관계를 효과적으로 가르치기 위해서는 스위치를 학생이 재미있게 여기는 장난감과 CD 또는 사물에 연결하는 것이 중요하다.

자료

스위치와 트랙볼의 차이

스위치가 대체 마우스 형태인 트랙볼과 구분되는 점은 스위치만으로는 방향 조절 커서 등을 자유롭게 활용할 수 없고, '스위치 모드'라고 하여 프로그램 자체 내에 스캐닝 기능을 가지고 있어야 한다는 것이다(강혜경 외, 2023).

자료

스위치

자료

불기-빨기 스위치

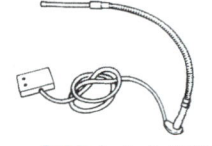

출처 ▶ Cook et al.(2014)

자료

마운팅 시스템

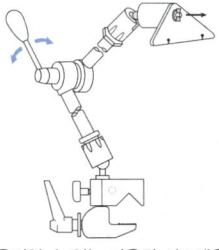

움직일 수 있는 마운팅 시스템은 다양한 위치로 조절할 수 있고 설치될 수 있다. 이것은 한 명 이상의 사람이 스위치 장착을 필요로 하는 상황일 때 장점이 있다. 여러 사람이 다른 시간대에 같은 마운팅 시스템을 사용하는 것으로 비용이 좀 더 조절될 수 있다. 이러한 유형의 마운팅 시스템은 또한 변동되는 기능이나 요구 때문에 제어 인터페이스의 위치를 변화시키는 것이 필요한 사람에게 유익하다. 이렇게 움직일 수 있는 마운팅 시스템의 단점은 수시로 제어 인터페이스가 제자리에 위치하고 있는지를 판단해야만 한다는 것이다(Cook et al., 2014).

ⓒ 스위치는 장애학생에게 선택하기를 가르치는 데 사용된다.
- 스위치의 사용은 '선택하기' 행동의 발달과 '선택하기'를 연습할 기회를 제공하는 훌륭한 전략이 될 수 있다.
  - 예 자유놀이나 쉬는 시간 동안 학생은 랩 CD, 클래식 음악 CD 또는 테이프로 들려주는 이야기 등 듣고 싶은 것을 선택할 수 있다.
- 선택하기를 통해 학생은 할 수 있다는 인식을 갖게 된다.

ⓒ 스위치는 간단한 보완대체의사소통 장치로 사용할 수 있다.
- 학생이 배웠던 스위치 작동 기술을 토대로, 단일 메시지 의사소통 장치는 녹음된 메시지를 전달하는 데 사용된다.
  - 예 학생은 "게임하고 싶은 사람 있나요?" 또는 "이야기책을 읽어 줄래요?"라고 말하는 단일 메시지 의사소통 장치를 눌러 다른 사람에게 게임을 청하거나 책을 읽어 달라고 요청할 수 있는 단일 단계 의사소통 장치를 사용할 수 있다.

⑥ PC 사용 시 스위치 사용의 장점은 다음과 같다.
  ⓐ PC에 연결하면 컴퓨터 조작이 가능하다.
  ⓑ 손, 주먹, 손바닥, 머리, 입, 이마, 얼굴의 어느 근육의 한 분위, 발, 팔꿈치 등 신체의 어느 한 부위만으로도 사용이 가능하다.
  ⓒ 누르거나, 밀거나, 당기거나, 터치하거나, 손으로 꽉 쥐거나, 입으로 불거나 하는 기능으로 사용할 수 있도록 다양화되어 있다.
  ⓓ 스위치를 눌렀을 때 불이 들어오거나 소리가 나오는 등 시각, 청각 기능이 있어 시청각적 피드백이 제공된다.
  ⓔ 휠체어나 워커, 책상, 휠체어 이동용 책상 등에 부착하여 사용할 수 있다.

KORSET 합격 굳히기 · 단일 스위치 유형

1. 신체 움직임에 의해 작동되는 스위치는 기계적, 전자기적, 전기적, 근접의 네 가지 방식으로 움직임을 감지한다. 그 외에 공기압 스위치와 발성 스위치가 있다.

범주	정의
기계 스위치	• 몸의 특정 부분에서 작용되는 힘에 의해 작동된다. • 단일 스위치 유형에 가장 일반적으로 사용되며, 다양한 모양과 크기가 있다.
전자기 스위치	빛이나 무선전파와 같은 전자기에 의해 활성화된다.
전기 제어 스위치	물체표면으로부터 전기적 신호를 감지함으로써 활성화된다.
근접 스위치	• 몸의 움직임으로 작동되지만 스위치에 직접적인 힘이 가해지는 것을 요구하지 않거나 혹은 살짝 대기만 해도 작동되는 스위치를 말한다. • 근접 스위치는 작동하기 위해 건전지와 같은 외부 전원을 필요로 하기 때문에 '능동적 스위치'라고 한다.

[자료]

단일 메시지 의사소통 장치

단일 메시지 의사소통 장치는 학생이 적절한 방법으로 도움을 요청할 수 있는 호출 또는 경고용 장치로 흔히 사용된다(Dell et al., 2011).

[자료]

학생의 신체 운동 특성과 스위치 사용 예시

- 학생의 신체 운동 특성: 현재 저희 아이는 머리를 떨지 않고 비교적 수월하게 10° 정도 왼쪽으로 기울일 수 있고, 휠체어에 앉아 무릎을 구부린 채로 스스로 다리를 10cm 정도 들어 올릴 수 있습니다.
- 스위치: 학생의 신체 운동 특성을 고려할 때 첨부한 그림의 얼티메이티드 스위치(Ultimated Switch)를 사용하면 좋겠습니다. 이 스위치의 연결 막대는 유연성이 좋은 재질로 되어 있고, 막대의 끝을 집게나 조임쇠로 만들었습니다.

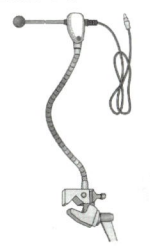

출처 ▶ 2022 중등B-3 기출

공기압 스위치	호흡 또는 공기 흐름 감지로 활성화된다.
발성 스위치	음성이나 소리 감지로 활성화된다.

2. 기계 스위치로 분류되는 모든 스위치는 그 스위치 위에 신체의 움직임에 의해 생성된 힘을 가하는 것으로 작동되며, 외부적인 전원을 요구하지 않기 때문에 '수동적 스위치'라고도 불린다. 기계 스위치에 포함되는 구체적인 스위치의 종류는 다음과 같다.

자료
기계 스위치의 종류

〈패들 스위치〉

〈우블 스위치〉

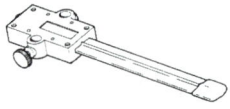
〈리프 스위치〉

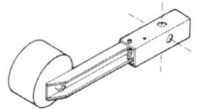
〈레버 스위치〉
출처 ▶ Cook et al.(2014)

패들 스위치	• 한 방향으로만 움직인다. • 일부 패들(paddle) 스위치는 사용자의 욕구에 따라 민감도를 조정할 수 있다.
우블 스위치, 리프 스위치, 레버 스위치	• 우블(wobble) 스위치와 리프(leaf) 스위치는 사용자가 두 방향으로 움직일 수 있는 2~4인치 정도 크기의 축을 가지고 있다. - 우블 스위치는 작동되었을 때 청각적인 클릭 소리를 만들어 내고 리프 스위치는 그렇지 않기 때문에, 스위치가 머리로 작동될 때와 같이 사용자의 시야에서 벗어날 경우에는 우블 스위치의 사용이 더욱 선호된다. • 레버(lever) 스위치는 오직 한 방향으로만 작동하는 것을 제외하고는 우블 스위치와 비슷하다.
멤브레인 스위치	• 작동하기 위해 약간의 힘이 요구되는 아주 얇은 패드로 구성되어 있다. • 멤브레인(membrane) 스위치의 장단점은 다음과 같다. <table><tr><td>장점</td><td>유연하고, 물체와 맞붙일 수 있고, 사용자가 물체와 스위치 사이에 직접적으로 연결하도록 가르치는 데 사용될 수 있다는 것이다.</td></tr><tr><td>단점</td><td>촉각적인 피드백이 적다는 것이다. 이것은 원치 않는 작동을 하게 하거나 이 스위치를 작동하는 데 충분한 힘을 가하는 것을 어렵게 한다.</td></tr></table>

3. 공기압 스위치는 불기-빨기 스위치나 베개 스위치가 포함되며, 호흡기류나 압력을 감지함으로써 작동된다.

불기-빨기 스위치	• 불기-빨기 스위치는 스위치를 향해 개인이 숨을 불어 넣거나 스위치 밖으로 공기를 빨아내는 것에 의해 작동된다. • 사용자는 프로세서에 각기 다른 명령을 전달하기 위해 스위치에 다양한 정도의 공기 압력을 보낼 수 있다.
베개 스위치	• 베개(pillow) 스위치는 쥐어짜거나 압력이 쿠션에 작용할 때의 공기 압력에 반응한다.

출처 ▶ Cook et al.(2014)

자료
베개 스위치

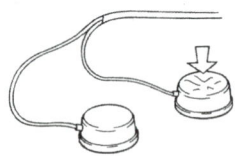
출처 ▶ Cook et al.(2014)

(8) 음성인식 ^{09중특}

① 음성인식 기술은 말을 해서 컴퓨터를 작동하거나 문자를 입력하는 것이다.
- 음성인식 시스템은 키보드 대신 사람의 음성으로 컴퓨터 입력이 가능하며, 사용자의 음성 패턴을 인식시키는 시스템 훈련을 통해 인식의 정확성을 높일 수 있다.

② 음성인식 소프트웨어를 컴퓨터에 설치해야 음성 단어가 컴퓨터 명령 또는 문자로 전환될 수 있다.

③ 근이영양증, 뇌성마비 또는 척수손상과 같은 이유로 손을 사용한 컴퓨터 조작은 어렵지만 말을 할 수 있는 학생은 컴퓨터 접근을 위해 음성인식 기술을 이용할 수 있다.

④ 음성인식 시스템을 분류하는 한 가지 방법은 사용자의 말하는 방식에 기초하여 비연속 음성 프로그램과 연속 음성 프로그램으로 구분하는 것이며, 어떤 형태의 프로그램이 가장 적절한지는 학생 개인별 요구에 따라 달라질 수 있다.
  - ㉠ 비연속 음성 프로그램은 각 단어 사이를 약 1/10초 단위로 짧게 끊어 읽어야 한다.
  - ㉡ 연속 음성 프로그램은 구 또는 문장 사이만 끊어 읽고 단어는 끊지 않고 연속적으로 읽어야 한다.

3. 대체 출력장치 ^{22초특}

(1) 화면 확대

① 화면 확대는 모니터에 확장된 텍스트 및 이미지 화면, 전체 데스크톱을 제공하는 것을 말한다.

② 스크린을 확대하는 방법은 다양하지만 가장 일반적인 두 가지 방법은 물리적 확대 렌즈와 스크린 확대 소프트웨어를 이용하는 것이다.
  - ㉠ 물리적 확대 렌즈는 확대 비율이 1배 이상부터 3배까지 저비율 확대 기능이 있다. 확대 렌즈는 가장 보편적인 모니터 크기에 맞게 다양한 크기를 이용할 수 있다. 특정 제품에 따라 모니터에 렌즈를 직접 부착할 수 있거나 모니터 전면에 위치시켜 세울 수 있다. 더 큰 확대가 필요한 학생에게는 물리적 확대 렌즈가 적합하지 않다.
  - ㉡ 스크린 확대 소프트웨어는 최대 32배까지 확대된다. 스크린 확대 소프트웨어 프로그램은 다양한 옵션과 디스플레이 모드를 제공한다. 일부 프로그램은 원본의 일부만 풀 스크린(full-screen) 이미지로 확대하고, 확대되지 않은 화면은 언제든지 볼 수 있다. 더 많은 이미지를 보기 위해 마우스를 움직이거나 키보드 명령을 사용해서 화면 속 이미지의 다른 부분을 가져와야 한다. 예 줌텍스트 윈도우 프로그램

> **스크린 리더**
> 🔄 화면 읽기 프로그램, 화면 낭독 프로그램

(2) **스크린 리더** ^{11중특, 16중특, 22초특}

① 스크린 리더 소프트웨어 프로그램은 청각 출력을 제공하여 모니터상에 있는 읽을거리를 읽어 준다.

② 모든 기능을 제공하는 스크린 리더는 대화상자와 메뉴의 내용을 읽어 주고, 툴바 버튼의 확인, 그래픽 이미지의 존재 정보, 신규 윈도우 버전에 대한 경고, 워드프로세싱 문서와 다른 애플리케이션에 있는 텍스트를 읽어 준다.

③ 일부 스크린 리더 프로그램은 청각 출력에 더하여 점자 출력과 화면 확대를 제공한다.

④ 다양한 출력 옵션은 저시력부터 전맹까지의 모든 시각장애 학생의 필요를 충족시키는 데 도움이 된다.

4. 기타

> **음성합성**
> 전자회로와 컴퓨터 소프트웨어를 사용하여 인간언어와 같은 소리를 생성하는 것(Cook et al., 2014)

(1) **음성합성장치** ^{09중특, 11중특}

① 음성합성장치란 문자, 숫자, 구두점 형태의 텍스트 정보를 음성으로 들려주는 장치를 말한다.

② 음성 지원을 하기 위해서는 여러 가지 하드웨어 및 소프트웨어가 필요하다.
  ㉠ 하드웨어에는 내장형 및 외장형 장치가 있다. 예 사운드카드, 스피커 등
  ㉡ 소프트웨어는 하드웨어를 운영하기 위한 음성합성 소프트웨어와 텍스트 음성 변환(TTS)을 지원하는 화면읽기 프로그램으로 구분할 수 있다.

음성합성 소프트웨어	문자 또는 그래픽의 캡션을 음성출력으로 변환해 주는 프로그램으로써, 사용자의 사용 목적에 따라 자판 입력 시 개개의 글자나 단어를 음성으로 출력해 준다.
화면읽기 프로그램	그래픽 사용자 인터페이스(GUI) 사용자 환경에 맞게 아이콘, 윈도우 그리고 윈도우 안에 있는 작은 창들을 음성으로 출력해 준다. 이것은 커서와 마우스를 따라서 사용자의 화면에 있는 어떤 대상도 읽을 수 있도록 해준다.

③ 음성합성은 다음과 같은 유형의 장애학생이 유용하게 사용할 수 있다.
  ㉠ 음성합성 방식의 음성출력기기는 사용자가 직접 글자를 입력하여 의사를 표현할 수 있기 때문에 말을 사용하여 다른 사람들과 쉽게 의사소통할 수 없는 학생들의 의사소통을 위해 활용될 수 있다.
    • 음성합성 방식을 사용하는 기자재는 사용자가 입력한 내용을 기계에서 발음 규칙 및 예외적인 발음, 목소리, 억양 등과 같은 특정한 언어 규칙에 맞도록 바꾸어 준다.
  ㉡ 시각장애 학생은 물론 글을 읽는 데 어려움이 있는 학습장애 학생의 컴퓨터 접근을 위해서도 활용될 수 있다.

Chapter 10 보완대체의사소통의 이해

01 보완대체의사소통의 개념

1. 보완대체의사소통의 정의 20초특

① 보완대체의사소통이란 다양한 원인으로 말하거나 쓰기에 어려움을 느끼는 이들의 의사소통 능력을 향상시키고 사고의 확장을 도우려고 사용하는 여러 가지 의사소통 유형을 의미한다.
  ㉠ '보완'의 개념: 어떤 것을 증가시키거나 첨가하는 것으로 보완의사소통은 소리를 낼 수 있지만 발음이 정확하지는 않기 때문에 원활한 의사소통이 어려운 경우 몸짓, 얼굴 표정, 컴퓨터나 보조도구 등을 추가적으로 이용함으로써 의사소통이 원활하게 이루어질 수 있도록 하는 것을 의미한다.
  ㉡ '대체'의 개념: 기존의 사람이나 사물을 다른 사람이나 사물로 대신하여 바꾼다는 것으로 대체의사소통이란 보완의사소통과는 달리 의사표현을 전혀 할 수 없는 경우 그림이나 글자 혹은 컴퓨터 등의 대체물을 통해 의사소통하는 것을 의미한다.

② 보완대체의사소통은 발성은 가능하나 발음이 부정확한 사람에게 표정, 몸짓, 컴퓨터 등과 같은 보조도구(방법)를 활용하는 방법을 알려 주거나, 전혀 발성이 되지 않는 사람에게 그림이나 글자 등의 상징을 사용하여 의사소통을 돕는 방법 등을 포함한다.
  - 의사소통을 지원함으로써 소통 능력을 향상하도록 개인의 의사소통에 사용되는 상징, 보조도구, 기법, 전략 등에 총체적으로 접근하는 방법이다.

> **보완대체의사소통**
> - 다양한 원인으로 말하거나 쓰기에 어려움을 느끼는 이들의 의사소통 능력을 향상하고 사고의 확장을 도우려고 사용하는 여러 가지 의사소통 유형을 말한다. 발성은 가능하나 발음이 부정확한 사람에게 표정, 몸짓, 컴퓨터 등과 같은 보조도구(방법)를 활용하는 방법을 알려 주거나, 전혀 발성이 되지 않는 사람에게 그림이나 글자 등의 상징을 사용하여 의사소통을 돕는 방법 등을 포함한다. 의사소통을 지원함으로써 소통 능력을 향상하도록 개인의 의사소통에 사용되는 상징, 보조도구, 전략, 기법 등에 총체적으로 접근하는 방법이다. 상징은 실제 사물, 제스처, 수화, 사진, 그림, 표의문자, 낱말, 점자 등을 말하며, 보조도구는 메시지를 전달하거나 받는 데 사용되는 의사소통 책, 의사소통판, 음성 출력 도구 등을 의미한다. 전략은 의사소통 기술을 키우는 효과적인 방법을 말하며, 기법은 의사소통 도구나 상징을 이용하여 의사를 표현하는 방법으로 직접 선택하기, 눈 응시, 스캐닝 방법 등을 말한다(특수교육학 용어사전, 2018).
> - 보완대체의사소통은 말이나 글로 의사소통을 할 수 없는 사람들을 위한 표현 의사소통 방법이다. 보완대체의사소통이란 모든 상황에서 독립적으로 의사소통을 할 수 없는 사람들의 의사소통을 지원해 주고 향상할 수 있도록 계획된 모든 접근 방법이다. 즉, 보완의사소통은 약간의 의사소통 기술을 가진 사람들을 위해 의사소통 과정을 보충, 향상, 지원하기 위해 사용하는 것이고, 대체의사소통은 말 대신에 다른 의사소통 도구를 사용하는 것이다(기본교육과정 중학교 국어 교사용 지도서, 2021).

2. 보완대체의사소통 사용자의 의사소통 역량 [17초특]

보완대체의사소통 사용자가 갖추어야 할 의사소통 능력의 구성요소는 다음과 같다.

언어적 능력	• 사용자의 모국어에 대한 수용언어 및 표현언어 기술을 말한다. • 구어뿐만 아니라 AAC의 다양한 상징체계들의 언어적 속성에 대한 지식을 포함한다(예 그림상징을 보고 의미를 이해하는 능력 등).
조작적 능력	• AAC 체계를 정확하고 효율적으로 다루는 능력을 말한다. • 조작적 능력이 필요한 이유는 다음과 같다. 　- 도구에 들어가는 어휘를 지속적으로 개선하기 위해 　- 필요한 경우 오버레이나 다른 디스플레이들을 구성하기 위해 　- 고장, 파손 또는 기타 문제가 발생하지 않도록 도구를 관리하기 위해 　- 필요한 경우 도구를 수리하기 위해 　- 앞으로의 요구에 맞게 그 체계를 수정하기 위해 　- 매일 도구를 사용하거나 작동시킬 수 있도록 보장하기 위해 • 일반적으로 도구를 사용하지 않거나 로우테크놀로지 도구를 사용할 경우에는 조작적 능력이 덜 필요하다.
사회적 능력	• 의사소통적 상호작용을 시작, 유지, 진전, 종료하는 사회적 상호작용기술을 말한다. • AAC 사용자는 언제 말하고 언제 말하지 않아야 할지, 무엇에 대해, 누구와, 언제, 어디서, 어떤 방식으로 말해야 할지에 대한 판단 능력을 지녀야 한다.
전략적 능력	• AAC 사용자가 AAC를 사용하면서 겪는 어려움을 해결하기 위해 필요한 전략을 사용하는 능력이다. • AAC에 익숙하지 않은 사람들과 의사소통하기, 의사소통 단절 해결하기, 느린 말 속도 보완하기 등이 포함된다. 　예 대화를 하다가 내가 원하는 어휘나 표현이 내 의사소통판에 없는 상황이 있을 수도 있고, 내가 표현한 AAC 메시지가 상대방에게 이해되지 않는 경우도 있을 수 있다. 그러므로 AAC 사용자는 이러한 문제 상황에 대처할 전략을 습득하는 것이 중요하다.

출처 ▶ 박은혜 외(2024), Beukelman et al.(2017). 내용 요약정리

조작적 능력
동 도구를 다루는 작동 능력

전략적 능력
동 문제 상황에 대처하는 능력

02 보완대체의사소통의 지도

1. 보완대체의사소통의 지도 목적

(1) 말과 언어의 발달 촉진

AAC는 그림이나 사진, 글자 등의 상징을 사용하여 학생의 수준이나 흥미, 요구, 생활연령에 맞춰서 실생활에 필요한 기술을 지도하기 때문에 음성언어를 촉진하는 것 외에 일상생활에서 언어의 기능적 사용도 촉진한다.

(2) 상호작용 촉진

타인과의 의사소통의 어려움은 사회적 상호작용과 사회적 적응에 이차적인 문제를 유발한다. 그러므로 의사소통 지도는 이러한 문제를 해결하고 의사표현에 어려움을 겪고 있는 학생에게 또래 간의 의사소통을 촉진하여 다양한 활동의 참여를 높이기 위한 목적이 있다.

(3) 학습활동 참여도 증진

의사표현에 어려움이 있는 학생의 경우 기본적인 의사소통 단절로 인해 학습활동에 소극적으로 참여하게 되고, 교사로 하여금 현재 수행 수준 파악을 어렵게 하여 학습계획 수립의 효율성을 감소시킨다. 이들에게는 의사소통 보조기기와 전략을 성공적으로 사용함으로써 교육 활동에 능동적으로 참여하게 하며 학업성취를 높일 수 있다.

(4) 문제행동 감소

① 장애학생의 문제행동 중 많은 수는 그들의 원하는 바가 다른 사람들에게 전달되지 않을 때 일어난다. AAC 방법은 의사소통의 기회를 질적, 양적으로 확대시켜 주어 의사소통 실패로 오는 좌절, 분노, 감정폭발, 자기학대 등의 문제를 줄여준다.

② AAC를 활용하여 의사소통을 원활히 하는 학생은 자신이 원하는 것이 이루어진다는 사실에 성취감을 느끼게 되고, 문제행동이 감소하며, 바람직한 사회적 행동을 학습할 수 있다.

> **문제행동 감소**
> 동 도전행동 감소

(5) 독립적인 생활 촉진

AAC 적용을 통해 의사표현 능력을 증진시키는 것은 장애학생의 자기결정력 증진 및 궁극적 교육 성과인 지역사회에서 독립적인 구성원으로서의 생활의 기초를 제공한다.

보완대체의사소통의 지도 원리
보완대체의사소통 체계를 적용할 때에는 지도 대상자의 인지 기능, 언어발달, 신체적 기능 등을 고려해야 한다. 의사소통 방법을 가르칠 때에는 한 가지 방법만 사용하지 말고, 의사소통판, 음성출력기 등 여러 가지 보조 도구를 사용하거나, 얼굴 표정, 몸짓 등 보조도구를 사용하지 않는 방법을 병행해 다중의 의사소통 양식을 가지도록 해야 한다(기본교육과정 중학교 국어 교사용 지도서, 2021).

2. 보완대체의사소통의 지도 원칙

(1) 최대화의 원칙

① AAC 중재는 의사소통 방법을 배우기 위해 의사소통의 빈도와 양을 최대한 증가시키는 것을 목표로 한다.

② 초기 의사소통 지도는 질적인 측면보다는 양적인 접근을 강조해야 의사소통의 유창함을 기르고 기술을 습득하는 데 유리하다. 초기에는 양적으로 증가된 의사소통 기회를 통해 시행착오를 경험하더라도 의사소통 기회를 갖는 것이 중요하다.

(2) 기능화의 원칙

의사소통의 목적은 사회적 결과에 중점을 둔 화용론에 초점을 둔다. 즉, 다른 사람과의 상호작용 맥락에서 자신의 의도와 생각을 효과적으로 전달하는 기능을 가르치는 것을 중요하게 고려한다.

(3) 개별화의 원칙

① AAC 지도는 개별 학생과 학생의 환경적 요구에 대한 세밀화된 평가를 통해 적절한 중재와 지원을 결정한다.

② 모든 학생에게 단일한 접근이나 단일 유형의 기기를 적용해서는 안 된다.

(4) 상호관계성의 원칙

① 모든 의사소통은 두 명 이상의 상호작용 안에서 이루어진다. 그러므로 의사소통 방법의 지도는 학생에게 말 또는 제스처를 따로 분리해서 가르치는 것이 아니라 상호작용을 둘러싼 사회적 맥락 안에서 이루어져야 한다.

② 의사소통 평가 역시 학생의 표현언어 능력을 평가하는 것이 아니라 다른 사람과의 상호관계 속에서 기능성을 평가해야 한다.

(5) 정상화의 원칙

① AAC 방법을 지도할 때는 구어를 포함하여 최대한 효율적이고 일반학생이 사용하는 방법과 유사한 방법을 선정해야 한다.

② 장애학생 교육에서 특히 의사소통과 관련하여 정상화 원칙이 고려되어야 하는 이유는 의사소통은 상호관계성의 원칙과 직접적으로 관계가 있기 때문이다.
- 의사소통은 가능한 한 일반학생과 유사한 방법으로 지도하며 학생에게 AAC를 적용하는 것이 반드시 필요하다는 정당성이 있을 때에만 적용해야 한다.

3. 보완대체의사소통 교육 시 유의사항

① 보완대체의사소통 교육은 학교나 가정에서 학습 활동에 참여하기, 또래들과 대화하기, 식사하기, 옷 입기, 용변보기 등 대상자가 일상생활 중에서 자주 하는 활동을 중심으로 구성해야 한다.

② 사용자가 다양한 대화 경험을 하게 해 의사소통 보조도구의 어휘를 자기 언어의 일부로 만들도록 해야 한다.

③ 교사는 사용자 요구에 적절한 생각, 감정, 의문, 대답을 표현할 수 있는 어휘들을 준비하고, 요구에 맞는 의사소통판이나 음성출력기기 등 보조도구를 제공해 주어야 한다.

④ 사용자가 보완대체의사소통 체계를 사용해 다른 사람들과 대화할 수 있는 환경을 만들어 주어야 한다. 이를 위해서는 가족과 이웃의 협조가 절대적으로 필요하다.

4. 보완대체의사소통 대화상대자 훈련

① AAC 지도에 있어서는 AAC 체계를 사용하는 장애학생을 훈련시키는 것과 함께, 학생의 일상생활 장면에서 접할 기회가 높은 다양한 대화상대자에게도 AAC에 참여하는 방법을 가르치는 것이 중요하다.
  ㉠ 대화상대자에는 가족, 양육자, 또래 친구, 교사, 치료사 등을 포함한 학생의 생활권 내에 있는 모든 사람이 포함된다.
  ㉡ 일차적으로는 가장 직접적인 영향을 미칠 수 있는 부모와 교사를 대상으로 한 대화상대자 훈련이 필요하다.

② AAC 대화상대자 훈련 프로그램은 대화상대자가 AAC 체계 사용 학생의 의사소통 발달 원리를 이해하고 발달을 촉진하기 위한 촉매자로서의 역할을 충분하게 실행할 수 있도록 하는 데 초점을 두고 있다. 구체적인 훈련의 목표는 다음과 같다. 13중특(추시)
  ㉠ AAC 체계 사용 학생의 현재 의사소통 수준 및 의사소통을 위해 사용하는 특정 전략, 특정 문제에 대하여 인식시킨다.
  ㉡ 언어 및 의사소통 발달 순서와 과정에 대한 정보를 제공한다.
  ㉢ AAC 체계 사용 학생을 위한 반응적이고 성공적인 상호작용을 보조할 수 있는 의사소통 양식을 개발하도록 지원한다.
  ㉣ 매일의 활동과 규칙적인 일과를 수정하여 의사소통능력의 발달을 촉진하는 새로운 활동을 개발하고, AAC 체계 사용 학생과 긍정적인 관계를 형성할 수 있도록 돕는다.

자료

대화상대자 분류
대화상대자는 학생과의 접촉 빈도에 따라 몇 가지로 나누어 볼 수 있다.

주요 대화상대자	교사, 학급 또래, 가족
규칙적인 대화상대자	친척, 학교 보건교사, 학교 식당 조리사 등
불규칙적인 대화상대자	지역사회센터나 복지관에서 마주치는 사람 등
낯선 사람	처음 보는 낯선 사람

출처 ▶ 박은혜 외(2024)

③ 장애학생이 AAC 방법을 이용하여 다른 사람과 원만한 상호작용을 할 수 있도록 하기 위해 대화상대자가 고려해야 할 점은 다음과 같다.
　㉠ 대화상대자는 의사소통기기의 내용과 조작 방법을 알고 있어야 한다.
　㉡ AAC 체계 사용 학생에게 의사표현의 기회를 제공하여 언어 능력을 신장시킬 수 있어야 한다.
　㉢ AAC 체계 사용 학생이 다른 사람과 대화하는 기술을 익히고, 순서를 주고받으며 대화하는 방법 등 의사소통의 여러 기능을 습득할 수 있도록 도와주어야 한다.
　㉣ AAC 체계 사용 학생의 의사소통 능력을 촉진할 수 있는 여러 가지 전략을 사용할 수 있어야 한다.
　㉤ AAC 체계 사용 학생이 생활하는 모든 환경에서 의사소통기기를 유용하게 사용할 수 있도록 꾸준히 지원할 수 있어야 한다.

KORSET 합격 굳히기 ─ 대화상대자의 대화 기술

대화상대자가 갖추어야 하는 대화 기술은 다음과 같다.

모델링	• 모델링은 대화상대자가 가장 먼저 배워야 할 의사소통 전략이다. • 초기 단계에서의 모델링은 학생이 흥미로워하는 활동이나 주제에 관한 대화로 시작하여 주의와 반응을 유도한다. • AAC를 배우는 데는 많은 시간이 걸리므로 사용자가 AAC를 바로 사용하지 않아도 모델링을 지속해서 제시한다.
질문보다는 말하도록 유도하기	• AAC 사용 학생과 의사소통할 때는 질문에 답하는 역할만 제시하거나 이미 답을 알고 있는 질문 등 식상한 대화에서 벗어나야 한다. • 지루하고 반복적인 훈련보다는 흥미로운 주제에 대해 말할 기회를 만들어 내는 것이 더 중요하다. • 추천되는 사례는 다음과 같다. 　− 재미있고 편안한 상호작용 　− AAC 사용 학생이 의사소통판에 흥미를 보일 때 대화 시작하기 　− 언제나 쉽게 질문할 수 있도록 의사소통판을 옆에 두기 　− 의사소통판의 그림을 하나만 짚어도 대화가 시작될 수 있도록 어휘 구성하기 　− AAC 사용 학생이 좋아하는 주제로 대화 시작하기
잠깐 기다리기와 멈추기	• 잠깐 기다리기와 멈추기는 대화 중 대화할 차례를 알려 주는 신호가 된다. • 잠시 멈춰서 대화할 차례임을 보여 주어 AAC 사용 학생에게 응답할 시간을 준다. 　− 시간은 학생의 특성을 고려하여 정한다.
촉진하기	• AAC 사용 학생에게 제공할 수 있는 촉진에는 언어적 촉진, 몸짓 촉진, 신체적 촉진이 있다. • 촉진은 점차 소거하여 자발적으로 시도하도록 계획한다.

일관성 있는 반응과 피드백 제공하기	• 반응하기는 다음의 네 단계로 진행한다.	
	1단계	의사소통의 시도를 인정한다.
	2단계	의미를 부여한다.
	3단계	학생이 표현한 내용을 확장한다.
	4단계	바꿔 말하기 등의 다양한 의사소통 표현 방법을 지도한다.
	• 학생이 표현하는 언어적·비언어적 요소들을 의사소통 의도가 담긴 표현으로 간주하고, 표현한 행동과 소리에 대해 적극적으로 피드백을 한다. − 메시지 확인하기 전략은 학생이 표현한 내용을 즉각적으로 강화해 줄 수 있는 대표적인 교수전략이다.	
대화 회복 전략	• AAC 사용 학생이 대화를 이어갈 수 있도록 대화상대자가 사용할 수 있는 대화 회복 전략은 다음과 같다.	
	전략	설명
	제한된 선택 사항 제시하기	− 말하는 내용이 무엇인지 알아내기 위해 몇 가지 제한된 선택사항을 제시함 − 말하는 내용에 따라 시간, 장소, 대상, 주제 등의 범주가 무엇인지 범위를 좁혀 가면서 말하고자 하는 내용을 찾음
	표현한 내용이 맞는지 확인하기	− 들은 내용이 맞는지 확인하고 넘어감 − 대화하면서 학생이 원하는 생각을 점차 발전시키도록 질문함 − 감정을 표현하기 어려운 학생의 감정 상태를 먼저 체크함
	대화가 단절된 것 확인하기	− 학생이 표현하는 것을 알아들을 수 없거나 잘못 이해하면 대화에서 나온 정보를 체크하여 다시 질문함 − 대화하려는 내용을 하나씩 분리하여 질문함

출처 ▶ 박은혜 외(2024). 내용 요약정리

Chapter 11 보완대체의사소통 체계

보완대체의사소통 체계란 개인의 의사소통에 사용되는 상징(symbol), 보조도구(aids), 전략(strategies), 기법(techniques) 등을 총체적으로 통합한 의사소통 체계이다. 16중특, 23중특

> **Tip**
> 보완대체의사소통 체계는 '보완대체의사소통의 구성 요소'로 표현(예 2017 유아A-1 기출, 2019 유아A-8 기출, 2025 중등A-2 기출)되기도 한다.

01 상징

1. 상징의 개념 10중특, 11중특, 17유특, 19유특, 24중특, 25초특

① 상징은 메시지를 표현하는 방법을 의미한다.
  - 정보를 교환하는 데 무엇을 사용할 것인가, 즉 내용의 문제다. 몸짓을 사용할 것인지 혹은 수신호를 사용할 것인지 아니면 PCS를 사용할 것인가이다.

② 상징은 도구를 이용하는 것(도구적 상징)과 도구를 이용하지 않는 것(비도구적 상징)으로 구분된다.

도구적 상징	어떤 형태의 외부 원조를 요구하는 것으로 실제 사물, 흑백의 선 그림, 사진, 그림 의사소통 상징(PCS), 픽토그램 표의문자 의사소통 상징(PIC), 리버스 상징, 블리스 심벌 등의 표상적인 상징과 여키스 기호문자(Yerkish lexigrams)로 대표되는 추상적인 상징 그리고 전통적인 철자(예 영어 알파벳, 중국어 한자, 한글 등)와 철자 상징(예 점자, 지문자 등) 등이 있다.
비도구적 상징	어떠한 외부 기기도 필요로 하지 않는 얼굴 표정, 손짓기호, 일반적인 구어와 발성을 포함한다.

③ 상징은 사실성, 도상성, 모호성, 복잡성, 전경과 배경 차이, 지각적 명확성, 수용 가능성, 효율성 및 크기를 포함하여 다양한 특성에 따라 기술되며 많은 경우 도상성을 기준으로 분류한다.
  ㉠ 도상성이란 실제로 지시하는 대상이 언어에 투영되어 있는 것을 말한다.
    - 그림이나 상징을 보고 그것이 무엇인지 알 수 있는 정도를 말한다.
    - 도상성이 높다는 것은 상징을 보고 그 뜻을 유추하기 쉽다는 것을, 도상성이 낮다는 것은 상징을 보고 그 뜻을 유추하기 쉽지 않음을 의미한다.

ⓛ 도상성은 다음 세 가지 단계로 구분된다.

상징의 투명성	투명한 상징이란 상징이 의미하는 것을 가장 쉽고 빨리 이해할 수 있는 상징이다.
상징의 반투명성	반투명한 상징이란 상징과 실제 나타내는 것이 설명된 이후에 그 의미가 이해되는 쉬운 상징이다.
상징의 불투명성	불투명한 상징이란 상징과 실제 나타내는 것의 의미를 연결하여 설명해도 상징의 의미가 잘 전달되지 못하는 것이다.

출처 ▶ 박은혜 외(2024), 내용 요약정리

- 도상성에 따라서 분류하면 사진과 실물은 어떠한 추가 정보가 없더라도 그 의미가 명확하기 때문에 '투명'하고, 문자는 글을 읽을 수 있는 사람만 이해할 수 있기 때문에 '불투명'한 것으로 간주된다. 반면 선화는 의미가 명확할 수도 있고 불투명할 수도 있기 때문에 '반투명'한 것으로 표현된다.

④ 상징을 지도할 때는 구체적인 것에서 추상적인 것의 순(실제 사물 – 실물의 축소모형 – 컬러 사진 – 흑백 사진 – 선화 상징)으로 지도한다.

자료

상징의 도상성 정도 예시

보드메이커 상징	일반적 의미	도상성 정도
	"아이스크림"	투명
	"난 화가 많이 나."	반투명
	"집에 가자."	불투명

출처 ▶ Dell et al.(2011)

2. 상징의 종류 10중특, 17유특

(1) 실물

① 실물은 의사소통 중재 초기에 물체 확인에 대한 도움이 필요할 때 사용한다.

② 상징체계를 좀 더 발전시켜 추상적이고 융통성 있는 의사소통 체계를 사용할 수 있도록 만질 수 있는 실물 상징의 수는 점차 줄여 나가는 계획이 필요하다.

③ 모든 실물을 준비하기 어렵고 휴대하기도 쉽지 않은 단점이 있다.

(2) 모형

① 실물보다는 작은 크기인 축소형 사물을 말하며 물체를 작게 복제한 것이다.

② 물체에 대한 사진이나 그림을 해석할 수 없는 학생이나 시각장애를 동반한 학생, 그리고 실물이나 모형을 통해 촉각적인 피드백이 필요한 학생에게 사용하면 좋다.

㉠ 보통 실물과 모형 같은 만질 수 있는 상징은 인지능력이 부족하여 그림이나 사진만으로는 실물과 상징의 대응이 어려운 학생에게 효과적이다.

㉡ 모형은 실제 대상보다 작기 때문에 인지장애 학생은 2차원적 상징보다 오히려 어려울 수 있으므로 주의 깊게 선택해야 한다.

자료

상징체계

구체적
1. 실물: 구체적인 실물
2. 모형: 물체를 작게 복제한 것
3. 사진: 물체, 동사, 사람, 장소와 활동을 묘사
4. 컬러 사진
5. 흑백 사진
6. 심벌/아이콘
7. 전통적인 철자법: 점자와 모스 부호
추상적

설명 상징은 단어 같은 추상적인 상징에서부터 실물과 같이 구체적인 상징까지 다양하며, AAC를 위한 상징 선택은 아동의 운동 기술과 언어 발달, 인지 수준 등을 고려하여 구체적인 것에서부터 추상적인 것까지, 쉽고 간단한 것에서부터 복잡하고 어려운 것까지 체계적으로 사용해야 한다.

출처 ▶ 정동훈 외(2018)

✎ 선화 상징

말을 하거나 글로 써서 의사표현을 하기가 어려운 학생들에게 초기 의사소통 방법으로 사용할 수 있는 2차원적 상징체계인 그림, 사진, 선화, 추상적인 상징을 말한다. 필요에 따라 제작하여 사용할 수 있으며 어휘와 그림 목록이 상업용으로 개발된 형태도 있다. 상징의 형태가 비교적 명료하여 가장 많이 사용되는 대표적인 해외의 그림 의사소통 상징은 보드메이커 프로그램에서 사용되는 상징이며, 국내에서는 이화—AAC 심벌, 마이토키스마트, 마이AAC 등이 사용되고 있다. 그밖에 리버스 심벌, 픽 심벌, 다이나 심벌, 블리스 심벌 등이 있다(특수교육학 용어사전, 2018).

상징별 특징

- 리버스 상징은 반아이콘적(semi-iconic)으로 구성되어 있어서 PCS보다는 어렵고 블리스보다는 배우기가 쉽다.
- PCS는 색이 칠해져 있지 않은 명확하고 간단한 선화로 구성되어 있어서 그림이나 사진보다는 추상적이지만, 그 밖의 다른 상징체계에 비하여 도상성이 높고 구체적이어서인지 능력의 결함이 큰 학생들도 사용할 수 있다.
- 픽토그램은 대상의 의미를 쉽고 빠르게 인식할 수 있다. 전경과 배경 구분의 어려움이 해소되어 시각적으로 쉽고 빠르게 인식할 수 있다. 언어나 글보다는 배우기가 쉽지만, PCS나 리버스 상징보다는 도상성이 낮다.
- 블리스 기호체계는 많지 않은 기호를 가지고 서로 조합·배치하여 수많은 단어와 문장을 형성할 수 있는 의사소통 유형이다. 그러나 마치 외국어를 배우듯이 학습해야 하기 때문에 인지능력이 높은 학생에게만 적합하며, 상대방도 기호체계를 알아야만 소통이 가능하다는 단점이 있다.

출처 ▶ 고은(2021)

(3) 사진

① 사진은 물체, 동사, 사람, 장소와 활동을 묘사하기 위해 사용하고, 질이 좋은 흑백 사진이나 컬러 사진을 사용한다.

② 실험연구에 의하면 인지장애인은 선화보다는 흑백 사진을, 흑백 사진보다는 컬러 사진을, 그 지시 대상과 더 정확하게 일치시키는 것으로 나타났다.

(4) 선화 _{10중특, 11초특, 17초특, 21초특, 23중특}

① 선화는 색칠을 하지 않고 선으로만 그린 그림이다.

② 사진보다 그림 상징을 사용하는 것이 향후 어휘 확장이나 일반화에도 도움이 되지만 그림을 이해하기 위해서는 어느 정도의 인지능력이 필요하므로 인지능력이 낮으면 이해하지 못하는 경우도 있으며, 사진보다 선화를 이해하기가 더 어렵다.

③ 복합적인 의사소통 요구를 지닌 사람들의 의사소통 혹은 문해발달을 지원하기 위해 수많은 선화 상징(line-drawing symbols) 세트들이 개발되었다. 아래의 표는 다양한 선화 상징의 유형 중 일부를 정리한 것으로 각 상징별 투명성의 정도를 비교하면 다음과 같다.

㉠ 픽 심벌은 그림 의사소통 상징(PCS)이나 리버스 심벌보다 투명도나 학습 용이성 면에서 더 쉽다.

㉡ 리버스 심벌은 픽 심벌과 함께 상징체계의 투명도가 높고 블리스 심벌과 비교해도 투명도나 학습 용이도가 높다.

㉢ 픽토그램 상징은 PCS와 리버스 심벌보다 투명도가 낮은 반면, 블리스 심벌보다는 투명도가 높다.

㉣ 블리스 심벌은 투명도가 가장 낮고 배우기 어려우며 기억하기도 어렵다.

픽 심벌 (Picsyms)	• 초기에 언어장애 유아를 대상으로 개발되었다. • 픽 심벌은 리버스 심벌이나 PCS보다 투명도나 학습 용이성 면에서 더 쉽다.
리버스 심벌	• 북미 지역에서 비장애 유아들의 읽기교육을 위해 개발된 것이 AAC 상징체계로 확장되었으며, 시각적으로나 명목 상으로 낱말 또는 음절을 나타내는 그림이다. • 리버스 심벌은 픽 심벌과 함께 상징체계의 투명도가 높고 블리스 심벌과 비교해도 투명도나 학습 용이도가 높다.
그림 의사소통 상징 (PCS)	• PCS 중 대표적인 것이 선화를 기반으로 해서 광범위하게 사용되고 있는 보드메이커(Boardmaker) 프로그램이다. • PCS와 리버스 상징은 명사, 동사, 수식어에 있어 다른 것 보다 명료하다.
픽토그램 (PIC)	• 픽토그램은 의미하는 내용을 상징으로 시각화한 것이다. • 픽토그램은 전경과 배경 구분의 어려움을 줄이기 위해 고 안된 흑백 상징으로, 검정 배경에 흰 그림으로 구성되어 있다. • 픽토그램은 의미하는 내용을 상징으로 시각화하여 사전에 교육을 받지 않고도 모든 사람이 즉각적으로 이해할 수 있어야 하므로 단순하고 의미가 명료해야 한다. • 픽토그램 상징이 PCS와 리버스 상징보다는 투명도가 낮지만, 블리스 심벌보다는 투명도가 더 높다.
블리스 심벌	• 원래 의사소통 장애인을 위해 만든 것이 아니고 국제적인 문자 의사소통의 보조언어로 개발하였다. • 블리스 심벌은 투명도가 가장 낮고 배우기 어려우며 기억 하기도 어렵다.
다이나 심벌	• 다이나 심벌(Dynasyms)은 전용 의사소통 도구인 Dynamo와 DynaVox 4 시리즈에서 이용할 수 있는 3,000개 이상의 상 징으로 이루어진 것이다. 1,000개의 흑백 상징과 1,700개의 컬러 상징을 담고 있는 책에서 자르고 붙이거나 스티커 형 식으로 사용할 수 있다. 다이나 심벌 각각의 상징 위에는 해당 내용이 문자로 인쇄되어 있다.
민스피크	• 그림 언어체계로 많은 단어를 표현하기 위해 개발된 아이콘 조합 코딩 시스템이다. 단일 단어를 표현하기 위해 아이콘 하나를 선택할 수 있고, 같은 아이콘을 사용하여 간단한 구와 문장을 쉽게 만들 수 있다.

출처 ▶ 정동훈 외(2018). 내용 요약정리

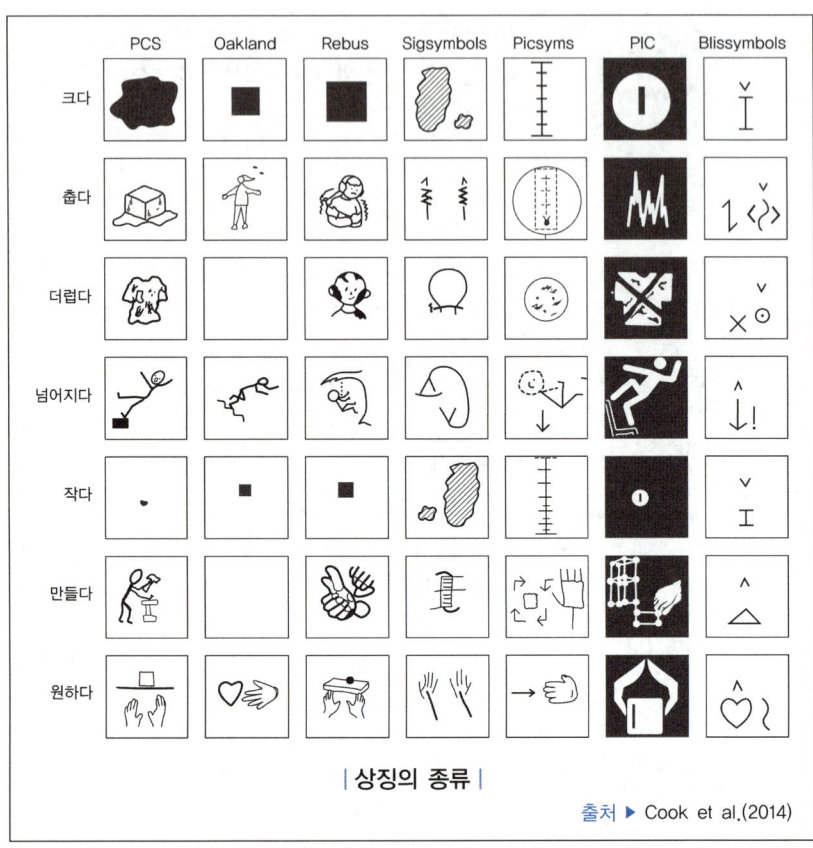

| 상징의 종류 |

출처 ▶ Cook et al.(2014)

(5) 상징 선택 시 고려사항

상징 유형을 선택할 때 고려할 사항은 다음과 같다.

① 사용하는 학생의 인지 수준을 고려하여 상징 유형을 결정한다.

② 학생의 동기유발에 적절한 상징 유형을 선택한다.
  ㉠ 사용하는 학생의 연령과 정서, 취향에 적절한 그림이나 사진 등으로 표현된 상징을 선택한다.
  ㉡ 상징은 단순하고 친숙한 디자인일수록 의사소통의 효율성과 성공 가능성을 높인다.

③ 학생의 신체 기능을 고려하여 선택한다.
  • 상징 유형을 선택하고 결정하는 과정은 개별적으로 이뤄져야 한다.

④ 상징은 다중양식 체계를 사용하는 것이 효율적이다.
  ㉠ 때와 장소, 상황에 따라 여러 상징 유형을 같이 사용할 때 메시지를 빠르게 전달할 성공 확률이 높다.
  ㉡ 초기 의사소통 단계에 있는 중도·중복장애 학생이라면 실물이나 그래픽 상징 중 한 가지 방법이 아니라 다중양식 체계를 활용하는 것이 유용하다.

KORSET합격 굳히기 손짓기호와 손담

1. **손짓기호**
   ① 손짓기호란 표현이나 몸동작으로 의사소통을 할 수 있도록 개발된 AAC 상징의 하나이다.
   - 손짓기호는 초기 의사소통 발달단계에서 사용하는 제스처, 음성, 표정 등의 대안적인 방법을 체계화하여 가까운 가족 외에 더 많은 사람과 의사소통할 수 있도록 체계화된 상징 유형이다.
   ② 손짓기호는 구어 체계를 대체하거나 구어와 함께 사용함으로써 구어로 전달하기 어려운 내용을 보완하여 표현할 수 있다.
   ③ 손짓기호는 다음과 같은 장점을 갖는다.
   ㉠ 손짓기호는 학생의 장애유형과 발달 특성에 맞추어 표현 방법을 찾고 적용할 수 있기 때문에 의사소통의 효율성을 높이며, 의사소통 지도를 처음 시작하는 학생들에게 효과적이다.
   ㉡ 의사소통판이나 의사소통기기가 없는 상황에서도 간편하고 빠르게 소통할 수 있으며 소통이 필요할 때 즉각적으로 표현할 수 있기 때문에 의사소통 과정에서 시간이 지연되거나 대화의 흐름이 단절되는 문제를 예방할 수 있다.
   ㉢ 움직임이 많거나 역동적인 활동 상황에서 다른 사람과 상호작용할 때, 도구 작동에 필요한 시간이 없이 빠르고 쉽게 의사소통할 수 있다.
   ㉣ 손짓기호를 구어와 병행하여 사용함으로써 구어로 전달하기 어려운 내용을 보완하여 표현할 수 있으며, 중요한 낱말을 강조하여 의사를 더 잘 전달할 수 있다.
   ㉤ 특별히 많은 교육을 받지 않아도 대화상대방들이 그 의미를 쉽게 유추하거나 이해할 수 있다.
   ㉥ 개인적으로 사용하는 몸짓표현에 비해 통일된 표현을 사용하는 손짓기호체계를 사용할 때 가까운 대화상대뿐 아니라 다수의 대화상대와 다양한 환경에서 의사소통하는 데 도움이 될 수 있다.

2. **손담**
   ① 손담은 중도·중복장애인의 의사소통 교육을 위해 개발된 손짓기호체계이다.
   ② 손담은 중도·중복장애인이 쉽게 이해하고 표현할 수 있도록 간단한 '손 표현'을 기본으로 하되, '몸동작'을 이용한 표현을 함께 사용하도록 개발되었다.
   ㉠ 손 표현은 한국수어의 표현을 기반으로 한다.
   ㉡ 중도·중복장애인들의 경우 손 표현만으로는 움직임의 범위와 표현의 제한이 있기 때문에 몸동작을 이용한 표현을 함께 사용하도록 개발되었다.

출처 ▶ 박은혜 외(2024)

손짓기호
동 몸짓 상징

자료
비상징적 의사소통 방법과 손짓기호체계의 차이
- 의사소통 발달의 초기에는 정확한 참조물이 있는 상징이 아닌 다양한 몸짓이나 발성을 사용하는데, 손짓기호체계는 각 표현이 의미하는 정확한 참조물 및 의미가 있다.
- 비상징적 의사소통 방법은 개인적으로 서로 다른 방법을 사용하지만, 손짓기호체계는 정해진 일정한 표현을 사용한다.

출처 ▶ 박은혜 외(2024)

손담의 정의

박은혜 외 (2024)	본문 참조
국립특수교육원 (2019)	손담은 구어로 의사소통이 어렵고, 수어나 보완대체의사소통 도구를 사용하는 데에도 어려움이 있는 중도·중복장애 학생들의 의사소통 교육을 위해 일련의 몸짓을 활용하여 개발된 상징체계

자료
손담의 특징
- 도구를 사용하지 않고 손이나 얼굴표정, 몸짓을 사용하여 참조물이나 개념을 나타내는 의사소통 방식이자 상징체계이다.
- 중도·중복장애 학생들이 쉽게 이해하고 표현할 수 있도록 간단한 손 표현을 기본으로 하되, 몸동작을 이용한 표현을 함께 사용한다.
- 보편적으로 사용되는 몸짓뿐 아니라 지시적, 참조적, 모방적, 도상적인 손 기호를 포함시켰고, 한국수어 표현 중 쉽고 단순하며 보편성을 띤 표현들을 차용하였다.

출처 ▶ 국립특수교육원(2019)

02 보조도구

1. 보조도구의 개념 및 종류

① 보조도구는 상징체계를 담기 위해 제작된 물리적 기기를 말하며, 직접 제작하는 그림판이나 전자 의사소통 기기 등을 포함한다.

② AAC 보조도구의 종류는 크게 비전자적 도구와 전자적 도구로 나눌 수 있다.

보조도구
🔄 보조기기

비전자적 도구	• 비전자적 도구는 전자적 기능을 가지고 있지 않은 보조도구이다. 📝 의사소통판, 의사소통책, 의사소통팔찌 등 • 비전자적 도구의 장단점은 다음과 같다.
	장점 – 가격이 저렴하고, 유지비가 들지 않으며 쉽게 만들 수 있어서 처음 AAC 도구 사용자에게 제공하여 AAC로 의사소통하는 방법을 훈련하는 데 용이하다. – 가볍고 이동성이 좋기 때문에 신체적 활동(📝 체육시간)이나 외부활동(📝 체험학습, 소풍 등) 시 유용하게 쓰일 수 있다.
	단점 집단으로 의사소통을 하는 상황에서 활용가치가 낮아진다.
전자적 도구	• 전자적 도구는 최근 발달하는 IT 기술과 음성합성장치를 이용하는 보조도구이다. 📝 키즈보이스, 보이스탭 등 • 전자적 도구의 장점은 다음과 같다. – 전자적 도구를 이용한 의사소통은 비전자적 도구를 이용한 의사소통에 비해 단어 선택의 폭이 넓고 문장을 통한 대화가 가능하다. – 자판이나 음성출력 의사소통 기기 또는 문자언어 형태로 의사소통을 보조할 수 있으며, 관련 지식이 전혀 없는 상대방과도 쉽게 의사소통을 할 수 있다. – 음성언어로의 출력도 가능하기 때문에 청자의 입장에서 쉽게 이해할 수 있으며, 화자의 입장이 상대방에게 잘못 해석되는 경우가 적으며, 누군가가 특별히 부가적인 해석을 해야 하는 수고를 덜 수 있으므로 보다 독립적인 의사소통이 가능하다.

출처 ▶ 고은(2021), 김영태(2019). 내용 요약정리

③ 대표적 보조도구에는 의사소통판, 스위치, 조이스틱 등이 있다.

[자료]
보완대체의사소통을 위한 보조도구의 종류

〈의사소통판〉

〈스위치〉

[자료]
스위치
스위치에 대한 자세한 설명은 제9장 컴퓨터 접근성 향상을 위한 보조공학의 '02 컴퓨터 접근을 위한 보조공학' 참조

2. 의사소통판

(1) 종류
① 의사소통판의 종류에는 단면 의사소통판, 다면 의사소통판, 의사소통책, 홀더(holder) 등이 있다.
② 단면 의사소통판은 의사소통 훈련을 처음 시작하는 경우 그리고 제한된 어휘를 사용할 경우에 사용되는 형태로, 만들기가 쉽고 휴대하기도 편하기 때문에 가장 널리 이용되고 있다.

(2) 제작 시 고려사항
의사소통판을 제작할 경우에는 다음과 같은 사항을 고려해야 한다.
① 신체적으로 활용할 수 있도록 만들어야 한다: 사용자의 운동기능과 지각능력 등을 고려하여 사용자들이 앞에 놓인 의사소통판의 여러 영역을 잘 가리키고 상징들을 배열할 수 있게 크기 및 기울기 등을 결정해야 한다.
② 사용자에게 어떤 의사소통이 필요한지 알아보고 사용자에게 알맞은 어휘를 선택해야 한다.
③ 사용자의 능력과 요구에 따라 의사소통판에 들어갈 상징의 형태를 고려해야 한다.
　㉠ 의사소통판을 제작할 때 상징은 학생의 인지 기능과 언어 발달 수준을 고려하여 선정한다.
　㉡ 상징의 크기는 학생의 신체 기능과 잔존능력을 고려하여 조정한다.
④ 학생의 시력, 운동 기능(움직임의 범위, 지적할 수 있는 거리, 방향 등)과 지각능력, 의사소통판의 휴대성 등을 고려하여 제작한다.

(3) 장단점

장점	• 비용이 저렴하다. • 제작이 수월하다. 　- 사용자의 강점과 요구가 파악되면 로우 테크놀로지의 계획과 개발은 효과적으로 진행될 수 있다. • 어휘의 수정 및 보완이 수월하다. • 다른 의사소통 도구와 쉽게 병행해서 사용할 수 있다. • 여러 가지 상황에서 사용자의 다양한 능력에 따라 사용될 수 있다.
단점	• 어휘 저장이 제한적이다. • 현장성이 떨어진다. • 의사소통 상대방에 대한 의존도가 높아진다. • 수동적인 의사소통자가 될 수 있다. • 의사소통 상대방이 사용자의 능력을 과소평가할 수 있다.

03 기법 ¹⁴유특

기법이란 보완대체의사소통 체계 사용자가 전하고자 하는 메시지를 선택하거나 판별하는 방식으로 직접선택과 간접선택으로 구분되며, 어떤 방법을 선택할 것인지에 대한 결정은 다음의 절차를 따른다.

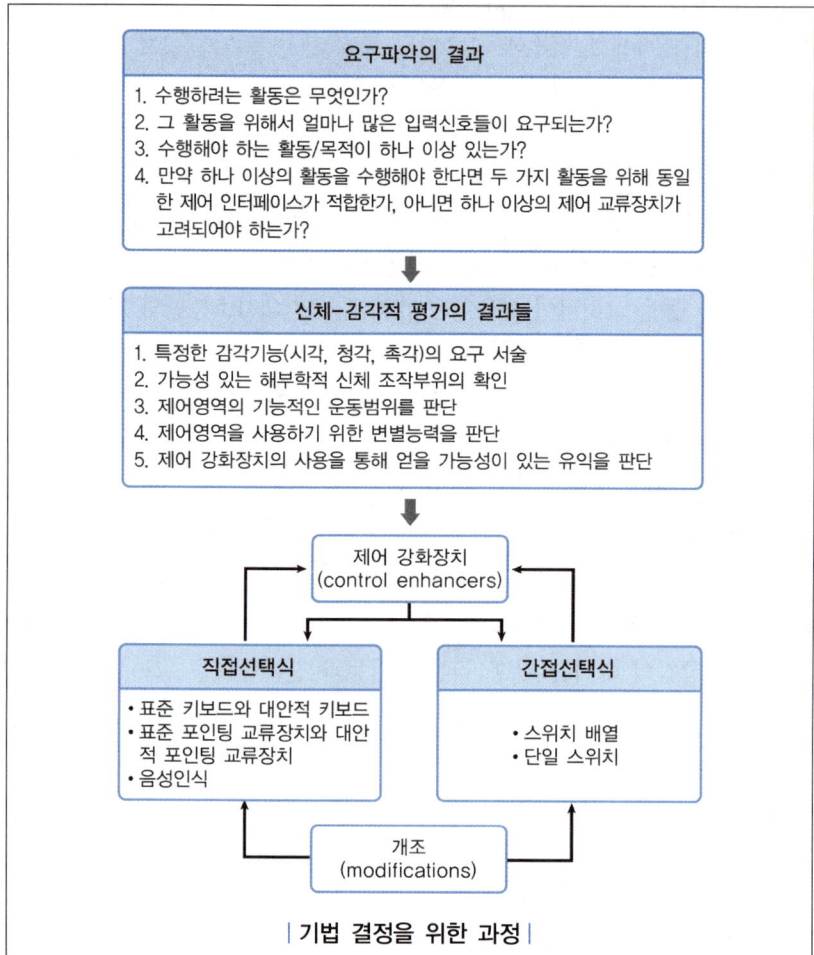

| 기법 결정을 위한 과정 |

자료

제어 강화장치

제어 강화장치는 개인이 제어 인터페이스를 사용할 수 있게 하는 신체적 능력(동작 범위와 변별 능력)을 강화하고 확장하는 보조 수단과 전략을 말한다. 제어 강화장치는 다양한 제어 인터페이스의 위치나 특징과 같은 전략이나 마우스 스틱, 헤드 포인터 그리고 팔 지지대와 같은 장치가 포함된다(Cook et al., 2014).

1. 직접선택

(1) 개념 ¹⁷유특, ²²유특

① 직접선택은 사용자가 손가락, 머리, 손, 팔꿈치 등과 같은 신체의 일부분을 이용하여 직접 의사소통 보조도구의 상징을 지적하는 방법이다.
- 신체적 움직임을 보조하기 위한 방법으로 헤드 스틱이나 마우스 스틱, 광선 포인터 등의 보조도구가 이용되기도 한다.

② 신체의 접촉 없이 가능한 직접선택 기법에는 눈 지시, 눈 응시, 광선 발산장치, 음성인식 등이 있다.

(2) 신체 조절 능력 평가 [13중특]

직접선택하기를 위한 평가는 손과 팔의 조절 능력 평가 → 머리와 목의 조절 능력 평가 → 발과 다리의 조절 능력 평가의 3단계로 이루어진다.

① 첫 단계에서는 손이 가장 조절하기 쉽고 가장 사회적으로 수용되므로 손과 팔의 조절 능력을 평가한다.

② 둘째 단계에서는 머리와 목의 조절 능력을 평가한다.

③ 셋째 단계에서는 발과 다리의 조절 능력을 평가한다.
- 지체장애인은 직접선택 기법에 요구되는 하지의 소근육운동 조절력을 지니고 있지 못한 경우가 많기 때문에 셋째 단계에서는 발과 다리의 조절 능력을 평가한다.

(3) 활성화 전략 [14초특, 16중특, 18초특, 20중특, 24중특]

시간 활성화 전략	• 작동 원리: 사용자가 어떠한 방법으로든 화면의 항목을 확인하는 것이 필요하고, 장치에 의한 선택이 인식되어지기 위해서는 일정한 시간 동안 접촉을 유지시키는 것이 필요한 방법이다. • AAC 의존자가 일정한 방식(신체적 접촉, 광선이나 레이저 빔 발사, 응시)으로 디스플레이의 항목을 식별한 다음, 그 도구가 선택 항목을 인식하도록 미리 결정되어 있는 시간 동안 접촉(또는 그 위치에 머무르기)을 유지하도록 요구한다.
해제 활성화 전략	• 작동 원리: 화면이나 (대체)입력기기를 직접 접촉하거나 누르고 있을 동안에는 선택되지 않지만 선택하고자 하는 해당 항목에 커서가 도달했을 때 접촉하고 있던 것을 떼게 되면 그 항목이 선택되는 방법이다. • 사용자가 디스플레이에 손가락을 갖다 대고 원하는 항목에 도달할 때까지 접촉을 유지해야 한다. 사용자가 디스플레이와 직접적인 접촉을 유지하는 동안에는 선택이 이루어지지 않기 때문에 디스플레이상의 어디에서든지 자신의 손가락을 움직일 수 있다. 항목을 선택하려면 사용자는 자신이 원하는 디스플레이의 어떤 이미지(상징)에서 접촉을 해제하면 된다. 접촉시간은 개인의 능력과 요구에 따라 조정될 수 있다. • 사용자로 하여금 손의 안정성을 유지하면서 디스플레이를 사용하도록 해주며, 너무 느리거나 비효율적으로 움직여서 시간이 설정된 활성화 전략으로는 이득을 얻을 수 없는 사용자의 오류를 최소화할 수 있는 장점이 있다.

> **Tip**
> 각 활성화 전략의 작동원리는 간략히 서술할 수 있을 만큼 충분히 학습해야 한다.
>
> **시간 활성화 전략**
> 동 시간이 설정된 활성화

평균 활성화 전략	• 작동 원리: 광선이나 광학 포인터의 움직임을 단시간 내에 평균화해서, 가장 오랫동안 가리킨 항목을 작동시키는 방법이다. – 학생의 움직임을 통해 컴퓨터 화면의 해당 항목에 머무는 시간을 감지하여 무시해도 되는 허용 시간을 찾아낸 뒤, 각 항목마다 멈춘 학생의 시간을 감지하여 그중 가장 오랜 시간 머문 항목을 찾아내서 활성화한다. • 시간 활성화 전략 혹은 해제 활성화 전략이 어려운 이들을 대상으로 하는 방법으로, 일반적인 영역은 선택할 수 있으나 특정 항목을 선택하기 위해 요구되는 접촉을 안정적으로 유지하는 데 어려움이 있는 최중도 장애인들을 위한 전략으로 활용 가능하다.

> **평균 활성화 전략**
> 🔵 여과 활성화 전략
>
> **[자료]**
>
> **평균 활성화 전략 예시**
> 직접 선택을 하는 데에는 다양한 전략이 있습니다. 그중에서 평균 활성화 전략을 사용해 보면 어떨까요? 이 전략은 해당 프로그램이 단시간 내에 수집한 정보를 바탕으로 셀이 선택되는 데 필요한 시간을 감지해서, 유효한 시간과 무시해도 되는 시간을 찾아냅니다. 그래서 일정 시간 동안 누르고 있는 셀은 선택되지만, 잠깐 스치듯 누르는 셀은 선택되지 않습니다 (2024 중등A-7 기출).

(4) 장단점

장점	• 사용자의 표현력이 향상된다. • 빠른 속도로 표현할 수 있다.
단점	• 사용자가 피로를 많이 느낀다. • 사용자가 피로를 빨리 느낀다. • 잘 되지 않을 때에는 스트레스를 받게 되고, 자신감을 상실할 수도 있다.

2. 간접선택

(1) 개념 09중특

① 보조도구가 지적해 가는 대로 사용자가 추적해 가면서 원하는 상징인지 아니면 다음 상징으로 진행해야 하는지에 대해 반응하는 형식이다.
  • 손이나 도구를 이용하여 항목을 직접 선택하기 어렵거나 선택이 부정확할 때 또는 너무 느릴 때 간접선택 방법을 고려한다.

② 가장 일반적인 간접선택 방법은 '스캐닝'이다. 22초특
  ㉠ 스캐닝은 청각적 스캐닝과 시각적 스캐닝 방법을 사용할 수 있다.

청각적 스캐닝	교사나 다른 대화상대자가 의사소통판의 내용을 천천히 말해 주면 학생이 원하는 항목이 나왔을 때 정해진 방법으로 선택하는 방법을 말한다.
시각적 스캐닝	의사소통기기에서 불빛이 정해진 순서대로 천천히 이동하면서 학생이 원하는 항목에 불빛이 왔을 때 스위치를 누르거나 소리 내기, 손 들기 등으로 선택하는 방법을 말한다.

- ⓛ 항목이 순차적으로 자동 제시되고 사용자는 원하는 항목에 커서가 머물러 있을 때 스위치를 활성화하여 선택한다.
- ⓒ 스캐닝을 위해 스위치(단일 스위치 또는 두 개의 스위치)와 배열판이 사용되고, 사용자는 일정한 기술을 수행할 수 있어야 한다.
- ⓔ 항목을 제시하는 속도와 타이밍은 기기 제작 시 기본적으로 설정되어 있으나 사용자의 운동 반응 및 시각적 추적 능력에 따라 조절 가능하다.

(2) 스위치 평가
① 사용자가 신체의 한 부위를 이용하여 직접선택하기를 하지 못할 경우 스캐닝을 위한 스위치 평가를 해야 한다.
② 스위치를 작동할 신체 부위가 어느 부위인지 평가하기 위해서는 손가락 → 손 → 머리 → 발 → 다리 → 무릎 순서로 평가한다.

(3) 스위치 사용을 위한 운동훈련 단계 [19중특]

단계	목표	내용	목표를 성취하기 위해 사용된 도구
1단계	인과관계를 개발시키기 위해 사용하는 시간 독립적 스위치	• 스위치를 주어진 시간에 작동할 수 있게 하는 것과 스위치 작동과 결과 간의 인과관계를 익히는 것이다. • 개인은 어떤 유형의 강화물에 연결된 단일 스위치의 조작 부위를 사용해서 작동시키도록 요구받는다. 보호자는 강화물을 통해서 개인이 즐길 수 있는 것과 발견할 수 있는 것이 무엇인지에 대한 초기 정보를 줄 수 있다. • 스위치 입력을 위해 적용될 수 있는 물체는 건전지로 작동되는 장난감, 라디오, 믹서기, 선풍기와 같은 흥미로운 것이 될 수 있다.	• 가전기구(선풍기, 믹서기) • 배터리로 작동하는 장난감이나 라디오 • 스위치가 눌리면 언제나 결과가 나타나는 소프트웨어

2단계	스위치를 적절한 시간에 사용하도록 능력을 개발하는 데 쓰이는 시간 종속적 스위치	• 스위치를 특정한 시간에 일관성 있게 작동시키는 것이다. 예 시간 종속 활동을 만들기 위해 강화물의 그림을 사다리의 어느 지점에 붙여 주고, 사용자는 소방관이 그 그림이 있는 사다리 지점에 도달하면 스위치를 놓도록 지시받아서 잘 수행할 경우 그 강화물을 받는다.	• 그림이나 소리로 된 결과물을 얻기 위해 특정한 시간에 반응을 보여야 하는 소프트웨어
3단계	다중선택 스캐닝 능력을 개발시키기 위한 특정한 윈도우 내의 스위치	• 둘 혹은 그 이상의 옵션 중에서 선택을 위해 스위치를 사용하도록 지시받는 것으로 제한시간(time window)이 더욱 명확하게 규정된다. • 장난감, 가전기구, 컴퓨터 소프트웨어 프로그램이 이 단계에서도 사용된다.	• '제한시간(time window)'에서 반응을 요구하는 소프트웨어
4단계	상징적인 선택 만들기	• 상징적 표현이 선택결정에 더해진다. • 언어기술이 운동기술 훈련에 연계해서 개발되고, 언어적인 단계가 자연적으로 따라올 수 있다. 이러한 단계를 통해서 개인은 물체조작(환경제어)에서 인식조작(의사소통)으로의 전이를 만든다.	• 간단한 스캐닝 의사소통 기구 • 상징적인 표시와 의사소통적 출력을 가지고 있는 시간 독립적인 선택을 만들도록 설계된 소프트웨어

출처 ▶ Cook et al.(2014)

자료

3단계 예시
순차적으로 화면 위의 지점에 불이 들어오도록 한 후, 불이 들어온 항목 위에서 스위치가 눌리면 프로그램은 흥미로운 결과를 나타낸다(어떤 프로그램에서는 불이 들어오는 영역이 제한됨으로써 오직 하나만 정확한 것으로 될 수도 있다).

출처 ▶ Cook et al.(2014)

(4) 디스플레이 형태(포맷)

스캐닝에서는 선택을 위해 선택 세트에 있는 아이템들이 사용자에게 표시되는 몇 가지 형태가 있는데, 디스플레이 형태에 따라 원형 스캐닝, 선형 스캐닝, 행렬 스캐닝 등이 있다.

① **원형 스캐닝** [09중특]
  ㉠ 시간 간격을 두고 순차적으로 이루어진다는 점에서는 선형 스캐닝과 동일하다.
  ㉡ 시곗바늘의 움직임과 같은 방향으로 원형 형태로 시각적 추적이 이루어진다는 점에서 학생이 보다 쉽게 이용할 수 있다.

② **선형 스캐닝** [09중특]
  ㉠ 가장 기본적인 형태로 시간 간격을 둔 순차적 스캐닝 방법이다.
  ㉡ 화면에는 항목들이 몇 개의 줄로 배열되어 있으며 스캐닝이 시작되면 화면이나 AAC 기기의 버튼/아이콘이 하나씩 시각적으로 반전되거나 청각적 소리를 내면서 순차적으로 이동한다. 이때 불빛이나 반전이 원하는 버튼/아이콘에 왔을 때 스위치를 눌러서 선택하는 방법이다.
  ㉢ 한 화면에 많은 항목을 담을 경우에는 비효율적일 수 있다.

③ **행렬 스캐닝** [19초특, 22중특]
  ㉠ 선택해야 할 버튼/아이콘의 수가 많을 때, 행과 열 단위로 먼저 선택한 후에 선택한 행과 열의 선형 스캐닝을 하는 것을 말한다.
    예 컴퓨터 한글 입력 시 미리 설정된 '한글 자음', '한글 모음', '문장 부호' 등 3개의 셀에서 '한글 자음' 셀을 선택하고, 그다음 여러 자음이 활성화되면 'ㄱ'을 선택하여 입력하는 방식
  ㉡ 범주 개념이 형성되어 있고, 주의집중 시간이 짧고, 시각적 피로도가 높은 학생을 대상으로 적용한다.
  ㉢ 선형 스캐닝 방법에 비해 빠르게 선택할 수 있다는 장점이 있다.

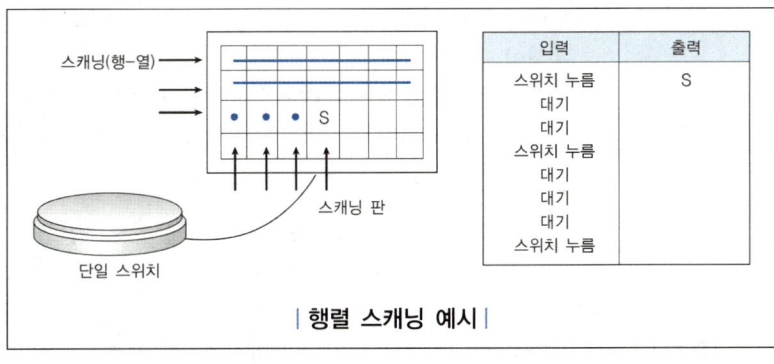
| 행렬 스캐닝 예시 |

> **Tip**
> 디스플레이 형태는 '스캐닝 형태'라고 표현(2022 중등B-3 기출)되기도 한다.

원형 스캐닝
동 원형 포맷, 순환형

자료
원형 스캐닝 예시

선형 스캐닝
동 선형 포맷

자료
선형 스캐닝 예시
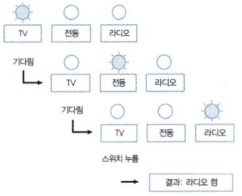

행렬 스캐닝
동 집단-항목 스캐닝, 매트릭스 포맷

(5) 선택 조절기법

① 선택 조절기법이란 도구 자체가 디스플레이 항목을 체계적으로 훑는 동안 원하는 항목을 선택할 수 있도록 하는 기법을 의미한다.

② 일반적으로 다음과 같은 자동 스캐닝, 단계별 스캐닝, 반전 스캐닝의 세 가지 선택 조절기법이 사용된다. 14중특, 18유특, 21초특, 22중특, 24초특

> **Tip**
> 각 선택 조절기법별 작동원리는 간략히 서술할 수 있어야 한다.

자동 스캐닝	• 작동 원리: 미리 설정한 형태로 커서가 움직이다가 사용자가 스위치를 누르거나 치면 커서가 멈춰서 해당 내용을 선택하는 기법이다. - 보완대체의사소통 기기가 훑기를 계속해 가는 도중, 사용자가 원하는 상징에 도달하였을 때 스위치를 누르면 선택된 상징이 작동한다. • 스위치를 정확하게 활성화할 수 있으나 활성화를 유지하거나 스위치 누르기를 멈추는 데 어려움이 있는 사람들에게 유용하고, 디스플레이의 제시가 청각적일 때 사용한다.
단계별 스캐닝	• 작동 원리: 사용자가 스위치를 반복적으로 눌러 커서를 이동시키다가 원하는 상징에 도달했을 때 시간을 기다리거나 제2의 스위치를 누르면 선택된 상징이 작동하는 기법이다. • 운동 조절이나 인지 능력의 제한이 심한 사람들 혹은 전자적인 훑기 조작을 처음 배우는 사람들이 종종 사용한다. • 반복적이고 빈번한 스위치 활성화를 필요로 하기 때문에 복잡한 보완대체의사소통 체계에 활용될 경우 사용자는 자주 피로감을 느끼게 된다.
반전 스캐닝	• 작동 원리: 사용자가 스위치를 누르고 있는 동안 커서가 이동하고, 스위치에서 손을 떼면 커서가 멈춰 해당 내용을 선택하는 기법이다. - 스위치를 활성화하여 포인터나 커서가 움직이면 미리 설정된 스캐닝 형태에 따라 움직이도록 스위치를 계속 누르고 있어야 하며 원하는 상징에 도달했을 때 스위치를 해제하면 선택이 이루어진다. • 정확성을 위해 스위치를 누르고 적당한 시간에 놓는 높은 수준의 능력이 필요하다. • 주로 스위치 활성화에 어려움을 보이지만, 일단 활성화가 이루어지면 이를 유지하고 스위치를 정확하게 해제시킬 수 있는 사람들에게 특히 유용하다.

반전 스캐닝
🔁 유도적 스캐닝, 역 스캐닝

③ 선택 조절기법을 결정할 때는 다음의 〈표〉와 같이 운동요소별로 요구되는 근긴장도 및 주의력 등이 각기 다르기 때문에 장애학생의 인지적・신체적 특성을 충분히 고려해야 한다.

> **예** 의사소통장애(언어장애)를 수반한 뇌성마비 학생의 신체적 특성을 염두에 둔다면 경직형 뇌성마비 학생은 자동 훑기에 어려움을 보일 수 있으며, 단계적 훑기는 무정위형 뇌성마비 학생에게는 다소 부적절할 수 있는 기법에 해당된다.

✿ 스캐닝을 위한 커서 조절기법의 기술 정확도 요구 ^{18유특}

운동요소	선택기법		
	자동 스캐닝	단계별 스캐닝	반전 스캐닝
기다리기	높음	낮음	중간
활성화하기	높음	중간	낮음
유지하기	낮음	낮음	높음
해제하기	낮음	낮음	높음
기다리기	높음	중간	중간
재활성화하기	높음	중간	중간
피로도	낮음	높음	중간

출처 ▶ Beukelman et al.(2017)

Cook 등(2014)이 제시한 선택기법별 기술 정확도 요구

운동요소	선택기법		
	자동 스캐닝	단계별 스캐닝	반전 스캐닝
대기 (wait)	높은 수준	낮은 수준	중간 수준
작동 (activate)	높은 수준	중간 수준	낮은 수준
누르기 (hold)	낮은 수준	낮은 수준	높은 수준
해제 (release)	낮은 수준	중간 수준	높은 수준
운동 피로	낮은 수준	높은 수준	낮은 수준
감각적/ 인지적 주의력 또는 각성상태	높은 수준	낮은 수준	높은 수준

• 대기(wait) : 자신이 원하는 상징이 나타날 때까지 기다리는 동작
• 누르기(hold) : 스위치를 오랫동안 누른 상태로 유지하는 능력(유지하기)

(6) 장단점 ^{19중특}

장점	미세한 근육 활동만으로도 조작 가능하다.
단점	근육 활동 자체의 제약으로 인해 정보 입력이 제한되고, 많은 시간이 소요된다.

KORSET 합격 굳히기 피드백

의사소통 체계가 제공하는 피드백의 두 가지 주요한 목적은 AAC 의존자에게 선택 디스플레이에서 특정 항목이 선택되었음을 알리고(활성화 피드백), AAC 의존자에게 구성되었거나 선택된 메시지 정보를 제공하기(메시지 피드백) 위함이다. 어떤 의사소통 도구들은 피드백을 전혀 제공하지 않고, 어떤 도구들은 활성화 피드백과 메시지 피드백 중 한 가지만 제공하기도 하며, 두 가지 피드백을 모두 제공하는 도구들도 있다. 피드백은 시각적, 청각적, 촉각적 또는 자기 수용적 형태일 수 있다.

1. 활성화 피드백
① '입력장치가 활성화되자마자 사용자에게 되돌아오는 정보'라고 정의된다.
② 활성화가 이루어졌음을 사용자에게 알려 주기는 하지만, 어떤 상징이나 메시지가 선택되었는지에 대한 정보를 제공하지 않는다는 점에서 메시지 피드백과 다르다.
③ 일반적으로 테크놀로지를 조작하는 사람에게는 유용한 정보지만, 의사소통 상대에게는 아무런 정보를 제공해 주지 않는다는 점에서 출력(output)과 다르다.
④ 활성화 피드백은 사용자가 능력을 지니고 있는 감각 양식으로 제공되어야 한다.
  예 청각적 활성화 피드백은 전자 의사소통 도구에 의해 산출되는 '삑'소리나 '찰칵'소리 또는 기타의 소리로 제공된다. 전자 의사소통 도구의 시각적 활성화 피드백은 스위치가 활성화된 후 불이 들어오거나, 후면 발광 디스플레이 위에 어떤 영역이나 상징이 갑자기 나타나는 것으로 제공될 수 있다. 수화나 제스처를 사용하는 사람들 또한 공간 속에서 자신의 손이 차지하는 위치와 손의 움직임을 통해 자기 수용적이고 운동 감각적인 피드백을 얻는다.

2. 메시지 피드백

① 메시지 피드백은 상징이나 메시지가 구성되고 난 후 그에 대한 정보를 제공해 주는 것이다.
② 메시지 피드백은 활성화 피드백과 달리 부차적으로 중요한 요인이지만 의사소통 상대에게는 유용할 수 있다.
  - 예 타자되는 각 문자들을 합성된 음성으로 되풀이해 주는 키보드로 의사소통할 경우에 들리는 음성적 피드백은 사용자에게 메시지 피드백을 제공하는 것이다. 이러한 음성적 피드백은 또한 의사소통 상대들이 그것을 듣고 또 들은 것을 선택한다면 출력으로 소용될 수 있다.
③ 메시지 피드백도 청각적, 시각적, 촉각적 또는 자기 수용적 방식으로 제공될 수 있다.

출처 ▶ Beukelman et al.(2017)

04 전략

1. 전략의 개념 19유특, 25중특

① 전략이란 전달하고자 하는 메시지를 어떻게 효율적으로 전달하여 의사소통을 향상시킬 것인가에 대한 계획이다.
  - 상징과 보조도구 그리고 기법을 통해 의사표현을 원활하게 하기 위한 방법이다.
② 대표적으로 AAC 기기의 디스플레이는 바둑판 모양의 칸 안에 상징이나 문자를 하나씩 나열하는 격자 디스플레이와 시각장면 디스플레이가 있다.
③ 그 밖에도 전략에는 적절한 과제 수준, AAC의 위치, 반응했을 때 교사(또는 대화 상대자)의 적절한 반응과 강화 수준, 우연교수 기법이 적용된 기다리기 전략, 모델링 등이 포함된다. 특히 AAC를 사용하는 데 있어서 속도를 높이기 위해서는 검색시간이나 키를 누르는 시간 등이 절약될 수 있도록 다양한 고려가 필요하다.

2. 교수자와 사용자 측면의 보완대체의사소통 전략

(1) 교수자 측면의 전략

보완대체의사소통을 지도하는 사람들은 다음과 같은 기본 지식을 갖추고 있어야 한다.

① 말 이외의 다른 의사표현 방법의 개발이 필요한 이유
② 보완대체의사소통의 특성과 체계
③ 보완대체의사소통 사용자들과 의사소통을 촉진할 수 있는 방법
  - 예 AAC 사용자가 의사를 표현할 수 있을 것이라는 기대를 가지고 기회를 제공하며, 의사를 표현하는 동안 충분히 기다려 주는 것

자료

전략
전략이란 AAC 사용자가 자신의 메시지를 전달할 때의 효율성(예 정확도, 시간)을 높이기 위한 방법을 말한다. AAC를 사용하는 경우 구어를 사용하는 것보다 의사소통 속도가 상대적으로 느리기 때문에 이를 보완하기 위해 메시지의 부호화 전략이나 낱말과 문장의 예측 전략 등을 사용하고 있다(김영태, 2019).

자료

격자 디스플레이와 시각장면 디스플레이에 대한 자세한 내용은 Chapter 12. 보완대체의사소통의 평가 중 '04 보완대체의사소통 지도의 실제' 참조

(2) **사용자 측면의 전략**

보완대체의사소통 사용자들은 다음과 같은 사항을 준수해야 한다.

① 의사소통 상대자에게 긍정적인 자기 이미지를 심어 준다.

② 다른 사람들에게 흥미를 줄 수 있고 상호작용할 수 있어야 하며, 상대자와의 대화에 적극적으로 참여해야 한다.

③ 의사소통 상대자와 대화할 때 시작과 끝을 맺는 연습을 하며, 질문하고 대답하는 대화기술을 익혀야 한다.

④ 보완대체의사소통 사용자는 상대자가 보완대체의사소통 체계에 적극적으로 동참할 수 있게 해야 한다.

(3) **기타**

보완대체의사소통을 이용한 원활한 의사소통이 되기 위해서는 보완대체의사소통 사용자와 대화하는 상대자 역시 다음과 같은 몇 가지 사항을 알아둘 필요가 있다.

① 자신을 소개하기

② 의사소통체계를 어떻게 사용하는지 보여 줄 것을 요구하기

③ 메시지를 구성할 시간을 주고, 인내심을 가지고 기다리기

④ 긴장을 풀고 의사소통 리듬을 천천히 하도록 하기

⑤ 보완대체의사소통 사용자가 대화 상대자에게 질문을 하거나 논평할 기회 주기

⑥ 다음에 어떤 말이 나올지 추측할 수 있을지라도, 보완대체의사소통 사용자의 허락 없이 말을 끝내지 않기

⑦ 가능한 한 눈을 맞추고 상호작용하기

⑧ 구어로 의사소통을 하는 것처럼 얼굴 표정과 몸짓에 집중하기

⑨ 이해하지 못했으니 반복해 달라는 말을 거리낌 없이 하기

⑩ 다른 사람을 통하지 말고 보완대체의사소통 사용자에게 직접 이야기하기

05 보완대체의사소통 체계 선택 및 사용 시 고려사항 [10초특]

AAC 체계를 선택하고 사용하도록 하는 데 있어서 고려할 사항들은 다음과 같다.

생활연령	• AAC 체계에 포함시킬 어휘나 문장은 학생의 정신연령보다는 생활연령에 맞는 것으로 선택하여야 한다.
기능성	• AAC 체계의 일차적인 목적은 일상생활에서의 의사소통이다. 그러므로 학생의 AAC 체계에 포함된 모든 어휘나 문장은 학생의 의사소통 의도(예 물건이나 행동 요구하기, 주의 끌기, 감정이나 상태 표현하기, 질문하기 등)를 표현할 수 있고 기능적인 것이어야 한다.
상호작용 가능성	• 의사소통은 일방적인 것이 아니라 상호적인 교류에 의하여 이루어지는 것인 만큼, 학생의 의도를 표현할 뿐 아니라 상대방의 표현에 대하여 반응을 할 수도 있어야 한다. • 때로는 상대방도 학생의 대체 수단을 사용하여 학생이 상대방의 의도를 이해할 수 있도록 할 수 있어야 한다.
1개 이상의 AAC 보조도구 사용	• 대체로 의사소통에 어려움이 있는 학생에게 1개의 AAC 체계를 선정하여 적용시키면 그것으로 만족하고 더 이상의 관심을 두지 않는 경우가 많다. AAC 사용 환경에 따라 AAC 보조도구가 달라져야 한다. 예 발화기나 컴퓨터의 건전지가 다 닳아 소리를 내지 못하거나, 어두운 곳에서는 수화나 의사소통판을 사용하지 못할 수도 있다. 그러므로 가능하다면, 1개 이상의 AAC 보조도구를 사용하도록 가르치는 것이 중요하다.
학생 자신의 선호도	• AAC 체계를 결정하거나 그 내용을 선택하는 과정에서 학생 자신이 좋아하는 것을 선택하도록 배려해야 한다. 적용된 AAC 체계가 학생에게 또 하나의 학습자료에 불과한 것이 되어서는 안 된다. • 학생이 애정을 가지고 기꺼이 사용하도록 하기 위해서는 학생이 그 형태와 내용을 선택하도록 하여야 한다. 그러기 위해서는 초기의 선택과정뿐 아니라, 학생이 체계를 확장해 나가는 과정에서도 학생의 의사가 반영되도록 해야 할 것이다.
중재 가능성	• 대체로 AAC 체계를 선택하거나 적용하는 기간에는 여러 가지 지원 프로그램이 제공되지만, 그 후 후속 중재 프로그램이 제공되지 않기 때문에 AAC 사용도 중단되는 경우가 많다. 그러므로 계속되는 중재가 가능한지를 고려한 지원 프로그램을 제공하여야 한다.

사회적 의미	• 대상자의 사회적 활동을 고려하여 그에 적절한 AAC 체계의 내용, 운반 방법 및 도움의 형태를 결정하여야 한다. ⑩ AAC 사용 학생의 사회활동 범위를 관찰하여 학교, 집, 종교기관 등 각 사회활동 장소에서 요구되는 조건들을 고려하여야 한다.
의사소통을 위한 선수 기술	• 의사소통을 하기 위해서는 선행되어야 하는 기초적인 선수 기술들이 있다. 그러나 의사소통에 어려움이 있는 학생에게 AAC 체계를 적용할 때는 그러한 선수 기술들이 모두 습득될 때까지 기다릴 수 없는 경우가 많다. 그럴 경우, 우선 학생이 가지고 있는 최소한의 의사소통 능력을 분석하여 그에 적절한 AAC 체계를 사용하게 하고, 그 후에 그 체계를 사용하면서 좀 더 발전된 의사소통 능력을 길러 주는 것이 바람직하다.
자연스러운 환경에서의 중재	• AAC 체계는 학생이 실생활에서 사용하지 못한다면 아무 의미가 없다. 그러므로 일반화가 어려운 학생에게는 실제 환경 속에서 직접적 또는 간접적 중재가 이루어져야 한다.
부모-중재자 간 협력관계	• 대체로 AAC 체계를 선택하는 과정에서는 부모나 중재자가 협력을 잘 하지만, 그 내용을 삽입하고 프로그래밍하는 과정에서는 부모가 배제되어 버리는 경우가 많다. • 특히 의사소통에 어려움이 있는 학생의 경우 가정과 학교 그리고 기타 접촉하는 사회(⑩ 종교기관, 그룹홈 등)에서 유사한 반응이나 강화가 있어야만 기능적으로 사용하게 되기 때문에, 이러한 관련 기관 및 가정에서의 협력 관계가 중요하다.
AAC 체계의 특성	• AAC 체계는 우선 학생의 신체적 조건에 따라 적절하게 이동할 수 있는 체계여야 하며, 의사소통 대상자에게 쉽게 이해될 수 있는 체계여야 한다. • 또한 관리 및 유지가 용이하고, 학생의 적응 상태에 맞추어 어휘 및 언어의 범위나 수준을 확장할 수 있는 것이 좋다.
의사소통을 위한 기초 기술	• 의사소통에 어려움이 있는 학생의 경우 아무리 좋은 AAC 보조도구가 주어진다고 해도 그것을 효율적으로 쓸 기초적인 기술을 배우지 못하면 의미가 없다.

출처 ▶ 김영태(2019). 내용 요약정리

Chapter 12 보완대체의사소통의 평가

01 보완대체의사소통 평가의 이해

1. 보완대체의사소통 평가의 기본 원칙

① AAC 진단은 모든 사람이 의사소통할 수 있다는 전제를 기반으로 한다.
- 말을 못하더라도 누구나 연령이나 장애 정도에 상관없이 어떤 방법으로든 의사소통할 수 있으며, 또한 현재 의사소통을 하고 있다는 것을 전제로 한다.

② AAC 진단은 사용자의 강점과 약점을 파악하는 과정이다.
- 대상 학생의 약점뿐 아니라 강점도 파악하여 가능한 한 독립적이고 효율적으로 의사소통할 수 있는 방법을 찾는 것이다. 즉, 병리적 문제나 결손 부분에 초점을 맞추는 것이 아니라 가능성을 찾는 것이 중요하다.

③ 현재와 미래의 필요와 요구를 파악해야 한다.
- 진단 시점에서 대상 학생이 필요한 의사소통 요구뿐 아니라 가까운 혹은 먼 미래에 변화하게 될 의사소통의 필요도 함께 파악하고 대처할 수 있어야 AAC 진단이 단편적이 되는 것을 막을 수 있다. 예를 들어, 지금은 의사소통 대상이 가족과 특수학교 교사뿐이더라도 곧 일반학교에 통합하게 된다면 통합할 학교에서의 의사소통 필요를 예측하고 준비해야 할 것이다.

④ 일반학생의 의사소통을 근거로 하는 참여모델이 바람직하다.
- 현재의 생활환경이나 교육여건 때문에 의사소통 요구나 의도를 잘 나타내지 않는 장애학생이라 하더라도 같은 연령대의 일반학생의 생활패턴과 그에 따른 의사소통 형태를 근거로 하여 연령에 맞는 생활을 할 수 있도록 하는 환경적 도움을 주고 의사소통 능력을 가질 수 있도록 AAC를 활용해야 한다.

⑤ AAC 진단은 중재와 연계하여 지속적이고 자주 실시되어야 한다.
- AAC를 처음 시작할 때뿐 아니라 중재를 시행해 가면서 사용자의 의사소통 능력이 발전하고 필요한 어휘가 확장될 수 있다. 이러한 변화에 따라 적절한 AAC 체계로 바꾸어 주어야 하며 그렇게 하기 위해서는 진단이 중재와 연계되고 지속적으로 이루어져야 한다.

자료

AAC 평가의 목적
AAC 평가의 목적은 학생이 가지고 있는 현재의 의사소통 방법의 적절성을 평가하고, 의사소통 능력과 요구에 따라 AAC 체계를 선택, 교수하는 과정에서 더 나은 방법을 찾기 위해 여러 정보를 수집하고 분석하기 위한 것이다 (박은혜 외, 2019).

⑥ 대상자의 다양한 일상생활환경과 상황 안에서의 정보를 포함해야 한다.
- AAC 사용의 목적은 실제 생활환경에서의 의사소통을 원활하게 하기 위한 것이므로 언어치료실이나 교실에서의 의사소통뿐 아니라 사용자의 여러 생활환경에서 어떤 의사소통이 일어나는지 혹은 일어나야 하는지에 대한 정보가 수집되어야 한다.

⑦ 언어치료사, 교사, 부모 등 관련된 사람들이 함께 모여서 진단해야 한다.
- 대상 학생의 언어치료/언어교육에 가장 관련이 많은 언어치료사, 특수교사, 부모(경우에 따라서는 보조교사, 물리치료사/작업치료사도 포함)가 함께 협력하고 합의하여 AAC에 관한 진단과 결정을 하면 AAC 체계 개발에도 정확성을 더할 뿐 아니라 중재가 일관성 있게 실행될 수 있다.

KORSET 합격 굳히기 AAC 체계의 선택과 설계를 위한 협력팀의 구성

보완대체의사소통 평가를 위한 접근 방법은 지난 수십년 동안 점진적으로 발전하였다. 오늘날은 선택 및 설계의 초기 단계와 실행 과정, 최종적인 시스템의 효과와 효율성 점검에 이르기까지 협력적인 팀 접근에 의해 평가가 이루어진다. 협력팀의 구성원과 기능은 다음과 같다.

보완대체의사소통 팀원	기능
학생	기존의 성공적인 의사소통 방법, 개인적 선호도, 간편한 사용에 대한 정보를 제공한다.
교사	교실 환경과 하루 일과, 교육과정에 필요한 의사소통 정보를 제공한다.
부모 및 가족	집 환경과 가족 활동, 가정과 지역사회에서 필요한 의사소통 정보를 제공한다.
보완대체의사소통 평가 및 적용 경험이 있는 숙련된 전문가	학생의 의사소통 상태 및 기능 수준에 대한 정보와 보완대체의사소통 시스템 및 특징에 대한 지식을 제공한다.
작업치료사	학생의 소근육운동 능력과 감각기능에 대한 정보를 제공한다.
물리치료사	학생의 앉기 및 자세와 대근육운동에 대한 지원과 도움을 제공한다.
정보공학 지원 가능자	컴퓨터와 학교 네트워크, 인터넷에 보완대체의사소통 장치를 연결하기 위한 기술적 도움과 조언을 제공하고, 장치 실행의 문제를 해결한다.
동료 학생	같은 연령의 관점에서 보완대체의사소통 시스템의 적절성과 기능에 대한 정보를 제공한다.

출처 ▶ Dell et al.(2011)

2. 보완대체의사소통의 평가 절차

일반적으로 AAC 평가와 중재는 4단계로 구성된다.

[1단계] AAC 평가 의뢰	• 복합적인 의사소통 요구(Complex Communication Needs, CCN)를 지닌 사람이나 AAC 발견자가 AAC 평가를 의뢰하게 된다.
[2단계] 현재를 위한 초기 평가 및 중재	• 이 단계의 목적은 현재의 요구와 능력에 부합하는 초기 중재를 계획하기 위한 정보를 얻는 데 있다. • 이 단계에서 AAC 팀은 의뢰가 되고 난 후 가능한 한 신속하게 상호작용과 의사소통을 지원하기 위한 노력이 시작될 수 있도록 대상자의 현재 의사소통 요구와 신체, 인지, 언어, 감각 등의 능력을 평가한다. • 초기 AAC 중재는 전형적으로 CCN을 지닌 사람과 친숙한 AAC 촉진자 간 의사소통을 돕는 데 초점을 둔다.
[3단계] 미래를 위한 자세한 평가	• 미래를 위한 평가의 목적은 복합적인 의사소통 요구를 지닌 사람이 친숙한 사람들을 벗어나 다양한 환경에서 의사소통하는 데 도움이 될 수 있는 탄탄한 의사소통 체계를 개발하기 위함이다. • 환경은 개인의 생활방식을 반영하며 학교, 직장, (독립적인, 지원을 받는, 은퇴자를 위한) 주거시설 및 여가환경 등을 포함한다. • 이 단계에서는 개인의 현재 참여 패턴에 대한 주의 깊은 평가와 더불어, 앞으로의 참여에 부응할 수 있는 AAC 체계를 가다듬기 위한 평가가 이루어져야 한다. 따라서 이 단계에서는 교사, 의사소통 보조인, 개인 도우미, 직업이나 거주시설 직원 등의 AAC 촉진자들 또한 참여를 해야 한다.
[4단계] 추후 평가	• 일반적으로 추후 평가는 개인의 변화하는 능력과 생활방식에 부응하는 포괄적인 AAC 체계를 유지하는 것과 관련이 있다. • 이 단계의 평가는 교체와 조정이 필요한지를 살펴보기 위해 의사소통 장비를 주기적으로 점검하고, 새로운 의사소통 상대와 촉진자의 요구 및 능력을 평가하며, 대상자의 능력이 달라졌는지를 재평가하는 것 등이 포함된다. • 생활방식과 능력이 상대적으로 안정된 사람들의 경우 추후 평가는 비주기적으로 가끔씩 이루어질 수 있다. 반면에 퇴행성 질환을 지닌 사람의 추후 평가는 중재 계획의 주된 부분일 수 있다.

출처 ▶ Beukelman et al.(2017)

02 평가 모델: 참여모델

AAC 평가 모델로 최근 가장 많이 사용되는 것은 참여모델이다.

1. 참여모델에 대한 이해 [15초특]

① 참여모델은 장애가 없는 또래의 기능적 참여 요구 사항을 기반으로 평가와 개입을 해서 보완대체의사소통을 적용하는 과정을 체계화하는 장애아 평가·중재 모델이다.
  ㉠ 보완대체의사소통과 관련된 의사결정과 중재를 하기 위한 평가 모델이다.
  ㉡ 생활연령이 동일한 일반학생의 생활 패턴과 그에 따른 의사소통 형태를 근거로 보완대체의사소통 평가를 수행한다.
    • 참여모델은 Cook 등이 제안한 인간 활동 보조공학 모델(HAAT)과 유사하다. HAAT 모델에서 중재자는 보조공학에 의존하는 사람과 완성되어야 할 활동 및 활동이 수행되는 맥락(상황)의 상호작용을 고려하기 때문이다.

② 모든 인간은 의사소통 요구가 있으며 보완대체의사소통의 적용은 개별 장애인의 요구와 선호도에 근거해야 한다는 원칙을 따른다.

③ 자연스러운 환경 내에서 현재의 의사소통을 평가해 자연적 구어 능력 가능성과 AAC 활용 가능성을 체계적으로 평가하는 접근장벽에 대한 평가와, AAC 사용을 제한하는 정책이나 태도적 장벽, 촉진자의 지식이나 기술 수준 등을 파악하는 기회장벽에 대한 평가를 종합적으로 고려하여 개별 장애아의 현재와 미래를 위한 종합적인 중재 계획을 수립하도록 한다.

2. 참여모델의 체계

AAC 참여모델의 체계는 의사소통 참여 유형과 요구 평가, 기회 제한 요인 평가, 학생의 구체적인 능력 평가로 진행한다.

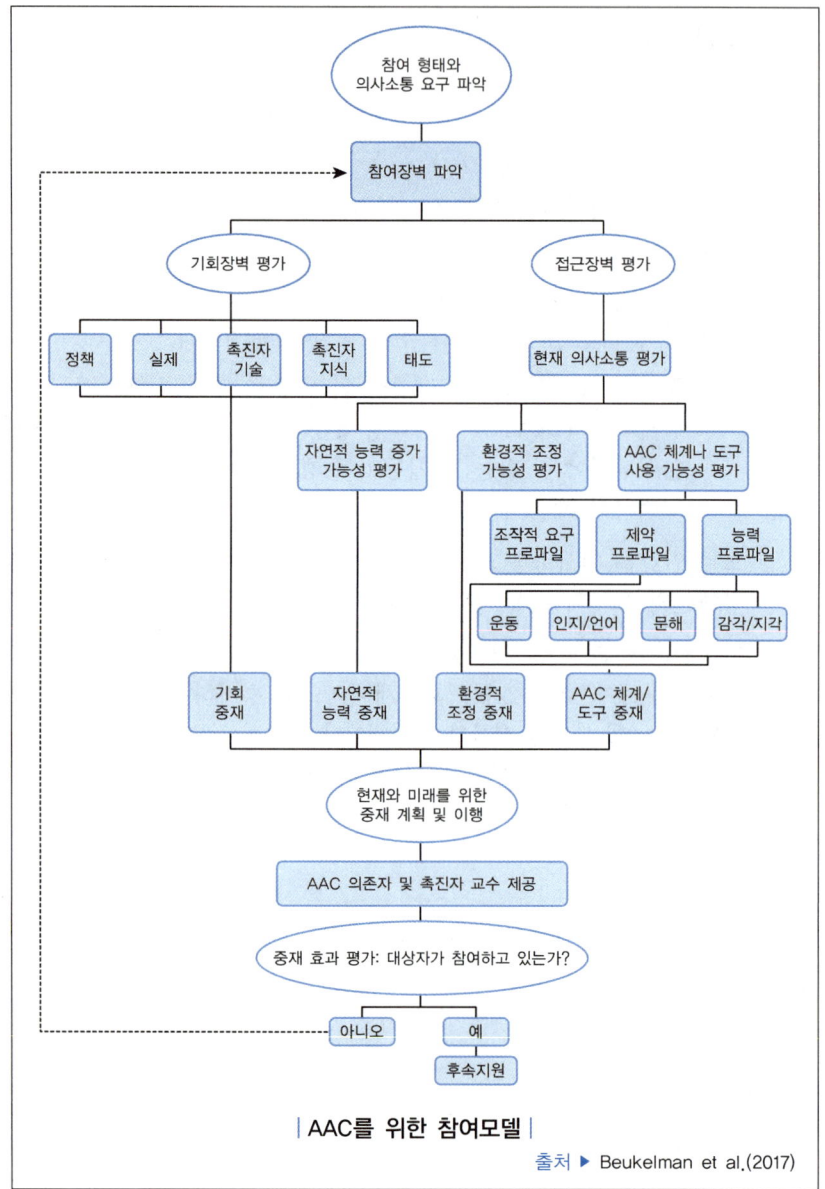

| AAC를 위한 참여모델 |

출처 ▶ Beukelman et al.(2017)

(1) **의사소통 참여 유형과 요구 평가**
   ① 학생의 집, 학교, 지역사회 등의 일상생활에서의 활동 목록을 통해 의사소통에 참여하는 유형과 수준, 요구 정도를 관찰하여 작성한다.
   ② 참여 정도는 독립적, 언어적 보조, 신체적 보조, 참여할 수 없음 등 환경 내에서 관찰을 통해 기록한다. 장애학생의 참여 정도는 일반 또래의 참여 유형과 비교하여 효과성을 분석한다.

(2) **기회 제한 요인 평가** 11중특, 12중특, 18중특, 25유특
   ① AAC를 사용하게 될 학생의 의사소통 기회를 제한하는 요인을 기회장벽과 접근장벽으로 나누어 평가한다.
   ② 기회장벽이란 복합적인 의사소통 요구를 지닌 당사자를 제외한 다른 사람에 의해 강제되는 것으로, AAC 체계나 중재 제공만으로는 단순히 해결될 수 없는 장벽을 말한다.
   예) 어떤 사람이 적절한 AAC 체계를 갖고 있어도, 자신을 둘러싼 사람들의 태도에 의해 원하는 수준의 참여를 할 수 없는 경우
   ③ 접근장벽은 개인의 능력이나 의사소통 체계의 제한으로 인해 주로 나타난다.
   예) 접근장벽은 개인의 AAC 도구가 어떤 활동에 필요한 어휘를 저장할 만큼 충분한 용량을 갖고 있지 않을 때 발생할 수 있다.

기회 장벽	정책	• AAC 사용자의 상황을 좌우하는 법률이나 규정을 말한다. • 학교, 직장, 거주시설, 병원, 재활센터, 요양소 등에는 주로 그 시설의 관리 규약을 담은 문서에 관련 정책이 요약되어 있으나 AAC 관련 내용은 언급이 없다.
	실제	• 가정, 학교 또는 직장에서 이루어지고 있는 일반적인 절차나 관습을 말한다. • 가정, 학교, 직장에서 실제 정책이 아닌데도 일상적으로 된 장벽, 예를 들면 많은 학교가 교육청의 기금으로 마련한 AAC 도구를 학교 안에서만 사용하도록 제한하고 있는데, 이는 교육청의 공식적인 정책이 아니다.
	지식	• 참여의 기회를 제한하는 촉진자나 다른 누군가의 정보 부족을 일컫는다. • AAC 중재 옵션, 테크놀로지, 교수 전략 등 AAC 사용에 대한 정보 부족이 포함된다.
	기술	• AAC 기술이나 전략에 대한 실제적인 적용 방법을 모르는 것을 의미한다. - 도움을 제공하는 사람들이 AAC 기법이나 전략을 사용하는 기술이 부족하여 실제로 이행하는 데 어려움이 발생한다. • AAC 중재 계획을 책임지고 있는 개인들의 기술 수준을 진단하는 것도 중요하다.

	태도	• 개인의 태도와 신념이 참여의 장벽이 된다. • AAC 팀원의 부정적이고 제한적인 태도들은 참여의 범위를 제한시킨다. • 장애학생에 대한 기대치를 낮추게 되고 이것은 기회에 대한 참여를 제한시킨다.
접근 장벽		• 사회나 지원체계의 제한이 아닌 AAC 사용자의 능력, 태도 및 자원의 제한, 개인의 잠재적인 능력의 제한을 포함한다. • 접근장벽의 부족은 이동성 부족, 사물 조작과 관리의 어려움, 인지적 기능과 의사결정의 문제, 읽고 쓰기의 결함, 감각-지각적 손상(즉, 시각장애나 청각장애) 등과도 관련될 수 있다. • 개인의 현재 의사소통, 말 사용 또는 말 사용 능력 증가의 잠재성, 환경 조정의 잠재성 등을 모두 평가해야 한다.

④ 지식 및 기술 등 기회 장벽을 없애기 위한 구체적인 지원 내용은 다음과 같다.

	일반학급 교사 지원		또래학생 지원
AAC에 대한 소개	• AAC의 의미와 AAC가 필요한 대상에 대한 설명 • AAC 사용 사례에 대한 동영상 자료 제시 후 AAC의 효과와 장점, 필요성 강조	설명 하기	• 태블릿 PC AAC 도구를 소개하고 용도 설명하기 • 상징, 어휘의 의미와 용도 설명하기 • 상징 조합이 의미하는 것 지도하기
AAC에 대한 정보 제공	• AAC 도구 내용과 표현 방법, 프로그램 조작 방법 설명 • 학생이 일반학급에 통합되어 있는 모든 상황에서 의사소통 도구를 유용하게 사용할 수 있도록 꾸준한 지원	시범 보이기	• 질문을 하고 그에 적절한 대답을 태블릿 PC에서 찾아 지적하는 것을 시범 보이기
		요구 하기	• 자신이 말을 못한다는 가정을 하고 짝꿍과 짝을 지어 의사소통 시도해 보기 • 중도장애 학생의 입장에서 적절한 요구하기, 기술 알려 주기
대화 상대자 교수	• 학생에게 의사소통의 기회를 제공하는 방법 교수 • 다른 사람과 순서를 주고받는 대화 기술 • 시간지연 전략 지도	기다 리기	• 중도장애 학생과 대화 시 의사소통판을 사용하도록 일정 시간(5초간) 기다리기
		메시지 확인 하기	• 중도장애 학생이 태블릿 PC를 사용해 의사표현한 것에 대해 확인해 주는 방법 교수하기

출처 ▶ 임장현(2011), 박은혜 외(2023)에서 재인용

KORSET 합격 굳히기 비장애 또래학생의 AAC 이해를 돕기 위한 전략의 예

다음은 AAC 사용자가 통합된 학급에서 또래학생들에게 AAC를 이해시키기 위한 전략이다 (King & Fahsl).

다양한 방식의 의사소통에 대한 지식	1. 사람들이 이야기하는 것을 관찰하고 의사소통의 형태(예 제스처, 구어, 손짓기호, 음성출력 의사소통 도구, 사진, 몸짓, 얼굴표정, 글자판)를 기록하기 2. 음소거된 TV 클립을 시청하고 사용된 의사소통 방식 식별하기, 어떤 내용에 대한 것인지 토론하기 3. 외국어로 말하는 사람의 비디오 영상을 보고 비구어적 의사소통을 통해 어떤 내용일지 의미를 유추해 보기
AAC 체계에 대한 지식 증대	1. 다양한 AAC 체계를 직접 체험해 보기 2. AAC 회사의 카탈로그나 구글 이미지 검색을 통해 그림이 있는 포토 앨범이나 스크랩북 개발하기 3. AAC를 사용하는 학생이 자신의 AAC를 학급에 소개하기 4. 다양한 형태의 AAC와 보조기술을 강조하는 비디오(예 유튜브) 보기
AAC 의사소통의 장벽 이해하기	1. AAC를 사용하는 사람들에 대한 책을 읽고 토론하기 2. 구어를 사용하지 않는 역할극을 해 보고 어려움에 대해 토론하기 3. 실생활, 비디오, 역할극에서 의사소통 단절을 알아보고, 그러한 단절이 일어난 이유, 결과, 바로잡기에 대해 토론하기 4. 학생들이 비언어적 의사소통을 통해 의견을 표현하고 질문을 해야 하는, 말을 하지 않는 수업 시간을 갖고 어려움과 도전에 대해 토론하기

출처 ▶ 박은혜 외(2024)

(3) 학생의 구체적인 능력 평가

① 관찰, 인터뷰, 의사소통 행동을 직접 유도해 냄으로써 의사소통에 대한 정보를 수집하여 현재의 의사소통 능력을 평가한다.

② 다른 사람과 의사소통하는 방법을 관찰하여 자연적인 언어 사용 능력을 평가하고 구어의 명료도, 언어 이해 능력과 언어의 기능을 관찰하여 구어 사용 가능성을 평가한다.

③ AAC 교수에 요구되는 구체적인 능력 및 AAC 기기 선정을 위한 고려사항도 평가한다.

④ AAC의 휴대성, 내구성, 외관, 배우는 데 필요한 시간, 질과 명료도, 의사소통의 자연스러움 정도 등이 포함된다.

KORSET 합격 굳히기 | 접근장벽

1. 접근장벽의 평가
참여모델에서 접근장벽은 사회나 지원 체계의 제한이 아닌 AAC 의존자의 능력, 태도 및 자원 제한과 관련이 있다. 접근장벽 파악을 위해서는 말 사용 및/또는 말 사용 능력 증가의 잠재성, 환경 조정의 잠재성, 개인의 현재 의사소통 등을 모두 평가해야 한다.

① 말 사용 및/또는 말 증가 가능성 평가: 학생과 관련하여 AAC 평가에서 가장 논쟁적인 이슈 중 하나는 말을 하기는 하지만 불충분한 경우 이를 보완하거나 말을 완전히 대체하기 위해 AAC가 필요한가 하는 점이다. AAC의 사용이 말 발달을 저해할 것이라고 우려하는 부모가 많다. 그리고 이는 충분히 이해할 만한 상황이다. 왜냐하면 이들은 자녀가 수화, 그림, 음성산출기기 등 '더 쉬운' 대안에 접근하게 되면 말을 덜 하고 싶어할 것이라 생각하기 때문이다. 마찬가지로 외상이나 뇌졸중으로 인해 후천성 뇌손상을 입은 성인의 가족 또한 대안이 제공될 경우 말 회복에 필요한 치료에 참여하고자 하는 환자의 동기가 감소될 수 있다고 여기기 때문에 이러한 이슈를 심각하게 고려하게 된다. 이러한 우려는 AAC 평가의 일부분으로 민감성과 객관성을 가지고 중요하게 다루어져야만 한다.

② 환경적 조정 가능성 평가: 환경적 조정은 물리적인 공간, 위치 또는 구조 변경과 관련된 것으로 의사소통 기회 및/또는 접근장벽을 상대적으로 간단하게 해결할 수 있는 방법이다. 예를 들면, 교실에서 학교 직원은 책상이나 탁자의 높낮이를 조절할 수 있으며, 경사진 판을 이용하여 수직적인 작업대를 만들고, 휠체어나 AAC 도구를 쉽게 조절할 수 있도록 카운터톱(조리대의 튀어나온 부분)을 잘라낼 수 있다. 이러한 조정의 필요성 여부 평가는 상식적인 과정이며, 팀은 문제가 있어 보이는 상황을 관찰함으로써 이를 수행할 수 있다.

③ 현재의 의사소통 평가: 현재의 의사소통 체계를 평가할 경우에는 현재 사용하고 있는 각 기법에 대한 개인의 조작적 능력과 사회적 능력을 검토하는 것이 필요하다(예 전자 의사소통 도구를 조작할 수는 있지만 의사소통을 위해 그 도구를 전혀 사용하지 않을 수 있다). AAC 팀이 대상자의 현재 의사소통 체계와 그 체계를 어떻게 사용하는지 평가하고 나면, 존재하는 의사소통 장벽들을 해결하기 위한 가능성을 검토할 수 있게 된다.

2. AAC 체계 또는 도구 사용 가능성 평가
참여모델에서는 접근장벽을 줄이고자 AAC 체계나 도구를 사용하는 개인의 능력을 결정하기 위해 세 가지 평가를 수행하게 된다. 여기에는 조작적 요구 프로파일, 제약 프로파일 및 능력 프로파일이 포함된다.

① 조작적 요구 프로파일: 접근장벽을 줄이기 위해 AAC 팀은 비전자 기법과 전자 기법을 결합해야 하는 경우가 종종 있다. 따라서 수많은 AAC 옵션들 중 어떤 것이 적절할지를 파악해야 한다. 이를 위한 첫 단계는 평가팀이 다양한 AAC 기법의 조작적 요구에 익숙해지는 것이다. 예를 들면, 배열의 크기와 레이아웃, 선택 세트에 포함된 전체 항목 수 등 디스플레이와 관련된 요구가 있을 수 있다. 개인과 도구 사이의 운동 및 감각 인터페이스에 대한 대체-접근 체계의 요구는 항상 존재하는데, 이는 개인이 해당 도구를 정확하고 효율적으로 조작할 수 있도록 하기 위함이다. 또한 사용자가 특정 기술이나 능력을 지니고 있어야 도구가 제공하는 출력을 활용할 수 있다.

② 제약 프로파일: 개인 및 AAC 기법과 직접적으로 관련된 것 외에 실제적인 이슈들 또한 AAC 체계 선택과 교수 전략에 영향을 미칠 수 있다. AAC 팀은 이후 결정들이 제약과 갈등을 일으키지 않고 가능하다면 언제든지 그러한 갈등을 줄이고자 노력할 수 있도록 평가과정에서 조기에 그러한 제약들을 파악해야 한다. 가장 일반적인 제약은 개인 및 가족의 선호도, 의사소통 상대의 선호도 및 태도, 의사소통 상대 및 촉진자의 기술과 능력, 자금조달 등이다.

③ 능력 프로파일: 능력 평가는 운동조절, 인지, 언어, 문해 등 AAC 중재와 관련된 주요 영역에서 개인이 보이는 수행 수준을 파악하는 과정이다. 따라서 능력 평가가 완성되면 다양한 AAC 옵션의 조작적 요구에 부합하는 개인의 능력 프로파일을 얻게 된다. 능력 프로파일의 특징 중 하나는 개인이 지닌 장애보다 그 사람의 강점과 기술을 강조하는 것이다. 강점 중심 접근은 평가자들로 하여금 개인이 지닌 강점을 AAC 기법과 일치시키도록 해주기 때문에 매우 중요하다. AAC 사용과 관련된 개인의 능력을 평가하기 위한 접근법 중 현재 실제에서 많이 사용되는 두 가지 접근법은 준거참조평가와 특성일치다. AAC 평가의 일부로 몇 개의 영역들이 주로 고찰된다. 이들 영역에는 자세와 착석, 직접 선택 및/또는 스캐닝을 위한 운동 능력, 인지·언어 능력, 문해 기술, 감각·지각 기술 등이 포함된다.

출처 ▶ Beukelman et al.(2017)

03 보완대체의사소통 지도를 위한 평가 ^{14유특}

능력 평가는 운동조절, 인지, 언어, 문해 등 AAC 중재와 관련된 주요 영역에서 개인이 보이는 수행 수준을 파악하는 과정이다. 따라서 능력 평가가 완성되면 다양한 AAC 옵션의 조작적 요구에 부합하는 개인의 능력 프로파일을 얻게 된다.

보완대체의사소통 지도를 위한 평가 영역(사용자 평가 영역)은 '파라다이스 보완대체의사소통 기초능력평가(PAA)'에 기초할 때 운동 능력(자세 및 이동 능력, 신체 기능), 감각 능력, 인지 능력, 언어 능력 영역을 포함한다.

1. 운동 능력

운동 능력 영역은 자세 및 이동 능력과 신체 기능을 평가하는 항목이다.

(1) 자세 및 이동 능력의 평가

① 바른 자세를 취할 수 있는지, 어떤 자세 보조기기가 필요한지 등을 평가하여 AAC 체계를 사용할 때의 적절한 자세에 대해 알아본다.

② 자세 평가는 휠체어를 이용하거나 일반 의자에 앉은 자세를 먼저 관찰하되, 의자를 이용하여 바른 자세를 취할 수 없다면 보조기기를 이용한 지원 방안을 고려한다.

평가 영역

AAC 평가의 일부로 몇 개의 영역들이 주로 고찰된다. 이들 영역에는 자세와 착석, 직접 선택 및/또는 스캐닝을 위한 운동 능력, 인지·언어 능력, 문해 기술, 감각·지각 기술 등이 포함된다(Beukelman et al, 2017).

③ 평가팀은 학생이 의자에서 앉은 자세를 취할 수 있도록 적절히 수정해 준 뒤, 새로운 자세에서 나타날 수 있는 변형이나 압력통증, 신경 근육의 구축 등의 요인을 살펴본다.

(2) 신체 기능의 평가

① 상징 선택 및 표현에 필요한 운동 능력을 알아보는 것이다. 의사소통판이나 AAC 기기를 사용할 경우 상징을 직접 지적하거나 스위치 등의 간접적인 방법을 사용하기 때문에 학생의 신체 기능을 알아보아야 한다.

② 신체 기능 평가의 목표는 학생의 운동 문제를 묘사하는 것이 아니라, 평가 과정에서 손을 사용하지 못한다면 향후 대안적인 접근으로서 사용할 수 있는 신체 기능이 무엇인지 관찰을 통해 찾아내기 위한 것이다.

> 예 직접 선택하기가 가능한 신체 부위를 찾을 때에는 조절하기 쉽고 사용하기에 더욱 우세한 손과 팔의 조절 능력을 평가한 다음 머리와 목의 조절 능력을 평가하며, 마지막으로 신체적 손상이 있는 사람은 직접 선택 기술에 필요한 팔다리의 미세한 운동 조절 기능이 낮으므로 발과 다리의 조절 능력을 평가하는 것이 효과적이다.

③ 신체 기능의 평가는 선택 가능한 신체 기능을 알아내는 것 외에 신체 기능을 효율적으로 표현할 수 있는 방법을 찾아내는 과정이다. 그러므로 상황이나 자세에 따라 효율적으로 표현할 수 있는 신체 부위를 찾아내는 데 중점을 둔다.

2. 감각 능력

① AAC 기기에 사용할 상징의 유형, 크기, 사용자 눈으로부터의 거리 등을 결정하고 의사소통 상징과 기기들의 적절한 배치와 정렬, AAC의 상징 배치, 항목 간 간격 등을 결정하기 위해 시야를 측정하고 시각 관련 근육들의 기능성과 시각을 고정하고 유지하는 능력, 사물들의 위치를 파악하고 훑어보기, 추적하기와 같은 움직임을 진단한다.

② 청력 진단은 의사소통기기를 사용할 수 있는지의 기능을 파악하기 위해 필요하며 일반적인 청력검사에 의해 실시한다.

3. 인지 능력 [22유특]

① 인지 능력 진단에서는 AAC 적용과 관련된 기본 인지 능력으로 대상 영속성, 부분과 전체의 개념 이해, 범주화 능력을 알아본다.

② 사물의 기능에 대한 이해 및 사물과 적절한 상징의 대응관계를 평가하는 것도 중요하다.

✏️ **대상 영속성**

- 존재하는 물체가 어떤 것에 가려서 보이지 않더라도 그것이 사라지지 않고 지속적으로 존재하고 있다는 것을 아는 능력이다. 대상 영속성이 없는 영아는 사물이 눈에 보이는 곳에서 가려지면 마치 사물이 처음부터 그 장소에 없었던 것처럼 행동한다. 그러나 대상 영속성의 개념을 획득한 영아는 방해물이 그것을 가리고 있다는 것을 알고 그것을 헤쳐 내어 사물을 발견한다. 대상 영속성의 개념을 획득함으로써 영아는 사물이 자신과 독립적으로 존재한다는 것을 인식하며 자기 자신 역시 독립적인 개체로 존재한다는 것을 인식하게 된다. 이러한 관점에서 대상 영속성은 감각운동기에 획득하여야 할 결정적인 과업이라고 할 수 있다(특수교육학 용어사전, 2018).
- 대상 영속성은 물체가 눈에 보이지 않거나 소리가 들리지 않더라도 그 물체가 계속 존재하는 것을 아는 것이다. 대상 영속성의 개념은 인지발달 단계와 병행하여 발달하는데, 이 개념을 획득하기 위해서는 자신이 주변 세계와 분리된 독립된 존재라는 사고를 할 수 있어야 한다(정옥분, 2007).

4. 언어 능력

수용어휘 및 기본적인 인지 능력을 알면 AAC 체계를 계획하는 데 도움이 된다.

① 여러 상징체계 중 어떤 것이 사용자에게 처음 시작하기에 좋은지, 미래를 위해서는 어떤 상징체계로 발전시켜야 할지를 결정하기 위한 평가도 AAC 평가에 포함되는 부분이다.

② 언어 평가는 대안적 방법으로 가족구성원, 양육자를 통해 관찰에 의해서 어휘이해 정도를 측정할 수도 있다.
- 자연스러운 말소리 혹은 보완적인 방법을 통하여 개인이 이해하고 산출하는 낱말 조합들을 기록하는 등의 비공식적인 언어를 선정하는 것이 필요하다.

04 보완대체의사소통 지도의 실제

보완대체의사소통은 다음과 같이 정해진 절차에 따라 지도했을 때 본연의 효과와 목적을 얻을 수 있다.

1. 기초선을 측정하고 의사 표현 기능의 목표 서술하기

의사소통 지도를 시작하기 위해서는 우선 학생의 의사소통 능력의 기초선을 측정하고 그에 맞는 목표를 서술한다.

(1) 현행 수준 측정

① 현행 수준은 일상생활 장면에서의 상황을 관찰하여 의사소통 행동의 특징과 수행 능력에 대한 자료를 수집하여 측정한다.

② 의사소통 관련 현행 수준을 파악할 때에는 대화상대자, 환경, 기초선을 측정했던 활동의 종류, 시간 등 수행력에 영향력을 미칠 수 있는 다양한 변인을 고려한다.

자료

보완대체의사소통 지도 절차

[1단계] 기초선을 측정하고 의사 표현 기능의 목표 서술하기
↓
[2단계] 어휘 선정하기
↓
[3단계] 사용자의 기술 습득을 지원할 수 있는 촉진 전략 교수하기
↓
[4단계] 사용자에게 목표 기술 교수하기
↓
[5단계] 일반화가 되고 있는지 상황 체크하기
↓
[6단계] 성과 측정하기
↓
[7단계] 유지할 수 있도록 체크하기

출처 ▶ 기본교육과정 중학교 국어 교사용 지도서(2021)

(2) 의사소통 지도 목표 수립

① 학생의 현재 수행 수준이 파악되면 이를 바탕으로 목표를 설정한다.

② 의사소통 지도의 목표는 실생활에서의 기능성을 전제로 하기 때문에 실생활 안에서 가치 있고, 학생의 기능을 증진시킬 수 있는 목표를 설정한다.

③ 가르치고자 하는 목표 기술을 알기 위해서는 일상생활 장면에서의 상황을 관찰해 의사소통 행동의 특징과 수행 능력에 대한 자료를 수집한다.

④ 필요한 자료는 학생의 대화 상대방(부모, 담임 교사, 교과 교사 등)으로부터 얻고 다음의 항목들을 점검해 중재를 결정해야 한다.

　㉠ 목표로 선정한 기술은 실생활에서 개인의 기능을 증진할 수 있는가?
　㉡ 목표로 선정한 기술은 실생활에서 사용할 수 있는 기회가 주어지는가?
　㉢ 개인이 성공적으로 습득할 수 있는 기술이라고 생각하는가?
　㉣ 좀 더 넓은 지역사회에서 개인의 지위를 향상하는 기술인가?
　㉤ 개인이 가지는 어려움이나 요구를 보상할 수 있는 기술인가?
　㉥ 생활연령기준에 적합한가?

2. 어휘 선정하기

(1) 어휘의 종류

① 핵심어휘

　㉠ 핵심어휘는 여러 사람들에 의해 자주 사용되는 낱말과 메시지를 말한다.

　㉡ AAC 팀은 특정인을 위한 핵심어휘 파악을 위해 주로 다음과 같은 세 가지 자료를 활용해 왔다.
　　• AAC 체계를 통해 성공적으로 의사소통하는 사람들의 어휘 사용 패턴에 기초한 낱말 목록
　　• 특정인의 어휘 사용 패턴에 기초한 낱말 목록
　　• 유사한 상황에서 일반인이 사용하는 말과 글 수행에 기초한 낱말 목록

비교

의사소통 지도 목표의 선정 기준
- 기본교육과정 중학교 국어 교사용 지도서(2021) : 본문 참조
- 김영한 외(2022), 박은혜 외 (2023)
  - 실생활에서 개인의 기능을 증진시키는가?
  - 개개인의 현재 생활에 유익함을 주는 기술인가?
  - 실생활에서 사용할 기회가 주어지는가?
  - 지역사회에서 개인의 지위를 향상시키는가?
  - 개인의 어려움이나 요구를 설명할 수 있는가?
  - 생활연령기준에 적합한가?
  - AAC 사용자에게 가치 있는 기술인가?
  - 실생활 안에서 가치 있는 기술인가?
  - 개개인이 성공적으로 습득 가능한 기술인가?

핵심어휘

서로 다른 사람들이 다양한 환경에서 자주 사용하는 낱말이나 짧은 구 형태의 메시지이다. 기능적인 요구와 관련된 표현(예 물, 화장실 등)과 "안녕하세요?"와 같은 간단한 사회적 표현을 포함한다. 문헌에 따라서는 적어도 세 상황 이상에서 50% 이상이 사용하는 어휘를 핵심어휘라고 규정하기도 한다(특수교육학 용어사전, 2018).

KORSET 합격 굳히기 핵심어휘 파악을 위한 자료

AAC 팀은 특정인을 위한 핵심어휘 파악을 위해 주로 다음과 같은 세 가지 자료, AAC 체계를 통해 성공적으로 의사소통하는 사람들의 어휘 사용 패턴에 기초한 낱말 목록, 특정인의 어휘 사용 패턴에 기초한 낱말 목록, 유사한 상황에서 일반인이 사용하는 말과 글 수행에 기초한 낱말 목록 등을 활용해 왔다.

1. **AAC를 통해 의사소통하는 사람들의 어휘 사용 패턴에 기초한 낱말 목록**
   ① 핵심어휘 목록을 개발할 때에는 특히 조작적으로나 사회적으로 AAC 체계를 능숙하게 다루는 사람들의 의사소통 수행에 주목하게 된다. 연구자들은 많은 시간에 걸쳐 이들의 의사소통 샘플을 수집하여 어휘 사용 패턴을 분석해 왔다.
   ② 이 분야의 최초 연구는 캐논 의사소통기(Canon Communicators)를 사용하는 다섯 명의 장애 젊은이들을 대상으로 14일간 이들이 산출한 낱말을 모두 검토한 것이다. 그 결과 다섯 명이 산출한 낱말들로 구성된 종합 목록을 통해 연구자들은 가장 빈번하게 출현하는 500개의 낱말을 파악하였고, 이들이 주고받은 낱말의 대략 80%가 500개의 가장 빈번하게 출현하는 낱말들이었다.

2. **특정인의 어휘 사용 패턴에 기초한 낱말 목록**
   ① AAC 체계 의존자의 과거 의사소통 수행을 분석해 얻은 낱말 목록은 종합 목록에 비해 훨씬 더 효율적인 어휘 자료다. 왜냐하면 개인의 과거 수행 분석은 미래 수행에 대한 가장 좋은 예측 인자이기 때문이다.
   ② 과거에는 개개인의 낱말 목록을 개발하기 위해 당사자의 의사소통 샘플을 얻고 분석하기가 쉽지 않았다. 그러나 최근에는 수행 측정과 분석 기술들이 AAC 도구에 포함되어 있어서 보다 용이하게 개인의 어휘 사용 패턴을 모니터할 수 있게 되었다.
   ③ 사생활과 관련된 민감한 문제가 있기 때문에, 이와 같은 방식으로 수행을 모니터하고자 할 경우에는 AAC 테크놀로지를 사용하는 당사자가 참여해야 한다.

3. **일반인의 어휘 사용 패턴에 기초한 낱말 목록**
   ① 일반인의 어휘 사용 패턴에 대해서는 많은 연구가 진행되어 왔다. 이들 연구를 통해 개발된 종합어휘 목록들은 핵심어휘 정보에 대한 풍부한 자료를 제공한다는 점에서 개인의 어휘 목록을 개발하는 데 유용할 수 있다.
   ② 그러나 종합어휘 목록은 개인이 필요로 하는 전체 낱말 중 단지 일부만을 포함하고 있기 때문에 개별 AAC 의존자들의 어휘 선택이 매우 복잡해질 수 있다고 한다.

출처 ▶ Beukelman et al.(2017)

② 부수어휘 [11중특]

  ㉠ 부수어휘란 개인이 필요로 하는 구체적인 낱말과 메시지를 말한다.
    • 자주 사용되지 않고 일정한 상황이나 영역에서 사용되는 어휘를 말한다. ⓓ 사람, 장소, 활동 등의 구체적인 이름과 선호하는 표현들
  ㉡ 부수어휘는 부모 면담을 통해 AAC 사용자에게 특별한 장소나 사람, 취미와 관련된 어휘를 조사하여 선정한다.
  ㉢ 부수어휘는 AAC 체계에 포함된 어휘의 개별화와 핵심어휘 목록에 나타나지 않는 아이디어 및 메시지의 표현을 가능하게 한다.
  ㉣ 학생마다 만나는 사람이 다르고, 생활하는 장소, 활동이나 물건 등이 다르므로, 개별 학생의 생태학적 환경과 요구에 따라 사용할 수 있도록 충분한 부수어휘 목록을 구성해야 한다.

부수어휘

다양한 사람이 일반적으로 항상 빈번하게 사용하는 핵심어휘와 달리 특정 주제나 환경, 그리고 대화 상대에 따라 비교적 가끔 사용하는 어휘이다. 보완대체의사소통 기기에서 어휘를 배치할 때 부수어휘는 같은 위치에 지속적으로 배치되지 않아서 찾기가 쉽지 않다. 핵심어휘가 주로 대명사, 동사, 형용사인 반면에 부수어휘는 명사로 만들어진다. 예를 들면 야구, 텔레비전, 자동차와 같은 것들이다(특수교육학 용어사전, 2018).
동 개인어휘, fringe vocabulary

KORSET 합격 굳히기 — 핵심어휘와 부수어휘

1. 핵심어휘는 장소와 주제에 걸쳐 고빈도로 사용될 수 있는 적은 수의 어휘목록이라면, 부수어휘는 사용 가능성이 적은 많은 수의 어휘목록을 말한다.
2. 핵심어휘는 여러 맥락과 환경에서 사용되지만, 부수어휘는 사용 빈도가 낮고 일부 상황에서만 사용될 수 있다.
3. 핵심어휘는 다양한 품사가 포함되지만, 부수어휘에는 대부분 명사가 포함된다.
   - 핵심어휘는 주로 대명사, 전치사, 관형사, 동사, 형용사 및 접속사로 구성되며, 명사는 거의 포함되지 않는다.
4. 핵심어휘는 메시지의 기본 구조가 되며, 부수어휘는 개별화된 세부 정보에 해당하는 어휘이다.

출처 ▶ 박은혜 외(2024)

KORSET 합격 굳히기 — 상황어휘와 발달어휘

Beukelman 등은 상황어휘와 발달어휘를 문자언어 습득 이전의 사람들을 위한 어휘로 분류하고 있다.

상황어휘
동 적용어휘, coverage vocabulary

1. 상황어휘
   ① 상황어휘는 핵심적인 메시지를 전달하기 위해 필요한 어휘로, 개인의 기본적인 의사소통 요구를 표현하는 기능적 목적을 가지는 어휘이다.
   ② 문자언어 습득 이전의 사람들을 위한 상황어휘는 주로 해당 낱말이 필요할 때 이용할 수 있도록 상황(환경이나 활동)에 따라 구성된다.
   ③ 상황어휘로 구성된 의사소통판은 특정 상황(예 패스트푸드)에서 보편적으로 많이 쓰일 만한 어휘들(예 햄버거, 주스, 케첩, 냅킨 등)로 구성되기 때문에 매우 기능적이라고 할 수 있다.
   ④ 문자를 습득하지 못한 사람들은 한 글자씩 필요한 메시지를 철자로 표현할 수 없기 때문에 AAC 팀은 해당 메시지를 얼마나 자주 사용할 것인지에 상관없이 이들이 필요로 할 수 있는 메시지를 최대한 많이 포함시키도록 배려해야 한다.
   예 어떤 사람이 "저는 호흡 문제가 있습니다."라는 메시지를 거의 사용하지 않더라도, 이 메시지가 사용될 가능성이 있다면 상황어휘에 포함되어 있어야 한다.

2. 발달어휘
   ① 발달어휘는 기능적 목적보다는 언어와 어휘의 성장을 촉진할 수 있도록 하는 어휘들을 의미한다.
   예 Lahey 등은 실물을 지칭하는 어휘(예 사람, 장소, 물건), 비교어휘(예 큰, 작은), 행동을 의미하는 어휘(예 주다, 만들다, 먹다, 마시다), 감정어휘(예 행복하다, 무섭다), 대답어휘(예 예, 아니오), 재현이나 중단을 의미하는 어휘(예 또, 그만, 없다), 이름어휘, 수식어휘(예 뜨겁다, 안 뜨겁다, 차갑다), 색깔어휘, 위치어휘(예 위, 아래) 등과 같은 의미범주의 낱말을 발달어휘에 포함시켜야 한다고 제안하였다.

② 언어 성장은 지속적인 과정이기 때문에 최소한 일부 발달어휘 낱말은 다양한 연령대 사람들에게 제공되어야 한다.
　　⑩ 문자언어 습득 이전의 아동이 서커스와 같은 어떤 사건을 처음으로 경험하려 한다면, AAC 팀은 이 아동이 이전에 전혀 사용해 본 적이 없을지라도 의사소통 디스플레이에 새로운 상황과 결합된 어휘 항목들을 포함시킬 것이다. 그러면 서커스를 보는 동안 아동의 부모나 친구는 광대, 사자, 우스운, 무서운 등의 서커스와 관련된 다양한 어휘 항목들을 지적할 수 있을 것이다. 일반아동들이 여러 번 반복해서 들음으로써 새로운 낱말을 배우는 것처럼, 이러한 과정은 아동이 노출을 통하여 언어를 발달시키고 새로운 어휘를 학습할 수 있는 기회가 된다.
③ 초기 AAC 사용자들에게도 상황어휘뿐만 아니라 발달어휘를 포함시켜서 새 어휘나 어휘조합과 같은 언어구조나 어휘 확장을 촉진하는 것이 좋다.

출처 ▶ 김영태(2019), Beukelman et al.(2017)

(2) 어휘 수집 방법 ^{09중특}

① 의사소통 지도에 사용될 어휘는 AAC 사용자와 대화 상대방과의 만남을 통해 일상생활 중에서 사용될 어휘 목록을 수집한다.
　㉠ 어휘는 관찰, 면담, 일화기록, 체크리스트, 생태학적 목록법을 활용하여 수집한다.
　㉡ 생태학적 목록법은 자연적인 상황의 환경을 분석하여 어휘를 수집하는 방법이다.
　　• 학생의 일과와 상황을 관찰하고 환경적 맥락을 분석하여 어휘를 수집하는 방법이다.

생태학적 목록
동 환경적 목록

---

1. 한 주 동안 학생이 있었던 장소들과 각 장소에서 어휘 선택을 주로 했던 사람(대화상대자), 각 장소에서 이루어진 활동은 무엇입니까?
　• 장　　소:
　• 대화상대자:
　• 활　　동:
2. 각 활동별로 사용되는 어휘는 무엇입니까?

구분 활동	명사 (사물 이름 포함)	동사	형용사	구절	기타	또래 학생이 사용하는 어휘	같이 활동하는 사람	이 활동 에서 학생이 특히 좋아하는 것들
•								
•								
•								

| 환경 분석을 통한 어휘 수집 예시 |

출처 ▶ 박은혜 외(2019)

자료

생태학적 목록법을 이용한 어휘 수집 예시

김 교사는 구어적 의사소통이 어려운 중도·중복장애 학생A를 위해 음성 출력이 가능한 대체의사소통기기를 적용하기로 하였다. 김 교사는 그 기기에 미리 녹음할 구어적 표현을 알아보기 위하여 다음과 같은 생태학적 목록법을 사용하였다.

은행에서 입·출금하는 것을 가르치기 위하여, 김 교사는 A가 이용하고 싶어 하는 집 근처의 은행을 방문하였다. 김 교사는 은행의 창구에서 이루어지는 입·출금 과정에서 은행 직원과 고객들이 주고받는 표현어휘와 수용어휘들을 모두 기록하였다. 기록한 어휘 중에서 A의 학습목표와 생활연령을 고려하여 표현어휘들을 선정하고 A의 대체의사소통기기에 녹음하였다.

출처 ▶ 2009 중등1-35 기출

② 가장 중요한 어휘 목록을 선정하되 어휘 확장이 가능하도록 수집하며, 생활 경험이나 교과 학습과 관련된 어휘 목록을 선정한다.
- 일반학생의 언어 발달표의 어휘 목록이나 보완대체의사소통을 사용하고 있는 학생의 어휘 목록 등 기존의 어휘 목록을 이용하는 것도 효율적인 방법이다.

(3) 어휘 선정 시 고려사항

수집된 어휘 목록 중 지도해야 할 어휘를 선정할 때는 발달적 관점, 사회적 관점, 의사소통적 맥락을 고려해야 한다.

① 발달적 관점
  ㉠ 발달적 관점을 고려한 어휘란 학생의 인지 수준에 적절하며 의미 있고 실용적 기능이 있는 어휘를 말한다.
  ㉡ '여기', '지금'을 반영한 것이어야 하며 자주 사용할 수 있는 것을 말한다.
  ㉢ 특히 언어 발달이 지체된 학생을 위한 어휘 목록은 동기를 유발하고 일반화를 도울 수 있어야 한다.

② 사회적 관점
  ㉠ 사회적 관점은 학생이 속해 있는 문화와 성별, 사회적 역할에 따라 필요한 어휘가 다를 수 있으므로 개별 학생의 요구에 맞는 어휘를 선정해야 함을 의미한다.
  ㉡ 의사소통이란 사회에 속해 있는 구성원과의 상호작용인 만큼 다른 사람과의 기능적 사용에 초점을 둔다.

③ 의사소통 맥락
  ㉠ 의사소통 맥락을 고려한 어휘 선정이란 학생이 생활하는 주요 환경과 상황, 대화상대자에 따라서 필요한 어휘가 달라질 수 있기 때문에 이를 반영한 어휘 선정이 필요하다는 의미이다.
  ㉡ 선택된 어휘는 학생이 원하는 것이나 필요로 하는 것을 효과적으로 표현할 수 있고 상호작용에서 더 적극적인 역할을 하는지 검토하여 수정·보완한다.

KORSET 합격 굳히기 ── 의사소통 맥락을 고려한 어휘 수집과 지도 어휘 선정

의사소통 맥락을 고려하여 수집한 어휘 목록에서 지도할 어휘를 최종적으로 선정할 때는 다음과 같은 사항을 고려해야 한다.

1. 문자 습득 전 단계의 학생을 위한 어휘 선택은 대화를 하기 위해 기본적으로 알아야 할 어휘 위주로 우선 선정한다. 즉, 학생이 음식을 먹을 때, 목욕을 할 때, 게임을 할 때 등 활동을 하는 중에, 또는 그 외의 꼭 필요한 상황에 필요한 어휘를 알려 주고 확장시켜 주는 것을 말한다.

2. 인지적인 어려움으로 인해 문자 습득이 힘든 학생에게는 개인적 요구를 충족시켜 줄 수 있는 어휘를 우선 선정한다.
   - 효율성을 고려하여 일상에서 반복되어 나타나는 일견단어나 문장 형태의 메시지를 이용한다. 단, 학생의 연령을 고려한 신중한 어휘 선정이 필요하다.
     - 예 학생에게 '좋아요'의 뜻으로 웃는 얼굴 모양의 상징을 이용한다면, 청소년기 학생에게는 엄지손가락을 들어올리는 상징을 사용하는 것이 적절한 것이다.

3. 문자를 습득한 학생의 어휘 선택은 적절한 시간 내에 표현할 수 있도록 의사표현의 속도와 표현하는 데 드는 노력을 줄일 수 있는 방법을 고려한다.
   - 의사소통에서는 적절한 시기에 상대방과의 주고받는 타이밍이 중요하기 때문이다.

4. 개개인의 사용자에 맞는 어휘들을 선정하기 위해서는 사용하는 학생의 연령, 성, 사회 문화적 배경, 이해 수준 등을 고려하고, 대화상대자와의 친숙한 정도, 대화 상황 및 장소 등 개별적인 환경을 고려하여 선정한다.

5. 지체장애 학생의 경우에는 운동 능력의 장애를 보완하기 위한 어휘가 필요할 수 있다.

6. 장소, 물건, 관계, 움직임, 감정, 긍정/부정, 중지를 나타내는 말, 이름이나 소유격, 사물과의 관계, 반대되는 말, 색, 위치, 모양을 나타내는 말 등을 포함하는 것이 좋다.

7. 의사소통 어휘는 교육의 목적에 따라 지도해야 하는 내용에 해당되는 어휘를 선택하여 지도한다.

출처 ▶ 박은혜 외(2023)

(4) 상징 및 도구 선택

① 의사소통을 지도하기 위해서는 적절한 상징체계를 선택해야 한다.

② 상징은 학생의 인지 및 생활연령을 고려하여 이해하기 쉽고 사용하기 쉬운 것이어야 할 뿐만 아니라 미래의 의사소통 기능의 범위와 폭이 향상될 것을 고려하여 장기적으로 사용할 수 있고 확장이 가능한 상징을 사용하는 것이 바람직하다.

  ㉠ 상징체계를 선택할 때에는 학생의 현재 수행 수준에 적합하고 개인의 표현하고자 하는 요구를 충족시켜 줄 수 있으며, 미래에도 사용할 수 있는 것으로 예측되는 상징체계를 선택해야 한다.

  ㉡ 상징체계를 선정할 때 우선 고려해야 할 점은 학생의 운동 기술과 지각 운동 능력, 형태, 그림 등 학생의 개인적 특성에 기초하여 선정해야 한다.

③ 구체적인 상징을 선택하기 위해서는 의사소통 상징의 물리적 특성, 즉 시각적 상징의 명확성, 재인 능력과 학습 가능성, 변별성 등을 고려해야 한다.

④ 의사소통 수단은 학생의 특성에 따라 음성 제스처, 손짓기호, 의사소통판, 의사소통 책, 컴퓨터 공학 기구 등 다중 양식을 사용하되 메시지를 전달하는 데 효과적이며 가능한 빠르게 전달할 수 있고 수용 가능해야 한다.

(5) 상징의 배열 및 구성 13중특(추시), 15초특, 20중특

① AAC를 사용하는 학생의 언어 발달을 촉진하기 위해서는 선정된 어휘 목록을 일정한 체계에 따라 조직화하여 제공한다.

② 학생의 언어발달 특성을 고려하여 효율적이고 효과적으로 의사소통할 수 있도록 조직하고 배열하여야 한다.

③ 상징을 배열할 때는 원하는 상징을 다음과 같은 세 가지 어휘 목록 구성 전략, 즉 문법적 범주, 의미론적 범주, 환경/활동 중심으로 분류하여 배열하는 것이 좋다.

어휘 목록 구성 전략	방법	언어 발달 촉진 효과
문법적 범주의 구성	• 언어습득을 촉진하고자 하는 목적으로 전통적으로 가장 많이 사용되어 온 방법은 구어의 어순대로 배열하는 것이다. • 글을 읽거나 쓸 때와 마찬가지로 왼쪽에서 오른쪽 방향으로 단어를 연결하여 문장을 구성하는 방식이다.	
	• 구어의 어순, 즉 문법 기능에 따라 어휘를 배열한다. 예 피츠제럴드 키(fitzgerald key)의 경우 왼쪽에서 오른쪽으로 사람, 행위, 수식어, 명사, 부사의 순서로 나열, 판의 위나 아래쪽에 자주 사용되는 글자나 구절을 배열 • 문법적 범주로 구성한 의사소통판은 시각적으로 식별하기 쉽게 색을 이용한 색 표시 전략을 사용할 수 있다.	• 왼쪽에서 오른쪽으로 단어를 배열하여 문장을 구성하는 능력을 학습한다.

구성 전략

구성 전략은 두 가지 주요 범주, 즉 격자 디스플레이와 시각적 장면 디스플레이로 나뉜다. 격자 디스플레이에서는 개별적인 상징, 낱말, 구절 등이 몇 가지 구성 책략 중 하나에 따라 격자 패턴으로 배열된다. 시각적 장면 디스플레이에서는 사건, 사람, 사물 및 관련 행동들이 해당 맥락의 장면을 구성하는 요소들이 된다(Beukelman et al., 2017).

비교
문법적 범주의 구성, 의미론적 범주의 구성, 환경/활동 중심의 구성을 격자 디스플레이로 범주화하여 제시하는 문헌(예 고은, 2021; Beukelman et al. 2017)도 있다.

문법적 범주의 구성
동 의미·구문 격자 디스플레이, 구문론적 어휘 목록, 언어발달 기반 형식

자료

색 표시 전략
색 표시 전략은 의사소통판이나 도구의 어휘를 구성할 때, 시각적 신호인 색을 이용하여 어휘의 위치를 쉽게 찾을 수 있도록 하는 방법을 의미한다. 대개는 어휘의 품사별 혹은 문법적 범주에 따라 색으로 분류한다. 수정된 Fitzgerald Keys는 명사는 주황색, 동사는 녹색, 형용사는 노란색, 질문은 보라색 등으로 표시한다(박은혜 외, 2024).

의미론적 범주의 구성	사람, 장소, 활동 등과 같이 상위의 의미론적 범주에 따라 상징을 배열하는 방법이다.		
	• 의미론적 범주(사람, 장소, 활동 등)에 따라 상징을 배열한다. ㉠ 신체 및 감정에서 필요한 물품과 같은 범주를 사용 / 간식, 점심, 교통수단, 방과 후 활동, 주말 활동, 자기관리, 친구, 가족 등의 범주를 사용	• 언어 발달을 촉진할 가능성에 대해서는 실험적으로 연구된 바가 없고 구성 방법 자체가 언어적 속성이 적다. • 언어 발달이 주요 목표인 경우에는 문법적으로 배열된 보조판 등 다른 배열 방법을 함께 사용한다.	
환경/활동 중심의 구성	• 하나의 환경이나 활동에 필요한 어휘들을 의사소통판에 모아서 구성해 주는 방법이다. − 초기 의사소통 방법을 지도하기에 용이한 구성방법이다. • 의사소통판에 특정 활동에 참여할 수 있는 다양한 어휘 목록을 담을 수 있기 때문에 여러 단어를 연결하여 사용하는 등 언어 발달을 촉진할 수 있으며, 발달적인 관점에서는 이러한 구성이 초기의 언어 사용을 증진한다.		
	• 각각의 의사소통판이 특정한 환경(㉠ 가게)이나 활동(㉠ 소꿉놀이하기)에 맞는 어휘들로 구성한다. • 특별하거나 일상적인 활동에의 참여를 촉진하는 풍부한 어휘를 담을 수 있다. • 연령에 맞게 지역사회, 학교, 또는 직업 환경에서 사용하도록 고안할 수 있고, 중재자가 비교적 손쉽게 해당 활동에 필요한 어휘만으로 의사소통판을 구성할 수 있다.	• 의사소통판에 특정 활동에 참여할 수 있는 다양한 어휘 목록을 담을 수 있어서 여러 단어를 연결하여 사용하는 등 언어 발달을 촉진하는 기능을 할 수 있다. • 발달적인 관점에서는 이러한 구성이 초기의 언어 사용을 가장 증진시킨다는 보고도 있다. • 학생의 활동 참여와 어휘 습득을 증진시킬 수 있다.	

출처 ▶ 박은혜 외(2023)

의미론적 범주의 구성
동 분류학적 격자 디스플레이, 분류학적 어휘 목록, 범주 기반 형식

환경/활동 중심의 구성
동 활동 격자 디스플레이, 도식 격자 디스플레이, 활동 중심 어휘 목록, 활동 기반 형식

설명 마을 조사 시 궁금한 내용을 질문할 수 있도록 환경/활동 중심의 어휘 목록 구성 전략을 이용하여 어휘 목록을 구성한 경우이다.

설명 패스트푸드점에서 음식을 주문하고 가격을 결재하는 방법과 관련된 상징들을 범주화하여 제시한 환경/활동 중심의 어휘 목록 구성 전략에 해당한다.

| 환경/활동 중심의 어휘 목록 구성 전략 예시 |

✿ 어휘 목록 구성 전략

전략	내용
문법적 범주의 구성	구문론적 틀 내에서 말의 어순에 따라 어휘를 구성한다. 상징은 사람(대명사 포함), 사물, 시간, 장소, 서술적 단어 등의 범주별로 왼쪽에서 오른쪽으로 배열한다. AAC 사용자는 명사, 형용사, 동사 등의 상징을 선택하여 말의 어순에 따라 메시지를 구성한다.

의미론적 범주의 구성	범주가 먼저 구성되고, 범주에 따른 상징이 구성된다. 즉 첫 번째 페이지에는 범주를 나타내는 몇몇 단어가 배열되어 있고(예 사람, 장소, 감정, 음식) 그다음 페이지들에는 각 범주(예 감정)들에 속하는 상징이 있다(예 기쁘다, 슬프다, 화난다). 따라서 '앞 페이지로 돌아가기'와 같은 상징이 필요하고, AAC 사용자의 범주화 능력이 요구되므로 6세 이하의 어린 아동에게는 부적절하다.  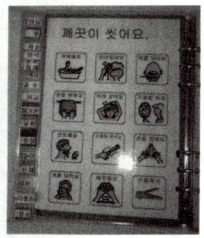
환경/활동 중심의 구성	가장 많이 활용하는 전략으로 행사, 일과 등의 활동(예 현장학습, 생일파티, 병원 진료, 쇼핑)에 따라 어휘를 구성한다. 예를 들어, AAC를 미술시간에 활용하고자 한다면, 미술 관련 단어(예 물감, 종이, 빨간색, 초록색)와 동사(예 예쁘다, 좋다, 넣다) 등의 상징이 모두 포함된다. 따라서 활동에 쉽게 접근하고 참여할 수 있도록 한다.

출처 ▶ 김혜리 외(2021), 박은혜 외(2024)

KORSET 합격 굳히기 시각적 장면 디스플레이

1. 시각적 장면 디스플레이(VSDs)는 특정 활동이나 일과와 관련된 상징들을 포함하고 있다는 점에서 환경/활동 중심의 어휘 목록 구성 전략과 비슷하다. 그러나 시각적 장면 디스플레이상의 어휘는 격자 형식보다는 도식적으로 구성된다.

2. 이상적으로 시각적 장면 디스플레이의 이미지는 복합적인 의사소통 요구를 지닌 사람과 관련된 개인적 사건의 환경적 맥락과 상호작용적 맥락을 묘사한다.
    예 '놀이터 가기' 활동을 위한 시각적 장면 디스플레이는 그네, 미끄럼틀, 시소, 정글짐 등이 그려진 놀이터 사진(즉, 환경적 맥락)일 수 있다. 복합적인 의사소통 요구(CCN)를 지닌 학생을 포함하여 여러 아이들이 도구 위에서 놀고(즉, 상호작용 맥락) 있을 것이다.

3. 해당 시각적 장면 디스플레이가 보완대체의사소통 기기의 화면상으로 제시된다면, 관련 메시지는 사진 위의 숨겨진 '핫 스팟'이 활성화될 때 구어로 산출될 것이다.

4. 전형적으로 발달하는 어린 아동들은 시각적 장면 디스플레이를 환경/활동 중심의 어휘 목록 구성 전략이나 의미론적 범주의 어휘 목록 구성 전략보다 더 빨리 배우고 쉽게 사용한다고 한다.

5. 시각적 장면 디스플레이의 장점은 다음과 같다(고은, 2021).
    ① AAC 사용자의 일상생활이나 선호하는 활동 등을 배경으로 디스플레이를 구성하기 때문에 일상생활과 관련성이 높다.
    ② 복잡한 인지처리과정이 필요하지 않기 때문에 인지적 부담을 줄일 수 있다.
    ③ 더 빨리, 더 쉽게, 더 정확한 어휘를 찾을 수 있다.

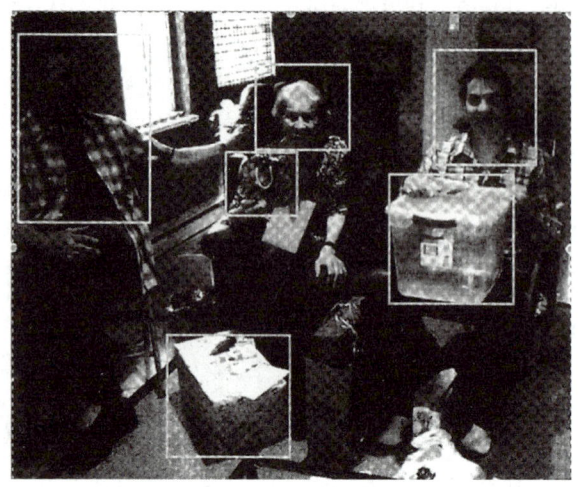

설명 핫 스팟(네모상자 부분)은 활성화되었을 때 관련 메시지가 산출되는 부분을 보여 준다. 실제 디스플레이에서는 핫 스팟이 보이지 않는다.

| 가족 모임을 보여 주는 시각적 장면 디스플레이 |

출처 ▶ Beukelman et al.(2017)

3. 사용자의 기술 습득을 지원할 수 있는 촉진 전략 교수하기 ^{22초특}

보완대체의사소통을 지도하기 위한 효과적인 전략은 다음과 같다.

(1) 환경의 구조화 ^{11중특}

① 의사소통을 지도하기 위한 의사소통 촉진 전략의 우선 과제는 의사표현과 상호작용의 동기를 유발할 수 있도록 환경을 구조화하는 것이다.
  - 예 지체장애 학생의 경우 자세 불안정성으로 인해 느끼는 불안감을 감소시키고, 근긴장도를 낮추고, 근육을 이완하여 편안하게 의사소통할 수 있도록 환경을 구조화한다.

② 적절한 자세 취하기와 AAC 기기의 배치, 의사소통의 동기를 부여할 수 있는 활동 제공하기 등으로 환경을 조정한다.

(2) 메시지 확인하기 ^{16초특}

① 메시지 확인하기는 학생이 시도한 것에 대해 반응을 보이고, 표현한 것에 대해 확인해 주는 전략으로 학생의 의사소통 능력을 신장시킬 수 있다.

② 의사소통을 할 때, 학생이 메시지를 표현하는 동안 대화상대자는 충분히 기다려 주고 학생이 의사소통 보조기기 혹은 의사소통판의 그림이나 상징을 지적하여 표현하면 대화상대자는 학생이 지적한 항목을 크게 말해 주는 청각적 피드백을 제공한다.

자료

메시지 확인하기 예시

김 교사 : (음성출력 의사소통기기와 스위치를 은지의 휠체어용 책상에 배치한다.) 이 모둠에서는 은지가 한번 발표해 볼까요? (음성출력 의사소통기기와 은지를 번갈아 보며 잠시 기다린다.)

은 지 : (자신의 음성출력 의사소통기기를 본 후 교사를 바라본다.)

김 교사 : 은지야, '양달은 따뜻해요.'라고 말해 보자. (음성출력 의사소통기기에서 양달 상징에 불빛이 들어왔을 때, 은지의 스위치를 눌러 '양달은 따뜻해요.'라는 음성이 산출되도록 한다. 그런 다음 은지가 스위치를 누르는 것을 기다려 준다.)

은 지 : (음성출력 의사소통기기에서 양달 상징에 불빛이 들어왔을 때, 스위치를 눌러 '양달은 따뜻해요.'라는 음성이 산출되도록 한다.)

김 교사 : <u>양달은 따뜻해요.</u> 잘 했어요.

설명 은지가 "양달은 따뜻해요"라는 음성이 산출되도록 음성출력 의사소통기기를 누른 것에 대해 김 교사는 은지의 음성출력 의사소통기기 사용을 촉진하기 위해 '메시지 확인하기 전략'을 사용하였다.

출처 ▶ 2016 초등B-4 기출

③ 구어를 사용하여 의사소통하지 못하는 학생은 대화상대자의 표정이나 반응에 따라 의사표현을 재시도하기도 하고 좌절하여 포기하기도 하므로 학생의 의사소통 시도에 긍정적인 반응을 보이고 정확한 문장으로 확인해 주어야 한다.

- 학생이 실수를 했을 때 부정적인 반응을 보이면 학생은 어떠한 시도도 하지 않게 되며 상호작용에서도 소극적인 참여를 조장한다. 그러므로 학생의 반응에 대한 즉각적인 반응을 보여 주고 반응의 결과에 관계없이 표현한 것에 대한 강화와 정확한 표현 방법을 알려 주는 체계적인 교수 절차가 필요하다.

(3) 시작과 끝을 알리는 명확한 신호 확립하기

① 의사소통을 하는 상호과정에서 의사소통 기회를 방해받지 않도록 의사소통 단위의 시작과 끝을 알리는 명확한 신호를 정하여 사용한다.

② 대화의 시작과 끝을 나타낼 수 있는 신호를 정하여 사용하는 것은 보다 적극적인 의사소통자로서의 역할을 부여한다.

(4) 시간 지연하기

① 시간 지연 전략은 의사소통 상황에서 학생이 기대하는 반응을 나타내기 전에 어떠한 촉진도 주지 않고 일정 시간을 기다려 목표 기술을 자발적으로 사용할 수 있는 기회를 제공하는 전략이다.

② 기대하는 반응이 나타날 때까지 기대지연을 하는 방법은 학생에게 스스로 수행할 기회를 제공하기 때문에 자연적 환경에서 의사소통할 기회를 거의 갖지 못하는 학생에게 사용하기 적절한 방법이다.

(5) 지적하기 촉진

① 시간 지연 방법으로도 의사소통할 기회를 갖지 못하는 경우 지적하기 촉진 (point prompt)을 사용하는 것이 적절하다.

② 지적하기 촉진 전략은 시각적 촉진을 제공하는 방법으로 언어적 촉진과는 달리 대화의 흐름 중에 최소한으로 개입하여 대화 도중 흐름을 방해하거나 산만하게 하지 않는다.

③ 시각 능력의 손상을 입은 경우 주의집중하는 데 문제가 있으므로, 이런 경우 사용자의 팔을 가볍게 건드리는 정도의 접촉을 통한 촉진을 제공할 수 있다.

지적하기 촉진

박은혜 외 (2023)	본문 참조
특수 교육학 용어사전 (2018)	몸짓 촉진(gestural prompt)은 지적하기 촉진이라고도 하며, 간단한 몸짓 또는 특정한 방향을 지적하는 것으로 어떤 행동을 하도록 하는 것이다. 몸짓 촉진은 언어적 촉진과 짝을 이루는 경우가 많다.

자료

다음은 교사가 최소-최대 촉구법을 사용하여 혜지가 스위치를 눌러 악기를 선택할 수 있도록 지도하는 절차이다.

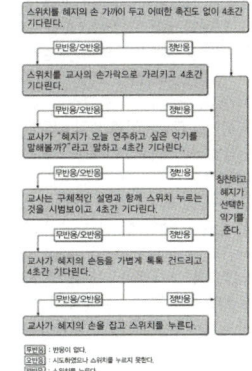

출처 ▶ 2022 초등B-2 기출

(6) 모델링

① 지적하기 촉진을 해도 목표 기술이 나타나지 않을 경우 사용하는 촉진은 모델링이다.

② 모델링은 말할 차례가 되었을 때 어떻게 하는 것인지 정확하게 모델을 보여 주는 것이다.

③ 모델링은 학생에게 도움이 필요할 때에 제공해 주고 직접 따라할 수 있도록 촉진해 주고 의지를 표현하도록 격려하며 성공감을 갖게 해주는 촉진 전략이다.

(7) 환경 중심 언어중재 ^{13중특(추시)}

환경중심 교수전략	• 모델링 • 요구-모델 • 시간지연 • 우발교수
물리적 환경조절 전략	• 흥미 있는 자료 • 닿지 않는 위치 • 도움이 필요한 상황 • 불충분한 자료 제공 • 중요 요소 빼기 • 선택의 기회 제공 • 예상치 못한 상황
반응적 상호작용 전략	• 아동 주도 따르기 • 공동관심 형성하기 • 정서 일치시키기 • 상호적 주고받기 • 시범 보이기 • 확장하기 • 아동을 모방하기 • 아동 발화에 반응하기 • 아동 반응 기다리기

출처 ▶ 박은혜 외(2024). 내용 요약정리

Tip
환경 중심 언어중재에 대한 내용은 Part 11. 의사소통장애아교육의 'Chapter 09. 언어중재방법'에서 구체적으로 다루므로 본 절에서는 생략한다.

예상치 못한 상황
동 우수운 상황

자료
환경 중심 언어중재
Best 등(2018)의 문헌에서는 보완대체의사소통 체계 이용자들의 의사소통을 촉진하기 위한 교수 전략으로 요구하기와 선택하기, 강화된 환경 중심 언어중재, 그림교환 의사소통체계, 세분화하기 전략을 소개한다. 강화된 환경 중심 언어중재를 구성하는 환경 중심 언어중재는 네 가지로 구성되는데, 이는 모델링, 요구-모델, 시간지연 그리고 우발교수다. 전형적으로 모델링은 학생이 적절한 반응을 알지 못할 때 사용하고 최대한의 지원을 제공한다. 요구-모델은 교사가 학생이 응답해야 할 질문을 해야 할 때 사용한다. 시간지연은 학생이 의사소통을 시작하도록 하기 위해 가르칠 때 사용한다. 우발적 교수는 언어를 확장하기 위해서 학생이 요구하기를 할 때 사용한다.

자료

환경 중심 언어중재 적용 예시

(가)는 A 특수학교(중학교) 1학년인 영미의 특성이고, (나)는 영미를 지도하기 위하여 수립한 보완·대체의사소통(AAC) 지도 계획안의 일부이다.

(가) 영미의 특성

- 중도·중복장애를 가지고 있음
- 구어를 사용하여 의사소통하기 어려우며, 글을 읽지 못함

(나) 의사소통 지도 계획안

단계	내용
의사소통 평가	• 영미의 의사소통 특성과 현재 수행 능력을 평가하여 AAC 체계를 선정함
목표 설정	… (생략) …
어휘 수집	… (생략) …
어휘 구성	… (생략) …
의사소통 표현하기 기술 교수	• 영미에게 그림 상징을 지적하여 의사를 표현하도록 지도함 • ⊙ 처음에는 시범을 보이지 않고 영미의 관심에 주의를 기울이면서 요구하기, 그림상징을 선택하여 답하기의 순서로 의사표현하기 기술을 지도함. 긍정적 반응에는 강화를 제공하고 오반응이나 무반응에는 올바른 반응을 보여 주어 따라하도록 함

설명 ⊙은 AAC 도구를 이용한 의사소통을 촉진하기 위해 환경 중심 언어중재를 적용한 것이다.

출처 ▶ 2013추시 중등B-5 기출

4. 사용자에게 목표 기술 교수하기

① 교사는 먼저 학생과 학부모에게 의사 표현을 왜 해야 하며 배워야 하는 이유가 무엇인지에 대해 설명한다.

② 의사 표현을 지도할 때에는 자연적인 환경에서 실제의 상호작용이나 역할놀이 중 기술을 사용해 보도록 다양한 기회를 제공해 연습하게 하며, 능숙하게 사용할 수 있을 때까지 지속적인 연습의 기회를 제공한다.

5. 일반화가 되고 있는지 상황 체크하기

① 일반화 단계는 학교, 가정, 그 밖의 지역사회 환경 내의 다양한 실제 상황에서 AAC를 지도한 교사가 아닌 다른 사람과도 의사소통 방법을 이용하여 하고 싶은 말을 표현하고 있는지를 관찰하는 것이다.

② 교사는 실생활에서 효과적으로 사용하고 있는지에 대한 자료를 수집하고 개인의 수행 능력에 대한 피드백을 제공한다.

자료

일반화 정도 점검 절차

일반화 정도를 점검하는 절차는 다음과 같다.
- 자연적인 환경 내 다른 상황, 다른 대화상대자와의 대화를 관찰하였는가?
- 실생활에서 효과적으로 사용하고 있는지 점검하기
- 개인의 수행 능력에 대한 피드백 제공하기
- 실생활의 새로운 상황에서도 같은 기술을 성공적으로 사용한 것을 축하해 주고 사용한 기술의 효과에 대해 논의하기
- 배운 기술을 일반화하지 못한다면 그 원인을 분석하고 교수를 수정하기
- 의사소통 기술을 실생활에서 사용하는 것이 효과적이지 못하다면 의사소통 방법이나 메시지 등을 수정하여 효과를 높일 수 있도록 고려하기

출처 ▶ 박은혜 외(2023)

6. 성과 측정하기

① 의사소통 지도의 목적 실현에 대한 평가는 의사소통 방법의 지도가 학생의 삶과 실생활에서 유용성이 있었는지를 평가한다.

② 학생의 기술 습득 정도나 학생의 만족도, 사회성이나 또래관계 등에 미치는 영향, 그 밖의 기대효과 등을 평가한다.

③ AAC 지도의 효과를 평가하기 위하여 네 가지 지표를 사용할 수 있다.

- 조작적 지표는 AAC 사용자가 AAC 기술을 얼마나 잘 사용하는가에 대하여, 표상적 지표는 AAC 사용자의 상징 사용 및 문법적 능력에 대하여, 상호작용 지표는 대화상대자와의 상호작용할 수 있는 능력에 대하여, 심리사회적 지표는 AAC 사용자 및 사용자의 의사소통 환경에 있는 사람들의 태도와 정서적 상태에 대하여 측정하는 것이다.

유형	내용
조작적 지표	• 속도: 사용자가 얼마나 빨리 의사소통할 수 있는가? 　예 분당 단어 수 • 정확도: 의도한 내용을 얼마나 정확하게 전달할 수 있는가? 　예 총 발화 중 상대방에게 이해된 발화의 수 • 융통성: 얼마나 다양하게 의사소통할 수 있는가? 　예 하루 중 사용한 새로운 어휘나 주제의 수
표상적 지표	• 상징 인식: 인식하고 지적할 수 있는 상징의 수 • 수용 언어 능력 • 문법적 표현 능력 • 읽기/철자 능력
상호작용 지표	• 의사소통 양식의 수(예 하루 중 사용한 의사소통 양식의 수)와 유형별 사용 빈도(예 하루 중 사용한 의사소통판, 수화의 수) • 의사소통 기능의 수와 유형별 사용 빈도 • 상대방의 대화 내용에 반응한 빈도 • 대화 주제를 개시한 빈도 • 의사소통에 문제가 생겼을 때 이를 개선한 방법
심리사회적 지표	• AAC 사용자의 의사소통에 대한 만족도 • 대화상대자의 AAC에 대한 만족도 • 사용자 및 대화상대자의 심리적 상태: AAC에 대한 적응도

출처 ▶ 한경근 외(2013)

④ 만약 성과가 부진하다면 다음 요인들을 검토해 볼 필요가 있다.
  ㉠ 학생이 AAC 도구를 사용하여 도움이나 요구를 표현할 필요 조차 없을 정도로 주변에서 모두 다 도와주거나 일처리를 대신해 주지는 않는가?
  ㉡ 학생에 대하여 의사소통에 참여하고 요구를 표현할 수 있을 거라고 기대 조차 하지 않는 것은 아닌가?
  ㉢ 학생이 AAC 도구를 사용하여 의사소통하는 방법을 숙달하지 못하였는가?
  ㉣ 함께 대화하는 사람들이 학생의 의사소통을 촉진하는 방법을 모르지는 않는가?
  ㉤ 의사소통 대화상대자에게 학생의 의사소통 방식에 대한 충분한 정보를 주었는가?

7. 유지할 수 있도록 체크하기

① 학습된 의사소통 능력이 유지되고 있는지 체크하기 위해 교수를 마친 뒤, 2주, 4주, 8주 후에 꾸준히 관찰한다.
  • AAC 사용자가 자연적인 상황에서 기술을 사용하지 못한다면 목표 기술을 교수하는 4단계로 돌아가서 의사소통 기술의 사용을 다시 지도하고, 대화상대자의 기술 사용이 부족하다면 3단계로 돌아가서 촉진자가 촉진 전략을 잘 사용할 수 있도록 훈련하는 것이 필요하다.

② 의사소통 능력을 유지, 향상하기 위해서는 매일의 일상생활 안에서 자연적인 상황과 자연적 단서를 제시해 지도하고, 대화 상대방도 훈련이 이루어져야 한다. 학생 주변의 모든 사람은 적극적으로 의사표현을 촉진하는 방법을 배우고 모델링해야 한다. 따라서 성공적으로 기술을 사용하고 유지하기 위해서는 정기적으로 모니터링하고 변화되는 목표에 대처하는 촉진자로서 교사의 역할이 중요하다.

개념확인문제

01
2011 중등1-22

특수교육공학에 관한 설명으로 옳은 것만을 〈보기〉에서 모두 고른 것은?

―| 보기 |―
ㄱ. 장애학생에게 공학을 적용할 때에는 하이테크놀로지(high technology)보다 로우테크놀로지(low technology)를 먼저 고려하는 것이 바람직하다.
ㄴ. 교실에서 휠체어를 탄 장애학생이 지나갈 수 있도록 책상 사이의 간격을 넓혀 주는 것은 로우테크놀로지(low technology)의 적용이라고 할 수 있다.
ㄷ. 사람이 제공하는 서비스 영역을 의미하는 소프트테크놀로지(soft technology)가 없이는 하드테크놀로지(hard technology)를 성공으로 적용할 수 없다.
ㄹ. 특수교육공학은 사용된 과학 기술 정도에 따라 노테크놀로지(no technology)부터 하이테크놀로지(high technology)에 이르기까지 다양하게 분류될 수 있다.

① ㄱ, ㄹ
② ㄴ, ㄷ
③ ㄱ, ㄴ, ㄹ
④ ㄱ, ㄷ, ㄹ
⑤ ㄱ, ㄴ, ㄷ, ㄹ

02
2010 중등1-10

특수교육대상자를 위한 교육용 소프트웨어를 개발할 때 다양한 교수·학습이론을 반영할 수 있다. 〈보기〉에서 구성주의 교수·학습이론에 기반을 둔 내용을 고른 것은?

―| 보기 |―
ㄱ. 학습 효과를 높이기 위해서 반복적으로 연습을 할 수 있는 훈련·연습형으로 개발한다.
ㄴ. 학생이 문제를 해결할 수 있도록 실제 문제해결 상황을 비디오 등을 활용하여 제공한다.
ㄷ. 네트워크 기능 등을 활용하여 교사와 학생들 간의 활발한 상호작용에 초점을 두고 개발한다.
ㄹ. 애니메이션 등을 활용하여 반응에 따른 즉각적인 자극을 제공함으로써 학생이 올바른 반응을 형성할 수 있도록 한다.
ㅁ. 학생의 근접발달영역 내에서 필요한 도움을 제공하고, 과제수행이 능숙해짐에 따라 도움을 철회하는 구조를 반영하여 개발한다.

① ㄱ, ㄴ, ㅁ
② ㄱ, ㄷ, ㄹ
③ ㄴ, ㄷ, ㄹ
④ ㄴ, ㄷ, ㅁ
⑤ ㄷ, ㄹ, ㅁ

03

2021 중등B-10

다음은 미술과 수업을 위해 작성한 수업 계획의 일부이다. 〈작성 방법〉에 따라 서술하시오.

학생 특성	L	• 청지각 변별에 어려움이 있어 동영상 자료 활용 시 자막이 있어야 함 • 색 변별에 어려움이 있어 색상 단서만으로 자료 특성을 구별하기 어려움 • 낯선 장소나 상황에 적응하는 것이 어려움
	M	• 반짝이고 동적인 시각 자극에 민감하며 종종 발작 증세가 나타남 • 마우스 사용이 어려우며 모든 기능을 키보드로 조작함 • 학습한 과제의 일반화에 어려움을 보임

지도 내용		• 현장체험활동 사전 교육
		  – 미술관 웹사이트 검색하기
		  – CAI를 이용하여 실제 상황과 유사하게 미술관 관람하기
		       … (하략) …

┤ 작성 방법 ├

• (가)에서 고려해야 할 웹 접근성 지침상의 원리를 학생 L, M 특성과 관련지어 각각 1가지 쓸 것 (단, '한국형 웹 콘텐츠 접근성 지침 2.1'에 근거할 것)

04

2010 중등1-9

보편적 학습설계(universal design for learning)에 대한 설명으로 옳은 것을 〈보기〉에서 모두 고른 것은?

┤ 보기 ├

ㄱ. 보편적 학습설계는 교육과정이 개발된 후에 적용되는 보조공학과는 다르게 교육과정이 개발되기 전에 이루어지는 것이다.
ㄴ. 보편적 학습설계는 교육내용이나 교육자료를 개발할 때 대안적인 방법을 포함시킴으로써 별도의 교수적 수정을 하지 않도록 하는 것이다.
ㄷ. 보편적 학습설계는 건축 분야의 보편적 설계에서 유래한 개념으로, 학습에서의 인지적 도전 요소를 제거하고 지원을 최대한으로 제공하는 것이다.
ㄹ. 보편적 학습설계는 일반교육과정의 수준을 낮추는 것이 아니라, 융통성 있는 다양한 방법을 제시함으로써 장애학생이 일반교육과정에 접근할 수 있도록 하는 것이다.

① ㄱ, ㄴ   ② ㄷ, ㄹ
③ ㄱ, ㄴ, ㄹ   ④ ㄱ, ㄷ, ㄹ
⑤ ㄱ, ㄴ, ㄷ, ㄹ

05

다음은 중학교 통합학급에서 참관실습을 하고 있는 A 대학교 특수교육과 2학년 학생의 참관후기와 김 교사의 피드백 일부이다. 물음에 답하시오.

> 다음주부터 중간고사다. 은수가 통합학급의 친구들과 똑같이 시험을 볼 수 있을지 걱정이다. 초등학생이라면 간단한 작문 시험이나 받아쓰기 시험 시간에 특수교육보조원이 옆에서 대신 써줄 수 있을 것 같은데, 은수와 같은 장애학생들에게는 다른 시험 방법을 적용해 주면 좋을 것 같다.

> 또래와 동일한 지필 시험을 보기 어려운 장애학생들을 위해서 시험 보는 방법을 조정해 줄 수 있어요. 예를 들면, ⓒ <u>구두로 답하거나 컴퓨터를 사용하여 답하기, 대필자를 통해 답을 쓰게 할 수 있어요.</u> 다만 받아쓰기 시험시간에 대필을 해 주는 것은 적절하지 않습니다.

2) ⓒ의 시험 방법 조정의 예는 보편적 학습 설계의 3가지 원리 중 어떤 것에 해당되는지 쓰시오.

06

다음은 장애학생의 교수·학습용 소프트웨어 프로그램 선정을 위한 평가에 대해 설명한 것이다. ㉠~㉣에 대한 설명으로 적절한 것만을 <보기>에서 있는 대로 고른 것은?

> 학급에서 교수·학습용 소프트웨어 프로그램을 선정할 때에는 거시적 관점의 ㉠ <u>외부 평가</u>와 미시적 관점의 ㉡ <u>내부 평가</u> 과정을 거친다. 이러한 평가 과정은 ㉢ <u>팀 접근</u>을 통해 이루어지는 것이 바람직하며, ㉣ <u>장애학생의 교육적 요구에 부응하고 학습 장면에서 실제적 효용성을 보일 수 있는 프로그램</u>으로 선정해야 한다.

┤ 보기 ├

가. ㉠을 위해 팀을 구성할 때는 장애 특성에 대한 지식이나 교과 지도 경험이 없는 전문가로 구성하여 프로그램 선정에 개인적인 관점을 배제하고 프로그램의 기술과 공학에 초점을 두는 평가를 한다.
나. ㉡은 학급 단위로 학급 구성원 개개인을 위해 실시하며 수업과 관련된 일반적인 사항 및 공학 기기의 적합성 등을 고려한다.
다. ㉢에서 초학문적 팀 접근을 실시할 때에는 다양한 영역의 전문가들의 협력을 기초로 서로의 정보와 기술, 그리고 역할을 공유하고 최종 결정은 팀의 합의를 거친다.
라. ㉣은 교수자 중심의 접근으로 설계되어 학습 방식 및 전개 방식이 교사의 수업과 조화를 이루는 것이 좋다.
마. ㉣은 장애학생에게 제공하는 피드백과 강화가 적절해야 하는데, 특히 강화는 교사가 장애학생에게 제공하는 방식과 유사한 것이 좋다.

① 가, 나, 라
② 가, 다, 마
③ 나, 다, 마
④ 가, 나, 라, 마
⑤ 나, 다, 라, 마

07

2016 유아A-3

다음은 ○○특수학교의 황 교사와 민 교사의 대화이다. 물음에 답하시오.

> 황 교사: 최근 수업 활동 중에 컴퓨터를 통한 ⊙ 교육용 게임을 부분적으로 활용하고 있는데, 유아들이 재미있어 해요. 또한 ⓒ 자료를 안내하기 위해 사용해도 좋더군요. 그래서 수업 활동을 위해 컴퓨터, 인터넷을 좀 더 적극적으로 활용하면 좋겠다는 생각이 들어요.
>
> 민 교사: 우리 반의 현주는 소근육 발달 문제로 마우스 사용이 조금 어려웠는데, 얼마 전에 아버님께서 학교에 있는 것과 같은 터치스크린 PC로 바꾸어 주셨대요. 그래서 지금은 집에서도 스스로 유아용 웹사이트에 들어가서 영상을 보거나 간단한 교육용 게임을 하기도 한다는군요.
>
> 황 교사: 그렇군요. 누구든지 장애에 관계없이 웹사이트를 통해 원하는 서비스를 이용할 수 있도록 (ⓒ)이/가 보장되어야 한다고 생각해요.
>
> 민 교사: 맞아요. 그러고 보니 이번에 학교 홈페이지를 새롭게 만들고 있는데, 우리 아이들이 좀 더 쉽게 사용할 수 있도록 홈페이지의 구성을 내용에 따라 다양한 색으로 처리하여 구별할 수 있도록 하면 좋겠어요. 그리고 홈페이지에 접속하면 팝업창이 자동으로 뜨게 하면 좋겠어요.
>
> 황 교사: 아이들이 들어와서 친구들 사진이나 학교 행사 영상 등을 볼 테니까 화면 구성은 가능한 한 간단하게 구성하면 좋겠지요. 페이지의 프레임 사용도 가능한 한 제한하면 좋을 것 같고요.

1) 컴퓨터보조수업(CAI)의 유형 중 ⊙은 '게임형', ⓒ은 '자료 안내형'에 해당한다. 이 유형 외에 컴퓨터보조수업(CAI)의 유형 2가지를 쓰시오.

2) ⓒ에 들어갈 말을 쓰시오.

08

2012 중등1-40

다음은 보조공학 서비스 전달 과정이다. 이 전달 과정에 대한 설명으로 옳은 것만을 〈보기〉에서 있는 대로 고른 것은?

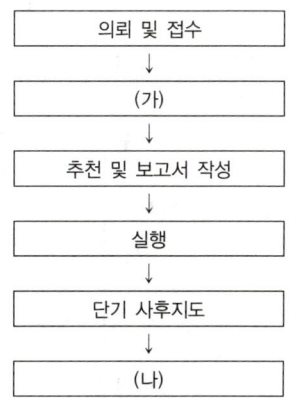

〈인간 활동 보조공학(Human Activity Assistive Technology) 모델〉

| 보기 |

ㄱ. 보조공학 활용의 중도 포기를 방지하기 위해서는 인간, 활동, 보조공학, 주변 상황을 체계적으로 고려하는 생태학적 사정이 이루어져야 한다.

ㄴ. 보조공학 활용의 목적은 사용자의 기능적 활동 수행을 가능하도록 하는 것으로, 손의 움직임 곤란으로 타이핑이 어려운 장애학생에게 소근육 운동을 시켜서 타이핑을 할 수 있도록 하는 것은 적절한 보조공학 활용 사례이다.

ㄷ. (가)는 초기 평가 단계로서, 사용자에게 알맞은 보조공학을 제공하기 위해 장치의 특성과 사용자의 요구 및 기술 간의 대응을 해야 한다.

ㄹ. (가) 단계에서는 사용자의 감각, 신체, 인지, 언어 능력을 평가하는데, 공학 장치를 손으로 제어하기 어려운 학생의 경우에 다리보다는 머리나 입을 이용하여 제어가 가능한지를 먼저 고려해야 한다.

ㅁ. (나) 단계에서는 보조공학이 장애학생에게 적용된 이후에도, 보조공학이 사용자의 요구나 목표의 변화에 부합하는지를 지속적으로 재평가하는 장기적인 사후지도가 이루어져야 한다.

① ㄱ, ㄴ, ㄹ ② ㄱ, ㄷ, ㅁ
③ ㄱ, ㄹ, ㄷ, ㅁ ④ ㄱ, ㄷ, ㄹ, ㅁ
⑤ ㄴ, ㄷ, ㄹ, ㅁ

09

다음은 보조공학 사정 모델의 단계별 주요 내용이다. 〈작성 방법〉에 따라 서술하시오.

사정 모델	(㉠)	
단계	주요 내용	유의점
학생 능력 검토	• (㉡) • 활동적인 과제를 수행함 • 다양한 방과 후 활동에 참가하고 있음	• 사례사, 관찰, 면담, 진단서 등 다양한 자료를 포함할 것
목표 개발	• 과제 수행과 다양한 방과 후 활동에 적극적으로 참가하기 • 이를 위한 휠체어 선정하기	• 목표 달성의 실현 가능성에 대해 토론할 것
과제 조사	• 목표 달성에 필요한 다양한 과제 조사 • ㉢ 과제 수행, 방과 후 활동과 관련한 구체적인 환경 및 맥락 조사	• 학교, 가정 등 다양한 장소에서 조사할 것
과제의 난이도 평가	• 각 과제별 난이도 평가	• 모든 과제에 대해 평가를 실시함
목표 달성 확인	• 과제 수행과 다양한 방과 후 활동에 적절한 휠체어 선정 • A는 왼쪽 바퀴에, B는 오른쪽 바퀴에 동력이 전달되도록 주행능력 평가	• 팔 받침대 높이를 낮게 하여 책상에 대한 접근성을 높임 • 활동공간에 따라 보조바퀴(caster)의 크기를 조정함

┤ 작성 방법 ├
• ㉠에 들어갈 보조공학 사정 모델의 명칭을 쓸 것
• Bryant 등(2003)의 '보조공학 사정의 3가지 특성' 중에서 밑줄 친 ㉢에 해당하는 것을 쓸 것

10

다음은 장애학생의 컴퓨터 접근에 대한 설명이다. (가)와 (나)에 들어갈 내용으로 옳은 것은?

> 컴퓨터 경고음을 듣는 데 어려움이 있는 청각장애 학생을 위해서는 시각인 경고를 활용할 수 있다. 글을 읽는 데 어려움이 있는 학습장애 학생의 컴퓨터 접근을 위해서는 (가) 을/를 활용할 수 있다. 키보드를 이용할 때 두 개 이상의 키를 동시에 누르는 데 어려움이 있는 지체장애 학생을 위해서는 윈도우 프로그램의 '내게 필요한 옵션'에 있는 (나) 기능을 활용할 수 있다.

	(가)	(나)
①	음성 합성기	고정키 (sticky key)
②	음성 합성기	탄력키 (filter key)
③	화면 읽기 프로그램	토글키 (toggle key)
④	화면 읽기 프로그램	탄력키 (filter key)
⑤	단어 예측 프로그램	고정키 (sticky key)

11

척수 손상으로 사지마비가 된 지체장애 학생 A는 현재 수의적인 머리 움직임과 눈동자 움직임만 가능하며, 듣기와 인지 능력 및 시력은 정상이나 말은 할 수 없다. A가 사용하기에 적합한 보조공학기기를 〈보기〉에서 고른 것은?

| 보기 |
ㄱ. 헤드포인터(head pointer)
ㄴ. 음성합성장치(speech synthesizer)
ㄷ. 의사소통판(communication board)
ㄹ. 전자지시기기(electronic pointing devices)
ㅁ. 음성인식장치(speech recognition devices)
ㅂ. 폐쇄 회로 텔레비전(CCTV, closed-circuit television)
ㅅ. 광학 문자 인식기(optical character recognition devices)

① ㄱ, ㄴ, ㄷ, ㄹ　② ㄱ, ㄴ, ㄹ, ㅁ
③ ㄱ, ㄷ, ㅂ, ㅅ　④ ㄴ, ㄹ, ㅁ, ㅅ
⑤ ㄷ, ㄹ, ㅁ, ㅂ

12

특수교육공학 장치의 구조나 기능에 대한 설명으로 옳은 것만을 〈보기〉에서 있는 대로 고른 것은?

| 보기 |
ㄱ. 점자정보단말기는 6개의 핀이 하나의 셀을 구성하고 있는 점자 디스플레이를 갖추고 있어, 시각장애 학생이 커서의 움직임에 따라 점자로 정보를 읽을 수 있다.
ㄴ. 트랙볼(trackball)은 볼마우스를 뒤집어 놓은 것과 같은 형태로서, 움직이지 않는 틀 위에 있는 볼을 사용자가 움직일 수 있어 운동능력이 낮은 학생이 제한된 공간에서도 쉽게 사용할 수 있다.
ㄷ. 화면 키보드(on-screen keyboard)는 마우스나 대체 마우스를 이용하여 컴퓨터 화면상의 키보드에 입력할 수 있도록 되어 있으며, 사용자의 요구에 맞게 자판의 크기나 배열을 변형시킬 수 있다.
ㄹ. 음성 인식 시스템(speech recognition system)은 키보드 대신에 사람의 음성으로 컴퓨터 입력이 가능하며, 사용자의 음성 패턴을 인식시키는 시스템 훈련을 통해 인식의 정확성을 높일 수 있다.

① ㄱ, ㄴ　② ㄱ, ㄹ
③ ㄷ, ㄹ　④ ㄱ, ㄴ, ㄷ
⑤ ㄴ, ㄷ, ㄹ

13
2017 초등A-5

(나)는 자폐성장애 학생 지혜의 특성을 고려하여 보완·대체 의사소통 체계(AAC)를 활용한 의사소통 지도 계획이다. 물음에 답하시오.

(나)

지혜의 특성	의사소통 지도 계획
• 시각적 자극을 선호함 • 소근육이 발달되어 있음 • 태블릿PC의 AAC 애플리케이션을 사용함 • 일상생활과 관련된 어휘를 제한적으로 이해하고 사용할 수 있음 • 질문에 대답은 하지만 자발적으로 의사소통을 시도하지 않음	• 미술시간에 배운 [A]를 ⓒ AAC 어휘목록에 추가하고, [A]로 의사소통 할 수 있다는 것을 지도한다. • [A]를 사용하여 ㉢ 대화를 시도하고 대화 주제를 유지할 수 있도록 지도한다. • '[A]를 사용한 의사소통하기'를 습득한 후, 습득하기까지 필요했던 회기 수의 50% 만큼 연습기회를 추가로 제공하여 [A]의 사용을 유지할 수 있게 한다.

3) AAC 사용자가 갖추어야 할 4가지 의사소통 능력 중 (나)의 ⓒ과 ㉢을 통해 향상시킬 수 있는 능력은 무엇인지 각각 쓰시오.

14
2019 유아A-8

다음은 4세 발달지체 유아 승우의 어머니와 특수학급 민 교사 간 대화의 일부이다. 물음에 답하시오.

민 교사: 승우 어머니, 요즘 승우는 어떻게 지내요?
승우 어머니: 승우가 말로 의사 표현을 하지 못하니 집에서 어려움이 많아요. 간단하게라도 승우가 원하는 것을 알고 상호작용을 할 수 있으면 좋겠는데, 어떻게 해야 할지 모르겠어요. 유치원에서는 승우를 어떻게 지도하시는지요?
민 교사: 유치원에서도 승우에게는 아직 의도적인 의사소통 행동이 명확하게 잘 나타나지 않아서, 승우의 행동이 뭔가를 의미한다고 생각하고 반응해 주고 있어요. 그리고 승우가 어떤 사물을 관심을 가지고 바라보고 있을 때, 그것을 함께 바라봐 주는 반응을 해 주고 있어요.
승우 어머니: 그렇군요. 저는 항상 저 혼자만 일방적으로 말하고 있는 것 같아서 답답했어요.
민 교사: 집에서도 승우와 대화할 때 어머니의 역할이 중요해요. 그럴 때는 ⓒ 어머니께서 승우가 의사를 표현할 수 있을 거라는 기대를 가지고 기회를 제공하여, 의사를 표현하는 동안 충분히 기다려 주는 것이 필요하지요. 승우에게 필요한 표현을 ㉢ 간단한 몸짓이나 표정, 그림 등으로 나타낼 수 있도록 만들어 가면 어떨까요? 예를 들면, 간식 시간마다 승우가 먼저 간식을 달라는 의미로 손을 내미는 행동을 정해서 자신의 의도를 표현할 수 있도록 하는 것이지요.
승우 어머니: 아, 그렇군요. 원하는 것을 표현하면 얻을 수 있다는 것도 가르쳐야 하는군요.

2) ⓒ과 ㉢은 보완대체의사소통(AAC)의 4가지 구성요소 중 무엇에 해당하는지 각각 쓰시오.

15
2017 유아A-1

다음은 중복장애 유아 동우의 어머니가 유아특수교사인 김 교사와 나눈 상담 내용의 일부이다. 물음에 답하시오.

> 김 교사: 어머니, 가족들이 동우와 의사소통하는 데 어려움이 있다고 하셨지요?
> 어머니: 네. 동우는 근긴장도가 높아서 팔다리를 모두 움직이기가 어렵고, 몸을 움직이려고 하면 뻗치는 경우가 많잖아요. 그리고 선생님께서 아시는 것처럼 시각장애까지 있어서, 말하는 것은 물론 눈빛으로 표현하는 것도 어려워해요. 가족들은 동우가 뭘 원하는지 알 수가 없어요.
> 김 교사: 그래서 이번 개별화교육계획지원팀 회의에서 결정한 바와 같이 동우에게 보완대체의사소통을 사용하려고 해요. 이를테면, 동우에게 ⓒ <u>우선적으로 필요한 어휘를 미니어처(실물모형)로 제시하고 자신이 원하는 것을 만져서 표현하도록 하면 좋겠어요. ⓒ 미니어처를 사용하면 누구나 동우가 표현하고자 하는 바를 명확하게 알 수 있으니까요.</u>
> 어머니: 그러면 집에서 동우를 위해 우리 가족이 해야 하는 일은 무엇인가요?
> 김 교사: 가족들이 반응적인 의사소통 환경을 만들어 주시면 동우의 의사소통 기술이 발달하는 데 도움이 될 수 있어요. 예를 들어, 동우가 장난감 트럭을 앞뒤로 밀고 있다면 어머님도 동우가 밀고 있는 장난감 트럭을 보고 있다는 것을 동우에게 알려 주시고, 동우가 보이는 행동에 즉각적으로 의미 있게 반응해 주세요.

2) ⓒ은 보완대체의사소통 체계(구성 요소)에 해당하는 설명이다. ⓒ에 나타난 구성 요소 2가지와 그에 해당하는 예시를 지문에서 찾아 각각 쓰시오.

3) ⓒ에 나타난 보완대체의사소통 체계(구성 요소)와 관련된 특성 1가지를 쓰시오.

16
2010 중등1-28

구어로 의사소통이 어려운 자폐성장애 학생을 위해 교사가 의사소통판을 활용하고자 상징체계를 선택할 때 고려해야 할 점으로 가장 적절한 것은?

① 선화, 리버스 상징과 같은 비도구적 상징체계를 활용한다.
② 리버스 상징은 사진보다 추상적이므로 배우기가 더 어렵다.
③ 선화는 사진보다 사실적이므로 의사소통 초기 단계에서 활용한다.
④ 블리스 상징은 선화보다 구체적이므로 인지능력이 높은 학생에게 적절하다.
⑤ 블리스 상징은 리버스 상징보다 도상성(iconicity)이 낮으므로 배우기가 더 쉽다.

17

2009 중등1-37

보완·대체의사소통기기의 전자 디스플레이에서 원하는 항목을 선택하는 '훑기(scanning)' 방법에 대한 적절한 설명을 〈보기〉에서 고른 것은?

― 보기 ―

ㄱ. 손이나 도구를 이용하여 항목을 직접 선택하기 어렵거나 선택이 부정확할 때 또는 너무 느릴 때 훑기 방법을 고려한다.
ㄴ. 원형 훑기(circular scanning)는 원의 형태로 제작된 항목들을 기기 자체가 좌우로 하나씩 훑어 주며 제시하는 방식이다.
ㄷ. 항목이 순차적으로 자동 제시되고 사용자는 원하는 항목에 커서(cursor)가 머물러 있을 때 스위치를 활성화하여 선택한다.
ㄹ. 선형 훑기(linear scanning)를 하는 화면에는 항목들이 몇 개의 줄로 배열되어 있으며, 한 화면에 많은 항목을 담을 경우에는 비효율적일 수 있다.
ㅁ. 항목을 제시하는 속도와 타이밍은 기기 제작 시 설정되어 있어 조절이 어려우므로 사용자는 운동 반응 및 시각적 추적 능력을 충분히 갖추어야 한다.

① ㄱ, ㄴ, ㄷ ② ㄱ, ㄷ, ㄹ
③ ㄱ, ㄹ, ㅁ ④ ㄴ, ㄷ, ㅁ
⑤ ㄷ, ㄹ, ㅁ

18

2020 중등A-7

(가)는 뇌성마비 학생 F의 의사소통 특성이고, (나)는 학생 F의 수업 참여도를 높이기 위해 교사가 작성한 보완대체의사소통기기 활용 계획의 일부이다. 〈작성 방법〉에 따라 서술하시오.

(가) 학생 F의 의사소통 특성

- 한국 웩슬러 아동용 지능검사 4판(K-WISC-Ⅳ) 결과: 언어이해 지표 점수 75
- 조음에 어려움이 있음
- 태블릿 PC 애플리케이션을 이용하여 수업에 참여함

(나) 보완대체의사소통기기 활용 계획

- 활용 기기: 태블릿 PC
- 애플리케이션을 활용한 수업 내용
  - ㉠ 문장을 어순에 맞게 표현하기
- 어휘 목록
  - 문법 요소, 품사 등 수업 내용에 관련된 어휘 목록 선정
- 어휘 목록의 예
  - 나, 너, 우리, 학교, 집, 밥, 과자 ┐
  - 을, 를, 이, 가, 에, 에서, 으로 ├ ㉡
  - 가다, 먹다, 오다, 공부하다   ┘
- 어휘 선택 기법
  - 화면이나 대체 입력기기를 직접 접촉하거나 ┐
    누르고 있을 동안에는 선택되지 않음   │
  - 선택하고자 하는 해당 항목에 커서가 도달   ├ ㉢
    했을 때, 접촉하고 있던 것을 떼게 되면 그 │
    항목이 선택됨   ┘

― 작성 방법 ―

- (나)의 ㉡에 해당하는 어휘 목록 구성 전략을 1가지 쓰고, ㉠의 수업 내용을 고려하여 어휘 목록을 구성할 때, 어휘를 배열하는 방법을 1가지 서술할 것
- (나)의 ㉢에 해당하는 어휘 선택 기법을 1가지 쓸 것

19

2022 초등B-2

다음 (가)는 초등학교 2학년 혜지의 특성이고, (나)는 혜지의 보완대체의사소통(AAC) 체계이다. 물음에 답하시오.

(가) 혜지의 특성

- 뇌성마비 학생이며, 시각적 정보 처리에 어려움이 있어 그림을 명확하게 변별하기 어려움
- 비정상적인 근긴장도로 인해 자세를 자주 바꿔 주어야 함
- ㉠ 바로 누운 자세에서 긴장성 미로반사가 나타남

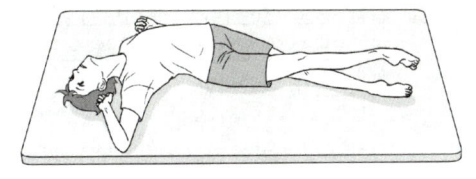

(나) 혜지의 AAC 체계

2) (나)에서 교사는 혜지가 스위치를 눌러 원하는 악기를 선택할 수 있도록 다음의 스캐닝(훑기)을 지원하였다. 교사가 어떻게 해야 하는지 ⓐ에 쓰시오.

- 교사는 음성 출력 의사소통 기기의 상징을 보며 "작은북"이라고 말하고 잠시 기다린다.
- 혜지가 반응이 없다.
- 교사는 (ⓐ).

3) 다음은 혜지가 스위치를 눌러 악기를 선택할 수 있도록 지도하는 절차이다. ① 교사가 사용한 체계적 교수의 명칭을 쓰고, ② ⓑ에서 교사가 시행하는 방법을 혜지의 특성을 고려하여 구체적으로 쓰시오.

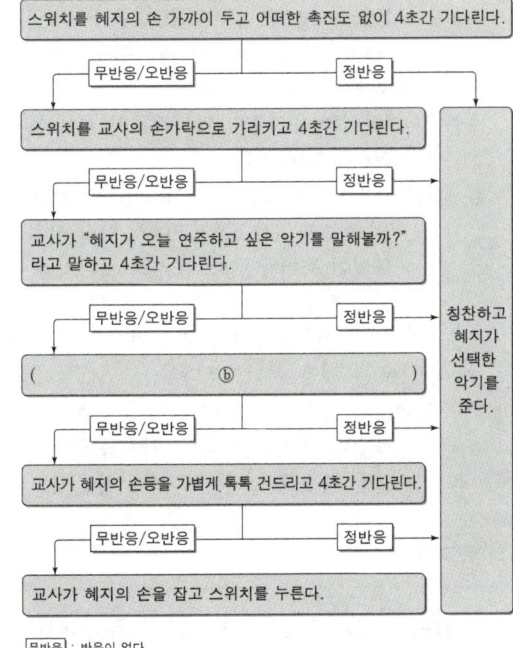

무반응: 반응이 없다.
오반응: 시도하였으나 스위치를 누르지 못한다.
정반응: 스위치를 누른다.

20
2016 초등B-4

(다)는 교사가 은지에게 음성출력 의사소통기기를 사용하도록 지도하는 장면이다. 물음에 답하시오.

(다) 음성출력 의사소통기기 사용 지도 장면

> 김 교사: ⓒ (음성출력 의사소통기기와 스위치를 은지의 휠체어용 책상에 배치한다.) 이 모둠에서는 은지가 한번 발표해 볼까요? (음성출력 의사소통기기와 은지를 번갈아 보며 잠시 기다린다.)
> 은 지: (자신의 음성출력 의사소통기기를 본 후 교사를 바라본다.)
> 김 교사: 은지야, '양달은 따뜻해요.'라고 말해 보자. (음성출력 의사소통기기에서 양달 상징에 불빛이 들어왔을 때, 은지의 스위치를 눌러 '양달은 따뜻해요.'라는 음성이 산출되도록 한다. 그런 다음 은지가 스위치를 누르는 것을 기다려준다.)
> 은 지: (음성출력 의사소통기기에서 양달 상징에 불빛이 들어왔을 때, 스위치를 눌러 '양달은 따뜻해요.'라는 음성이 산출되도록 한다.)
> 김 교사: (ⓒ   )

4) (다)의 ⓒ에서 김 교사가 은지의 음성출력 의사소통기기 사용을 촉진하기 위해 '메시지 확인하기 전략'을 사용하였다. ⓒ에 들어갈 교사의 말을 쓰시오.

21
2023 초등B-1

다음은 원격수업 역량강화 연수 후 ○○교육청 홈페이지에 올라온 질의응답 내용이다. 물음에 답하시오.

> [질문] 한 손으로 키보드를 사용하는 학생에게 워드프로세서의 단축키를 활용하여 문서 작성하는 것을 지도하고 싶습니다. 먼저 지도해야 할 사항이 있나요?
> → [응답] 운영체제의 키보드 기능 설정 방법을 지도해야 합니다. 예를 들면, ⓒ 동시에 2개의 키를 누르기가 어려울 때 하나의 키를 미리 눌러 놓은 상태로 만들어 놓는 기능을 하는 키가 있습니다.
> … (중략) …
> 그리고 필터 키의 장점은 ⓔ 원하는 자판을 바르게 누를 수 있게 해 준다는 것입니다.

2) ① ⓒ에 해당하는 것을 쓰고, ② ⓔ을 가능하게 하는 세부 기능을 1가지 쓰시오.

모범답안

1	④
2	④
3	• 학생 I: 동영상 자료 활용 시 자막이 필요하고 색상 단서만으로는 자료의 특성을 구별하기 어렵기 때문에 인식의 용이성을 고려한다. • 학생 M: 시각 자극에 민감하여 발작 증세가 나타나고 모든 기능을 키보드로 조작해야 하기 때문에 운용의 용이성을 고려해야 한다.
4	③
5	2) 다양한 방식의 행동과 표현 수단 제공
6	③
7	1) 반복연습형, 개인교수형, 시뮬레이션형, 발견학습형, 문제해결형 중 택 2 2) 웹 접근성
8	④
9	• ㉠: 보조공학 숙고 과정 모델 • ㉢: 생태학적 사정
10	①
11	①
12	⑤
13	3) ㉢ 언어적 능력, ㉣ 사회적 능력
14	2) ㉢ 전략, ㉣ 상징
15	2) ① 상징: 미니어처(실물모형), ② 기법: 자신이 원하는 것을 만져서 표현 3) 미니어처는 투명성이 높다.
16	②
17	②
18	• ㉡의 어휘목록 구성 전략: 문법적 범주 이용, 어휘 배열 방법: 구어의 어순대로 배열한다. • 해제 활성화 전략
19	2) 음성출력기기의 상징을 보며 "큰북"이라고 말하고 잠시 기다린다. 3) ① 최소-최대 촉구법 ② 교사는 구체적인 설명과 함께 스위치 누르는 것을 시범 보이고 4초간 기다린다.
20	4) 양달은 따뜻해요. 참 잘했어요.
21	2) ① 고정키 ② 다음 중 택 1 • 탄력키는 반복된 키 입력을 무시한다. • 느린키는 가볍게 누른 키 입력을 무시한다.

김남진
KORSET
특수교육 ❸

PART 09

지체장애아교육

Chapter 01
지체장애의 이해

Chapter 02
운동장애의 이해

Chapter 03
뇌성마비의 개념 및 분류

Chapter 04
뇌성마비 학생의 특성 및 지원

Chapter 05
지체장애의 기타 유형

Chapter 06
운동 지도

Chapter 07
자세, 보행 및 이동 지도

Chapter 08
일상생활 기술 지도

Chapter 09
교수·학습

PART 09 지체장애아교육 Mind Map

Chapter 1 지체장애의 이해

1 지체장애의 개념 ─ 장애인 등에 대한 특수교육법
                └ 장애인복지법

2 지체장애의 원인 및 진단·평가 ─ 지체장애의 원인
                              └ 지체장애의 진단·평가: 기초학습기능검사, 시력검사

Chapter 2 운동장애의 이해

1 운동발달과 반사운동 ─ 운동발달
                    └ 반사운동 ─ 원시반사: 모로반사
                              └ 자세반사: 정위반응, 보호반응, 평형반응

2 주요 원시반사 ─ 비대칭 긴장성 경반사 ─ 개념
                                    ├ 문제점
                                    └ 교육적 고려사항 ─ AAC 디스플레이
                                                   └ 스위치
                ├ 대칭 긴장성 경반사 ─ 개념
                                ├ 문제점
                                └ 교육적 고려사항 ─ AAC 디스플레이
                                               └ 스위치
                └ 긴장성 미로반사 ─ 개념
                              ├ 문제점
                              └ 교육적 고려사항: 대안적 자세

Chapter 3 뇌성마비의 개념 및 분류

1 뇌성마비의 개념 및 원인 ─ 뇌성마비의 개념
                        └ 뇌성마비의 원인

- **2 뇌성마비의 분류**
  - 마비 부위에 따른 분류
  - 운동장애 유형에 따른 분류
    - 경직형
      - 원인: 대뇌 추체로 손상
      - 행동 및 자세 특징: C자형으로 굽은 등, W자형으로 앉는 자세
      - 구어 산출 특성
      - 교육적 고려사항
    - 불수의 운동형
      - 원인: 대뇌 기저핵 손상
      - 행동 특징
      - 구어 산출 특성
      - 교육적 고려사항
    - 운동실조형
      - 원인: 소뇌 손상
      - 행동 특징
      - 구어 산출 특성
      - 교육적 고려사항
    - 강직형
    - 진전형
    - 혼합형
  - 심각도에 따른 분류: 대근육운동 기능 분류체계(GMFCS)
    - 1단계
    - 2단계
    - 3단계
    - 4단계
    - 5단계

Chapter 4 뇌성마비 학생의 특성 및 지원

- **1 뇌성마비 학생의 언어 특성**
  - 구어 산출 특성
    - 호흡장애
    - 발성장애
    - 조음장애
    - 운율장애
  - 뇌성마비 학생의 의사소통 지도
    - 호흡 능력 강화
    - 자세 조정 훈련
      - 양순음
      - 치조음, 경구개음
      - 연구개음

- **2 심리·사회적 및 지각 특성**
  - 심리·사회적 특성
  - 지각 특성
    - 공간위치 지각장애
    - 공간관계 지각장애
    - 시각-운동 협응장애
    - 항상성 지각장애
    - 전경-배경 지각장애

PART 09 지체장애아교육 Mind Map

- **3** 신체·운동 및 생리조절 특성
  - 신체·운동 특성
    - 고관절 탈구
    - 관절 구축 : 내반족, 외반족, 첨족
    - 척추 측만증
  - 생리조절 특성 : 위장 문제, 위식도 역류, 요로 감염

- **4** 특수교육적 지원
  - 신체적 지원
  - 학습 지원
  - 의사소통 지원
  - 건강 지원

Chapter 5 지체장애의 기타 유형

- **1** 근이영양증
  - 근이영양증의 개념
  - 근이영양증의 유형 및 특성
    - 듀센형 근이영양증
      - 개념
      - 특성 : 가우어 징후, 가성비대, 트렌델렌버그 보행, 멀온 징후
      - 신체 활동 시 고려사항
    - 베커형 근이영양증
    - 안면 견갑상완형 근이영양증
      - 개념
      - 특성
    - 지대형 근이영양증
  - 근이영양증 학생을 위한 지원 전략

- **2** 이분척추
  - 이분척추의 개념
  - 이분척추의 유형 및 특성
    - 잠재 이분척추
    - 수막류
    - 척수 수막류 : 뇌수종, 션트 삽입 수술
  - 이분척추 학생을 위한 지도 전략

- **3** 척수손상
  - 척수손상의 개념
  - 척수손상의 원인 및 영향
    - 원인
    - 영향 : 욕창
      - 발생 원인
      - 예방
  - 척수손상 학생을 위한 특수교육적 지원

- **4 뇌전증**
  - 뇌전증의 개념
  - 뇌전증의 유형 및 특성
    - 부분발작
      - 단순부분발작
      - 복합부분발작
      - 부분발작에서 기인하는 이차성 전신발작
    - 전신발작
      - 전신 긴장성-간대성 발작
      - 부재발작
      - 간대성근경련발작
      - 무긴장발작
  - 발작 시 대처 방안: 전신 긴장성-간대성 발작에 대한 응급처치
    - 발작 중
    - 발작 후
  - 뇌전증 학생을 위한 특수교육적 지원
    - 약물치료
    - 케톤 생성 식이요법
    - 수술적 치료

- **5 골형성 부전증**
  - 골형성 부전증의 개념
  - 골형성 부전증 학생을 위한 특수교육적 지원

- **6 외상성 뇌손상**
  - 외상성 뇌손상의 개념
  - 외상성 뇌손상 학생을 위한 지도 전략

- **7 척추 측만증**
  - 척추 측만증의 개념
  - 척추 측만증의 유형 및 특성
    - 비구조적 척추 측만증
    - 구조적 척추 측만증
      - 특발성 척추 측만증
      - 선천성 척추 측만증
      - 신경근성 척추 측만증
      - 기타
  - 척추 측만증의 치료

Chapter 6 운동 지도

- **1 지체장애 학생의 운동 지도**
  - 운동 지도의 기본 원리
    - 의미 있고 목표 지향적인 활동
    - 반복 연습과 문제 해결
    - 의미 있는 맥락, 교육 활동 내에서의 연습
  - 운동 지도 방법
    - MOVE
    - 감각통합 훈련: 촉각, 전정감각, 고유 수용성 감각
    - 신경발달치료법: 핵심 조절점
    - 보이타 치료법
    - 통합된 치료

PART 09 지체장애아교육 Mind Map

- **2** 들어올리기와 이동시키기 지도
  - 들어올리기와 이동시키기의 단계 및 전략
  - 들어올리기(들어 옮기기) 방법
  - 자리이동 방법
    - 자리이동 시 고려사항
    - 휠체어에서의 자리이동
      - 1인이 자리이동 시킬 때
      - 2인이 자리이동 시킬 때
    - 바닥에서 휠체어로의 이동

Chapter 7 자세, 보행 및 이동 지도

- **1** 자세의 이해
  - 자세의 개념
  - 자세 지도의 목적
  - 자세 지도의 원칙
  - 자세 지도를 위한 보조공학기기의 사용

- **2** 앉기 자세 지도
  - 신체 부위별 앉기 자세 지도 전략
    - 골반
    - 하지 : 내전대, 외전대
    - 몸통 : 가슴벨트, 어깨벨트
    - 머리 : 머리 지지대, 어깨 지지대
  - 앉기 자세 보조공학기기 : 피더시트, 학습용 의자, 맞춤형 착석 시스템, 코너 체어
  - 대안적 자세

- **3** 눕기 자세 지도
  - 눕기 자세 특성 및 지도 방법
  - 눕기 자세 보조공학기기 : 자세교정용 쿠션, 삼각보조대

- **4** 서기 자세 지도
  - 서기 자세 특성
  - 서기 자세 보조공학기기 : 프론 스탠더, 수파인 스탠더, 스탠딩 테이블

- **5** 보행 및 이동 지도
  - 이동
  - 보행 및 이동을 위한 보조공학기기
    - 휠체어
      - 일반 수동 휠체어 : 휠체어의 구성
      - 전동 휠체어
        - 제어 방식 : 비례 제어, 비비례 제어
        - 작동 방법 : 조이스틱, 스위치, 음성 작동 제어장치
    - 지팡이와 크러치(목발)
    - 워커 : 전방지지형, 후방지지형
    - 게이트 트레이너
    - 보장구
      - 브레이스 : 단하지 보조기, 장하지 보조기
      - 스플린트
      - 석고붕대

Chapter 8 일상생활 기술 지도

- ❶ 섭식 기술
  - 섭식기능
  - 지체장애 학생의 식사 기술의 어려움
    - 근긴장도의 이상
    - 비정상적인 반사 : 설근반사, 강직성 씹기반사, 혀 내밀기/혀 돌출행동, 빨고 삼키는 행동, 비대칭 긴장성 경반사
    - 구강 구조의 이상과 그에 따른 문제
    - 식사행동에 대한 학습 문제
  - 식사 기술 중재 방법
    - 식사 기술 중재를 위해 고려할 사항
    - 자세의 교정
    - 음식 수정
      - 퓨레형 음식
      - 위식도 역류를 보이는 학생
    - 식사 방법 및 도구의 수정
      - 컵
      - 빨대
      - 숟가락
    - 식사시간 및 환경 수정
    - 신체적 보조 방법
      - 신체적 보조 제공 위치
      - 음식을 놓아주는 위치
    - 튜브를 통한 음식물 섭취
    - 구강운동
    - 턱의 훈련
    - 흡인의 예방과 처치 : 하임리히 구명법

- ❷ 착탈의 기술
  - 착탈의 기술의 발달과 평가
  - 착탈의 중재 방법
  - 지체장애 유형별 옷 입기
    - 편마비
      - 상의
        - 앞이 트인 셔츠
        - 머리부터 입는 셔츠
      - 하의
    - 뇌성마비
    - 근이영양증

PART 09 지체장애아교육 Mind Map

- **③ 용변 기술**
  - 용변 기술의 발달과 평가
    - 발달
    - 평가
      - 준비도 평가: 생활연령, 건조시간, 안정된 배설 패턴
      - 배설 패턴 평가
      - 배변 관련 기술의 평가
  - 용변 기술 중재 방법
    - 자세의 교정
    - 용변 기술 지도 단계
      - 1. 습관 만들기
      - 2. 스스로 화장실 사용 시도하기
      - 3. 독립적으로 화장실 사용하기
    - 관련 기술의 지도
    - 일반화와 유지를 위한 훈련

- **④ 기타 일상생활 기술 지도**
  - 몸단장 및 개인위생
  - 치아 관리
  - 영양 관리

Chapter 9 교수·학습

- **① 일반교육과정 참여를 위한 방법**
  - 쓰기 유창성을 향상시키는 소프트웨어
    - 단어 예측 프로그램
      - 작동 원리
      - 장점
    - 단어 축약 프로그램
  - 평가 방법의 수정
  - 평가 조정
    - 개념
    - 방법

- **② 중도·중복장애 학생 교육**
  - 중도·중복장애에 대한 이해
    - 중도중복장애
    - 시청각장애
  - 중도·중복장애 학생을 위한 효과적인 교수 전략
    - 삽입교수
    - 시각적 지원: 시각적 시간표, 행동 규칙 스크립트, 상황이야기
    - 비디오 모델링
    - 부분 참여의 원리
  - 중도장애 학생의 의사소통 기술 지도

Chapter 01 지체장애의 이해

01 지체장애의 개념

1. 장애인 등에 대한 특수교육법

기능・형태상 장애를 가지고 있거나, 몸통을 지탱하거나 팔다리의 움직임 등에 어려움을 겪는 신체적 조건이나 상태로 인해 교육적 성취에 어려움이 있는 사람

2. 장애인복지법

> **지체장애인(肢體障碍人)**
> 가. 한 팔, 한 다리 또는 몸통의 기능에 영속적인 장애가 있는 사람
> 나. 한 손의 엄지손가락을 지골(指骨: 손가락 뼈) 관절 이상의 부위에서 잃은 사람 또는 한 손의 둘째 손가락을 포함한 2개 이상의 손가락을 모두 제1지골 관절 이상의 부위에서 잃은 사람
> 다. 한 다리를 리스프랑(lisfranc: 발등뼈와 발목을 이어 주는) 관절 이상의 부위에서 잃은 사람
> 라. 두 발의 발가락을 모두 잃은 사람
> 마. 한 손의 엄지손가락 기능을 잃은 사람 또는 한 손의 둘째 손가락을 포함한 손가락 2개 이상의 기능을 잃은 사람
> 바. 왜소증으로 키가 심하게 작거나 척추에 현저한 변형 또는 기형이 있는 사람
> 사. 지체(肢體)에 위 각 목의 어느 하나에 해당하는 장애 정도 이상의 장애가 있다고 인정되는 사람
>
> **뇌병변장애인(腦病變障碍人)**
> 뇌성마비, 외상성 뇌손상, 뇌졸중(腦卒中) 등 뇌의 기질적 병변으로 인하여 발생한 신체적 장애로 보행이나 일상생활의 동작 등에 상당한 제약을 받는 사람

① 「장애인복지법」은 장애의 유형을 지체장애와 뇌병변장애로 구분하고 있지만 특수교육에서의 지체장애는 「장애인복지법」의 지체장애와 뇌병변장애를 모두 포함한다.

② 특수교육에서는 지체장애 특수학교에 재학 중인 학생 혹은 특수교육대상자의 대다수가 뇌성마비이기 때문에 뇌병변장애에 해당하는 뇌성마비를 중심으로 내용을 다룬다.

02 지체장애의 원인 및 진단 · 평가

1. 지체장애의 원인

① 출생 전 원인에는 유전적 요인, 임신 중 약물중독(흡연, 알코올 중독, 마약), 산모의 사고 등을 포함한다.

② 출생 시 원인에는 가사출산에 의한 산소 결핍이나 출산 시의 외상 등을 포함한다.

③ 출생 후 원인에는 교통사고 및 감염 등을 포함한다.

> **태아 가사**
> 분만 진통 중 태아에게 적절한 혈액이나 산소 공급이 되지 않는 것을 말한다(정진엽 외, 2013).
> 동 분만 가사, 주산기 가사

2. 지체장애의 진단 · 평가

「장애인 등에 대한 특수교육법 시행규칙」의 제2조 제1항(장애의 조기발견)과 관련하여 별표에 명시되어 있는 지체장애의 진단 · 평가 영역은 다음과 같다.

① 기초학습기능검사

② 시력검사

Chapter 02 운동장애의 이해

01 운동발달과 반사운동

1. 운동발달

(1) 운동발달의 원리

① 머리에서 다리 쪽으로 발달한다.
   - 머리 움직임의 조절이 먼저 일어나고 그다음의 운동 조절은 발을 향하여 아래로 진행된다.

② 신체의 중심부에서 원위부로 발달한다.
   - 움직임의 조절은 신체의 몸통 부분에서 시작하여 발과 다리 쪽으로 진행된다.

③ 반사작용에서 수의적인 움직임으로 발달한다.
   - 생후 6~9개월의 많은 초기 움직임은 반사작용에 기초한다. 즉, 입력되는 감각자극에 대한 반응이 예측 가능한 패턴으로 나타나다가 서서히 좀 더 수의적인 조절력이 발달한다.

④ 대근육에서 소근육 움직임으로 발달한다.
   - 움직임의 조절은 큰 움직임에서 점점 숙련되고 정교한 움직임으로 발달한다.

⑤ 몸쪽으로 향하는 굴곡의 움직임에서 몸 밖으로 뻗치는 신전의 움직임으로 발달한다.
   - 신생아는 자궁 내에서의 자세 때문에 팔다리는 구부러져 있고 손은 주먹을 쥐고 있는 것처럼 대부분의 신체관절이 주로 구부러져 있다. 발달이 진행되면서 유아는 점점 더 중력에 저항하여 신체를 신전시키고 뻗는 움직임을 익히게 된다.

(2) 움직임의 기본 개념

지체장애 학생을 지도하는 교사는 지체장애 학생의 운동 관련 문제를 이해하기 위해 근긴장도, 신체 정렬, 반사 등 기본 개념에 대해 알고 있어야 한다.

운동 용어

용어	설명
외전	신체의 정중선에서 바깥쪽을 향한 신체 부위 측면으로의 움직임
내전	신체의 정중선을 향한 신체 부위 측면으로의 움직임
대칭적인	신체 부위의 형태, 크기, 자세에 있어서 신체 좌우 양쪽이 유사한 것
비대칭	신체 부위의 형태, 크기, 자세에 있어서 신체 좌우 양쪽의 유사성 부족(예 다른 팔이 곧게 뻗어 있을 때 다른 팔은 구부리고 있음)
좌우 대칭의	신체의 좌우 양쪽이 서로 영향을 미치는 것
몸 중심부 쪽의	몸통 중심과 가장 가까운 곳(예 손을 기준으로 몸통 중심부와 가장 가까운 곳은 어깨임)
말단 부위의	신체의 중심(몸통)에서 가장 먼 곳(예 어깨의 말단 부위는 손임)
신전	신체의 한 부위를 곧게 펴는 것
굴곡	신체의 한 부위를 구부리는 것
외회전	신체의 정중선에서 바깥쪽을 향하여 사지를 돌리는 것
내회전	신체의 정중선을 향하여 사지를 돌리는 것
반응	신체가 정상적인 관계를 수립하기 위하여 공간에서 시각, 전정기관, 촉각, 고유 수용 감각기의 정보를 사용하는 잠재의식적인 움직임
반사	자극에 반응하여 비자발적으로 수행하는 움직임
몸통 회전	신체를 비틀거나 돌리는 과정; 어깨와 엉덩이 사이에서 움직임이 일어남

출처 ▶ Heller et al.(2012)

① 근긴장은 중추신경계가 신체의 모든 근육에 의해 지속적으로 영향을 미치는 긴장된 상태로, 근긴장도란 운동을 할 때 근육을 펴는 신전과 오므라드는 굴곡이 되는 양과 정도를 말한다.
　㉠ 적절한 근긴장도는 중력의 힘에 대항하여 신체가 일정한 자세를 취하고 유지하도록 하며, 근긴장도의 변화로 인해 신체의 움직임이 가능해진다.
　㉡ 근긴장도의 이상은 학생의 움직임과 기능에 최소한의 영향을 미치는 가벼운 문제부터 독립적인 움직임과 기능을 매우 어렵게 하는 심각한 문제까지 다양하게 나타날 수 있다.
　　• 근긴장도의 이상은 중추신경계 손상으로 발생할 수 있는데, 비전형적인 근긴장의 형태와 위치는 손상 부위에 따라 다르다.
　㉢ 근긴장도가 기대 수준보다 높은 경우는 과다긴장 또는 경직성이라 하고, 근긴장도가 기대 수준보다 낮은 경우는 과소긴장 또는 저긴장성이라고 부른다.

근긴장의 정도	설명
과다긴장	• 움직이는 것이 힘들므로 비정상적인 유형으로 움직임이 나타남 • 제한적인 동작의 범위 내에서 움직임이 일어남 • 자세 정렬을 방해할 수 있음 • 관절의 움직임이 유연하지 않을 수 있음
과소긴장	• 중력에 저항하여 신체 부위를 움직이는 힘이 감소함 • 자세 정렬이 흐트러짐 • 앉기와 같은 반중력적인 자세와 앉기 자세에서 서기 자세로 바꾸는 데 필요한 반중력적인 움직임에서 어려움을 보임

출처 ▶ 박은혜 외(2023)

② 신체의 정렬이란 신체 각 부위의 상대적 관계로서 공간 속 혹은 중력의 방향에 대한 신체 전체의 관계를 의미한다.
　㉠ 적절한 신체 정렬과 자세는 신체의 각 부분이 최적의 균형과 최대의 신체 기능을 증진시킬 수 있는 상태를 말하는 것으로, 신체의 중력 중심이 정렬과 균형에 영향을 미친다.
　㉡ 신체가 좋은 정렬을 유지할 때 관절, 근육, 건, 인대에 가해지는 압력이 낮아지고, 내부 구조와 장기들이 지지되어 바른 자세를 취할 수 있다.
　㉢ 뇌성마비 학생이 보이는 자세와 움직임의 문제는 신체의 정렬을 방해하여 일상생활 속에서 여러 가지 어려움을 유발한다.

③ 반사란 외부의 자극에 대한 무의식적이고도 자동적인 반응을 말한다.
  ㉠ 인간이 발현하는 최초의 움직임 가운데 하나인 반사 움직임은 형태와 역할에 따라 몇 가지로 구분된다. 가장 기본적인 반사의 형태로 원시반사와 영아의 자세와 관련된 자세반사 그리고 이동 운동과 관련된 이동반사로 구분할 수 있다.
  ㉡ 다양한 유형의 반사 움직임은 이후 수의적인 움직임의 기초가 된다.
  ㉢ 뇌성마비 학생은 자세와 운동의 정상적인 패턴 대신에 원시반사가 지속되고 비정상적인 자세반사로 인해 비정상적인 협응이 나타난다.

2. 반사운동

(1) 원시반사 19중특

① 원시반사란 출생 시 존재하는 것으로 신생아의 생존과는 관계없는 반사적이고 자동적인 반응을 보이는 것이다.
   예 모로반사, 설근반사, 파악반사, 비대칭 긴장성 경반사 등

② 원시반사는 대부분 수개월 이내에 사라지는데, 이는 대뇌피질이 발달함에 따라 신생아의 반사운동이 점차적으로 의식적이고 자발적인 행동으로 대체되기 때문이다.

③ 원시반사가 기능적인 가치는 별로 없다 하더라도 발달 상태를 평가하는 데에는 매우 유용하다.
  ㉠ 만약 이러한 반사행동이 출생 시 나타나지 않거나 수개월이 지나도 사라지지 않으면 신경계통에 어떤 문제가 없는지를 살펴보아야 한다.
    • 따라서 특정 원시반사가 나타날 것이라고 기대되는 연령에서 나타나지 않거나, 소멸이나 통합되어야 할 연령에서도 여전히 나타난다면, 중추신경계의 미성숙이나 기능 이상으로 볼 수 있다.
  ㉡ 일반아동들은 중추신경계의 성숙에 따라 생후 2~6개월 후에 원시반사가 소실되며, 보다 높은 수준의 반사인 목정위반사, 몸통정위반사, 시각정위반사 등으로 서서히 통합되고 대체된다. 그러나 지체장애(특히, 뇌성마비) 아동은 생후 6개월이 지난 후에도 원시반사가 여전히 잔존하게 된다.

④ 원시반사가 지속될 경우 원시반사가 소멸되어 나타나는(또는 대체되어 나타나는) 정위반응, 보호반응, 평형반응 등의 자세반사가 지연되거나 나타나지 않아 문제가 된다.

원시반사
임신기에서 출생 후까지 중추신경계 발달 과정에서 척수와 뇌간의 조절로 나타나는 반사이다. 정상 발달의 경우 중추신경계의 성숙에 따라 생후 2~6개월 후에는 소실되며, 평형반응을 관장하는 대뇌피질이 성숙됨에 따라 5세가 될 때까지 수정되고 억제되거나 없어진다. 뇌성마비 아동은 뇌 손상으로 생후 6개월 이후에도 원시반사가 지속적으로 남아 여러 자세 이상에 영향을 미친다(특수교육학 용어사전, 2018).
동 원초반사

대뇌피질
대뇌겉질이라고도 하는 대뇌피질은 중추신경계통 중에서 가장 위쪽에 있으며, 항상 아래 중추와 더불어 기능을 수행한다. 대뇌피질은 대뇌반구의 표면을 싸고 있는 회백질 구조이며, 신경세포 여러 층과 이들 세포 사이를 연결하는 섬유들로 이루어져 있다. 다른 동물들과 달리 인간만이 누리는 능력과 활동력은 대부분 대뇌피질 덕분이다. 대뇌피질은 크게 전두엽, 두정엽, 측두엽, 후두엽으로 나뉜다. 그 기능은 크게 언어 구사, 상상력, 창조, 판단, 정서, 기억 등의 지적 능력과 같은 고등 지적 지능과 유입되는 감각양식, 팔다리의 움직임, 눈과 머리의 움직임, 자율신경과 내분비조절과 같은 정보처리기능으로 나뉜다(특수교육학 용어사전, 2018).

중추신경계
뇌와 척수로 된 신경계의 통칭이다. 중추신경계는 대뇌피질, 뇌신경, 소뇌, 척수 및 두개골 내에 포함되어 있는 기타 피질 구조를 포함하여 120억 개 이상의 뉴런으로 구성되어 있다(특수교육학 용어사전, 2018).

비교

모로반사와 놀람반사
모로반사는 놀람반사와 구별되어야 하는데 놀람반사는 큰 자극에 의해 나타나며 어깨의 외전되고 신전되는 반응 없이 곧바로 내전과 굴곡되는 양상을 보이고 평생 동안 지속된다(정진엽 외, 2013).

설근반사
입의 가장자리나 입술 위 또는 아래를 자극하면 자극을 받는 쪽을 향하여 혀, 입, 머리를 움직이는 현상이다. 이 반사를 통해 신생아의 젖꼭지 찾기가 가능하기 때문에 생존반사로 분류되기도 한다(김혜리 외, 2021).
동 정향반사, 근원반사, (먹이)찾기반사

모로반사
Moro가 발견한 반사행동이다. 갑자기 큰 소리를 내거나, 신생아를 안고 있다가 갑자기 내려놓으면 팔이 활모양으로 휜다. 또한 신생아를 똑바로 눕힌 채 누운 자리 근처를 양쪽에서 세게 두드리면 팔을 쭉 벌리면서 손으로 무엇인가를 잡으려고 하는 것 같은 자세를 취한다(정옥분, 2007).

파악반사
동 손가락 쥐기 반사

원시반사의 예 23초특, 24중특

원시반사	설명	관리 전략
놀람반사	• 갑작스런 큰 소리에 팔꿈치를 굽힌 채 팔을 벌림(팔을 사용하여 균형을 잡는 것이 어려움)	• 문을 쾅 닫거나 갑작스런 큰 음악 소리를 피하고 일상적인 환경음에 아동이 익숙해지도록 함
설근반사	• 정향반사라고도 하며, 입꼬리 부분에 자극을 주면 자극을 향하여 고개를 돌리고, 혀와 입을 움직임	—
모로반사	• 갑작스런 목의 신전으로 머리가 뒤로 떨어지면 팔을 신전하여 몸 밖으로 펼치는 동작(팔의 신전-외전)에 이어서 몸을 향해 팔을 다시 구부림(팔의 굴곡-내전)	• 일상생활에서 머리 위치를 갑작스럽게 바꾸지 않도록 하고 이동 시 머리를 지지해 줌
비대칭 긴장성 경반사	• 목을 옆쪽으로 돌리면 목을 돌린 방향의 팔과 다리는 펴지고(신전), 반대 방향의 팔과 다리는 구부러짐	• 팔과 손을 중심선에서 사용하고, 눈-손 협응, 구르기, 기기 등의 이동성 기술과 같은 기능이 어려워지므로 중심선에 머리를 위치하게 하고 측면이 아닌 학생의 중심선 바로 앞에 수업에 사용되는 도구를 놓아줌
대칭 긴장성 경반사	• 고개를 숙이면(목의 굴곡) 팔은 구부러지고 다리는 펴짐 • 고개를 젖히면(목의 신전) 팔은 펴지고 다리는 구부러짐	• 네 발 기기 자세 활동을 방해하므로 엎드리거나 앉은 자세에서의 과도한 머리와 목의 굴곡과 신전을 피함
긴장성 미로반사	• 등을 대고 누운 경우 과도한 신전근 보임 • 배를 대고 엎드린 경우 과도한 굴곡근 보임	• 아동이 눕거나 엎드려서 놀게 하는 것을 피함 • 아동이 옷을 입거나 쉬는 동안 옆으로 누워있게 함
파악반사	• 손가락에 압력을 주면 손가락을 구부림	• 손을 펴서 무게를 지지하는 경험이 반사의 강도를 감소시킬 수 있음 • 기능적 활동을 하는 동안 파악반사를 감소시키기 위해 엄지손가락 앞부분의 볼록한 부분에 압력을 줌

양성 지지반응	• 똑바른 자세로 겨드랑이를 받쳐 들고 몇 번 들었다 놓았다 하여 발바닥이 땅에 닿도록 했을 때 하지의 신전근 긴장이 증가하는 반사 – 체중을 지지하기 위하여 다리 근육들이 동시 수축을 하여 다리가 단단한 기둥 모양으로 나타나는 반응 • 발바닥이 지면에 닿으면 발바닥의 앞부분에 체중과 압력이 가해지고 체중을 지탱하기 위해 다리를 신전하므로 걷고 서는 것을 방해함	• 발바닥의 앞부분으로 서는 것을 피하게 함 • 발목 스트랩과 같은 보조기를 사용하여 뒤꿈치에 자극이 가해지도록 함	
음성 지지반응	• 하지의 굴곡근 긴장이 증가하는 반사로, 발이 바닥에 닿았을 때와 같이 자극이 가해질 경우 하지를 구부림		
족저반사	• 발가락 아랫부분의 발바닥에 압력을 주면 발가락을 구부림	—	
굴근 위축 반응	• 누운 자세에서 발바닥에 압력을 가하면 다리를 구부림	• 앉거나 서 있을 때 발바닥으로 무게를 지탱하는 것을 방해함 • 자세와 체중 지지를 위해 발바닥에 깊은 압력을 줌 • 학교생활 중 보조기와 신발을 착용함	

출처 ▶ 박은혜 외(2023)

자료

원시반사의 종류
1. 바빈스키 반사
   Babinski가 발견한 반사행동이다. 신생아의 발바닥을 발꿈치에서 발가락 쪽으로 간질이면 엄지발가락은 구부리는 반면, 다른 네 발가락은 부채처럼 꽉 펴는 반응을 보인다(정옥분, 2007).
2. 머리–신체 일치반사
   반듯하게 누운 상태에서 머리를 돌리면 몸통이 머리와 같은 방향으로 돌아가고, 반듯하게 누운 상태에서 몸통을 돌리면 머리가 몸통과 같은 방향으로 돌아가는 반응을 보인다(김선진, 2008).

족저반사
🔁 발가락 오므리기 반사

(2) 자세반사

초기 원시반사들은 수직 자세 및 균형 유지와 같은 보다 높은 단계의 자세반사로 대체됨으로써 사라진다. '자세반사'란 고등 척추동물에서 몸의 자세나 체위, 또는 운동 중의 평형 유지를 돕는 반사를 총칭하는 것으로 낙하반사, 미로반사, 턱걸이 반사, 머리–신체일치 반사 등이 포함된다. 구체적인 반사의 유형을 범주화한 정위반응, 보호반응, 평형반응 등의 자세반사는 아동이 성숙하면서 생애 전반에 걸쳐 나타나며, 의도적인 움직임에 의해 영향을 받고 중추신경계의 미성숙이나 손상에 의해 지연되거나 나타나지 않을 수 있다. 정위반응 → 보호반응 → 평형반응의 순으로 출현하는 자세반사에 대해 살펴보면 다음과 같다.

자세반사
🔁 자세반응

정위반응
🔄 정위반사

고유 수용성 감각
- 자신의 신체 위치, 자세, 평형과 움직임에 대한 정보를 파악하여 중추신경계로 전달하는 감각(특수교육학 용어사전, 2018)
- 고유 수용성 감각에 대한 자세한 내용은 본 편의 'Chapter 06. 운동 지도' 중 '01 지체장애 학생의 운동 지도' 참조

정위
생물체가 몸의 위치나 자세를 능동적으로 정함

보호반응
🔄 보호반사

평형반응
🔄 평형반사

① 정위반응
  ㉠ 시각적 정보, 전정기관을 통한 정보, 촉각 및 고유 수용성 감각에서 얻은 정보 등을 활용하여 머리와 신체를 능동적으로 조절하는 것을 말한다.

머리 정위반응	얼굴은 수직, 입은 수평으로 정렬하여 머리의 위치를 유지하는 것
몸통 정위반응	몸통을 곧게 세우기 위해 몸통 부분을 일직선으로 정렬시키는 것

  ㉡ 정위반응을 통해 이동할 때 정상적인 머리 위치를 잡아줄 수 있고, 모든 활동에서 머리, 몸통, 사지의 정상적인 자세 관계가 유지된다.
  ㉢ 정위반응이 수립되면 아동은 구르기, 손과 무릎으로 움직이며 탐색하기, 바른 자세로 앉기, 서기 등을 배울 수 있다.

② 보호반응
  ㉠ 지지면의 범위를 벗어나서 중력이 갑자기 이동할 때, 넘어지지 않으려고 팔과 다리를 곧게 펴서 이동하는 쪽으로 뻗어서 디디는 것을 말한다.
  ㉡ 보호반응에서 팔은 처음에는 앞으로 향하고, 다음에는 옆으로, 마지막에는 뒤로 향하는 순서로 발달한다.

③ 평형반응
  ㉠ 신체가 움직일 때 균형을 유지하기 위해 몸통의 상태와 근긴장도를 조절하는 것을 말한다.
  　📌 멀리 있는 물건을 잡기 위해 손을 뻗을 때 균형을 잡기 위해 몸을 움직임
  ㉡ 평형반사는 보호반사와 다르게 빠르지 않고, 아동이 지지하고 있는 영역의 범위를 넘어서지 않는다.

> **KORSET 합격 굳히기** 　생존반사와 이동반사
>
> **1. 생존반사**
> ① 생존반사는 신생아의 생존에 필요한 것으로 호흡반사, 눈깜박거리기 반사, 빨기 반사, 삼키기 반사, 근원반사 등이 있다.
> ② 생존반사는 유해한 자극에 대해 보호기능을 할 뿐만 아니라 유아의 기본 욕구를 충족시키는 기능도 한다.
> ③ 원시반사와 생존반사의 구분은 반사의 유형을 아동발달 측면에서 인류의 진화과정의 흔적으로 볼 것인지 향후 아동의 생존과 연결되는 것인지를 구분하는 것일 뿐 운동 측면에서는 이원화시켜 구분하는 것이 무의미할 수 있다.
> 　• 원시반사도 운동 측면에서는 매우 중요한 반사 유형이다.
>
> **2. 이동반사**
> 이동반사는 성장 후의 운동 형태와 매우 유사한 형태를 보이는 반사로 기기반사, 걷기반사, 수영반사 등이 있다.

02 주요 원시반사

뇌성마비 학생에게 나타날 수 있는 대표적인 원시반사는 다음과 같다.

1. 비대칭 긴장성 경반사(ATNR) 10중특, 11중특

(1) 개념 23중특

① 비대칭 긴장성 경반사란 목(경부)의 움직임에 의해서 반사가 활성화되며, 반사가 활성화되면 근육 긴장도가 높아지고(긴장성), 자세는 좌우를 기준으로 비대칭의 형태(비대칭성)가 되는 원시반사의 유형이다.

② ATNR은 목의 좌우 움직임에 의해 발생한다. 목이 움직여 시선이 향하는 쪽의 상지와 하지는 신전되고, 반대쪽 상지와 하지는 굴곡된다.

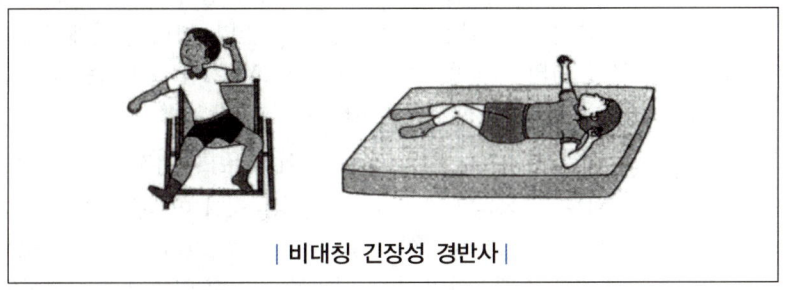

| 비대칭 긴장성 경반사 |

③ ATNR은 앉은 자세나 등을 대고 누운 자세(앙와위)에서 쉽게 유발된다.

(2) 문제점 24중특

ATNR이 나타나는 학생은 다음과 같은 어려움을 겪을 수 있다.

① 반사가 지속적으로 존재하게 되면 식사하기, 시각적 추적하기, 양손을 신체 중앙 부분에서 사용하기, 신체의 전반적 대칭성 유지를 저해하는 요인이 된다.
  ㉠ 이 반사가 활성화되면 손의 기능적 사용이 어렵고 물체를 잡을 때도 한쪽 팔로만 잡으려 한다.
  ㉡ 이 원시반사가 지속되면 시각적 탐색 능력이 저하되어 신체 인식이 늦어지고 시각 인지능력도 낮아진다.

② 몸통 좌우의 근긴장 불균형으로 척추 측만증의 자세 변형을 유발하기 쉽다.

③ 좌우 방향으로 무게중심이 쏠리기 때문에 고관절이나 좌골에 욕창을 유발한다.

④ 근육조절의 비협응으로 언어장애가 나타날 수 있다.

✎ 비대칭 긴장성 경반사
- 비대칭 긴장성 목반사는 머리를 좌우로 돌릴 때 일어나는 반사로 얼굴 쪽의 팔과 다리는 신전되고, 반대쪽의 팔과 다리는 굴곡되는 현상이다. 신체의 정중선을 기준으로 좌우 비대칭 자세를 유발하기 때문에 '비대칭', 머리 돌리기에 의해 유발되지만 목 근육을 자극하면서 근육이 긴장되므로 '긴장성 목반사'라고 한다. 특히 이 반사는 펜싱하는 자세가 연상된다고 하여 '펜싱 자세'라고도 한다(김혜리 외, 2021).
- ATNR은 목을 회전시키면 안면 쪽의 상지와 몸통은 신전근 긴장이, 머리 쪽의 상지와 몸통에는 굴곡근 긴장이 증가하는 것으로 신체 좌우의 자세가 비대칭이므로 비대칭성 긴장성 목반사라고 한다(정동훈 외, 2018).
- 동 비대칭 긴장성 목반사, 비대칭 긴장성 경부반사

좌골
동 궁둥뼈

(3) 교육적 고려사항 _{10유특, 13중특, 15중특, 22중특}

① 머리지지대를 활용하여 머리를 중앙에 위치시키고, 교재교구 등도 학생의 팔이 신전되는 방향이 아닌 학생의 정면 중심선(즉, 정중선) 앞에서 제시하고, 반대되는 자세(머리가 돌려지는 방향의 팔과 다리가 신전되므로 그 방향을 굴곡시킴)를 수시로 연습시키는 것이 이 반사의 발생을 예방하는 데 도움이 된다.

㉠ 학습 교재를 제공할 때는 교재를 책상 가운데에 놓아주고 양손을 몸의 중앙으로 모을 수 있게 한다.

㉡ 칠판이나 교사를 정면 중심선 앞에서 볼 수 있는 자리에 배치하여 반사가 발생하지 않도록 해야 한다.

② ATNR이 활성화되면 많은 사람이 비정상적인 운동 패턴에 빠져 도움 없이는 정면 중심선 위치로 돌아올 수가 없다. 따라서 신체의 대칭성을 유지하고 신체의 기형을 예방하기 위해 ATNR을 보이는 학생의 AAC 체계는 다음과 같은 방법으로 배치되어야 한다.

㉠ AAC 디스플레이는 몸의 정면 중심선 앞에 배치되어야 한다.

- ATNR을 보이는 사람의 AAC 체계는 일단 머리를 돌리게 되면 직접 선택을 위해 그 방향의 팔을 사용할 수 없기 때문에 이들이 디스플레이를 스캐닝하기 위해 머리를 돌리지 않도록 설계되어야 한다.

㉡ 스위치의 정면 중심선 배치가 선호된다.

자료
비대칭 긴장성 경반사 억제동작

출처 ▶ 김혜리 외(2021)

자료
ATNR과 AAC 체계의 배치

(가) 학생 A의 특성 및 관련 서비스

구분	특성 및 관련 서비스
감각·운동 특성	• 비대칭성 긴장성 경반사(ATNR)를 보임
의사소통 방법	• 음성출력 의사소통기기와 트랙볼을 사용함 • 음성출력 의사소통기기를 활용하여 일상적 대화 및 수업 활동에 필요한 간단한 의사소통을 함

(나) 학생 A를 위해 제안한 교실환경 구성안

고려사항
음성출력 의사소통기기와 트랙볼의 위치 : (   )

출처 ▶ 2015 중등B-논2 기출

설명 ⓐ 비대칭 긴장성 경반사의 자세 특성, ⓑ 촉진자나 AAC 디스플레이가 어느 한쪽에 위치되어서는 안 된다. ⓒ 촉진자나 AAC 디스플레이의 정면 중심선 앞 배치가 선호된다. ⓓ 스위치는 어느 한쪽에 배치되어서는 안 된다. ⓔ 스위치의 정면 중심선 배치가 선호된다.

| ATNR 학생에 대한 촉진자, AAC 디스플레이, 스위치 위치 |

출처 ▶ Beukelman et al.(2017)

2. 대칭 긴장성 경반사(STNR) [13중특]

(1) 개념 [18중특, 23중특, 25초특]

① 대칭 긴장성 경반사는 목(경부)의 움직임에 의해서 반사가 활성화되며, 반사가 활성화되면 근육 긴장도가 높아지고(긴장성), 자세는 좌우를 기준으로 대칭의 형태(대칭성)가 되는 원시반사의 유형이다.

② STNR은 목의 상하 움직임에 의해 발생한다. 목을 아래로 숙이면 상지는 굴곡되고, 하지는 신전된다. 반면에 목을 뒤로 젖히면 상지는 신전되고(신전근의 증가) 하지는 굴곡된다(굴곡근의 증가).

| 대칭 긴장성 경반사 |

③ STNR은 앉은 자세에서는 어느 정도 통제가 가능하지만, 엎드린 자세(복와위)에서 특히 많은 지장을 받는다.

(2) 문제점

STNR이 나타나는 학생은 다음과 같은 어려움을 겪을 수 있다.

① 앉기, 기기의 발달이 늦어진다. 또한 기기나 엎드린 자세에서 팔꿈치로 받치고 머리를 드는 동작을 하기 어렵다.

② 천골과 미골에 욕창이 발생할 수 있다.
- 의자나 휠체어에 앉아 있을 때 목이 신전된다면 천골이나 미골에 무게중심이 쏠리기 때문에 이 부위 욕창을 유발하거나 뒤로 넘어질 수 있으며, 목이 굴곡된다면 앞으로 미끄러질 위험이 있다.

③ 머리 조정의 어려움으로 언어장애가 나타날 수 있다.

④ 보행을 위해서는 STNR이 억제되어야 한다.

(3) 교육적 고려사항 ^{16초특}

① 머리를 중앙에 놓아 안정성을 확보해 주어야 하며, 학생에게 과제를 제시할 때도 목의 굴곡과 신전을 방지할 수 있도록 학생의 눈높이에 맞춰 제시하는 것이 이 반사의 발생을 예방하는 데 도움이 된다.

② STNR이 나타나는 학생들과 상호작용하는 이들은 위쪽에서 학생들과 접촉해서는 안 되며, 이들의 눈높이에서 접근해야 한다.

③ AAC 사용 학생에게서 STNR의 촉발을 막기 위한 디스플레이와 스위치의 배치 방법은 다음과 같다.

　㉠ AAC 디스플레이는 눈높이에 배치하여야 한다.

　㉡ 스위치로 조작하는 의사소통판을 사용할 때, 스위치를 세워주어(즉, 수직으로 배치) 학생이 조작을 위해 머리를 숙여 반사가 활성화되지 않도록 한다.

　　• 스위치의 위치는 관절운동범위(ROM)를 고려하여 정한다.

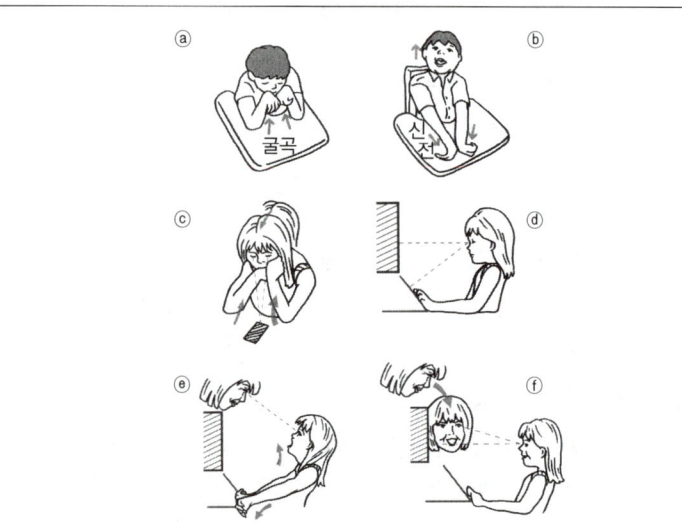

설명 ⓐ 목의 굴곡에 따른 대칭 긴장성 경반사의 자세 특성, ⓑ 목의 신전에 따른 대칭 긴장성 경반사의 자세 특성, ⓒ AAC 디스플레이나 스위치의 수평적 배치는 STNR을 활성화할 수 있다. ⓓ AAC 디스플레이는 눈높이에 배치하고 스위치는 수직으로 조정되어야 한다. ⓔ 위쪽에서 접근하는 것은 STNR을 활성화할 수 있다. ⓕ 촉진자는 눈높이에서 접근해야 한다.

| STNR 학생에 대한 촉진자, AAC 디스플레이, 스위치 위치 |

출처 ▶ Beukelman et al.(2017)

비교

STNR 학생에게 과제 제시하기

박은혜 등(2023)의 문헌에 의하면 'STNR을 보이는 학생에게 과제를 제시할 때는 목의 굴곡과 신전을 방지할 수 있도록 학생의 정면에서 눈높이에 맞춰서 제시한다.'고 되어 있다.

자료

STNR과 AAC 체계의 배치

(나) 은지의 특성
• 경직형 사지마비인 뇌성마비로 진단받았음
• 오른손으로 스위치를 이용함
• 스캐닝(scanning : 훑기) 기법으로 음성출력 의사소통기기를 사용하여 의사소통함
• 휠체어에 앉아 있을 때의 모습은 다음과 같음

(다) 음성출력 의사소통기기 사용 지도 장면

| 김 교사: ㉡ (음성출력 의사소통기기와 스위치를 은지의 휠체어용 책상에 배치한다.) 이 모둠에서는 은지가 한번 발표해 볼까요? (음성출력 의사소통기기와 은지를 번갈아 보며 잠시 기다린다.) |

3) (다)의 ㉡에서 교사가 ① 음성출력 의사소통기기와 ② 스위치를 적절하게 배치하는 방법을 (나)의 은지의 특성을 고려하여 각각 쓰시오.

출처 ▶ 2016 초등B-4 기출

3. 긴장성 미로반사(TLR) 10유특, 14중특, 25중특

(1) 개념 21중특

① 긴장성 미로반사는 머리를 신전시키고 바로 누워 있을 때에는 몸 전체에 신전근의 긴장이 증가하고, 엎드려 누워 있는 경우에는 굴곡근의 긴장이 증가하는 반사이다. 즉, TLR은 미로가 중력의 균형 이상을 감지할 때 나타난다.

　㉠ 중력에 대한 균형이 앞쪽으로 깨어지면 신체 전반에 걸쳐서 굴곡이 나타난다.

　㉡ 중력에 대한 균형이 뒤쪽으로 깨어지면 신체 전반에 걸쳐서 신전이 나타난다.

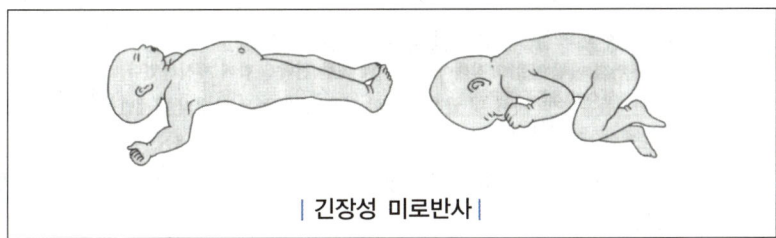

| 긴장성 미로반사 |

② 앉은 자세에서 등받이를 뒤로 기울일 경우 이 반사가 나타나지 않도록 특히 주의해야 한다.

　• 특히 휠체어가 뒤로 기울어지면 몸 전체에서 강한 신전 패턴이 나타나면서 갑자기 휠체어에서 움직이게 되면 앞으로 미끄러지므로 주의 깊게 평가한다.

(2) 문제점

TLR이 나타나는 학생은 다음과 같은 어려움을 겪을 수 있다.

① 엎드린 자세 때는 머리를 들어올릴 수 없고, 앉기나 무릎기기를 할 수 없다.

② 등으로 누운 자세 때는 머리를 들 수 없고, 몸을 일으키거나 신체 중심선으로 팔을 모으기 어렵다.

(3) 교육적 고려사항 21중특, 22초특

① 누워 있을 때는 옆으로 눕는 대안적 자세를 취하는 것이 좋다.

　• 학생이 옆으로 누운 대안적 자세를 유지할 수 있도록 하기 위해 교사는 우선적으로 학생의 양다리를 가슴 쪽으로 구부려 주어야 한다.

② 앉은 자세에서는 적절한 자세를 잡아주는 기기를 이용하면 이 반사의 영향을 많이 줄일 수 있다.

미로
척추동물의 귀에서 가장 안쪽에 위치하는, 청각과 위치 감각을 관장하는 주요부. 전정관, 외우관, 반고리관으로 형성된다.

비교

미로반사

시기	생후 2개월~1세까지 나타남
유발자극	신체가 기울어졌을 때 나타남
동작	신체가 기울어진 반대 방향으로 머리가 움직이는 반응을 보임. 들어올린 상태에서 몸을 뒤로 젖히면 영아는 몸을 세우기 위해 머리를 숙이는 반응을 보임

출처 ▶ 김선진(2008)

자료

긴장성 미로반사 학생의 대안적 자세
긴장성 미로반사의 학생들은 누워 있을 때 활처럼 뻗치고, 엎드려 있을 땐 강하게 구부리는 모습을 보인다. 이때 학생을 옆으로 눕히고, 양팔은 앞으로 펴고, 양다리는 가슴 쪽으로 구부려 준다. 양손을 가지고 놀지 못하는 아기에게 양손을 갖고 놀 수 있도록 유도해 주는 것이며 다리를 뻗대는 학생을 억제해 주는 자세가 된다 (Bobath, 1993).

Chapter 03 뇌성마비의 개념 및 분류

01 뇌성마비의 개념 및 원인

1. 뇌성마비의 개념 _{11초특, 12중특}

① 뇌성마비는 뇌의 초기 발달단계에서 발생한 병변이나 기형으로 인해 발생하는 비진행성의 자세 및 운동의 장애를 통칭한다.

② 이상의 정의는 다음과 같은 의미를 내포하고 있다.
  ㉠ 뇌성마비는 근육의 긴장 상태, 자세를 바꾸기 위한 조절 및 운동에 영향을 미친다.
  ㉡ 뇌성마비는 비진행성이기 때문에 기능을 변화시키는 결과를 유발하지 않는다.
    - 비진행성이란 두뇌 손상이 진전되지 않는다는 것을 의미한다.
    - 뇌성마비로 인한 뇌손상은 진행되거나 완화되지는 않지만 시간이 지남에 따라 그 영향이 종종 변하기도 한다. 아동의 성장에 따라 뇌성마비가 진행되는 것은 아니지만 시간이 지나면서 구축이 진행되고, 아동이 청소년기나 성인기에 이를수록 보행이 점점 더 어려워질 수도 있으며 근육협응과 통제에서 더 많은 문제를 일으킬 수도 있다.
      － 특히 사용하지 않는 근육은 점점 위축되고 약해질 수 있다.
  ㉢ 뇌성마비는 태어나기 전 혹은 아동기 초기에 뇌를 미성숙 상태로 만드는 손상이라는 뜻을 포함하고 있으므로 '발달장애'에 속한다.

③ 뇌성마비는 정상 운동 발달 과정을 방해한다.

④ 뇌성마비 학생들은 경련, 시각장애, 청각장애와 같은 부수적인 장애를 보이는 경우가 많다.

2. 뇌성마비의 원인

① 뇌성마비의 원인은 다양해서 자궁 내 또는 태아기의 염증, 뇌의 기형, 뇌손상을 수반하는 유전적 증후군이나 산소 결핍증이 주요 원인으로 밝혀지고 있다.

② 출생 전이나 출생 후의 뇌손상, 사고 혹은 질병으로 인하거나, 저체중 신생아의 산소 결핍도 하나의 원인이 된다.

③ 뇌성마비의 원인을 출생 전-중-후로 구분하여 정리하면 다음과 같다.

출생 전	감염, 뇌기형, 뇌손상으로 인한 유전적인 증상, 산소 부족
출생 중	비정상적인 태위, 중추신경 감염, 산소 부족
출생 후	외상에 의한 뇌손상, 약물, 중추신경계통의 감염(뇌염 등), 뇌의 산소 부족(익사 사고, 질식, 감전 등)

02 뇌성마비의 분류

뇌성마비의 유형은 마비 부위, 운동장애 유형, 심각도(마비 정도), 발생 시기에 따라 분류할 수 있다.

1. 마비 부위에 따른 분류

마비 부위에 따른 분류는 손상받은 신체의 부분과 운동을 그 기준으로 삼는데, 단마비, 편마비, 하지마비, 디플레지아, 삼지마비, 사지마비, 중복편마비로 구분한다.

부위별 분류	부위별 마비 상태
단마비	사지 중 어느 한쪽의 마비를 말한다. 그러나 순수한 단마비는 적고, 편마비의 불완전형이 대부분이다.
편마비	좌우 어느 한쪽만의 마비로 경직형에서 주로 나타나며, 뇌성마비의 약 20%를 차지한다.
하지마비	양측 하지에만 마비가 있는 것으로, 경직형이나 강직형에서 주로 나타난다. 뇌성마비의 10%를 차지한다.

마비 부위에 따른 분류
[동] 형태학적 분류, 해부학적 부위에 따른 분류

자료
마비 부위에 따른 분류
마비 부위에 따른 분류는 주로 경직형에 적용되는데, 다른 유형은 대체로 전신에 걸쳐 마비를 보이기 때문이다(박은혜 외, 2023).

하지마비
[동] 대마비

디플레지아
동 양지마비, 양마비

디플레지아	상지에 가벼운 마비를 가진 하지마비를 말한다.	
삼지마비	주로 한쪽 상지와 양 하지의 마비를 말한다. 경직형에서 주로 나타난다.	
사지마비	사지 전체에 운동마비가 나타나는데, 그중에서도 발의 비정상적인 근긴장도나 불수의적 운동이 팔이나 손보다 심하게 나타난다. 구강근육의 기능이 곤란하여 섭식이나 말하는 데 장애가 많으며, 뇌성마비의 약 60%를 차지한다.	
중복편마비	사지마비와 부위는 같으나 하지보다 상지마비가 심하게 나타나는 것이 다르다. 주로 경직형에서 나타난다.	

중복편마비
동 중복마비, 이중편마비, 양측 편마비

운동장애 유형에 따른 분류
동 생리학적 유형에 따른 분류

2. 운동장애 유형에 따른 분류

뇌성마비는 뇌의 손상된 부위에 따라 마비 부위와 생리학적 특성이 다르게 나타나는데 이를 그림으로 나타내면 다음과 같다.

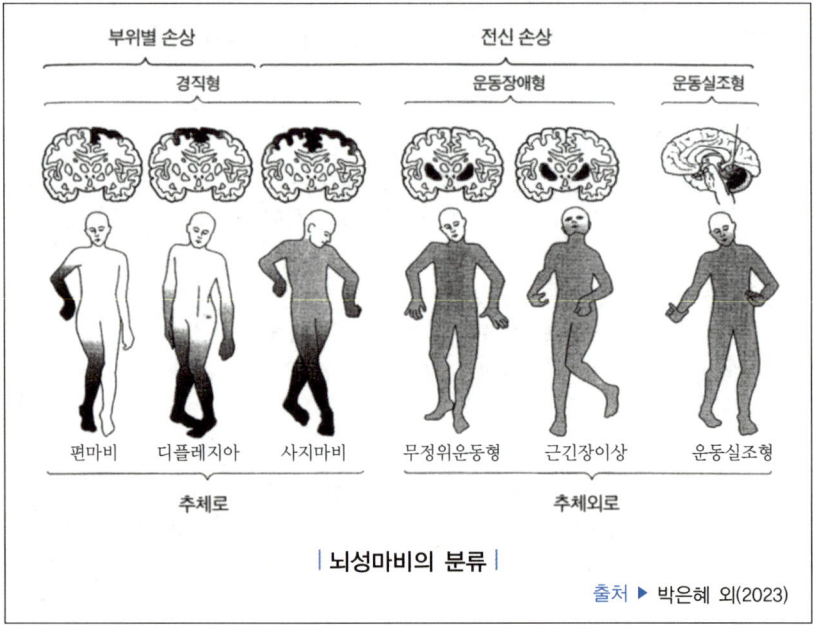

| 뇌성마비의 분류 |

출처 ▶ 박은혜 외(2023)

1) 경직형 11중특, 12중특, 21초특, 22중특

(1) 원인 09중특, 19중특

① 대뇌 추체로 손상으로 발생하며, 수의적인 움직임에 제한이 나타난다. 뇌성마비의 가장 흔한 형태로 전체의 약 75% 이상을 차지한다.

② 추체로의 손상으로 신전과 굴곡의 원시적 집단반사를 보여 자동운동이 어렵고 제어하기 어려운 간헐적인 경련이 있다.
- 원시적 집단반사는 경직형의 전형적인 특성으로서, 경직형이 심하면 심할수록 자세와 운동 형태는 보다 원시적인 것이 된다.

KORSET 합격 굳히기 | 추체계

1. 구성
① 추체계(피라미드 체계)는 운동 피질과 운동 피질에서 척수로 내려오는 경로(추체로로 알려진)로 구성되어 있다.
② 운동 피질은 전두엽의 뒷부분 1/3 정도를 차지하며, 일차 운동 피질, 보충운동 영역, 전운동 영역의 세 부분으로 나뉜다.
  ㉠ 일차 운동 피질의 운동 뉴런(상단 운동 뉴런으로 알려진)은 수의적인 움직임을 조절한다.
  ㉡ 보충 그리고 전운동 영역은 복잡한 형태의 동작(외과의사의 손동작)과 같은 동작기능을 지원한다.

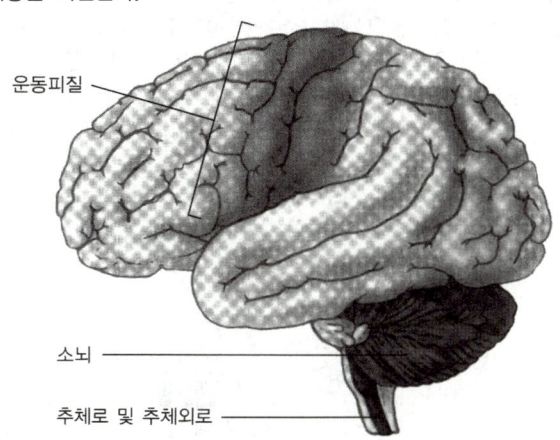

| 운동기능에 중요한 뇌영역 |

출처 ▶ Owens et al.(2018)

경직
근긴장도가 증가되어 있고 근육이 뻣뻣하게 느껴지는 것

경직형
동 경련형

경직성
- 경직은 대뇌피질과 척수로 이어지는 피질척수로(상부 운동신경 세포)가 손상되어 근긴장도가 증가하게 되는 현상이다. 강직된 근육에 급격하게 힘을 가하게 되면 갑작스럽게 강한 저항을 일으키다가 갑자기 근긴장고가 풀어지면서 저항이 상실되는 현상이 관찰된다(김향희, 2015).
- 뇌성마비의 증상 중 하나인 경직(spasticity)은 뇌의 병변으로 인하여, 근육이 늘어나는 속도와 길이에 반응하여 근육의 긴장도가 증가하거나 신장반사가 과도하게 높아지는 것을 의미한다. 경직이 있는 근육들은 항상 과긴장하여 수축하고 있으므로 '스트레칭 자극에 의한 근육의 길이 성장'을 하지 못하게 된다. 급성장기 환아의 경우 경직으로 인하여 뼈의 성장에 비해 근육의 성장이 상대적으로 느려서 결국 근육의 구축(오그라듦)이 발생한다. 또한 근육의 성장 불균형이 뼈와 관절의 변형을 유발하기도 한다. 경직은 환아의 각성 상태, 활동, 자세, 감정 상태, 통증 등에 따라서 증가할 수 있다. 따라서 근긴장이상형이나 운동실조형 뇌성마비에 비해 경직형 뇌성마비 환아에서 구축과 변형이 많다(정진엽, 2019).

비교

경직형 뇌성마비의 원인

2009 중등1-33 기출	운동피질 손상
2021 초등B-1 기출	대뇌피질 손상
2022 중등A-11 기출	추체계와 운동피질의 손상

원시적 집단반사
몸의 일부를 구부리거나 펴려고 할 경우, 신체 전체에서 신전 혹은 굴곡이 나타나는 것
동 원시적 공동운동

일차 운동 피질
◉ 주운동 피질

2. 일차 운동 피질
① 일차 운동 피질의 영역은 특정 신체 부분의 동작을 조절한다.
② 이것은 거꾸로 된 이상한 사람의 그림인 운동 호문쿨루스로 나타나기도 하는데, 일차 운동 피질 위에 신체의 조절하는 부분을 그린 것이다.
  • 아래의 〈그림〉에서 보는 것과 같이, 일차 운동 피질의 윗부분에는 다리와 고관절의 동작을 조절하는 뉴런이 있고 바닥 부분에는 입술과 턱을 조절하는 뉴런이 있다.

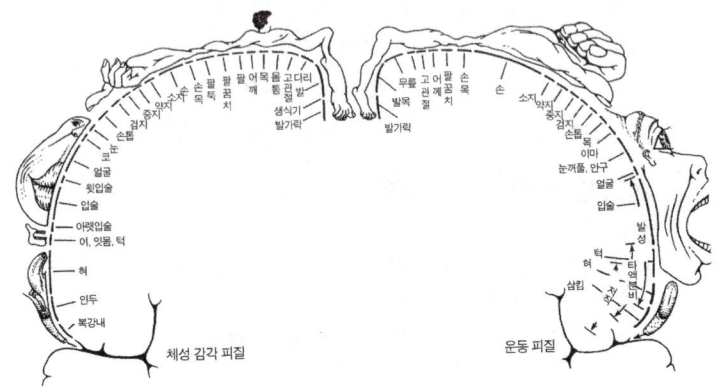

| 운동 호문쿨루스와 감각 호문쿨루스 |

3. 추체로
추체로는 일차 운동 피질의 축색돌기로 구성되어 있다. 이러한 축색돌기는 두뇌에서 내려와서 뇌간 정도의 수준에서 대부분은 반대편으로 교차한다. 여기서부터 계속 내려와서 척수의 뉴런(하단 운동 뉴런으로 알려진)과 이어진다. 하단 운동 뉴런에서 나온 축색돌기는 척수를 떠나 다양한 신체 근육으로 내려간다. 대부분의 축색돌기는 교차하기 때문에 두뇌의 좌측은 신체의 우측 움직임을 조절하고, 그 반대도 마찬가지다.

출처 ▶ Heller et al.(2012)

자료

추체로
일차 운동 피질의 축색돌기로 구성되어 있다.

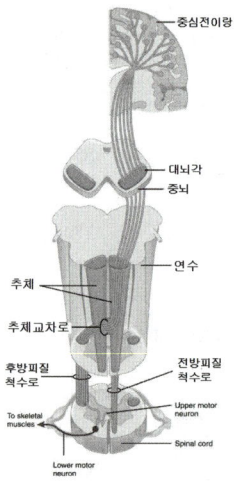

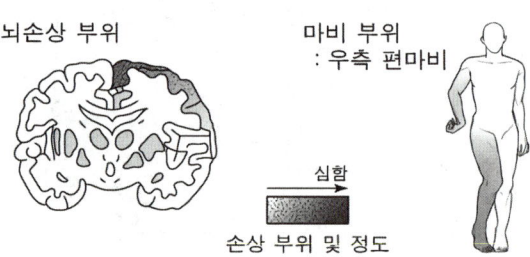

설명 뇌손상 부위를 보면 뇌의 왼쪽 부위에만 손상이 있음을 알 수 있다. 일차 운동 피질의 윗부분과 아랫부분 모두에 손상이 있으나 윗부분의 손상 정도가 더 심한 것으로 표현되어 있다. 따라서 이 경우 뇌신경 교차에 따라 우측 편마비의 형태로 나타나며 상지보다는 하지의 손상 정도가 심하게 나타난다.

(2) 행동 및 자세 특징 11중특, 17유특, 19중특

① 경직형은 근육이 뻣뻣하며 움직임이 둔한 특징을 갖는다.
  ㉠ 근긴장도가 높아서 움직이기가 어렵고 움직인다고 해도 속도가 느리다.
    • 경직형 뇌성마비는 근긴장도가 높아서(과다 긴장성 근긴장도) 잘 움직이기 어렵고, 운동이 과장되고, 경련이 발생하며, 움직임을 통제하려고 하면 더욱 심한 경련과 함께 더 어색한 움직임이 나타난다.
    • 근긴장도가 높아서 몸을 움직이려고 하면 뻗치는 경우가 많다.
  ㉡ 쉬고 있는 동안에도 과긴장이 나타나는 경향이 있다.
  ㉢ 척추의 후만, 측만이 많고, 구축의 위험성이 높다.
  ㉣ 근육의 구축으로 다리가 서로 겹쳐지는 가위 모양의 자세를 보인다.
  ㉤ 많은 경직형 뇌성마비 학생에게서 흔히 까치발이라고 하는 첨족 보행도 많이 나타난다.

② 경직형 사지마비는 상지와 하지가 모두 손상을 받은 가장 심한 유형으로, 머리조절 능력이 현저히 떨어지고, 침을 흘리며, 의사소통장애가 수반된다.

③ 경직형 양마비는 주로 하지가 손상을 받은 상태를 말하나, 상지의 손상도 존재한다.
  ㉠ 몸통의 회전 능력이 부족하여 옆으로 앉는 자세(예 치마 입은 사람의 다리 모양)를 취하기 어렵다.
  ㉡ 뒤로 넘어가는 체중 이동을 보상하기 위해 등을 구부린 채로 앉거나(C자형으로 굽은 등), 양다리를 옆으로 벌려 'W'형태로 앉는 자세 등 부적절한 자세를 취하여 균형을 유지하려는 보상작용이 뇌성마비 중 가장 많이 나타난다.
    • W자형으로 앉는 자세는 넓은 지지면을 제공하고 체중을 앞뒤로 옮기기 편한 자세여서 뇌성마비 학생들이 선호한다.
    • W자형으로 앉는 자세는 엉덩이와 무릎 관절의 긴장을 높이고 회전운동과 측면으로의 체중 이동을 어렵게 하는 자세이므로 피해야 한다.

자료

단축과 구축
경직성이 있는 근육은 초기에는 근육이 짧아지는 현상(역동적 단축)을 보이다가 근육의 성장이 골(뼈)의 성장에 미치지 못함으로써 근육이 굳어지는 현상(근육의 구축)으로 진행된다(정진엽 외, 2019).

C자형으로 굽은 등
동 라운드 백, rounded back, round back

W자형으로 앉는 이유

박은혜 외 (2023)	본문 참조
정동훈 외 (2018)	앉기 자세에서 감소한 균형 능력을 보상하고 안정성을 얻기 위해 'W 앉기' 자세를 취하는 경우가 많으나 비정상적인 하지 정렬을 초래하고 관절에 무리가 가는 자세이므로 피해야 한다.

④ 경직형 편마비는 몸의 한쪽 편만 마비가 된 경우를 말한다. 오른쪽 편마비인 경우에는 두뇌의 왼쪽 운동피질이 손상된 것이고, 왼쪽 편마비는 두뇌의 오른쪽 운동피질이 손상된 것이다.

㉠ 대부분 걸을 수 있으나 마비된 쪽의 팔, 다리를 사용하지 않는 경향이 있으며, 모든 기능적인 동작을 손상되지 않은 쪽으로만 해결하려고 한다.
  - 한쪽만 지나치게 사용하면 발작이 나타날 우려가 있으므로 주의가 필요하다.

㉡ 경직형 편마비는 마비가 있는 쪽의 근육과 팔다리가 마비가 없는 쪽에 비해 발육이 늦거나 짧은 경향이 있으며, 반맹이나 감각장애가 발생하기도 한다.

㉢ 안정성과 운동성을 동시에 추구하기 때문에 산만하고 분주하며 집중력이 떨어진다.

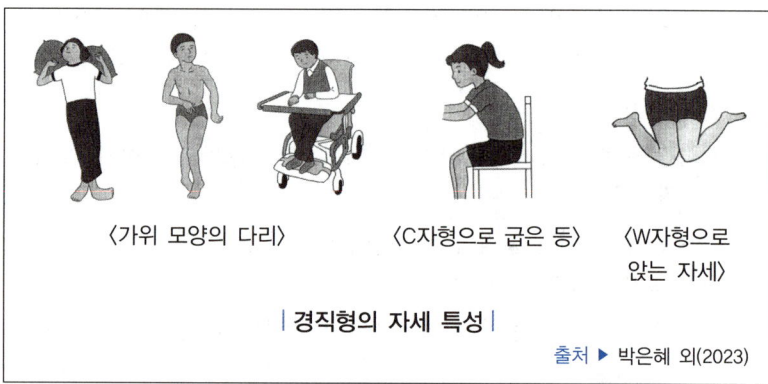

| 경직형의 자세 특성 |

출처 ▶ 박은혜 외(2023)

(3) **구어 산출 특성** 11중특, 14유특

① 호흡이 빠르고 얕으며 들숨 후에 길게 충분히 내쉬는 것이 어렵다.
② 성대의 과도한 긴장으로 후두에서 쥐어짜는 듯한 소리가 난다.
  - 말더듬의 '막힘'과 같이 쥐어짜는 듯한 긴장된 발성을 한다.
③ 소리의 크기나 높이를 조절하기 어렵다.
  - 억양 변화가 없거나 단조로우며 느리게 말을 한다.
④ 연인두 폐쇄 부전으로 인한 과대 비음을 보인다.
⑤ 전반적으로 조음이 어려우며, 특히 치조음 발성에 어려움을 보인다.

지체장애 학생의 의사소통 특성

지체장애 중 특히 뇌성마비는 발성기관인 인두 및 후두, 혀, 구강 등의 근육 운동이 원활하지 못하고, 경직과 불수의적 움직임은 머리, 목, 입, 얼굴, 혀, 가슴 등의 운동을 방해해 호기량의 불규칙, 호흡 속도와 조절을 어렵게 한다. 이는 발달적 마비말장애를 초래할 수 있는데 성인 마비말장애와 달리 진행성은 아니다. 발달적 마비말장애는 조음, 호흡, 유창성, 운율에서 문제를 보일 수 있으며, 일반적으로 모든 발음이 제대로 되지 않지만, 특히 혀끝에서 나는 소리(예 /ㅅ/, /ㅈ/, /ㄹ/) 산출이 가장 어렵다(김혜리 외, 2021).

KORSET 합격 굳히기 연인두 폐쇄와 보상조음

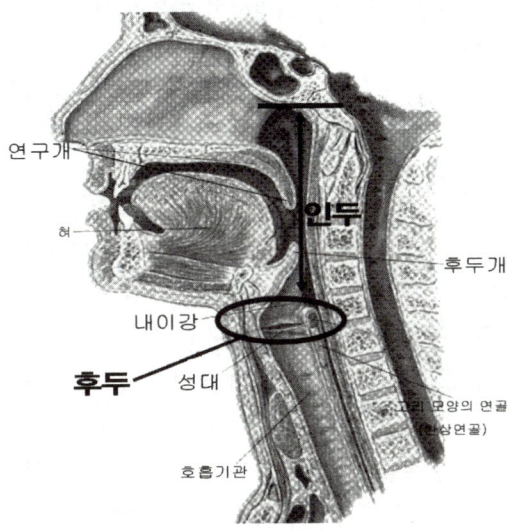

|발성 기관|

1. **연인두 폐쇄 부전과 과대비음**
   ① 구개는 경구개와 연구개로 나눌 수 있는데, 숨을 쉬는 동안에는 일반적으로 연구개의 위치가 후인두벽으로부터 떨어져 있어서 공기가 비강과 인두 사이를 이동하도록 한다. 그러나 연구개의 위치가 상승되면 후인두(인두의 가장 아랫부분)를 폐쇄시켜 구강과 인두강 사이를 막게 되는데, 그로 인하여 비음인 /m/, /n/, /ŋ/음을 제외한 소리를 산출한 경우 기류가 비강으로 새어 나가는 것을 막아 준다. 이것을 연인두 폐쇄라고 한다.
   ② 비음을 산출한 경우 연구개가 다시 낮아지면서 비강으로도 공기가 방출된다. 만약에 구개파열로 인하여 연인두 폐쇄 기능이 적절하게 이루어지지 않으면 과대비음이 발생한다.

2. **보상조음**
   ① 구개파열 학생에게서 나타나는 보상조음은 연인두 폐쇄 부전으로 인하여 기류가 비강으로 빠져나가고, 구강 내의 압력이 형성되지 못함에 따라 특정 말소리 산출을 잘못 학습하여 조음하는 것을 말한다.
   ② 보상(적)조음이란 조음 구조에 장애를 가진 학생이 구조적인 결함으로 인한 발음 문제를 최소화하려고 자신도 모르게 개발한 조음 형태다.

출처 ▶ 고은(2021), 심현섭 외(2017)

(4) 교육적 고려사항

경직형 뇌성마비 학생의 특성을 고려하여 다음과 같이 교실 좌석에 배치하는 것이 바람직하다.

① 앞자리보다는 (교사의 관찰이 용이한) 뒷자리에 배치하며 활동 가능한 학생 옆에 앉히는 것이 좋다.
② 수업 중 개별 지도를 할 때에는 가능한 한 많은 움직임을 요구한다.
③ 움직임을 방해받지 않도록 책상을 낮추어 주되, U자형 책상을 제공한다. U자형 책상은 팔의 움직임을 지원할 수 있어 대부분의 지체장애 학생들에게 효과적으로 활용된다.
④ 경직형 편마비 학생을 교수할 때에는 특히 다음과 같은 사항을 고려하도록 한다. 10유특, 18초특·중특
  ㉠ 마비가 심한 쪽을 사용할 수 있도록 자리를 배치한다.
    예 오른쪽 편마비 학생의 경우라면 오른쪽으로 고개를 돌려서 칠판을 볼 수 있도록 자리를 배치한다.
  ㉡ 마비가 심한 쪽을 사용할 수 있도록 학습교재를 배치한다.
    예 오른쪽 편마비 학생의 경우라면 책 또는 필통을 오른쪽에 배치하여 오른쪽이 조금이라도 사용되도록 유도해 주는 것이 좋다.
  ㉢ 한쪽만 지나치게 사용할 경우 발작의 우려가 있으므로, 양손을 균형적으로 사용하도록 지도한다.
    예 책을 펼 때 두 손으로 책을 잡도록 항상 주의하는 것이 좋다.

2) 불수의 운동형 11초특

(1) 원인 10초특

불수의 운동형은 전체 뇌성마비의 약 20%를 차지하며 대뇌 기저핵 손상으로 발생한다.

> **KORSET합격 굳히기** 기저핵(대뇌핵)
>
> 추체계 관련 운동체계 외에도 동작 조절에 기여하는 다른 두뇌 구조가 있다. 그중 하나는 대뇌핵(기저핵)이다. 두뇌 반구의 전반부를 잘라 보면 두뇌의 중앙에서 백색 축색돌기 사이에 발견된 회색 섬을 닮은 세포체의 집합체가 있을 것이다. 이러한 섬은 대뇌핵으로 알려져 있으며 추체외로계의 일부분이다('피라미드 체계, 추체계의 외부'를 의미).
>
> 1. 기능
>   대뇌핵은 부드럽고 잘 조절된 동작을 만들기 위해 주운동 피질과 연합하여 작업한다. 대뇌핵은 복잡한 움직임 패턴(예 'A'라는 글자를 느리거나 빠르게, 작거나 크게 쓰는 것이나 가위로 오리는 것)의 강도, 방향, 속도, 순서를 조절한다. 대뇌핵은 신체 전반의 근긴장을 억제하는 역할을 한다. 이러한 다른 기능 때문에 대뇌핵의 손상은 비정상적인 움직임 패턴이나 매우 강직된 근육을 초래할 수 있다.

불수의 운동형
동 무정위 운동형

불수의 운동
자신의 의지나 의도와 상관없이 일어나는 몸의 이상 운동이다. 대뇌 기저부에 있는 추체외로계 이상으로 억제할 수 없는 떨림이나 동작의 흔들림 등이 나타난다. 일반적으로 정신적 긴장으로 심해지는 경향이 있다(특수교육학 용어사전, 2018).

추체외로
연수의 추체를 통과하지 않는 모든 운동 신경로를 지칭

기저핵
- 대뇌반구의 안쪽과 밑변에 해당하는 부위이다. 척추동물 전뇌(forebrain)의 기저에 위치해 있으며 다양한 곳으로부터 기원한 여러 피질하핵으로 이루어져 있다. 대뇌피질, 시상, 뇌간, 그리고 다른 여러 뇌 부위들과 강하게 상호 연결되어 있다. 수의 운동의 조절, 절차상 학습, 이갈기와 같은 습관, 눈의 움직임, 인식, 감정을 포함한 많은 기능들과 관련이 있다(특수교육학 용어사전, 2018).
- 대뇌 속질의 안쪽에 있는 몇 개의 신경 세포의 집단을 통틀어서 이르는 말로 대뇌피질, 시상, 뇌간 그리고 다른 여러 뇌 부위들과 강하게 상호 연결되어 있어 수의 운동의 조절을 포함한 많은 기능들과 관련 있다.
  동 대뇌 기저핵, 대뇌핵

[자료]
기저핵

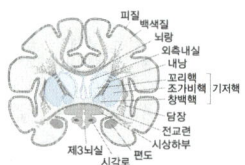

2. 운동장애형 뇌성마비의 발생

대뇌핵의 손상이나 비정상적 발달은 움직임의 장애를 초래한다. 그것이 생애 초기나 분만 동안에 발생했다면 이는 운동장애형 뇌성마비라 할 수 있다. 이는 두 번째로 가장 흔한 뇌성마비 형태로 뇌성마비 아동 중 약 20%의 출현율을 보인다. 대뇌핵의 손상은 동작을 조절하는 운동 피질과 활동하는 전달 센터의 기능을 방해할 수 있다. 이러한 순환이 두 뇌손상으로 인해 방해받을 때, 자극은 대안적이고 일탈적인 경로를 취하게 된다. 이것은 불수의 운동형 뇌성마비로 알려진 운동장애형 뇌성마비 유형을 초래한다. 불수의 운동형 뇌성마비는 느리거나 뒤틀리는, 혹은 빠르고 무작위적으로 흔들리는 비정상적이고 불수의적 움직임으로 나타날 수 있다. 드문 경우에 근긴장을 억제하는 대뇌핵 부분이 문제가 생겨서 극도로 높은 근긴장을 초래하고 근긴장 이상으로 알려진 비정상적 자세를 동반할 수 있다.

출처 ▶ Heller et al.(2012)

(2) 행동 특징 11중특, 19중특, 20유특

① 불수의적인 움직임이 나타난다.
  ㉠ 근육의 떨림이나 근긴장도가 수시로 변하여 팔, 손, 얼굴 등에서 비자발적이고 불수의적인 운동이 일어난다.
    • 근긴장도는 과긴장에서 저긴장에 이르기까지 불규칙적이면서 갑작스럽게 변화(변화성 근긴장도)한다. 특히 머리 조절이 힘들고 중심선상에서의 운동조절 능력이 현저히 떨어진다.
  ㉡ 운동을 시작하려고 하면 다른 근육군의 과잉 운동이 나타나 몸이 뒤틀리거나 경련이 나타나고 흔들린다.
    • 사지를 불규칙하게 뒤틀거나, 팔다리를 움찔거리는 행동을 보인다.
  ㉢ 수의적 조절의 어려움으로 인해 의도하지 않게 신체의 두 부위를 함께 움직이는 운동의 중복성(예 얼굴과 팔을 함께 움직이는 것)이 나타나며, 운동의 중복성은 동작의 선택을 어렵게 한다.
  ㉣ 수면 중에는 불수의 움직임이 덜 나타나기도 하나, 근육의 긴장도가 의식이 깨어 있을 때에 더 강하게 나타나며 정서적으로 긴장하면 심해지는 경향이 있다.

② 신체의 비대칭성이 나타난다.
  ㉠ 비정상적인 자세가 고착되고, 보다 정상적인 근긴장도 유지와 활동을 위해 특정 자세가 필요하게 된다.
  ㉡ 불수의적인 움직임을 억제하고 안정성을 확보하기 위해 신체의 일부분을 과도하게 사용하여 척추의 기형이 나타난다.

(3) 구어 산출 특성 ^{11중특}

① 호흡이 거칠고 불규칙적이다.
② 음의 강도가 약해 속삭이는 듯한 소리를 내는 경우가 많다.
③ 기식성의 소리가 많다.
④ 성대의 진동이 매우 빠른 가성대 발성이 나타나기도 한다.
⑤ 발음이 명료하지 못하고 조음장애가 많다.

(4) 교육적 고려사항

불수의 운동형 뇌성마비 학생의 특성을 고려하여 다음과 같이 교실 좌석에 배치하는 것이 바람직하다.

① 신체의 비대칭성이 가장 중요한 문제이므로 반드시 칠판을 정면으로 볼 수 있는 위치에 배치한다.
② 팔꿈치를 지지할 수 있도록 책상 높이를 조정해 주고, 의자와 책상이 신체와 거의 밀착되게 앉도록 지도한다.
③ 수업 중 개별 학습 지도를 할 때 신체의 중심(머리, 어깨, 골반)을 유지하고 신체의 대칭성을 유지할 수 있도록 두 손이 중심선상에서 교차되도록 유도하면서 교육하는 것이 좋다.

3) 운동실조형 ^{20중특, 25초특}

(1) 원인

운동실조형 뇌성마비는 소뇌의 손상으로 인해 발생하는 것으로 알려지고 있다.

(2) 행동 특징 ^{11중특}

① 운동실조형 뇌성마비는 몸통의 회전운동 시 근긴장이 정상, 또는 정상 이하로 떨어지는 저긴장(저긴장성 근긴장도)을 보이며, 정상 이상의 과도한 근긴장은 나타나지 않는 것이 특징이다.
② 운동실조형 뇌성마비는 몸통과 하지의 균형감각과 균형에 필요한 협응력의 부족으로 몸통의 안정성과 자세의 긴장은 떨어지나 팔과 손의 기능은 좋은 편이다.
  ㉠ 균형과 협응력이 결여되어서 균형감각의 장애가 주된 증상이다.
    • 균형감각이 부족하며 거리감각과 공간에서의 자세조절 능력이 현저히 떨어진다.

자료

기식성

기식성이란 조음 시 성문 마찰이 동반되는 성질을 의미한다. 그리고 기식성 음성은 목소리를 내는 동안 성문 사이로 공기가 빠져나가면서 생기는 잡음이 귀에 들리는 것이다. 성문 사이를 통해서 과도한 공기가 빠져나간다는 것은 성대가 진동하는 동안 성문의 폐쇄가 불완전하다는 것을 의미한다. 성대가 진동하는 동안 성문을 완전히 닫지 못한다는 것은 성대 표면에 폐쇄를 방해하는 병소가 있거나 어떤 신경학적 문제가 동반되어 있는 것과 관련이 있을 수 있다(심현섭 외, 2017).

자료

진성대와 가성대

정상적인 음성 산출에는 진성대가 진동하고, 반면에 진성대(true vocal fold) 위에 자리 잡고 있는 가성대(false vocal fold/ventricular folds)는 진동하지 않는다. 가성대는 음성장애가 있는 경우나 아주 낮은 소리를 낼 경우에 진동할 수 있다. 따라서 일반적으로 '성대'라고 할 때에는 진성대를 뜻한다(심현섭 외, 2017).

소뇌

소뇌는 각 두뇌 반구의 후두엽 아래에 위치한 타원형의 구조다. 소뇌는 운동 활동의 타이밍(특히 달리기나 피아노 연주와 같이 빠른 동작 관련)과 근육 동작에서 다음으로 부드럽게 진행하는 것과 같은 동작의 협응에 중요한 역할을 한다. 또한 몸통과 팔다리의 평형과 균형을 유지하는 데 기여하며, 추체외계의 일부이다.

- 협응력의 부족으로 손가락－코 검사, 손가락－손가락 검사 등이 잘 되지 않는다.

ⓒ 운동실조형 뇌성마비는 보행을 위해 다리를 넓게 벌리고 균형을 잡기 위해 팔을 바깥쪽으로 올리고 걷는 보행 형태를 보인다.

(3) 구어 산출 특성 11중특

① 로봇이 말하듯 끊어지는 듯한 소리로 음절이 단절되는 발성을 나타낸다.
② 조음이 불분명하고 말하는 속도가 느리다.
③ 소리의 크기와 높낮이가 단조로워 리듬이 없는 특징을 보인다.
④ 성대의 긴장을 유지하기 어려워 중얼거리는 소리를 낸다.

> **자료**
>
> **손가락－코 검사**
> 처음에는 눈을 뜨게 하고 다음은 눈을 감게 하며, 손가락 끝이 코 위에 닿는지 안 닿는지를 확인한다(김영한 외, 2022).

KORSET 합격 굳히기 뇌성마비 유형별 구어 특성

유형	특성
경직형	• 지나친 성대 긴장으로 말더듬과 비슷한 특성을 보임 • 연인두 폐쇄 능력 부전으로 과대비성을 보임 • 치조음 발성이 어려움 • 지속적인 언어장애, 심한 조음장애(말장애)를 보임 • 음질에 문제가 있음 • 말이 느리고 단조로움 • 음성의 크기가 불규칙함 • 호흡에 문제가 있으며 힘들게 말함(약간의 공기를 억지로 밀어내기 위해 복부를 지나치게 압착하여 가슴 근육을 수축하는 경향이 있음) • 비정상적인 멈춤과 헐떡거림이 나타남
불수의 운동형	• 호흡이 거칠고 목소리가 약함(속삭이는 듯한 소리를 냄) • 언어장애보다 조음장애(말장애)가 많음 • 목쉰 음성이나 기식성의 소리를 냄 • 성대의 진동이 매우 빠른 가성음질이 나타나기도 함 • 단어 또는 문장의 끝이 약해짐 • 말소리 명료도가 낮고 짧은 문장을 사용함
운동 실조형	• 로봇이 말하듯 끊어지는 듯한 소리로 음절이 단절되는 발성을 나타냄 • 불분명하고 느린 말소리와 음소의 연장이나 간격이 길어짐 • 소리의 크기와 높낮이가 단조로워 리듬이 없는 특징을 보임 • 호흡 기능의 문제보다 호흡과 후두 조절에 문제를 보임 • 강약의 불규칙과 지나친 강세가 나타남 • 성대의 긴장을 유지하기 어려워 중얼거리는 소리를 냄 • 비음에 문제가 많고 조음장애도 나타남

출처 ▶ 김혜리 외(2021)

(4) 교육적 고려사항

운동실조형 뇌성마비 학생의 특성을 고려하여 다음과 같이 교실 좌석에 배치하는 것이 바람직하다.

① 몸통의 협응력과 회전운동이 자연스럽게 발생할 수 있도록 자리를 측면에 배치하는 것이 좋다.

② 앞자리나 교사와 가까운 곳에 배치하여 학생의 산만성을 지도할 수 있도록 한다.

③ 수업 중 개별 지도를 할 때에는 교사가 학생의 어깨를 잡아 안정된 자세를 유지시킨다.

④ 보행을 방해하지 않도록 최대한의 공간을 확보해 준다.

4) 강직형

(1) 원인

강직형 뇌성마비는 기저핵 손상으로 발생하며, 경직형이 심화된 형태처럼 보인다.

> **강직**
> 강직은 추체외로의 손상으로 인하여 운동 내내 똑같은 정도의 저항감이 지속되는 뻣뻣한 현상을 말한다. 이를 납파이프 경직이라 한다(김향희, 2015).

(2) 행동 특징

① 강직형 뇌성마비는 근육의 신축성이 상실되어 팔, 다리를 움직이려고 하면 지속적으로 강한 운동저항이 나타난다.
  - 과잉동작이나 불수의적인 운동은 거의 없지만 근육 신축성이 없어 운동저항이 강하고 지능도 낮다.

② 운동 전반에 걸쳐 뻣뻣함이 주된 특징으로 '납파이프 뇌성마비' 또는 '톱니바퀴 뇌성마비', '납관반응'으로 불리기도 한다.

5) 진전형

(1) 원인

① 진전형 뇌성마비는 뇌막염과 같은 출생 후의 질병에 의해 생긴다.

② 대뇌와 소뇌의 연결 장애가 있을 때 나타나는 증상이며, 뇌의 기저핵이 광범위하게 손상되었을 경우에도 발생한다.

> **진전(tremor)**
> 떨림(예 손떨림)
>
> **뇌막염**
> 동 뇌수막염, 수막염

(2) 행동 특징 [11중특]

① 진전형은 규칙적인 리듬을 억제할 수 없는 불수의 운동이 특징이다.
  ㉠ 안정을 취하고 있을 때는 진전이 나타나지 않지만 수의적인 운동 때는 진전이 나타난다.
    • 조절할 수 없는 진전이 계속되어 사지가 흔들리며 근육에 율동적인 운동이 일어난다.
  ㉡ 자율적으로 조절할 수 없는 신체의 떨림으로 인해 연속적인 근육 긴장도의 변화를 보인다.
    • 심하면 운동조절이 어려워 대소변을 가리지 못할 수도 있다.
② 운동할 때 근육의 수축이 균형과 적절한 시간의 조화가 일어나지 않아 비협조적인 운동이 나타난다.
  예 사지나 손가락의 운동이 자신이 생각하는 대로 움직이지 못하는 경우로서 만약 손가락으로 어떤 물체를 만지려 하면 목적물에 닿지 못하고 목적물의 앞이나 옆으로 빗나가게 된다.
③ 말할 때 떨림과 말더듬 현상이 심하게 나타난다.

6) 혼합형

(1) 원인

혼합형 뇌성마비는 두 가지 혹은 그 이상의 운동장애가 나타나는 경우를 말하는데, 주로 산소 결핍 기간이 긴 상황에서 뇌손상을 입었을 때 발생한다.

(2) 행동 특징

① 양다리는 경직성을 보이고, 양팔은 불수의 운동형이 나타날 수도 있고, 사지는 경직성이 나타나고, 몸통과 목 부분은 낮은 긴장(운동 실조형)을 보이기도 한다.
  • 대개는 경직형이면서 불수의적인 특징을 가지고 있다.
② 시간이 경과함에 따라 다른 유형과 중복될 수도 있고 완전히 변화될 수도 있다.
③ 혼합형 뇌성마비 학생의 특성을 고려하여 다음과 같이 교실 좌석에 배치하는 것이 바람직하다.
  ㉠ 움직임이 동반되도록 하면서 신체를 중심선상에 놓는 것이 바람직하다. 즉, 칠판을 정면으로 볼 수 있도록 하여 신체의 대칭성을 유지하고 활동 가능한 잔존능력을 최대한 활용할 수 있도록 한다.
  ㉡ 개별 학습 지도 시에는 두 손이 중심선상에서 움직이도록 하면서 어깨와 허리 골반이 움직일 수 있도록 하는 것이 바람직하다.

심각도에 따른 분류
🔄 기능적 분류

3. 심각도에 따른 분류

심각도에 따른 분류는 운동 손상 정도와 기능 수준에 따라 경도, 중등도, 중도로 구분한다.

경도	• 운동 손상이 매우 적은 것을 가리킨다. • 소근육운동은 약하게 영향을 받는 경우가 많다.
중등도	• 운동능력 손상이 꽤 가시적으로 나타난다. • 활동 수행을 위해 더 긴 시간이 필요하지만, 일반적인 일상생활 활동을 수행할 수는 있다.
중도	• 운동능력의 손상이 매우 심하여 많은 수정이 동반되지 않는 한 일상생활의 일반적 활동을 수행할 수 없다.

① 심각도에 따른 분류체계는 조작적 정의나 신뢰도의 부족이 계속 논란이 되어 왔기 때문에 좀 더 정확하게 하기 위해서 숫자를 사용하거나 다른 분류체계가 계속 시도되어 왔는데, 대표적으로 대근육운동 기능 분류체계(Gross Motor Function Classification, GMFCS)를 들 수 있다.

　㉠ 1997년 Palisano 등은 뇌성마비 환자에 대한 GMFCS를 발표하였으며 이 체계는 환자의 보행기능에 기반을 두었다.

　㉡ 이후 적용 연령을 확대시키고 문제점을 보완한 'GMFCS-Expanded and Revised(E&R)'을 발표하였다.

② 대근육운동 기능 분류체계의 특징은 다음과 같다. [17중특]

　㉠ GMFCS-E&R은 자발적으로 시작하는 동작을 평가하고 학생의 최대 능력치가 아닌 일상생활에서의 활동을 관찰하여 평가한다.

　㉡ 앉기, 이동 동작, 가동성에 초점을 둔 것이다.

　㉢ 다섯 단계 분류의 주된 기준은 기능적 제한과 손으로 잡는 보행보조기구(워커, 크러치, 지팡이 등)나 바퀴 달린 이동보조기구가 필요한가에 근거하여 단계를 구분하며, 동작의 질 또한 구분 기준이 된다.

　㉣ 1단계와 2단계의 구분은 3, 4, 5단계만큼 명확하지는 않다.

③ 대근육운동 기능 분류체계는 5개의 연령군(2세, 2~4세, 4~6세, 6~12세, 12~18세)으로 나누고 그 기준을 달리하고 있다. 뇌성마비 학생의 운동 기능을 학생이 걸을 수는 있으나 심화된 대근육운동 기술에 약간의 제한을 보이는 Ⅰ단계에서부터 보조공학의 이동 장치가 주어져도 독립적인 이동이 심각하게 제한된 Ⅴ단계에 이르는 5단계 수준 체계로 묘사하고 있다.

④ 6세 이상~12세 미만 학생의 GMFCS-E&R은 다음과 같다.

17중특, 20초특, 21초특, 22중특, 23초특, 24초특

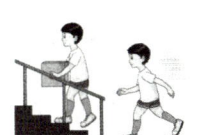

GMFCS Level I
- 학생은 가정/학교/실외/지역사회에서 보행이 가능하고, 신체적 보조 없이 경계석을 오르내릴 수 있다. 또한 난간을 잡지 않고 계단을 오르내릴 수 있고, 달리기와 뛰기 등 대근육운동 기능을 수행할 수 있으나 속도, 균형, 협응 면에서는 제한이 있다.
- 개인의 선택과 환경적 요인에 따라 체육 및 스포츠활동에 참여할 수 있다.

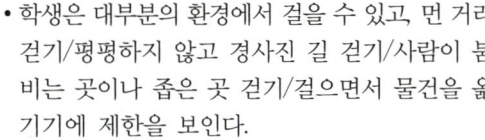

GMFCS Level II
- 학생은 대부분의 환경에서 걸을 수 있고, 먼 거리 걷기/평평하지 않고 경사진 길 걷기/사람이 붐비는 곳이나 좁은 곳 걷기/걸으면서 물건을 옮기기에 제한을 보인다.
- 난간을 잡고 계단을 오르나 난간이 없으면 신체적 보조를 받아서 계단을 오르고, 야외와 지역사회에서 신체적 도움을 받거나 손으로 잡는 이동기구를 이용하여 걷고, 먼 거리는 휠체어를 사용하여 이동한다.
- 달리기와 뛰기 등 대근육운동 기술 능력은 매우 부족하며, 체육 및 스포츠 활동 참여를 위해서는 수정이 필요하다.

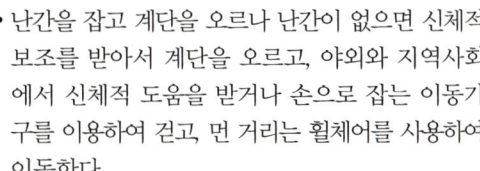

GMFCS Level III
- 학생은 실내에서 대부분 손으로 잡는 이동기구를 이용하여 걷고, 앉을 때는 골반의 정렬과 균형을 위해 좌석벨트를 사용한다.
- 앉았다 일어나거나 바닥에서 일어날 때 타인의 신체적 도움이나 지지면이 필요하다.
- 먼 거리 이동 시 휠체어를 사용하고, 다른 사람이 옆에 서 있거나 신체적 보조를 제공하면 난간을 잡고 계단을 오르내릴 수 있다.
- 보행 능력이 제한적이므로 체육 및 스포츠 활동에 참여하기 위해 수동 휠체어 및 전동 휠체어와 같은 기구가 필요하다.

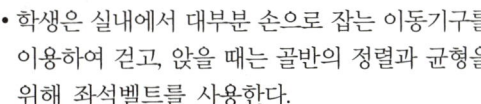
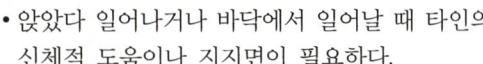

> **Tip**
> - 초등특수, 중등특수 임용시험의 경우 6세 이상~12세 미만을 기준으로 출제되는 것이 일반적이다.
> - GMFCS 학습 시에는 학생의 기능상태와 함께 사용되는 보조공학기기의 종류에도 주의를 기울여야 한다.

> **자료**
> **대근육운동 기능 분류체계**
> - 1단계: 특별한 제한 없이 보행이 가능하며, 뛰거나 계단오르기 등도 가능하다. 쉽게 말해서 행동이 약간 부자연스러울 수는 있으나 정상인과 구별되지는 않는 정도를 의미한다.
> - 2단계: 보행은 가능하나 층계 오르기나 점프 등의 동작에는 어려움이 있다. 일부 부자연스러운 모습이 관찰된다.
> - 3단계: 손을 잡고 사용하는 보행보조기를 사용하여 보행을 할 수는 있다. 이 경우는 보조기를 사용할 수 있느냐 없느냐가 중요한 요인이 된다.
> - 4단계: 독립보행은 힘드나 수동 휠체어나 전동 휠체어를 이용하여 이동이 가능하다. 이 단계에서는 보행은 어렵지만 자세를 유지하여 잘 앉아있을 수는 있다.
> - 5단계: 보호자의 도움이 있어야 이동이 가능하며 목을 가눌 수 없기 때문에 그에 대한 보조장치가 필요할 수도 있다.
>
> 출처 ▶ 정진엽 외(2019)

GMFCS Level Ⅳ

- 학생은 대부분의 환경에서 타인의 신체적 도움을 받거나 전동 휠체어를 사용하고, 몸통과 골반의 자세 조절을 위해 개조된 의자가 필요하다.
- 이동 시 대부분 신체적 도움이 필요하고, 가정에서는 바닥에서 구르거나 기어서 이동하고 신체적 도움을 받아 짧은 거리를 걷거나 전동 휠체어를 사용한다.
- 자세를 잡아 주면 학교나 가정에서 체간지지 워커를 사용할 수 있고, 학교/야외/지역사회에서 타인이 학생의 수동 휠체어를 밀어 주거나 전동 휠체어를 사용하여 이동한다.
- 이동성의 제한으로 인해 체육 및 스포츠 활동에 참여하기 위해서는 신체적 도움이나 전동 휠체어와 같은 장치가 필요하다.

GMFCS Level Ⅴ

- 학생은 모든 환경에서 수동 휠체어로 다른 사람이 옮겨 주어야 한다.
- 중력에 대항하여 머리와 몸통의 자세를 유지하기 어렵고 다리의 움직임 조절에 제한이 있다.
- 머리를 가누고/앉고/서고/이동하기 등을 위해 보조공학을 사용하나 이런 장비로 완전히 보완되지는 않고, 이동할 때에는 전적으로 타인의 신체적 도움을 받아야 한다.
- 가정에서 학생은 바닥에서 짧은 거리를 이동하거나 성인이 안아서 옮겨 주어야 한다.
- 좌석과 조작 방법을 수정한 전동 휠체어를 사용해 스스로 이동할 수도 있다.
- 이동성의 제한으로 체육 및 스포츠 활동에 참여하기 위해서는 신체적 도움과 전동 휠체어와 같은 장치가 필요하다.

출처 ▶ 박은혜 외(2023), 정진엽 외(2013)

Tip
5단계에 해당하는 경우에도 좌석과 조작 방법을 수정한 전동 휠체어를 사용하면 스스로 이동할 수 있음에 유의한다.

KORSET 합격 굳히기   2~4세 미만, 4~6세 미만의 대근육운동 기능 분류체계

1. **2세 이상~4세 미만**
   ① Level I : 아동은 바닥에 앉아 양손으로 사물을 자유롭게 다룬다. 어른의 도움 없이 앉거나 설 수 있고, 이동 수단으로 걷는 것을 선호하며 보행 보조기는 필요하지 않다.
   ② Level II : 아동은 바닥에 앉으나 사물을 양손으로 다루면 균형을 잘 잡지 못한다. 어른이 도와주지 않아도 앉거나 앉은 상태에서 다른 자세로 바꾼다. 안정된 바닥에서 붙잡고 선다. 바닥에서 배를 떼고 양손과 양 무릎을 교대로 내어 기고 가구를 짚고 이동하며 보행 보조기구를 이용해 걷는 것을 선호한다.
   ③ Level III : 아동은 종종 'W'자 형태(양측 고관절과 슬관절이 굴곡 및 내회전된 상태)로 바닥에 앉고 어른이 앉혀 줘야 하는 경우도 있다. 스스로 이동하는 일차 수단으로 바닥에 배를 깔고 기거나 배를 떼고 양손과 양 무릎으로 긴다(보통 양다리를 교대로 내지 못한다). 안정된 바닥에서 붙잡고 서서 짧은 거리를 다닐 수 있다. 워커 같은 보행 보조기구를 사용하고 어른이 방향 전환을 도와주면 실내에서 짧은 거리를 걸을 수 있다.
   ④ Level IV : 아동은 앉혀 주면 앉아 있을 수 있지만, 손을 짚지 않으면 자세와 균형을 유지하지 못한다. 보통 앉거나 서기 위한 보조 장비가 필요하다. 짧은 거리(방 안)를 혼자 이동하기 위해서는 구르거나, 배를 깔고 기거나, 배를 바닥에서 떼고 손과 무릎으로 기지만 양다리를 교대로 내지 못한다.
   ⑤ Level V : 신체장애로 인하여 동작의 자발적 조절이 제한되고 중력에 대해 목과 몸통을 가누지 못한다. 운동기능의 모든 영역에서 제한이 있다. 보조 장비나 기술의 사용을 통해서도 앉거나 설 때 기능 제한이 완전히 보상되지 않는다. Level V 아동은 혼자서 이동할 수 없고 다른 사람이 옮겨 줘야 한다. 일부 아동은 상당히 개조된 전동 휠체어를 사용하여 스스로 이동할 수 있다.

2. **4세 이상~6세 미만**
   ① Level I : 아동은 손을 짚지 않고 의자에 앉거나 일어난다. 바닥이나 의자에 앉은 상태에서 주위의 물건에 의지하지 않고 일어난다. 실내와 실외에서 걷고 계단도 오른다. 달리거나 뛸 수 있게 된다.
   ② Level II : 아동은 의자에 앉아 양손으로 사물을 자유롭게 다룬다. 바닥이나 의자에 앉은 상태에서 설 수 있지만 팔로 견고한 바닥을 밀거나 잡아당겨야 하는 경우가 많다. 실내에서는 손으로 잡는 보행 보조기가 없이 걸을 수 있고 바닥이 평평한 실외에서 짧은 거리를 걷는다. 아동은 난간을 잡고 계단을 오르지만 달리거나 뛸 수는 없다.
   ③ Level III : 아동은 일반 의자에 앉지만 골반이나 몸통의 지지가 있어야 손의 기능을 최대화할 수 있다. 아동은 팔로 견고한 면을 밀거나 잡아당겨 의자에 앉거나 의자에서 일어난다. 장거리를 가거나 실외의 평평하지 않은 길을 갈 때는 보통 다른 사람이 옮겨 줘야 한다.
   ④ Level IV : 아동은 의자에 앉지만 손의 기능을 최대화하거나 몸통을 가눌 수 있게 하기 위해선 개조된 의자가 필요하다. 어른이 도와주거나 팔로 밀거나 잡아당길 수 있는 견고한 면이 있으면 의자에 앉거나 의자에서 일어날 수 있다. 워커나 어른의 관찰 하에 짧은 거리를 걸을 수도 있으나 방향을 바꾸거나 평평하지 못한 바닥에서 균형을 유지하는 데는 어려움이 있다. 지역사회에서는 다른 사람이 옮겨 줘야 한다. 전동 휠체어를 사용하여 스스로 이동하는 경우도 있다.
   ⑤ Level V : 신체장애로 인하여 동작의 자발적 조절이 제한되고 중력에 대해 목과 몸통을 가누지 못한다. 운동기능의 모든 영역에서 제한이 있다. 보조 장비나 기술의 사용을 통해서도 앉거나 설 때 기능 제한이 완전히 보상되지 않는다. Level V 아동은 혼자서 이동할 수 없고 다른 사람이 옮겨 줘야 한다. 일부 아동은 상당히 개조된 전동 휠체어를 사용하여 스스로 이동할 수 있다.

출처 ▶ 정진엽 외(2013)

KORSET 합격 굳히기 12세 이상~18세 미만의 대근육운동 기능 분류체계

GMFCS Level I
- 학생은 집, 학교, 실외, 지역사회에서 걷는다.
- 신체적 도움 없이 도로경계석을 오르거나 내려갈 수 있고 난간을 잡지 않고 계단을 오르내릴 수 있다.
- 달리기나 뛰기 같은 대운동 기술은 수행하지만 속도, 균형, 조절이 제한된다.
- 개인의 선택과 환경적 요인에 따라 체육 활동과 스포츠 활동에 참여할 수 있다.

GMFCS Level II
- 학생은 대부분의 상황에서 걷는다.
- 환경적 요인(평평하지 않은 곳, 경사진 곳, 장거리, 소요 시간, 날씨, 친구들의 용인)과 개인적 선호가 이동 수단을 선택하는 데 영향을 미친다.
- 학교나 직장에서 학생은 안전을 위해 손으로 잡는 보행 보조기를 사용하기도 한다.
- 실외와 지역사회에서, 장거리를 이동할 때 바퀴가 달린 이동장치를 사용하기도 한다.
- 계단을 오르내릴 때 난간을 잡거나 난간이 없으면 신체적 도움을 받아 이동한다.
- 대운동 기술을 수행하는 데 제한이 있어 체육 활동과 스포츠 활동에 참여하기 위해 개조장치가 필요할 수 있다.

GMFCS Level III
- 학생은 손으로 잡는 보행 보조기를 이용하여 걸을 수 있다.
- 다른 level과 비교해 level III 학생은 신체적 능력, 환경적, 개인적 요인에 따라 이동 수단이 더 다양하다.
- 앉을 때 골반의 자세와 균형을 위해 좌석벨트가 필요할 수 있다. 앉은 자세에서 일어나거나 바닥에서 일어설 때 다른 사람의 신체적 보조나 지지면이 있어야 한다.
- 학교에서 스스로 미는 수동 휠체어나 전동 이동장치를 사용할 수 있다.
- 실외와 지역사회에서 전동 이동장치를 사용하거나 다른 사람이 휠체어로 옮겨 줘야 한다.
- 다른 사람의 관찰하에 또는 신체적 보조를 받으면 난간을 잡고 계단을 오르내릴 수 있다.
- 보행에 제한이 있어 체육 활동과 스포츠에 참여하기 위해 스스로 미는 수동 휠체어나 전동 이동장치를 포함한 개조장치가 필요할 수 있다.

	**GMFCS Level Ⅳ** • 학생은 대부분의 상황에서 바퀴가 달린 이동장치를 사용한다. • 학생은 골반과 몸통 조절을 위한 개조된 의자가 필요하다. • 이동을 위해 한두 명의 신체적 보조가 필요하다. 학생은 서서 이동하는 것을 돕기 위해 자신의 다리로 체중을 지지하기도 한다. 실내에서 신체적 도움이나 바퀴 달린 이동장치의 사용, 또는 자세가 잡히면 체간지지 워커를 사용하여 짧은 거리를 이동할 수 있다. • 학생은 전동 휠체어를 조종할 수 있는 신체적 능력이 있다. 전동 휠체어가 적당하지 않거나 없는 경우 학생을 수동 휠체어로 옮겨 줘야 한다. • 이동이 제한되므로 체육 활동과 스포츠 참여를 위해 신체적 도움이나 전동 이동장치를 포함한 개조장치가 필요하다.
	**GMFCS Level Ⅴ** • 학생은 모든 상황에서 수동 휠체어로 다른 사람이 옮겨 줘야 한다. • 중력에 반해 목과 몸통의 자세를 유지하고 팔과 다리의 운동을 조절하는 능력이 제한된다. • 목 가누기, 앉기, 서기, 어떤 경우에는 이동을 향상시키기 위해 보조기술을 사용하지만 이런 장비로 완전히 보완되진 않는다. 이동을 위해 한두 명의 신체적 보조나 자동 리프트가 필요하다. 좌석과 조작방법을 상당히 개조한 전동 이동장치를 사용하면 스스로 이동할 수 있는 경우도 있다. • 이동이 제한적이므로 체육 활동이나 스포츠에 참여하기 위해 신체적 보조와 전동 이동장치가 필요하다.

출처 ▶ 정진엽 외(2013)

Chapter 04 뇌성마비 학생의 특성 및 지원

01 뇌성마비 학생의 언어 특성

1. 구어 산출 특성

뇌성마비 학생에게 보이는 언어적 특성을 이해하기 위해서는 뇌성마비가 가지고 있는 부적절한 요인을 이해해야 한다. 일차적으로 정상적인 말을 산출하기 위해서는 호흡·발성·조음·신경기관에 문제가 없어야 한다. 그러나 뇌성마비는 이 네 가지 모두에서 문제를 가지고 있다. 따라서 뇌성마비는 호흡(역호흡, 짧은 호흡), 발성(음도, 강도, 음질, 소리의 지속), 조음(부정확함, 왜곡) 그리고 운율장애(구어속도, 쉼)의 증상을 갖는다.

(1) 호흡장애 09유특

뇌성마비 학생의 일반적인 호흡 특성은 다음과 같다.

① 날숨의 지속시간이 너무 짧다.

② 역호흡 증상이 나타난다.

③ 호흡량이 부족하다.

④ 음절당 소모되는 공기의 양이 많다.

(2) 발성장애

비정상적인 근육의 긴장과 비협응운동은 발성장애를 유발한다.

① 날숨 시 성대가 열려 있는 경우: 압력이 형성되지 않아 발성이 되지 않는다.

② 성대가 너무 경직된 경우: 진동하기 어려워서 발성이 되지 않는다.

③ 성대 긴장도가 유지되지 않는 경우: 비정상적인 음도, 폭발적인 음성 등이 산출된다.

④ 자연스럽고 편안한 발성을 위하여 바른 자세 지도를 실시한다.
- 머리, 몸통, 어깨의 움직임이 안정되도록 조절한다.

자료

호흡 유형

복식 호흡	영·유아는 그들의 늑골이 수평으로 위치하고 있어서 이 늑골들을 들어 올리려는 노력은 흉곽을 압박하게 된다. 3세 정도까지 지속된다.
흉식 호흡	서서 걷게 되면 흉곽은 아래쪽으로 기울어지기 시작하여 흉식 호흡을 할 수 있게 된다.
역 호흡	흡기 동안 가슴의 상부가 들어가는 상태를 나타내는 일반적인 말로서, 생후 얼마 되지 않은 신생아에게 나타나는 경우에는 정상이며 생후 몇 개월 뒤에는 소실된다. 이것은 뇌성마비아의 호흡의 특징이라고 할 수 있다.

출처 ▶ 전헌선 외(2009)

(3) 조음장애

잘못된 자세와 비정상적인 근육 긴장과 반사, 운동패턴 등으로 인해 조음 문제가 나타난다.

① 말소리의 강도, 음도 그리고 운율상의 문제로 인하여 전체적인 말의 명료도가 낮다.
② 말의 지각능력이 낮다.
③ 경직형의 경우 연인두 폐쇄 기능의 결함으로 파열음, 마찰음, 파찰음 산출이 어렵고, 또한 과대비성이 나타난다.
④ 조음기관의 기민성이 떨어져 조음이 부정확하다.
⑤ 조음점의 정확성이 떨어져 조음이 부정확하다.

(4) 운율장애

일반학생과 달리 뇌성마비 학생은 대뇌 병변으로 인하여 언어의 운율에 대한 이해와 표현이 부족하여 운율장애를 수반한다.

① 소리의 높낮이를 적절하게 조절하기 어렵다.
② 소리의 강세를 적절하게 조절하기 어렵다.
③ 발화를 할 때, 필요한 곳에서 쉼을 적절하게 조절하기 어렵다.
④ 발화를 할 때, 필요한 호흡의 양이 부족하거나 호흡 조절이 어렵다.
⑤ 부적절한 쉼으로 인하여 문장 내의 속도 조절이 어렵다.

> **운율장애**
> 음도, 강도, 발화 지속시간 그리고 쉼 등의 조절이 손상된 음성학적 장애(고은, 2021)
> 동 실율증, 운율불능증, aprosodia, aprosody

2. 뇌성마비 학생의 의사소통 지도

뇌성마비 학생들의 언어적 특성을 고려한 의사소통 지도는 호흡능력을 강화하기 위한 지도와 자세 조정 훈련으로 구분된다.

(1) 호흡 능력 강화 14유특

① 호흡근육 조절능력의 부족으로 발생하는 역호흡은 호흡량을 짧게 하고, 따라서 발화가 짧고 끊어질 듯한 현상을 가져온다.
  • 호흡과 발성의 지속시간을 늘릴 수 있도록 지도하는 것이 필요하다.
② 바람개비 불어 돌리기, 비눗방울 불기, 빨대로 물 불어 소리내기 등과 같은 활동은 역호흡을 억제하고 호흡량을 증가시킬 수 있다.

(2) 자세 조정 훈련 14유특, 23중특

① 뇌성마비 학생의 조음치료에 있어서 적절한 자세란 이상반사 패턴을 억제하고 조음기관의 최소한의 노력(움직임)으로 조음이 가능하도록 하는 자세이다.

② 조음 위치에 따른 조음 오류를 수정하기 위한 대표적인 자세 조정 방법은 다음과 같다.

양순음	머리를 앞으로 숙여서 양 입술의 폐쇄가 쉽게 이루어지게 한다.
치조음, 경구개음	머리를 앞으로 숙여서 설첨 부위가 치조나 경구개에 보다 가깝게 위치하게 한다. 이를 통해 혀가 조금만 움직여도 조음 위치에 닿을 수 있기 때문에 정상 조음에 도움을 받을 수 있다.
연구개음	목을 뒤로 젖혀 혀뿌리가 중력 작용으로 구강의 뒤쪽으로 위치하게 한다.

02 심리·사회적 및 지각 특성

1. 심리·사회적 특성

① 주변 자극에 쉽게 방해를 받고, 무관련 자극에 쉽게 반응하여 특정 과제에 주의를 기울이기 어렵다(산만성).

② 한 가지 자극에 지나치게 집착하여 다른 것으로 전환하기 어려운 특징을 보인다(고집성).

③ 지나치게 비정상적일 정도로 활동적인 행동을 하거나 과도하게 흥분하거나 불안정한 증세를 보이기도 한다(과잉행동성).

④ 아무 생각이나 목적 없이 생각하는 특징이 있다(충동성).

2. 지각 특성 10초특

특별히 지체와 지각 간의 직접적인 관련성은 인정되지 않지만, 뇌손상에 의한 지체장애 학생의 경우 다음에 제시된 다양한 지각 특성을 나타내는 것으로 보고되고 있으며, 뇌성마비 학생의 40% 이상에서 하나 이상의 지각장애가 나타나는 것으로 알려져 있다.

(1) 공간위치 지각장애
  ① 공간위치 지각이란 물체가 있는 공간과 관찰자 간의 관계를 지각하는 능력이다.
    • 물체가 자신을 중심으로 앞, 뒤, 위, 아래, 옆에 있는 것을 지각하는 것이다.
  ② 뇌성마비 학생의 경우 자신의 신체를 중심으로 좌우, 위아래와 같은 위치 지각의 곤란으로 학습에 있어 아와 어, 오와 우, 6과 9의 혼동, 12와 21의 차이의 혼동 등이 빈번히 일어나기 때문에 읽기, 쓰기, 수 계산에 곤란을 겪는다.

(2) 공간관계 지각장애
  ① 공간관계 지각이란 관계된 둘 이상 물체의 위치 및 물체 상호 간의 위치, 즉 복수물의 상호 관계를 지각하는 능력이다.
  ② 뇌성마비 학생이 공간관계의 지각이 덜 발달될 경우 구슬 꿰기, 적목 쌓기와 같은 활동에 어려움을 보인다. 또한 학습에 있어서도 글자를 바르게 읽기, 바르게 쓰기, 지도 찾기, 그래프 이해하기 등의 과제에서 어려움을 나타낸다.

(3) 시각-운동 협응장애
  ① 시각-운동 협응이란 시각을 신체 운동 혹은 신체 일부와 조정시키는 능력이다.
  ② 뇌성마비 학생의 경우 시각-운동의 어려움으로 문장을 읽을 경우 시각 추적이 원활하지 못해 문장을 다 읽지 못하거나 글자 혹은 문장을 빼고 읽거나 그리기, 쓰기, 가위질, 착탈의가 미숙한 경우가 많다.

(4) 항상성 지각장애
  ① 항상성이란 사물을 보는 조건(크기, 밝기, 색, 형태)은 변해도 대상물은 항상 그대로의 사물이라고 인지하는 능력이다.
  ② 뇌성마비 학생의 경우 항상성에 어려움을 보여 같은 단어나 도형을 크기나 글자체를 다르게 나타내면 다른 것으로 인식할 수 있다. 즉, 위치와 배경에 따라 크기와 형태가 달라 보이지만 같은 글자와 도형이라는 인지가 어렵다.
    • 항상성의 곤란은 문장 속의 낱말이나 철자를 찾거나, 익숙하지 않은 활자인지에 어려움을 갖는다.

(5) 전경-배경 지각장애

① 전경은 튀어나온 것, 통합된 것이고 배경은 바탕을 제공하고 분산된 것으로 과제에 따라 적절하게 주의집중을 해야 한다. 그러나 뇌성마비 학생은 지각 영역을 적절하게 체제화할 수 없고, 각 영역의 적절한 요소에 선택적으로 반응할 수 없다.

② 뇌성마비 학생은 전경보다는 배경에 반응하는 경향이 있다.
- 전경-배경의 곤란은 주의산만, 집중력 저하로 읽기장애나 문장을 분석, 통합하는 데 어려움을 가진다.

03 신체·운동 및 생리조절 특성

1. 신체·운동 특성

비정상적인 반사와 자세의 문제, 근긴장도의 이상은 고관절 탈구, 관절 구축, 척추 측만증 등의 정형외과적 문제를 유발한다.

(1) 고관절 탈구

① 고관절 탈구란 고관절 주위 근육의 경직으로 인해 대퇴골이 고관절에서 이탈되는 것을 의미한다.
- 관절에서 접촉이 다소 남은 상태를 '아탈구'라고 하며 고관절에서 분리된 것을 '탈구'라 한다.

② 고관절 탈구는 다른 손상 없이도 발생할 수 있지만, 주로 경직형 또는 불수의 운동형 뇌성마비와 같은 신경운동장애나 척수성 근위축증과 같은 퇴행성 질환의 학생에게서 나타난다.

(2) 관절 구축 12중특

① 관절 구축이란 근긴장도의 지속적인 증가로 인해 근육, 인대, 관절막의 길이가 단축되어 나타나는 현상을 말한다.
- 아동이 성장할수록 근육 간 불균형으로 인한 단축이 더 심해져서 관절의 정렬이 흩어지며 이로 인해 근육의 움직임이 제한되고 강한 경직으로 구축이 생긴다.

고관절
신체에서 가장 큰 관절로 보행, 착석, 눕기와 같은 가장 기능적인 문제에 영향을 미칠 수 있는 관절이다.

관절 탈구
관절을 구성하는 뼈마디, 연골, 인대 등의 조직이 정상적인 생리적 위치 관계에서 정상 범위를 벗어난 이상 상태를 의미한다. 관절의 완전 파열이나 붕괴가 일어나 서로 접촉해 있던 관절면의 접촉이 완전히 소실된 상태를 탈구라고 하고 접촉이 다소 남은 상태를 아탈구라고 한다. 대개의 경우 관절 주위의 골절이나 조직의 손상을 동반한다(특수교육학 용어사전, 2018).

② 관절 구축에 의해 발 모양이 변형되어 내반족, 외반족 혹은 첨족, 척추 측만이 나타나기도 한다.

내반족	발이 바깥쪽 바닥에 닿고 발의 안쪽이 세워져 발바닥이 몸의 중앙을 향해 휘어진 상태이다.
외반족	내반족과 반대로 발의 안쪽이 내려앉고 바깥쪽은 솟아오른 발의 변형을 말한다.
첨족	발가락 관절이 밑쪽으로 굽어져서 고정된 상태에서 발끝으로 걷는 형태이다.

자료

관절 구축에 의한 발 모양

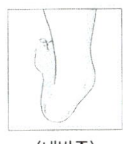
〈내반족〉

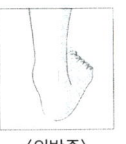
〈외반족〉

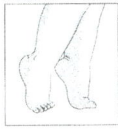
〈첨족〉

출처 ▶ 김혜리 외(2021)

(3) 척추 측만증 ^{10중특}

① 척추 측만증이란 척추 주위 근육의 비대칭적인 긴장으로 인해 잘못된 자세를 방치하게 되어 척추가 S자형이나 C자형으로 만곡되는 것을 말한다.
- 방치하면 자세의 균형, 보행, 심폐 기능에 영향을 줄 수 있다.

② 뇌성마비 학생은 신체 정렬이 되지 않은 부적절한 자세가 관절의 위치나 근육의 길이를 변형시켜 이차적인 장애로 척추 측만을 일으킬 수 있다.

③ 척추 측만이 고착되지 않은 경우, 중력에 대항하고 비정상적인 근육 긴장도를 최소화시켜 주는 방식으로 신체 정렬이 되도록 자세를 잡아 준다.

④ 척추 측만증 교정을 위해서는 보조공학기기를 제공하여 가장 편안하고 바른 자세를 잡아주고, 정기적으로 자세를 바꿔 줌으로써 이차적 장애를 예방해야 한다.

자료

척추 측만증

척추 측만증에 대한 자세한 내용은 'Chapter 05. 지체장애의 기타 유형' 참조

2. 생리조절 특성 ^{13중특, 13초특(추시)}

① 많은 뇌성마비 학생이 위장 문제를 갖는다.
- 위장관계에 문제가 생기면 식사와 소화, 배설의 문제를 가져오며 이로 인해 영양의 문제도 발생한다.

② 위식도 역류가 나타날 수 있다.
㉠ 위식도 역류란 식도 괄약근의 기능 약화로 인해 위에 있는 음식이 식도로 역류하는 것이다.
㉡ 위로 들어간 음식물이 역류하여 때로는 입으로 나오고, 음식물로 인해 목이 자주 메고, 구역질, 기침 등이 나타난다.

③ 기저귀 사용과 청결 문제로 인해 요로 감염 현상이 나타날 수 있다.
㉠ 요로 감염은 발열, 구토, 설사, 복통, 배뇨통 등을 유발할 수 있다.
㉡ 학생에게는 감염 부위의 청결을 유지시키고, 충분한 수분 섭취를 통해 요로 계통을 깨끗하게 하는 것이 도움이 된다.

위식도 역류

위식도 역류는 식도 괄약근의 기능 약화로 인해 위에 있는 음식이 식도로 역류되는 것이다. 이는 위에 있는 내용물이 식도(목의 뒷부분과 위가 연결된 통로)로 밀려나오는 것으로, 잦은 구토와 염증을 유발한다(Heller et al., 2012).

자료

위식도 역류 개선 방법

Chapter 08 일상생활 기술 지도의 '01 섭식 기술' 참조

04 특수교육적 지원

1. 신체적 지원

① 교사는 뇌성마비 학생이 바른 자세를 유지하여 또래와 눈맞춤을 하고 상호작용하며 수업에 참여할 수 있도록 지도한다.

② 학생이 바른 자세를 잡을 수 있도록 다양한 자세 잡기 및 이동을 위한 보조공학기기를 활용한다. 이에 교사는 다양한 자세 잡기 및 이동보조 장비 사용 방법을 숙지하는 것이 필요하다.

③ 학생의 혈액순환을 촉진하고 욕창을 예방할 수 있도록 자세를 자주 바꿔 주는데, 이는 학생의 피부에 보조공학기기가 닿으면 마찰로 상처가 생기고 심한 경우 세포가 괴사하고 피부박리가 일어날 수 있기 때문이다.

④ 학생의 자세를 잡거나 바꿔 줄 때 무릎을 구부리고 가능한 허리를 곧게 펴서 교사의 신체에 무리가 가지 않도록 주의한다.

⑤ 아동이 성장하면서 보조공학기기가 잘 맞지 않을 수 있으므로 교사는 주의 깊게 점검하고 보조공학기기와 피부가 맞닿은 부분의 피부가 손상되거나 붉어진 부분을 살펴보고 부모에게 이야기하여 의사와 치료사에게 전달하도록 한다.

⑥ 보조공학기기가 학생에게 효과적이라 하더라도 교사는 어느 정도의 시간 동안 학생이 보조공학기기를 착용하는 것이 적절한지, 언제까지 보조공학기기를 착용해야 하는지 그 사용 기한에 대하여 전문가와 상담하는 것이 필요하다.

2. 학습 지원

① 교사는 학생의 특성에 기초한 교수적 수정을 하고 다양한 보조공학기기를 활용한다.

② 학생의 학습 능력에 따라 어떤 학생은 연필을 잘 잡을 수 있도록 잡기 보조공학기기를 제공하거나 과제수행 시간을 더 주거나 주어진 과제의 양을 줄여 줄 필요도 있다.

3. 의사소통 지원

교사는 뇌성마비 학생의 의사소통 지도를 위해 언어치료사와의 협력관계를 유지하고, 의사소통에 어려움이 있는 뇌성마비 학생을 위해 언어를 대체하고 보완할 수 있는 AAC 방법을 활용할 수 있도록 지도한다.

4. 건강 지원

(1) 약물치료
① 발작, 경직, 변비, 위식도 역류 등에 대해서는 약물을 사용하여 치료할 수 있다.
② 약물은 근육을 이완시키기 위해 주로 사용되며, 신경안정제로서 근육 상태를 조절하거나 중추신경기관의 억제, 근육 수축의 억제를 위해 사용된다.

(2) 주사요법
① 페놀/알코올 주사요법과 보톡스 주사요법이 시행되기도 한다.
② 뇌척수강내 요법을 사용하여 뇌척수액 안으로 튜브를 통하여 바클로펜을 투여한다.
③ 보툴리눔 독소를 주사하는 것이 있는데 이는 경련성 근육에 주사하여 근육 긴장을 감소시키는 방법이다.

(3) 수술요법
① 정형외과적 수술은 뇌성마비 학생의 근육 수축을 예방하거나 풀어 주고, 근육의 불균형적인 면을 바로 잡고 기능을 향상시켜 주기 위해 시행한다.
② 선택적 척수후근 절제술은 신체의 감각 신경 정보가 척수로 들어가는 최종 단계인 척수후근을 잘라내서 경직성을 경감시키는 신경외과적 수술로 경직형 편마비 학생에게 활용되는 수술이다.
③ 경직성 뇌성마비 운동장애의 근본 원인인 경직을 감소시켜 운동능력을 향상시키기 위한 수술이다.

Chapter 05 지체장애의 기타 유형

01 근이영양증

1. 근이영양증의 개념

① 근이영양증은 골격근이 점차로 변성되고 위축되어 가는 진행성, 불치성, 유전성 질환이다.
- 근이영양증은 중추신경계와 말초신경계와는 연관 없이 골격근의 퇴화가 진행되어 근육의 약화, 구축, 변형을 보이며 특정 근육에 가성비대나 진행성으로 오는 근위축이 나타난다.

② 근섬유의 구조와 모양을 유지하는 것과 칼슘을 저장하는 기능을 하는 디스트로핀이라 불리는 단백질의 부족에 의해 발생한다.

③ 신경계 이상으로 근육세포가 위축되는 소아마비나 뇌성마비와는 달리, 근육세포 자체가 지방질로 바뀌어 감에 따라 기능을 하지 못하게 된다.

④ 정확한 원인은 밝혀지지 않았으나 약 2/3는 모계에 의한 유전으로, 1/3은 유전적인 돌연변이로 추정하고 있다.

2. 근이영양증의 유형 및 특성

근이영양증은 근육 약화의 정도와 유전적 패턴에 따라 몇 가지 형태로 분류된다.

1) 듀센형 근이영양증 11초특

(1) 개념

① 듀센형은 가장 일반적인 근이영양증의 형태이며, 가장 증상이 심하고 진행 속도도 빠르다.

② 듀센형은 X염색체의 결함으로 나타나며, 반성 열성으로 유전된다.
  ㉠ 듀센형은 디스트로핀의 부재로 발생한다.
  ㉡ 디스트로핀 단백질의 유전자는 X 성염색체에 위치하고 있으며, 주로 2~6세 정도의 남아에게 많이 발생한다.

✎ 근이영양증

근이영양증은 근위축증과 구별 없이 사용되기도 하지만 임상적 증상에는 약간의 차이가 있다. 근이영양증은 주로 유년기에 발생하고 근위축증은 청장년기에 발생한다. 또한 근이영양증은 근위부 근육에, 근위축증은 원위부 근육에 발생한다. 근강직이 근이영양증에는 없고 근위축증에는 있으며, 근이영양증은 유전성이 확실하지만 근위축증은 유전적 경향이 드물다(특수교육학 용어사전, 2018).
🔵동 근이양증, 진행성 근이영양증, 가성비대 근이영양증, 근디스트로피

비교

근이영양증과 근위축증

근이영양증과 근위축증을 구분하는 경우(예 특수교육학 용어사전)도 있지만 동일하게 보는 문헌도 다수이다(예 구본권, 2007; 김영한 외, 2022; Heller et al., 2012).

✎ 근섬유

근육 내지 근조직을 구성하는 수축성을 가진 섬유상 세포

③ 듀센형의 근력 약화는 대부분 다리와 고관절 부분에서 시작되고, 어깨와 목 근육으로 진행된다. 마지막으로 호흡 근육의 기능 장애를 일으키고 마침내 사망에 이르게 된다. 듀센형은 이러한 근력의 약화 정도가 빠르게 진행되어 대부분 20대 초반에 사망한다.

(2) 특성

듀센형은 다음과 같은 신체적 특성이 나타난다.

① 가우어 징후 ^{11초특, 14중특, 20중특}

  ㉠ 가우어 징후는 학생이 바닥에 앉아 있다 일어설 때 볼 수 있는데, 두 다리를 넓게 벌리고 양손으로 바닥을 짚었다가 무릎과 허벅지를 손으로 밀면서 일어나는 모습을 말한다.

  ㉡ 골반 주위 근력 약화로 인한 요추 전만과 척추, 다리 근육 등이 약화되었기 때문에 나타나는 현상이다.

  ㉢ 10~12세가 되면 독립보행이 어렵게 되어 휠체어를 사용하게 된다.
   - 휠체어 사용 단계에서 약 90%의 아동은 척추 측만증이 발생하고, 호흡근의 약화도 진행된다.
   - 이동은 상지 근력이 약화됨에 따라 수동 휠체어가 아닌 전동 휠체어가 필요하게 된다.

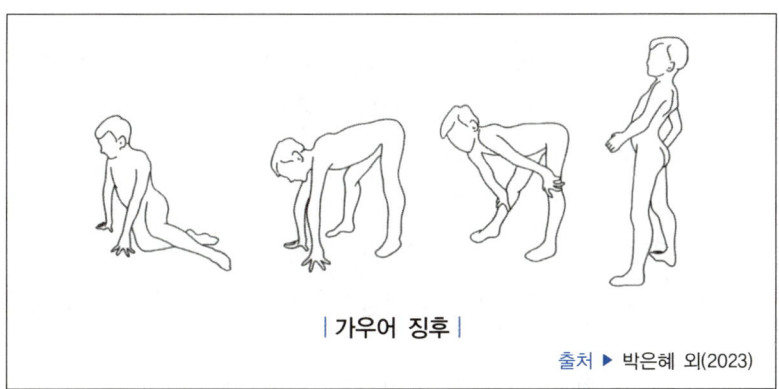

| 가우어 징후 |

출처 ▶ 박은혜 외(2023)

② 가성비대 ^{11초특, 14중특, 20중특}

종아리 근육의 가성비대는 (실제로 근위축증이 일어나지만) 근섬유 대신에 지방세포가 들어찼기 때문에 마치 근육이 증가한 것처럼 보이는 것이다.

  - 실제 근육의 발달로 비대해지는 것이 아니고 근육의 변성과 재생이 반복되면서 지방 조직과 괴사 조직으로 대체되어 커져 보이기만 한 것이다.

자료

가성비대
종아리 부분의 약해진 부분을 보상하기 위해, 근육이 지방섬유로 대치되어 마치 건강한 근육 조직처럼 보이는 것을 말한다. 실제로 근육이 비대해지는 것이 아니고 근섬유가 괴사한 자리에 지방 및 섬유화가 진행되어 단단해지고 커진 것처럼 보이는 것을 말한다(박은혜 외, 2019).
동 의사성장(false growth)

③ 트렌델렌버그 보행

골반 주위 둔근의 약화로 둔부의 요동성 보행인 트렌델렌버그 보행(오리보행)이 나타날 수 있다.

④ 멀온 징후

㉠ 상지와 견갑대까지 근력의 약화가 진행되면 겨드랑이 아래에 손을 넣어 들어올릴 때 상지가 위로 올라가는 멀온 징후가 나타난다.

㉡ 휠체어에서 자리이동을 할 때에는 겨드랑이를 받쳐 들지 말고 등 뒤에서 깍지 낀 학생의 양 손목을 잡고 자리이동을 해야 안전하다.

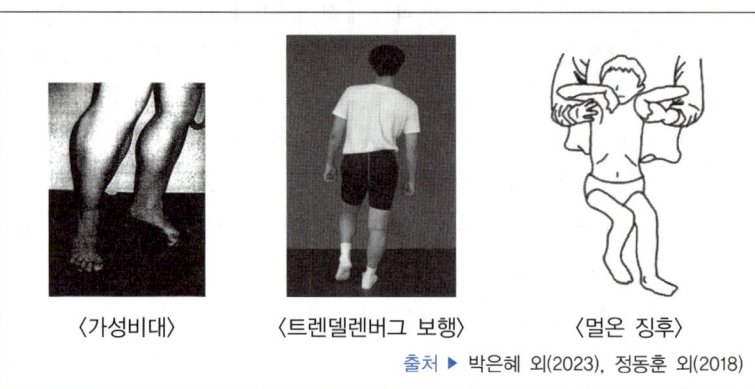

〈가성비대〉 〈트렌델렌버그 보행〉 〈멀온 징후〉

출처 ▶ 박은혜 외(2023), 정동훈 외(2018)

⑤ 기타

듀센형 근이영양증 학생들의 신체 및 보행 특성은 다음과 같다.

㉠ 걸을 때 어깨와 팔이 위축되어 뒤쪽으로 젖혀진다.

㉡ 척추만곡이 나타난다.

㉢ 엉덩이 근육이 약해진다.

㉣ 체중을 지지하기 위해 무릎이 뒤쪽으로 빠진다.

㉤ 종아리가 딱딱하게 굳고 허리가 앞으로 굽으면서 배와 가슴을 내밀며 걷는다.

㉥ 발뒤꿈치 근육이 구축되어 발끝으로 걷는다.

㉦ 대퇴근은 가늘고 탄력성이 약하다.

㉧ 불안한 균형감각으로 자주 넘어진다.

| 자료 |

듀센형 근이영양증 학생의 신체 및 보행 특성

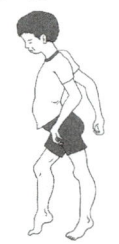

출처 ▶ 박은혜 외(2023)

| 자료 |

만곡(curve)
- 휘어져 있는 상태 또는 굽은 상태
- 팔이나 다리가 심하게 휘어 있다면 비정상적인 상태이지만, 척추에서는 만곡이 반드시 비정상적인 것은 아니다.
- 척추의 만곡은 누구에게나 나타나는 정상적인 만곡과 정상인에게서는 볼 수 없는 비정상적인 만곡으로 구분된다.

출처 ▶ 서울아산병원 홈페이지

(3) 신체 활동 시 고려사항 ^{23유특}

듀센형 근이영양증의 기능 유지와 관절 구축 예방을 위해 운동은 중요하다. 신체 활동 시 고려할 점은 다음과 같다.

① 듀센형 근이영양증 학생을 관리하는 부모나 교사들은 활동적이고, 직립 활동, 직립 자세 등을 유지하기 위해 노력함으로써 급격한 근력 약화에 대처해야 한다.

② 듀센형은 근력 저하가 계속 진행되고 운동기능도 점차 약해지기 때문에 매일 적당한 운동을 하며 근 관절 운동 부족에 의한 하반신의 근력량 저하를 피하는 것이 기본이다.

　㉠ 가성비대가 나타나는 근육도 근력 유지를 위해 남아 있는 근력을 효과적으로 사용할 수 있도록 지도하는 것이 중요하다.

　㉡ 수영은 장애의 어떤 단계를 막론하고 근력 유지 및 관절 구축 방지에 유익하고, 보행 불능 상태에서의 기립을 도와주며 비만 예방에도 효과적이므로 생활 스포츠로서 활용하는 것이 좋다.

③ 모든 일상생활을 위해서도 과한 운동이나 피로를 피하고, 근육의 손상을 초래하는 격렬한 운동은 삼가도록 반드시 주의해야 한다.

2) 베커형 근이영양증

① 베커형은 X염색체의 결함으로 나타나며, 반성 열성으로 유전된다.

② 베커형은 근디스트로핀이 전혀 존재하지 않는 듀센형과는 달리 근디스트로핀의 양이 부족하거나 비효과적이고 비정상적인 형태로 존재한다(디스트로핀의 중앙 부분 결손). 베커형은 디스트로핀의 양에 따라 증상의 정도와 진행 속도에서 차이를 보인다.

③ 베커형 역시 듀센형과 마찬가지로 다리와 고관절의 약화부터 시작된다.

④ 베커형은 발병시기가 보통 5~20세로 듀센형보다 조금 늦고 질환의 진행도 느리다. 20대 이후에도 생존하며 심근장애를 갖지 않는다.

3) 안면 견갑상완형 근이영양증

(1) 개념

① 안면 견갑상완형 근이영양증은 안면근, 견갑근(어깨근), 상완(어깨와 팔굽 사이 근육)과 허리, 엉덩이 근육 등이 약화되기 시작하며 날개 모양의 어깨를 특징으로 하는 질병이다.

　• 어깨뼈가 날개같이 튀어나와 있어 팔을 들어올리는 데 어려움이 있다.

② 안면 견갑상완형의 원인은 우성유전과 단백질 이상으로 밝혀졌다.

[자료]

안면 견갑상완형과 지대형 근이영양증의 원인

• 안면 견갑상완형: 상염색체 우성 유전
• 지대형: 상염색체 우성 혹은 열성 유전

출처 ▶ 김혜리 외(2021)

③ 다른 유형과는 달리 안면 견갑상완형 근이영양증의 대부분은 10대에서 20대 청소년기에 처음 증상이 나타나서 느리게 진행되고 수명에는 영향을 미치지 않는다.
- 안면 견갑상완형 근이영양증은 진행이 늦고 중년 이후에도 보행이 가능하나, 심각성 정도가 매우 광범위하여 심장의 문제, 지적장애, 시각 및 청각장애를 일으킬 수 있다.

(2) 특성 20초특

움직임의 특성으로는 목을 움직이는 근육(목굴근), 대흉근(가슴근), 삼각근(어깨근) 등이 약화되어 일상생활에서 움직임의 제한이 나타난다.

① 단백질 부족에 의한 안면근육 약화로 휘파람 불기, 풍선 불기, 빨대로 물 마시기 동작에서 어려움이 나타난다.
② 팔을 들어올리거나 눈을 완전히 감는 일이 불가능하게 되며, 장애는 골반과 다리 부분으로 진행되어 간다.

4) 지대형 근이영양증

지대(limb girdle)
동 이음뼈

① 지대형 근이영양증은 상염색체 우성유전으로 발생한다. 다리를 지지하는 부분인 엉덩이 근육과 팔을 지지하는 부분인 어깨 근육이 점진적으로 약해지는 유전 질환이다.
② 지대형 근이영양증의 발병 연령은 유아기부터 50세 이후까지 매우 넓다.
③ 증상은 다양하지만 근력 저하와 같은 임상적 증상은 덜 나타나며, 전체적으로 볼 때 듀센형보다는 증상이 가볍고 진행도 늦다.
④ 듀센형과 마찬가지로 보행의 어려움이 발생하며 잘 넘어지고 달리기나 계단 오르내리기를 힘들어하게 된다. 일어설 때 손으로 무릎을 짚고 몸을 일으키는 움직임의 특성이 나타난다.
⑤ 관절 구축으로 인해 보행 시 발뒤꿈치를 들고 걸으며, 전신의 관절이 굳으며 보행의 어려움은 있으나 호흡부전과 심부전은 적기 때문에 생명에는 지장이 없다.

3. 근이영양증 학생을 위한 지원 전략

신체적 발달, 심리사회적 발달, 개인 자율성 증진 측면에서 근이영양증 학생을 위한 지원 전략은 다음과 같다.

(1) 신체적 발달

① 학생의 적응 능력을 촉진하기 위해 잔존능력을 최대한 활용할 수 있도록 격려한다.
　㉠ 근이영양증의 하위 유형에 따라 진행의 속도와 특성은 다르지만 이 학생들에게는 장애 상태의 개선보다는 유지하도록 지원해 주는 것이 중요하다.
　㉡ 그러므로 근육을 이완하고 근육의 협응을 강화하기 위한 매일의 적당한 스트레칭 운동이나 악기 연주, 수영, 자전거 타기 등을 통해 가능한 한 남아 있는 근력을 효과적으로 사용하고 서기, 걷기, 이동 능력을 유지할 수 있도록 지원하는 것이 바람직하다.
② 정기적으로 학생의 상태를 점검하고 지원 수준을 적절하게 조절한다.
③ 가족, 치료사, 학교 간호사 등의 의견을 고려하여 물리적 지원에 있어서 최상의 실제를 결정한다.
④ 물리적인 지원 시 학생의 독립성을 최대한 고려한다.
⑤ 보행을 어렵게 할 수 있는 비만에 대해 철저히 관리한다.
⑥ 피곤의 수위를 조절한 보행을 장려한다.

(2) 심리사회적 발달

① 학교사회복지사나 심리학자와 같은 전문가의 도움을 연계한다.
② 학생이 자신의 문제를 물을 때 직접적인 정보를 제공하지 말고 부모나 의사와의 대화를 제안한다.
③ 자존감을 잃지 않도록 학생이 여전히 가치 있고, 쓸모 있고, 중요한 사람이라는 태도를 갖게 해야 하며 다른 학생들과 다른 규칙을 적용하거나 또래로부터 격리되지 않도록 유의한다.

(3) 개인 자율성 증진

① 책상의 높이를 수정하고 팔 받침대를 제공한다.
② 부드러운 연필, 사용하기 쉬운 필기도구를 제공한다.
③ 쓰는 것 대신 숙제를 녹음할 수 있도록 지원하고 계산기 사용을 허용한다.
④ 시간 제한적 과제물을 줄인다.
⑤ 컴퓨터 접근이 용이한 보조공학기기를 제공한다.

02 이분척추

1. 이분척추의 개념

① 이분척추란 태아 발달기에 등뼈(척추)가 완전히 만들어지지 못하거나 갈라져서 생기는 선천성 척추 결함을 말한다.

② 대부분 척추의 뒤쪽에서 발생하며 하위 요부와 천골부에서 가장 흔히 발생하나 척추의 상부와 말단 사이 어디에서나 나타날 수 있다.

③ 척추가 폐쇄되지 않았기 때문에 척수가 빠져나와 신경손상과 마비를 일으키고, 결함이 있는 쪽 밑으로 기능장애가 발생한다.

④ 이분척추의 명확한 원인은 잘 알려져 있지 않다.
  ㉠ 유전적 소인이 있는 것으로 보인다.
  ㉡ 영양과 환경적 요인 또한 척수 수막류의 발달에 영향을 주는 것으로 고려된다. 예를 들어, 엽산 결핍은 척수 수막류의 위험 요인으로 고려되므로 가임 연령의 여성에게는 신경관 손상의 사례를 줄이기 위하여 엽산 섭취가 권장된다.

⑤ 이분척추로 인한 이차적 장애는 심한 경우 뇌막염으로 발달할 위험이 높으며 이때 종종 예후가 좋지 않다. 심한 경우 지적장애가 일어난다.

2. 이분척추의 유형 및 특성 11초특

이분척추는 잠재 이분척추, 수막류, 척수 수막류 등 여러 가지 유형이 있다.

(1) 잠재 이분척추

① 척추뼈의 결손만 일어난 것으로 눈에 띄는 장애를 유발하지 않는다.

② 마비나 감각손상은 없으나 기형인 척추뼈를 덮는 피부가 변색되거나 털이 나는 등의 증상이 있을 수 있다.

(2) 수막류

① 수막류는 분리된 척추 사이로 척수막이 돌출된 상태를 말하는 것으로 척수 신경 자체가 손상된 것은 아니다.
  • 척수 신경은 영향을 받지 않기 때문에 운동마비나 감각손상은 나타나지 않는다.

② 수막류는 대부분 외과적 수술을 통해서 완치될 수 있다.

자료

이분척추의 유형
- 이분척추는 잠재 이분척추와 낭상 이분척추로 구분하고, 잠재 이분척추는 척수나 수막의 탈출이 없어 신경학적 증상을 보이지 않는다.
- 낭상 이분척추는 수막류와 척수 수막류가 있는데, 수막류는 수막이 탈출되었으나 대부분 정상 피부로 덮여 있고 척수가 척추관 내에 정상적으로 위치하여 신경 조직의 손상이 없거나 미미한 상태이다. 척수 수막류는 이분척추 중 증상이 가장 심한 경우로 수막과 신경 조직이 함께 척추골 결손 부위로 탈출한 상태이다.

출처 ▶ 정동훈 외(2018)

(3) **척수 수막류** 11초특, 15초특, 23중특

① 척수 수막류는 이분척추의 유형들 중 가장 심각한 유형으로, 척추를 둘러싸고 있는 척추뼈의 뒷부분이 완전히 닫히지 않아 분리된 척추뼈 사이로 척수액이나 신경섬유가 돌출된 상태이며, 이 경우에는 신경장애를 일으킨다.
- 이분척추를 언급할 때는 척수 수막류를 중심으로 고려한다.

② 손상된 척수 신경 아래쪽이 뇌와 교류되지 않기 때문에 운동마비와 감각 손상을 나타낸다.
  ㉠ 척수손상으로 인한 가장 큰 영향은 결함이 일어난 아래의 기능 마비이다.
  - 척수 수막류 학생은 하지 마비로 인해 보조기구나 휠체어, 보행기, 목발을 이용하여 이동하게 되며 시각장애와 하지의 감각 상실을 포함해 중복장애가 있을 수 있다.
  ㉡ 신경손상으로 인해 하지 마비와 항문 및 방광괄약근의 마비가 수반되는 경우가 많다.
  - 장과 방광의 통제는 척수의 아랫부분에서 관장하기 때문에 척수 수막류를 가진 학생들은 대부분 배변 조절 기능의 문제가 있다.

③ 외과적 수술을 받을 수도 있으나 영구적인 장애를 가질 수도 있다.

④ 척수 수막류를 가진 사람의 70~90%는 뇌척수액이 뇌에 고이는 뇌수종으로 발전된다. 이러한 경우에는 뇌실 내에 축적된 뇌척수액을 다른 신체 부위로 흘려보내는 션트(shunt) 삽입 수술을 고려할 수 있다.
- 뇌수종이 있는 경우 머리가 비정상적으로 크고, 자주 구토를 하며 머리가 아프다고 호소한다.

⑤ 척수 수막류와 (션트를 삽입한) 뇌수종을 가진 학생은 언어장애를 가질 수 있다. 주된 손상을 나타내는 두 영역은 의미론과 화용론이다.
  ㉠ 의미론에서 일부 학생은 기본적인 언어개념(예 크기나 형태)과 추상적 개념을 표현하는 단어를 이해하는 데 어려움을 나타낼 수 있는데, 이는 단어 문제 해결능력에 어려움이 있는 것이 일부 원인이 될 수 있다.
  ㉡ 화용론에서 척수 수막류와 션트를 삽입한 뇌수종을 가진 학생은 사회적 상황에서 언어를 기능적으로 사용하는 데 어려움을 가지는 것으로 나타난다.

✎ 뇌수종
뇌척수액의 생산과 흡수기전의 불균형이나 뇌척수액 순환 통로의 폐쇄로 뇌실 내 또는 두개강 내에 뇌척수액이 과잉 축적되어 뇌압이 올라간 상태이다. 흔히 나타나는 증상으로는 구토, 행동 변화, 졸음, 두통 등이 있으며, 안구가 아래로 내려가 흰 공막이 위쪽 눈꺼풀 아래로 보이는 해지름 징후, 안근마비와 안구진탕과 같은 시각 관련 증후, 성장장애, 자극과민, 높은 울음소리, 운동 능력과 사회성 발달 지연이나 지적장애와 같은 임상 증상이 있다. 수두증의 진행이 정지되거나 치료가 잘되어 지능이 정상적으로 발달해도 학습장애, 공간지각장애, 손과 눈의 협조장애 등이 나타날 수 있다. 약물치료, 외부배액술 그리고 뇌척수액을 뇌실에서 신체의 다른 공간으로 배액하여 흡수되도록 우회를 만드는 션트수술로 치료하거나 증상을 완화할 수 있다(특수교육학 용어사전, 2018).
동 수두증

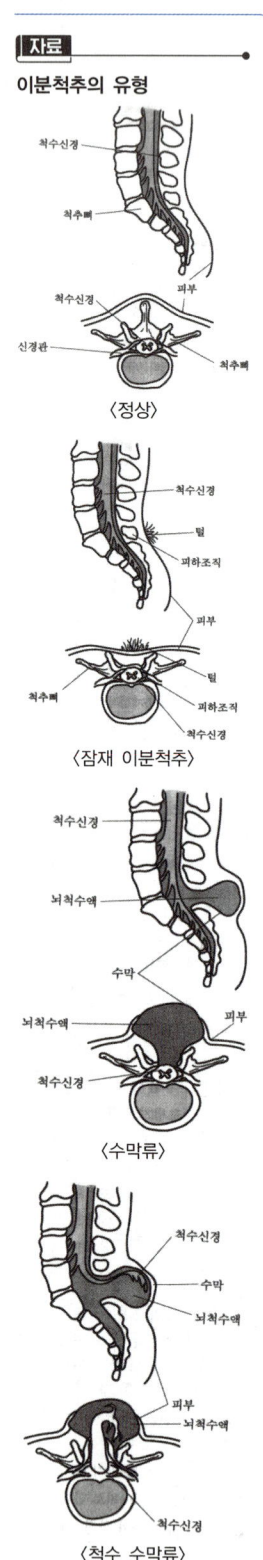

자료
이분척추의 유형
〈정상〉
〈잠재 이분척추〉
〈수막류〉
〈척수 수막류〉

3. 이분척추 학생을 위한 지도 전략

① 신체적 측면에서 척수 수막류 학생은 화장실 가기, 옷 입기, 걷기와 같은 독립적 수행 기술 발달 과정에서 좌절을 경험한다. 배뇨와 관련된 실수는 또래집단에서 놀림감으로 낙인찍히기도 하고, 청소년과 성인기의 경우 마비와 감각 기능 손상으로 인한 성적 기능 장애로 인해 낮은 자아존중감과 신체 이미지를 형성하게 된다. 그러므로 휠체어 등 이동을 위한 보조공학기기의 사용법을 지도하여 일상생활에서의 독립적 참여 기술을 습득하게 한다.

② 인지적 측면에서 이분척추 학생들의 대화기술에서의 문제점을 이해하고 화용론 측면에서의 의사소통을 지도하는 것이 필요하다. 이분척추의 경우 인지 능력에 적합한 교육과정의 적용과 교수 전략이 필요하다.

③ 심리사회적 측면에서 이분척추 학생은 일상생활에 필요한 기술 습득 여부가 청소년기로 이어져 독립적인 성인이 되기도 하고 가족과 타인에게 의존적으로 성장하기도 한다. 이들의 발달 특성을 고려한 교사의 지도가 필요하다.

④ 이분척추 학생들의 발달 특성을 고려한 구체적인 지도 전략은 다음과 같다.

신체 발달	• 신체 능력을 고려한 활동 수정 • 교재교구 등의 접근성을 고려한 배치 • 잡기 쉽고 조작이 용이한 교재교구의 수정 • 상체를 이용한 게임으로 게임 규칙의 수정 • 물리치료사, 작업치료사 및 지체장애 전문가들로부터 도구, 자료 수정에 대한 정보 수집
심리사회 발달	• 또래집단과 함께 활동할 수 있도록 접근성 고려 • 모든 학교 활동에 참여할 수 있는 기회 제공 • 자기 관리기술의 습득을 위해 가족과 서비스 제공자와의 협력 도모 • 자신의 신체적 차이점과 대처/보완 전략 등에 대한 토론 기회 제공
학습	• 대화 기술의 문제점 이해 • 언어 화용론 문제의 중재 • 특정 전략 및 대화하기 지도 • 구체적 사물을 활용한 추상적 개념 지도 • 독해, 유창성, 수학 개념 학습 전략 지도

⑤ 이분척추를 가진 학생에게는 의료적, 치료적 처치가 필요하다. 의료적 처치는 외과수술과 정형외과적 처치가 필요하며 치료적 처치로는 물리치료, 작업치료 등의 관련 서비스가 필요하다.

  ㉠ 의료적 처치는 감염 예방과 노출된 신경을 보호하기 위해 실시한다. 외과수술은 출생 후 척수의 돌출된 낭을 제거하여 척추의 열린 부분을 닫히게 하는 수술과 뇌에 션트를 삽입하여 뇌실의 뇌척수액을 배출시켜 뇌압 상승으로 인한 손상을 방지하는 수술을 할 수 있다.
    - 션트의 튜브는 몸을 따라 복부강까지 연결되도록 시술하며 뇌의 척수액을 배출하도록 하는 장치이다.
      – 막힘이 발생했을 때 학생은 두통, 흐릿한 시야, 구역질이나 구토, 무기력, 팔 힘의 약화, 혹은 심할 경우 동공 확대를 경험할 수 있다.
    - 션트에 문제가 발생하지 않도록 교사는 션트가 감염 위험이 있고 막힐 수도 있는 등 잠재적인 문제가 발생할 수 있다는 점을 유의해야 한다. ^{15초특}
      – 션트의 밸브에도 고장이 생길 수 있다는 것을 인지하는 것도 중요하다.
      – 일반적으로 학생 행동을 제한해서는 안 되지만, 머리 손상의 위험이 높은 접촉이 있는 스포츠에서는 배제되거나 제외되어야 한다. 카펫이 깔린 교실은 학교에서 학생이 쓰러지더라도 보호를 받을 수 있다.
    - 외과적 수술 후에 지팡이나 목발, 보조공학기기를 착용하고 걷는 것을 배울 수도 있으므로 이동용 보조공학기기와 서비스는 매우 유용하다.
    - 정형외과적 처치는 척추, 다리, 엉덩이 부위가 변형되어 독립된 보행을 방해하지 않도록 교정기, 부목 등으로 다리와 몸통을 지지해 준다.

  ㉡ 치료적 처치 중 물리치료는 운동범위를 확대하고 정상적인 운동 발달을 지원할 수 있도록 보행훈련이나 이동기구를 사용하는 훈련이 필요하다.
    - 작업치료는 교사와 협력하여 자조 기술과 소근육운동 기술, 눈과 손의 협응 기술을 지도하며 학생이 중요한 과제를 수행할 수 있도록 도와주는 역할을 한다.

⑥ 이분척추를 가진 대부분의 학생은 특수교육을 필요로 하지 않으나 주의집중에 문제를 갖는 등 학습에 어려움이 있을 수도 있으므로 필요에 따라 특수교육적 중재를 제공한다.

03 척수손상

1. 척수손상의 개념

① 척수손상이란 주로 척추 골절이나 척수의 과도 신전, 과도 굴곡, 압박, 회전 등 척수에 가해진 외상으로 인해 정상적인 운동, 감각 및 자율신경 기능에 이상이 생긴 상태이다.

② 관통상, 척수 신전, 척추 골절이나 척수 압박 등의 다양한 원인으로 척수가 손상된 것이다.

2. 척수손상의 원인 및 영향

(1) 원인

① 척수손상의 가장 주된 원인은 갑작스런 사고에 의한 것이다. 특히 자동차나 자전거, 스포츠 사고 등에 의해 발생하며 폭력과 추락 사고도 척수손상의 두드러진 원인이다.
- 종양이나 소아마비 등 질병에 의한 척수손상은 소수이다.

② 척수손상은 영구적인 신경장애를 가져올 수 있으며, 척수의 손상 부위에 따라 장애의 정도가 결정된다.

(2) 영향

① 욕창

㉠ 척수손상으로 인한 이차적 장애는 매우 보편적인데, 가장 많이 동반되는 문제는 욕창이다.
- 척수손상으로 인한 욕창은 감각마비로 혈액순환의 장애가 있어도 불편한 느낌을 알 수 없고, 운동마비로 움직일 수 없으므로 혈액순환을 위한 자세 변경이 어렵기 때문에 발생한다. 주로 좌골과 미골, 발뒤꿈치같이 뼈가 돌출되고 살이 마른 부위에 많이 발생한다.

㉡ 욕창은 다음과 같은 이유로 발생할 수 있다. 09중특
- 외부의 압력이 신체에 지속적으로 작용하는 것이 욕창 발생의 핵심적인 원인이다.
  - 같은 압력이나 마찰력이라도 학생마다 물리적 자극에 대한 저항력의 차이가 있으므로 욕창 발생 여부가 달라질 수 있다.
- 변실금은 대변에 포함된 박테리아와 독소가 피부에 묻어 피부가 벗겨질 수 있어 요실금보다 욕창에 더 중요한 위험 요인이다.
- 저단백질증, 빈혈, 비타민 부족 등의 불량한 영양 상태는 신체 조직의 저항력을 낮춰 욕창 발생 가능성을 높인다.

ⓒ 욕창은 다음과 같은 방법으로 예방할 수 있다. ⁰⁹중특, 13초특, 23유특, 25중특

- 자세를 자주 바꿔 주는 것이 필요하며, 욕창을 방지할 수 있는 욕창 방지 쿠션(또는 특수 쿠션)도 유용하다.
    - 누워 있을 때는 적어도 2시간마다, 휠체어에 앉아 있을 때는 30분마다 자세를 변화시켜 주어야 한다.
    - 욕창 방지 쿠션을 사용한다고 하더라도 자세나 체위를 자주 바꿔 주어야 한다.
- 실금으로 인해 기저귀를 착용하는 학생은 기저귀를 자주 점검하고 오염된 부위를 씻어 청결을 유지하도록 해야 한다.
    - 빈번하고 과도한 씻기는 마찰 저항력을 낮추어 피부 통증을 유발할 수 있으므로 주의해야 한다.
- 단백질 등 균형 있는 영양섭취와 수분 공급이 필요하다.
- 피부를 관찰하고 점검해서 피부의 청결, 습기, 온도, 상처, 감염 여부를 확인하여 조치한다.
- 적절한 신체 움직임이 요구되는 활동은 마찰 저항력을 증가시켜 욕창 예방에 도움이 된다.

ⓔ 중복·지체장애 학생들은 욕창으로 인한 통증이나 피부에 문제가 생겨도 이를 표현하는 데 어려움을 가질 수 있으므로 구어적 형태가 아니더라도 몸짓과 같은 신호를 개발하는 것을 의사소통 지도목표에 포함할 필요가 있다.

② 기타

㉠ 척수손상으로 인한 부상은 호흡, 식사, 소화, 성장, 배변 문제를 가져오고, 경직, 통증, 비만 등의 문제를 일으킨다.

㉡ 척수손상으로 인한 이차적 장애 중 방광 팽창과 같은 증상은 고혈압, 발한, 두통을 유발하며 방치하면 생명을 위협할 수도 있다.

📝 **객담**
기관지나 폐에서 나오는 분비물로, 이것이 몸 밖으로 배출되었을 때 가래라고 부른다(삼성서울병원 홈페이지).
동 가래

ⓒ 척수손상은 다음과 같은 장애를 동반할 수 있다.

호흡기 문제	• 호흡기 관리는 객담 배출이 중요하고, 객담의 점도가 높지 않도록 수분 섭취를 충분히 해야 한다. • 폐 분비물 배출을 위해서는 기침이 중요한데 스스로 기침이 어렵다면 심호흡 마지막 순간에 상부 복부를 보호자가 양손으로 눌러주는 기침 방법이 유용하다. 또한 손을 컵 모양으로 쥐고 등을 돌아가면서 두드리거나 진동을 주면 분비물 배출이 용이해진다.
기립성 저혈압	• 누운 자세에서 기립 자세로 이동 시 갑자기 혈압이 저하되는 현상이다. 어지럽거나 몽롱해지고 시각장애가 나타날 수 있으며, 심하면 실신할 수도 있다. • 예방을 위해서는 눕혔던 휠체어 등받이를 갑자기 바로 세우거나 자세 변화를 급작스럽게 하지 말아야 한다. 또한 과식하면 증상이 악화될 수 있다. 증상이 심한 경우 수분과 염분 섭취를 증가시키고, 기립 시에 하지와 복부에 압박붕대나 복대를 착용한다.
자율신경반사 이상	• 혈압이 급격하게 상승하고 극심한 두통, 발한, 안면 홍조, 코 막힘 등이 나타난다. 가장 흔한 원인은 방광 팽창이며, 분변 매복으로 인한 장 팽창, 방광 감염, 욕창, 내성발톱, 꽉 끼는 옷이나 신발 등의 유해자극이다. • 증상이 나타나면 가능한 한 빨리 원인 자극을 제거하고 혈압을 강하시켜야 한다.
신경인성 방광	• 척수손상 학생은 잔뇨량 증가와 배뇨 근육의 압력 증가로 방광 허혈과 역류가 생기고 요로 감염에 쉽게 노출된다. • 고열과 혈뇨, 경직 증가, 자율신경반사 이상 등의 증상이 나타나면 요로 감염을 의심하고 방광 내 소변을 줄이기 위해 도뇨를 자주 해야 한다.
사회심리적 문제	• 장애에 대한 정서적 적응이 성공적인 특수교육 및 재활과 밀접한 관련이 있으므로 심리사회적 재활을 중요하게 고려해야 한다. • 척수손상은 신체장애는 물론 개인의 사고와 감정, 가정과 사회에서의 역할 등 생활 전반에서 갑작스럽고도 급격한 변화를 초래하므로 종종 자기개념의 혼란, 분노, 수치감, 무기력감, 불안, 죄책감, 우울과 같은 부정적인 정서 반응을 유발할 수 있다.

3. 척수손상 학생을 위한 특수교육적 지원

① 척수손상 학생은 손상 이후 다른 사람의 도움이 많이 필요하기 때문에 자존감을 유지하도록 도와주어야 한다.

② 척수손상을 입은 학생에게 제공되어야 할 관련 서비스는 물리치료나 작업치료, 교실에서의 보조인력 제공, 보조공학 서비스, 전환 서비스이며 필요에 따라서는 교통수단, 상담, 언어치료 등의 서비스가 제공되어야 한다. 구체적인 교사의 역할은 다음과 같다.

신체 및 감각적 요구	• 수업 시간 휴식 제공 • 자세 바꾸어 주기 • 이동 시 휠체어 활용 지원 • 근육마비: 호흡 및 방광, 장 조절의 필요성 인식 • 감각 손상으로 인한 건강관리: 온도 조절, 상처에 대한 관찰, 치료 • 척수손상에 대한 예방 교육, 대처 방안 • 주변인들의 휠체어 사용 이해 및 인식 • 주변인들의 보조공학기기 사용법 숙지 • 교사, 학교 구성원의 응급상황에 대한 대처 • 도뇨관, 인공호흡기, 기관절개 튜브 문제에 대한 대비와 준비
의사소통 요구	• 인공호흡기 사용 학생이 겪는 발화의 어려움 이해 • 의사소통기기 배치 및 의사소통 지도
일상생활 요구	• 개별적 장애손상 정도에 따른 일상생활 기술 지도 • 이동, 섭식, 식사도구, 수정된 일상생활용품 사용방법 지도 • 착탈의 보조도구 지원 • 보조공학기기를 활용한 독립성 향상 지도
학습 요구	• 교수 환경 수정 • 의사소통 방법 수정: 다양한 도구 사용, 대안적 방법 사용 • 수업 참여 수준의 확대: 보완대체의사소통, 보편적 학습설계, 보조공학 • 교사의 다양한 정보 제시 방법 • 경부 손상의 경우 주변 탐색 능력 부족: 수업 내용 및 방법 수정 고려
행동 및 사회적 요구	• 사고 이전의 활동에 참여할 수 있는 방안 검토 • 새로운 활동 참여 방안 마련 • 사회적 기술 훈련 • 교사의 정서적 지원, 상담과 지지집단의 역할 제공

04 뇌전증

1. 뇌전증의 개념

① 뇌전증은 뇌에서 발생하는 과도한 전기적 자극으로 나타나는 다양한 신경학적 증상으로, 특별한 원인 없이 발작이 반복되는 질환이다.

　㉠ 발작은 피로, 흥분, 분노, 놀람, 수면 부족, 호르몬 변화(월경이나 임신 기간), 발열, 약의 부작용, 특정한 빛, 소리, 촉각 등에 대한 노출 등이 원인이 될 수 있다.

　㉡ 많은 학생들은 발작 전에 어떤 소리를 듣거나, 영상을 보거나, 냄새를 지각하는 등의 사전 경고 증상(전조)을 경험한다.

② 뇌전증은 특정 질환을 지칭하는 것이 아니며 중추신경계의 활동이 돌발적이고 일시적이면서도 격렬하고 정기적으로 되풀이되는 혼란을 특성으로 하는 증상들을 말한다.

③ 뇌의 신경세포가 일시적 이상을 일으켜 과도한 흥분 상태를 나타냄으로써 의식의 소실이나 발작, 행동의 변화 등 뇌기능의 일시적 마비 증상을 나타내는 상태를 의미한다.

> **발작**
> 뇌에서 전기에너지가 과도하게 방출되어 나타나는 혼동, 감각·행동·의식의 혼란

2. 뇌전증의 유형 및 특성

경련발작은 대뇌 반구의 어느 한 부위에서 국소적으로 시발되는 부분발작과 중추신경계에 내재된 어떤 중심부위에서 시발되어 대뇌 반구로 퍼져 나타나는 전신발작 등으로 크게 구분된다. 따라서 전신발작은 신체 좌우 모두에서 일시에 시작되고 의식소실을 동반한다.

(1) 부분발작

단순부분발작	• 의식의 소실 없이 침범된 뇌 영역에 따라 다양한 증상이 나타난다. • 다음과 같은 증상이 나타날 수 있다. 　- 한쪽 손이나 팔을 까딱까딱하거나 입고리가 당기는 형태의 단순부분운동발작 　- 한쪽의 얼굴, 팔, 다리 등에 이상감각이 나타나는 단순부분감각발작 　- 속에서 무언가 치밀어 올라오거나, 가슴이 두근거리고 모공이 곤두서고 땀이 나는 등의 증상을 보이는 자율신경계증상 　- 이전의 기억이 떠오른다거나 물건이나 장소가 친숙하게 느껴지는 증상 등이 나타나는 정신증상

> **뇌전증의 유형**
> 1. 박은혜 외(2023)
>
> | 부분
발작 | • 단순부분발작
• 감각발작
• 자율신경발작
• 정신운동발작 |
> |---|---|
> | 전신
발작 | • 부재발작
• 잭슨형 발작
• 전신 긴장성–간대성 발작 |
>
> 2. 정동훈 외(2018)
>
> | 부분
발작 | • 단순부분발작
• 복합부분발작
• 긴장–간대성 경련으로 발전하는 부분발작 |
> |---|---|
> | 전신
발작 | • 부재발작
• 긴장–간대성 발작
• 근간대성 발작
• 긴장성 발작
• 무긴장성 발작 |

복합부분발작	• 단순부분발작과는 달리 의식의 손상이 나타나는 것이 특징적인 소견이다. • 하던 행동을 멈추고 초점 없는 눈으로 한곳을 멍하게 쳐다보는 증상이 대표적이다. • 비교적 흔하게, 입맛을 쩝쩝 다시거나 물건을 만지작거리거나 단추를 끼웠다 풀었다 하는 등의 의미 없는 행동을 반복하는 경우를 볼 수 있는데 이를 '자동증'이라고 한다. 가끔 비우성반구(오른손잡이의 경우 우측 뇌)에서 발생하는 발작의 경우에는 자동증이 나타나면서 의식이 보존되어 있거나 말을 하는 경우도 있어 진단에 주의를 요하는 경우도 있다.
부분발작에서 기인하는 이차성 전신발작	• 발작 초기에는 단순부분발작이나 복합부분발작의 형태를 보이다가 이상 전위가 뇌반구의 양측으로 퍼지게 되면 쓰러져서 전신이 강직되고 얼굴이 파랗게 되며(청색증) 소변을 바지에 지리거나 혀를 깨무는 증세가 나타나다 팔다리를 규칙적으로 떨게 되는 발작이 나타나는 형태이다. • 누가 보아도 발작을 한다는 것을 쉽게 알 수 있다.

출처 ▶ 대한뇌전증학회 홈페이지

자료

자동증

자동증은 무의식적으로 나타나는 반복적 움직임을 말한다. 예를 들어, 씹는 행동을 하거나, 긁거나, 무표정을 짓거나, 어떤 몸짓을 나타내거나, 구절을 반복하는 것과 같은 단순 운동 행동을 보인다. 혼란스러우며, 때로는 원을 그리며 걷거나, 물건을 집거나, 옷을 고르는 것과 같은 일정하지 않은 무의미한 행동을 하기도 한다. 자동증의 증상은 복합적으로 나타날 수도 있고, 그리기와 같이 하나의 행동이 반복해서 나타날 수도 있다. 개인마다 나타나는 자동증의 형태는 다르지만, 개인에 따라서는 일반적으로 동일한 형태가 반복되어 나타나게 된다(Heller et al., 2012).

동 자율 증상, automatism

비교

단순부분발작과 잭슨형 발작

• 단순부분발작: 의식소실이 없는 발작으로 단순 운동성 발작과 단순 감각성 발작으로 나눈다. 단순 운동성 발작은 주로 전두엽의 운동피질에서 유래되어 반대쪽 얼굴, 몸통 또는 팔, 다리 등에 경련성 움직임을 보인다. 경련이 신체 특정 부위에서 시작하여 다른 부위로 옮겨가는 특징적 모습을 보일 수 있는데, 이를 잭슨형 발작이라 한다(정동훈 외, 2018).
• 잭슨형 발작: 의식에는 변화가 없으나 경직성 마비가 몸의 한 부위에서 나타나다가 신체의 다른 부위나 전신에 점차 확산되어 경련을 일으킨다. 대발작에 이어 나타나기도 한다(박은혜 외, 2023).

(2) 전신발작 ^{16중특, 19초특, 23중특, 25중특}

전신 긴장성-간대성 발작	• 발작 초기부터 갑자기 정신을 잃고 호흡곤란, 청색증, 근육의 지속적인 수축이 나타나다 몸을 떠는 간대성 운동이 나타나는 형태이다. • 일반적으로 '뇌전증 발작'이라고 이야기할 때 이와 같은 발작을 상기하게 된다. • 사람에 따라서는 발작 전에 전조라고 불리는 평상시와는 다른 특유한 감각을 느끼기도 한다. • 발작이 시작되면 의식불명 상태에서 온몸이 경직되고, 호흡곤란이 생길 수도 있으며, 배변 통제가 안 되고, 격렬한 발작으로 인해 신체적으로 상해를 입기도 한다. • 대부분 발작은 3~5분 안에 끝나고, 발작이 진정되면 기억을 못하기도 하는데, 대개는 졸려하며 휴식을 취하게 된다.

전신 긴장성-간대성 발작

동 전신 긴장간대 발작, 대발작

자료

간대성 근경련증

간대성 근경련증은 근육이 불규칙적으로 수축하거나 근육의 긴장도가 떨어지는 것을 의미한다. 간대성 근경련증은 0.5초 이하의 짧고 갑작스러운 근육의 수축을 특징으로 한다.

출처 ▶ 서울아산병원 홈페이지

부재발작
🔄 결신발작, 소발작

비교

복합부분발작과 부재발작

복합부분발작	• 전조 증상 있음 • 의식상실 • 자동증이 나타남 • 일반적으로 2~3분 넘게 지속되지는 않지만, 몇 분 정도 의식을 잃거나 혼란을 경험하는 '발작 후 상태'를 나타냄
부재발작	• 전조 증상 없음 • 갑작스러운 의식 상실 • 자동증이 나타남 • 보통 5~10초간 지속 • 하루에 수백 번 발생할 수 있음

출처 ▶ Heller et al.(2012), 내용 요약정리

부재발작	• 갑자기 의식을 상실하고, 하던 행동을 중단하고 멍하니 바라보거나 고개를 떨어뜨리는 증세가 5~10초 정도 지속되는 발작이다. • 갑작스럽게 시작되고 전조가 동반되지 않는다. • 하루에 수백 번 발생할 수 있다. • 한곳에 시선을 정지한 채 쳐다본다거나, 눈을 깜박거리거나, 신체의 한 부분에 가벼운 경련을 일으키거나, 어떤 일정 행동을 반복적으로 나타내기도 한다. 가끔 눈 주위나 입 주위가 경미하게 떨리는 것도 관찰할 수 있다. • 발작 후에는 혼란이나 졸림 증상 없이 하던 활동을 계속할 수 있다. 그러나 학생은 발작 중에 교실에서 무슨 일이 있었는지 알 수 없으므로 매우 혼란스러워한다. - 지원방안: 발작 후에 수업의 어느 부분을 학습하고 있는지를 찾도록 도와주는 또래도우미를 지정하여 지원한다.
간대성근경련발작	• 깜짝 놀란 듯한 불규칙한 근수축이 양측으로 나타나는 발작이다. • 식사 중 숟가락을 떨어뜨리거나 양치질 시 칫솔을 떨어뜨리거나 하는 것을 볼 수 있다.
무긴장발작	• 근육의 긴장이 갑자기 소실되어 머리를 반복적으로 땅에 떨어뜨리든지 길을 걷다 푹 쓰러지는 발작의 형태로 머리나 얼굴에 외상을 많이 입는 것이 특징이다.

출처 ▶ 대한뇌전증학회 홈페이지

> **▶ 전신 긴장성-간대성 발작 상황 예시**
> 홍길동 학생은 지난 4월 교실에서 온몸이 경직되고 호흡 곤란이 오면서 입에 침이 고이고 거품이 입 밖으로 나오는 격렬한 발작을 했다.
>
> **▶ 부재발작 상황 예시**
> 홍길동 학생은 종종 전조나 전구 증상도 없이 잠깐 동안 의식을 잃고, 아무런 움직임 없이 허공만 응시하고 있었다. 말을 하다가도 순간적으로 말을 중단하고, 움직임이 없어지며 얼굴이 창백해졌다. 발작이 끝나면 아무 일도 없었던 것처럼 이전에 하던 활동을 계속 이어서 하지만 발작 중에 있었던 교실 상황은 파악하지 못하여 혼란스러워했다. 홍길동 학생은 수시로 의식을 잃기 때문에 수업의 내용을 많이 놓쳐 당황해하기도 하고, 수업 내용을 이해하지 못하여 좌절하기도 했다.

3. 발작 시 대처 방안

(1) 전신 긴장성-간대성 발작에 대한 응급처치 ^{12중특, 17유특, 18중특, 19초특}

전신 긴장성-간대성 발작이 발생했을 때, 교사는 학생을 지원하기 위하여 다음과 같이 행할 수 있다.

발작 중	• 학생이 쓰러졌다면 부상이 있는지 살펴야 하며, 필요한 경우 이에 대한 첫 번째 지원이 제공되어야 한다.
	• 학급 또래를 안정시킨다.
	• 진정하고, 발작 지속기간을 측정할 수 있도록 시계를 본다.
	• 발작을 억제하기 위해 학생을 흔들거나 제압하지 않는다.
	• 학생 주변의 가구나 다른 딱딱하거나 날카로운 물건을 치운다.
	• 호흡을 방해하는 목 주변의 어떤 것이든 느슨하게 한다.
	• 머리 아래에 납작하고 부드러운 것(예 자켓 등)을 받쳐 준다.
	• 학생을 옆으로 눕혀 입에서 타액 배출과 호흡을 위한 기도를 확보해 준다.
	  - 발작을 하는 동안 불충분한 삼킴으로 인한 침의 흡입, 자신의 혀 깨물기, 구토 발생으로 인한 질식 사고를 방지하기 위해 몸을 옆으로 돌려주어야 한다.
	• 입을 억지로 벌리려 하지 않는다.
	• 학생의 입에 어떤 물건도 강제로 밀어 넣지 않는다.
	  - 발작 시 입에 수건을 물려주면 기도 폐쇄 때문에 위험할 수 있다.
	• 발작을 진정시키기 위해 물이나 마실 것을 주지 않아야 한다.
	• 발작이 끝날 때까지 학생과 함께 있는다.
	• 다음의 경우에는 구급차를 부른다.
	  - 발작이 5분 이상 지속될 때
	  - 의식 회복 없이 즉시 중복적 발작이 발생하는 경우
	  - 발작이 처음으로 발생한 경우
	  - 부상이 발생했거나 학생이 당뇨병을 가지고 있는 경우
	  - 호흡 곤란이 있는 경우
	  - 발작이 물속에서 발생했을 때

발작 후	• 보통 학생은 발작 후 탈진되므로 충분한 휴식을 취하게 한다. 또한 발작 동안과 후에 학생의 자존감을 보호해 주는 것이 중요하다. 예 학생의 옷이 더러워졌다면 옷을 갈아입힌다. • 흡인의 위험이 있으므로 어떤 액체 음료도 제공하지 않아야 한다. • 상처 입은 곳을 살펴본다.

비교

학생을 옆으로 눕히는 이유

Heller et al. (2012)	본문 참조
박은혜 외 (2023)	학생을 옆으로 뉘어 입으로부터 침이 흘러나오도록 한다.
정동훈 외 (2018)	옆으로 눕혀 입안의 타액을 배출시키고 흡인을 예방할 수 있도록 한다.

✎ 흡인

음식물 또는 음료가 식도가 아닌 기도로 들어가 발작적인 기침을 하는 증상을 의미한다(Zollars, 2015).

(2) 비경련성 발작에 대한 응급처치

① 단순부분발작, 부재발작과 같은 비경련성 발작은 보통 어떠한 응급처치도 요하지 않는다. 하지만 학생이 쓰러졌다면 학생의 부상을 살펴보아야 한다.

② 학생이 복합부분발작을 할 경우에는 부상이 발생할 수 있다. 이때 관찰자는 주변의 환경적 위험 요소에서 학생이 멀어지도록 조심스럽게 이끌어야 한다.

③ 관찰자는 어떠한 구어적 지시를 따르도록 요구하지 않고 학생에게 조용히 말을 건넨다.

④ 발작 후에는 혼란이 지속되어 발작 동안 일어난 일을 기억하지 못하므로 환경에 대한 방향 전환, 안심시키기, 그리고 이에 대한 지원이 필요하다.

4. 뇌전증 학생을 위한 특수교육적 지원

뇌전증의 치료에는 약물치료, 케톤 생성 식이요법, 비정상적인 전기방출이 나타나는 뇌 부분을 절제하는 수술적 치료 방법 등이 활용된다.

(1) 약물치료

① 뇌전증을 가진 학생 대부분은 발작을 억제하는 항경련제를 사용하는 약물치료를 한다. 투약을 통해 뇌성마비 학생의 90%에서 발작을 줄이거나 없앨 수 있다.

② 규칙적인 투약이 경련을 줄이거나 예방하는 데 매우 효과적인 경우에도 투약으로 인한 여러 가지 부작용(예 과다행동, 과민성, 수면장애, 우울증 등)이 초래될 수 있다.

- 이러한 부작용 때문에 투약하는 동안 세밀한 관찰이 필요하며 주기적인 혈액검사를 통해 부작용을 최소화하면서 발작을 조절할 수 있는 정도의 혈중 약의 용량을 점검하고 치료의 농도를 정하여야 한다.

③ 학령기 학생이 발작을 조절하는 항경련제 등의 약물을 복용할 경우 약으로 인한 부작용(예 졸음, 무기력, 주의집중 부족 등)이 나타날 수 있으므로 학교에서는 문제행동으로 오인될 수 있다.

- 학생에 따라서는 반짝거리는 불빛이나 요란한 소리(예 TV, 비디오게임, 시끄러운 록 음악)가 발작을 유발할 수 있으며 수면 시간이 부족하거나 불규칙적인 경우, 심한 스트레스, 아침을 굶는 경우 저혈당으로 인한 발작이 나타날 수 있다.

(2) 케톤 생성 식이요법 [12중특]

약물치료로 발작을 조절할 수 없는 경우 케톤 생성 식이요법을 시행할 수 있다.

① 케톤 생성 식이요법은 고지방, 저탄수화물 및 저단백질 식단을 먹게 하여 케토시스 상태를 만들고 이 상태에 이르면 경련이 억제된다는 논리이다. 즉, 사람은 탄수화물, 단백질, 지방 등에서 에너지원을 얻으며, 몸에서 에너지원을 얻을 때 탄수화물, 단백질, 지방 순으로 분해해서 얻게 된다. 사람의 몸에서 탄수화물이나 단백질이 부족하면 지방을 분해해서 에너지원을 얻게 되고, 그 지방이 분해되면서 케톤이라는 물질이 나와서 케토시스 상태에 이르면 경련이 없어진다는 것이다.

- 케톤 생성 식이요법은 탄수화물과 단백질의 양을 제한하고, 대부분의 식사를 지방으로 구성한다. 일반적인 비율은 탄수화물, 단백질 : 지방 = 1 : 4가 적당하다.

② 케톤 생성 식이요법의 효과는 우수하지만 불균형적인 섭식이 지속되면서 학생들이 식사를 즐거워하지 않고 성장장애와 골밀도 저하 등의 문제가 나타날 수 있다. 또한 고지방 식사를 지속하면 설사, 복통, 소화장애 등이 발생할 수 있다.

- 영양 균형을 위해 비타민과 칼슘 등의 영양제를 섭취해야 하는데, 이때도 당 성분이 함유된 것은 피해야 한다.

(3) 수술적 치료

발작을 막기 위한 또 다른 방법으로 뇌전증의 수술적 치료가 있다. 적당한 약물을 선택하여 충분한 용량을 일정 기간 치료했음에도 뇌전증이 조절되지 않는 경우에 실시한다.

① 뇌의 일부분에 기형이 존재하는 동시에 뇌의 일부 부위가 경련을 일으키는 부위로 판단될 때, 그 부위를 절제하여 뇌전증에서 벗어날 수 있게 하는 치료 방법이다

② 수술은 신경학적인 위험요인이 크지만 다른 보존적 치료의 효과가 없을 때에는 고려할 수 있는 방법이다.

케톤 생성 식이요법
종 케톤 식이요법

자료

탄수화물, 단백질, 지방의 비율
(탄수화물 + 단백질) : 지방
= 1 : 3~5
출처 ▶ 서울삼성병원 뇌전증 클리닉 홈페이지

05 골형성 부전증

1. 골형성 부전증의 개념

① 골형성 부전증은 뼈가 약하여 신체에 큰 충격이나 특별한 원인이 없어도 뼈가 쉽게 부러지는 유전질환이다.
- 일생 동안 몇 차례 정도의 골절을 겪기도 하며 학생에 따라서는 다발성 골절을 경험하기도 하지만 이러한 골절의 빈도는 나이가 많아짐에 따라 점차 감소한다.

② 대부분 정상적인 지능을 가지고 있으며, 운동 발달이 늦고, 유스타키오관의 문제로 인해 귀가 자주 감염된다.

2. 골형성 부전증 학생을 위한 특수교육적 지원 [17중특]

골형성 부전증을 갖고 있는 학생들을 위해 다음과 같은 교육적 지원이 요구된다.

① 골절의 위험이 있으므로 특히 신체활동이 많은 교수·학습 활동 시 주의해야 한다.
② 척추 측만을 예방하기 위한 자세교정이 요구되며 다리 교정을 위한 보조공학기기 및 운동을 통한 체중 조절이 필요하다.
③ 남아 있는 뼈 조직을 건강하게 하기 위하여 적당한 신체활동을 권장한다. 단, 뼈에 손상을 줄 수 있는 철봉이나 달리기 등의 활동은 제한한다.
④ 필요한 경우에는 청각재활 훈련을 실시한다.
⑤ 신체에 맞는 의자를 제공한다.
⑥ 교실은 1층에 배치하고, 교실 간 이동거리를 줄이기 위해 시간표를 조정한다.

비교

골형성 부전증 학생의 신체활동
- 가능한 한 많이 운동해서 근육과 뼈를 강화시키는 것이 바람직하다. 다만 부상의 위험이 적은 운동을 선택하는 것이 중요하다.
- 축구, 농구와 같이 팀을 짜서 승부를 결정하는 운동은 하지 않는 것이 좋다.
- 조깅, 체조, 산책, 수영과 같이 혼자서 하는 운동이 바람직하다.

출처 ▶ 대한정형외과학회 홈페이지

06 외상성 뇌손상

1. 외상성 뇌손상의 개념

① 외상성 뇌손상이란 외부의 물리적 충격에 의해 후천적으로 두뇌가 손상된 것을 말한다.
② 외상성 뇌손상과 관련한 의학적 증상은 인지, 감각, 운동능력 및 다른 기능의 손상을 초래하며 중도일 경우 장단기 기억력 결손, 조직화, 지각, 집중의 어려움, 판단력, 문제해결, 이해력 부족, 학업능력 감소의 문제가 나타나 다양한 학업적 문제가 유발된다.

③ 외상성 뇌손상으로 인한 경련은 인지 기능에 부정적 영향을 미치게 된다. 또한 시력, 청력의 손상을 가져오며 외상 부위와 심한 정도에 따라 운동 능력이 손상되어 경직, 운동실조, 떨림 등이 나타난다.
④ 섭식, 의사소통, 공격성, 무관심, 반사회적 행동 등의 정서·행동장애를 보이며 이러한 손상은 일시적일 수도 있고 영구적일 수도 있는데 팀 접근에 의한 중재와 개별화된 건강 프로그램을 제공한다.

2. 외상성 뇌손상 학생을 위한 지도 전략

외상성 뇌손상에 대한 구체적인 지도 전략은 다음과 같다.

(1) 학습 면에서의 지도 전략

① 불필요한 자극 차단하기
② 학생을 출입문, 창문가에 배치하지 않기
③ 문제풀이의 양을 조절하기
④ 시각적인 자극을 조절하기
⑤ 밑줄 그으며 읽기 등의 수업 진행하기
⑥ 과제, 수업 내용을 적은 양으로 나누어 제시하기
⑦ 반복 수업으로 기억력 결함 보완하기
⑧ 쓰기 과제 양식에는 일정한 단서나 요점을 표시하여 단계별로 제시하기

(2) 심리사회 발달 면에서의 지도 전략

외상성 뇌손상 학생에게 나타날 수 있는 심리사회적 측면에서의 특징과 이에 따른 지도 전략은 다음과 같다.

특징	지도 전략
공격 성향	• 교사는 피로, 좌절감 등에서 오는 학생의 감정적 흥분을 파악하고 선행사건(과제물, 활동)을 수정하여 더 이상 감정이 악화되거나 상승되지 않도록 함 • 학생을 안정시킬 때 사용할 말(예 "내 눈을 쳐다 보렴!", "크게 숨 쉬어 보렴!")과 행동 등의 단서 연습 • 학생에게 감정을 조절하는 역할 모델 시연 • 교사가 실수를 하고 문제해결을 하는 과정을 보여 주고 학생이 그 과정에서 보조적 역할을 담당하게 함

자신감 상실, 우울감, 자기비판적 성향	• 성취 가능한 수준의 과제 제시 • 학생이 지닌 학습상의 장점 부각 • 무관심한 학생에게 선택적 과제를 제시하되 둘 다 그 학생에게 매우 매력적인 것으로 제공하고, 덜 선호하는 과제를 완성했을 때는 보상 제공 • 지속적인 우울감이나 위축은 전문가에게 의뢰
통제력 부족, 사회적 기술 결여	• 구조화된 활동을 통해 또래와 작업할 수 있는 과제를 준비하여 통제력을 습득·유지할 수 있도록 함 • 구조화된 일상생활 계획 등을 통해 훈련하여 자기조절력 촉진 • 교실환경 적응을 위한 도움을 제공하여 사회적 행동 촉진(활동 시작 전에 구두로 연습하기, 학교 둘러보기, 짝 만들어주기 등)

07 척추 측만증

1. 척추 측만증의 개념 [17중특]

① 척추 측만증은 해부학적인 정중앙의 축으로부터 척추가 측방으로 만곡(활처럼 굽어져 완만한 곡선을 이룸) 또는 편위(정상 위치에서 벗어난 상태)되어 있는 상태이다.

② 외관상의 문제뿐만 아니라, 변형이 심한 경우에는 주위의 장기를 전위시키거나 압박하여 기능 장애를 초래할 수 있다는 데 그 심각성이 있다.

③ 뇌성마비나 근이영양증이 있는 학생에게도 나타나는데, 그대로 방치하면 자세, 보행 및 심폐 기능에도 영향을 줄 수 있기 때문에 적절한 치료와 함께 교육적 지원을 받아야 한다.

2. 척추 측만증의 유형 및 특성

① 척추 측만증은 비구조적 척추 측만증과 구조적 척추 측만증으로 분류할 수 있다.

비구조적 척추 측만증	• 고정된 기형이 아닌 단순한 만곡이어서, 척추에 어떠한 영구적인 변화를 야기하지 않는다. 📌 서로 다른 다리 길이는 척추의 비구조적 만곡을 만들어 내는데, 이 형태의 만곡은 대개 근원적인 원인에 해당하는 다리 길이 차이를 교정하기 위해 신발에 삽입물을 더하면 척추 측만증이 더 이상 지속되지 않는다. • 진정한 의미의 측만증이 아닌 것으로 본다.
구조적 척추 측만증	• 특발성, 선천성, 신경근성 및 기타 질환에 동반되는 측만증으로 분류할 수 있다. • 대다수의 환자는 그 원인을 알 수 없는 특발성 척추 측만증으로 분류된다.

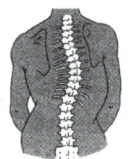

자료 ▶ 척추 측만증
출처 ▶ 박은혜 외(2023)

자료 ▶ 척추 측만증의 유형

척추 측만증
├ 비구조적 척추 측만증
└ 구조적 척추 측만증
   ├ 특발성
   ├ 선천성
   ├ 신경근성
   └ 기타

② 구조적 척추 측만증의 유형별 원인 및 특성은 다음과 같다. 17중특

특발성 척추 측만증	• 원인을 알 수 없는 척추 측만을 의미한다. • 척추 측만증을 갖고 있는 사람의 약 80%가 해당하며, 가장 일반적인 형태이다. • 발병 시기에 따라 유아기(3세까지), 아동기(3~9세), 청소년기(10세~성숙기), 성인기로 분류한다. • 장애가 없는 청소년에게 종종 발견되며, 10~16세 아동의 약 2~3% 정도로 나타난다. • 경도 척추 측만증이 청소년기에 나타나더라도, 척추 성숙이 완성된 후에는 일반적으로 진행되지 않는다.
선천성 척추 측만증	• 출생 시 척추의 구조적 비정상이 나타나고, 그 결과로 척추 측만증이 되는 것이다. • 임신 기간 동안 추골이 완만한 형태가 되는 데 실패하는 것이 그 원인이다. • 단독으로 나타나지만, 척수 결함을 가진 척추 측만이 있는 사람의 수치도 높은 편이다. - 선천성 척추 측만증은 이분척추에서 발견된다. 이것은 가장 양성의 이분척추 형태(잠재 이분척추)뿐만 아니라 신경근육 척추 측만이 발병할 수 있는 가장 심각한 형태(척수 수막류)를 모두 포함한다.
신경근성 척추 측만증	• 신경운동장애와 근육 질병으로 발생하는 척추 측만증이다. • 뇌성마비, 척수손상, 척수 종양, 척수 수막류, 소아마비, 다발성 관절구축증, 듀센형 근이영양증, 척추성 근위축증과 같은 조건에서 합병증으로 나타난다. - 이러한 조건에는 자라나는 척추의 낮은 근육 조절력, 근육 불균형, 구축 등이 포함되고, 이들은 종종 척추 측만증을 일으키는 원인이 된다.
기타	• 어떤 증후군(예 마판 증후군, 신경섬유종증)은 학생이 척추 측만으로 될 위험성을 높인다. 이와 같은 증후군이 있는 학생은 척추 기형에 대한 주의 깊은 감독이 요구된다.

비교

척추 전만증

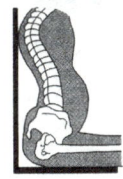

허리 부위 척추가 전면으로 과대하게 치우친 상태이다. 옆에서 보면 등뼈가 앞으로 휜 것을 관찰할 수 있다. 신경 근장애 상태에서는 앉고 눕고 걷는 것이 불가능하거나 매우 힘들다. 경추와 요추에서는 정상적으로 전만이 있으나 비정상적인 정도의 척추 전만증은 일반적으로 증가된 흉추 후만증 또는 하지의 변형으로 인하여 이차적으로 발생한다. 척추 전만이 있는 경우 선천성 고관절 탈구, 근이영양증, 비만증, 첨족 기형이 발견된다(특수교육학 용어사전, 2018).

비교

척추 후만증

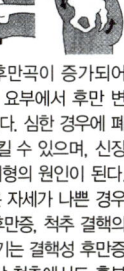

척추 흉부의 후만곡이 증가되어 있거나 경부와 요부에서 후만 변형이 된 상태이다. 심한 경우에 폐활량을 감소시킬 수 있으며, 신장이 짧아지는 기형의 원인이 된다. 가장 큰 원인은 자세가 나쁜 경우이고, 선천성 후만증, 척추 결핵의 후유증으로 생기는 결핵성 후만증 등이 있다. 정상 척추에서도 흉부 및 천추부는 후방만곡을 이루고 있으나 추체나 추간판 및 주위의 근육 이상으로 후만곡이 증가할 수 있다(특수교육학 용어사전, 2018).

3. 척추 측만증의 치료

척추 측만증의 치료에는 주기적인 관찰, 물리치료, 보조기, 수술적 요법 등이 있으며 성장이 빠른 청소년기에 빠르게 진행될 수 있기 때문에 주의를 요한다.

Chapter 06 운동 지도

01 지체장애 학생의 운동 지도

1. 운동 지도의 기본 원리

(1) **의미 있고 목표 지향적인 활동**
① 학생 본인에게 의미 있고 목표 지향적인 활동을 수행할 때 학생의 운동 기술을 촉진할 수 있다.
- 학생은 의미 있는 목표를 달성하기 위한 움직임에 참여하기를 원하고, 자신이 선택한 활동에 보다 잘 참여한다.

② 학생이 표현하지 않으면 학생에게 의미 있고 흥미 있는 활동을 구별하기가 어려우므로 다양한 활동에서 학생을 관찰하고 탐색하여 흥미 있어 하는 활동을 찾아낸다.

(2) **반복 연습과 문제 해결**
① 운동 기술은 반복 연습과 문제 해결을 모두 포함할 때 향상된다. 새로운 움직임을 학습할 때는 반복과 연습이 항상 필요하다.

② 학생이 새롭고 친숙하지 않거나 처음 해보는 활동에 반응을 보이지 않을 수 있으므로 반복해서 수행해 볼 필요가 있으며, 실수를 통해 배울 수 있도록 연습할 기회를 많이 제공하는 것이 중요하다. 충분한 연습을 통해 학생은 독립적인 움직임을 시도할 수 있기 때문이다.
- 성공, 오류에 대해 언어적 피드백을 제공하는 것이 학생이 움직임을 배울 때 유용하다.

③ 새로운 움직임이나 활동을 소개할 때는 보조와 지원을 제공하며, 일반화가 자동적으로 이루어지는 것은 아니므로 다양한 상황에서의 반복 연습 또한 중요하다.

(3) 의미 있는 맥락, 교육 활동 내에서의 연습

① 운동 기술은 의미 있는 맥락, 교육 활동 내에서 반복 연습할 때 향상된다. 어떤 한 움직임을 분리하여 연습하는 것보다 기능적이고 의미 있는 맥락 안에서 운동 연습을 하는 것이 효과적이다.

② 자유선택 활동을 할 때 장난감을 갖고 오면서 무릎으로 기기를 연습하고, 식사 시간마다 숟가락 쥐기를 연습하고, 이동 기회가 있을 때마다 이동하기 위해 일어서는 연습을 함으로써 움직임의 향상을 이끌 수 있다.

2. 운동 지도 방법

(1) MOVE

① MOVE(Mobility Opportunities Via Education curriculum)란 교육과정 내에서 운동 기술을 교수하는 기능적인 운동 기술 교육과정을 의미한다.
　㉠ 자연스러운 활동 속에서 운동 기술을 반복적으로 가르칠 기회를 제공하는 좋은 예라고 할 수 있다.
　㉡ 교육과정은 기능적 운동 기술의 16개 영역과 하위 74개의 기본 기술로 구성되어 있다.

② MOVE는 교사와 물리치료사의 협력을 통해 뇌성마비 학생에게 운동 기술을 교수하는 협력적인 운동 기술 중재 방법이다.

③ MOVE에서는 선택한 기능적 활동의 운동 단계를 운동 목표로 삼고 학생이 교육 활동이나 여가 활동에 참여하는 동안 기능적인 운동 기술을 자연적으로 연습할 수 있는 기회를 제공한다.

④ MOVE에서는 교수할 활동을 선택하면 활동을 수행할 수 있도록 여러 가지 기술로 과제 분석을 한다.
　㉠ 과제 분석한 각각의 기술을 학생이 수행하는 모든 활동에서 연습할 수 있도록 교사, 치료사, 부모는 기회를 제공한다.
　㉡ 학생이 만족할 만한 수준으로 기술을 습득하면 현재 기능 수준의 상위 단계 기술을 다시 목표 행동으로 선정하고 촉진의 양을 줄이면서 운동 기술을 교수한다.

(2) 감각통합 훈련

① 감각통합이란 여러 환경에서 나오는 감각을 받아들이고 분류하고 또 상호 연결시키는 중추신경계 능력을 의미한다.
- 감각통합이론에 따르면, 학습은 환경과 신체 움직임으로부터 감각 정보를 받아들이고, 중추신경계에서 이러한 감각입력 정보를 처리하고 통합하며, 조직화된 움직임과 행동을 계획하고 만들기 위해 정보를 사용하는 학생의 능력에 달려 있다고 본다.

② 감각통합 훈련은 중추신경계의 조직화를 더 활성화하고 학생이 감각통합 활동에 참여하면서 특정 감각자극(촉각, 전정감각, 고유 수용성 감각 자극)에 더 잘 적응하도록 한다.

촉각	자궁 내에서 최초로 발달되는 신경체계로 이를 통해 애착이나 먹기, 기기 등을 통한 긍정적인 피드백이 제공된다.
전정감각	태아에서부터 사망에 이르기까지 중력의 작용을 담당하는 것으로 이후 시각과 청각 발달을 위한 기초단계를 제공한다.
고유 수용성 감각 15중특, 16유특	• 고유 수용성 감감이란 자신의 신체 위치, 자세, 평형 및 움직임(운동 정보, 운동 방향)에 대한 정보를 파악하여 중추신경계로 전달하는 감각이다. - 근육의 수축과 신장에 의해서 야기된 감각정보를 의미하며 또한 뼈 사이에서의 관절이 구부러지고 펴지고 당겨지고 압박됨으로써 야기된 감각정보를 의미한다. - 고유 수용성 감각은 근육의 수축과 신장 또는 관절이 구부러지거나 펴지는 등 신체 내부의 자극으로 신체의 움직임이나 운동 방향을 알 수 있다. • 고유 수용성 감각 장애가 있는 경우 공간 속에서 자신의 신체 위치를 파악하는 데 어려움이 있다. - 그 결과 좌우를 비롯한 방향 개념의 구별이 어렵고, 책에서 읽어야 할 행을 찾아내지 못하고, 심지어 벽과 같은 단단한 표면에 부딪혀야만 움직임을 멈추기도 한다.

③ 감각통합 훈련은 특정 과제와 기술을 완전히 익히기보다는 오히려 운동 활동을 수용하고 기억하고 계획하는 두뇌의 수용 능력을 향상시키는 데 초점을 둔다.

④ 감각통합 훈련을 할 때에는 균형감, 근긴장도, 안구운동 반응, 중력에 저항하는 움직임, 자세적응, 각성 또는 활동 수준에 영향을 미치는 전정감각을 자극하는 활동을 자주 사용한다(예 그물에서 비틀거리며 균형잡기, 큰 공 위에서 몸 흔들기 등). 그리고 적응적인 자세와 움직임 반응을 촉진하기 위해 저항활동, 무게감 있는 물건은 물론이고 장비를 매달아서도 사용한다.

자료

감각통합의 발생 과정
Part 02. 자폐성장애아교육의
Chapter 02. 자폐성장애의 특성
중 '[KORSET 합격 굳히기] 감각통합의 발생 과정' 참조

고유 수용성 감각
- 자신의 신체 위치, 자세, 평형과 움직임에 대한 정보를 파악하여 중추신경계로 전달하는 감각이다. 눈을 감고 음료수를 들어서 마신다고 했을 때 우리는 시각적 정보를 따르지 않고도 어느 정도 힘으로 음료수를 집어야 하며, 어떤 속도로 입에 가져가야 음료수가 쏟아지지 않는지 안다. 또 눈으로 입이 어디에 있는지 확인하지 않더라도 정확하게 음료수를 입으로 가져갈 수 있다. 이와 같이 고유 수용성 감각은 몸의 각 부분이 어디에 있으며, 어떻게 움직이는지를 뇌에 전달한다. 따라서 고유 수용성 감각이 잘 조직화되지 않으면 눈으로 볼 수 없는 상황에서 무엇인가를 실행하는 데 매우 어려움을 보이거나 두려워할 수 있다. 고유 수용성 감각은 근육의 수축과 신장 또는 관절이 구부러지거나 펴지는 등 신체 내부의 자극으로 신체의 움직임이나 운동 방향을 알 수 있도록 한다. 고유 수용성 감각은 특징상 우리 몸이 움직이는 동안에 주로 발생하지만 서 있는 동안에도 자세 등에 대한 정보를 대뇌에 전달한다(특수교육학 용어사전, 2018).
- 근육과 관절 신경 자극의 결과로 발생하는 신체의 위치에 대한 감각이다(한국시각장애인연합회, 2016).

동 자기수용감각, 고유감각

KORSET 합격 굳히기 · 고유 수용성 감각 장애

1. 균형 및 협응 담당기관의 장애는 지체장애 학생에게 가장 방해가 되는 부분이다. 근긴장도, 근력, 그리고 주변의 다른 물건이나 사람들과 비교했을 때 자신의 신체가 어디에 위치하고 있는지 이해하는 능력이 움직임을 제어한다. 이 능력을 고유 수용성 감각이라고 하며 관절과 뇌의 수용기가 이 역할을 담당하고 있다.
   ① 고유 수용성 감각 장애가 있는 학생들은 이동 중 장애물을 피하기 위해 이동경로를 변경하는 데 어려움을 겪을 수 있다. 해당 학생들은 다른 학생과 너무 가깝게 서 있거나 부딪힘으로 인해 단체 활동 참여가 어려울 수 있다.
   ② 물건이나 사람의 위치를 비교하여 공의 궤적을 이해하고 따라갈 수 없기 때문에 공 놀이를 하는 것에도 제한이 있다.

2. 고유 수용성 감각 체계는 개인이 공간에서의 신체 자세 및 근육의 움직임을 인식하도록 돕는 역할을 한다.
   ① 고유 수용성 감각 체계의 수용기는 근육과 관절인데, 고유 수용성 감각을 통해 입력된 정보는 신경 체계에 입력되고 입력된 정보를 활용하여 공간 안에서 신체를 움직이는 데 활용한다.
   ② 학생들은 탐색 활동을 통하여 고유 수용성 감각 체계를 자연스럽게 자극하고 공간에서의 신체 자세 및 근육의 움직임을 인식하고 조절하게 된다.
   ③ 근긴장에 이상을 보이는 중도·중복장애 학생의 경우에는 근육, 관절을 통한 고유 수용성 감각에서 잘못된 정보를 받아들일 수 있고, 결국 움직임 조절에 어려움을 보일 수 있다.

3. 고유 수용 감각에 문제가 있는 학생은 공간 속에서 자신의 신체 위치를 파악하는 데 어려움이 있다.
   ① 그 결과 학생은 좌우를 비롯한 방향 개념의 구별이 어렵고, 책에서 읽어야 할 행을 찾아내지 못하고, 심지어 벽과 같은 단단한 표면에 부딪혀야만 움직임을 멈추어야 한다는 것을 알게 된다.
   ② 학습장애를 수반한 뇌성마비 학생에게는 정보 처리 과정과 고유 수용 감각의 결함을 극복할 특별한 보상 전략이 필요하다.

출처 ▶ 강혜경 외(2018), Best et al.(2018), Orelove et al.(2019)

(3) 신경발달치료법 _{15중특}

① 신경발달치료(NDT)는 Bobath 부부가 개발한 것으로 '보바스 치료'라고도 불린다.

② 비정상적인 근긴장도를 관절 운동, 자세잡기, 정상 운동패턴 촉진 등을 통해 정상화시키고, 비정상적인 원시반사를 억제하며, 자동반응을 촉진하여 운동 양상을 정상으로 회복시키는 치료법이다.

③ 신경발달치료의 궁극적인 목적은 학생의 비전형적인 움직임 패턴을 억제하고 필수적인 자세반사를 포함한 전형적 움직임 패턴을 촉진하는 것이다.

✎ **신경발달치료법**

신경발달치료법은 뇌성마비 아동에게 많이 사용되는 치료법 중 하나로 아동과의 놀이를 통해 근육의 구축과 기형을 예방하고, 정상적인 운동 반응을 산출하도록 한다. 즉, 비정상적인 반사가 최대로 줄어드는 자세에서 정상적인 정위반사와 평형 반응을 계속 유도하는데, 정상발달 순서(예 머리 가누기, 뒤집기, 앉기, 기기, 서기, 걷기)에 따라 꾸준히 훈련하여 정상 동작이 완전히 몸에 배도록 한다. 치료사는 신체를 정렬하거나 원하지 않는 움직임을 막기 위해 특정 신체 부위를 손으로 다루는 직접적인 접근을 사용한다. 이는 억제 또는 촉진의 형태인 치료적 핸들링으로 억제는 경련, 비정상적인 반사 및 자세, 비전형적인 움직임 패턴을 감소시키고, 촉진은 저긴장 아동이 자세를 취할 때 근육을 적절한 강도로 사용할 수 있도록 지원해 주는 등 자세 정렬을 비롯한 움직임 전반에 도움을 준다. 다시 말해, 아동이 움직이는 동안 조절점을 사용하여 자세조절을 촉진시키는데 몸통, 견갑골 부위(어깨), 골반, 위 팔, 아래 팔, 손이 조절의 핵심 위치이다(김혜리 외, 2021).

동 신경발달 처치법, 보바스 치료법

④ 신경발달치료법의 방법적 특징은 다음과 같다.
  ㉠ 정상적인 자세반사와 운동반응을 촉진한다.
  ㉡ 핵심 조절점인 머리, 몸통, 골반, 어깨 부위, 손과 발 부위 등을 적절하게 조절함으로써 비정상적인 근긴장도를 감소시킨다.
  ㉢ 학생의 자발적인 운동반응을 이끌어 내고 스스로 자세 조절을 할 수 있도록 신체를 정렬시키고 특정 신체 부위를 직접 손으로 다룬다.
    • 움직임에 대한 적절한 자세반사를 유도하기 위해 학생이 실제 움직일 때 직접적으로 촉진한다.
    • 신경발달치료법에서 자세 조절에 요구되는 감각으로는 촉각, 전정감각, 고유 수용성 감각 등이 있다.
  ㉣ 다양한 자세와 운동에 의해서 정위반응을 유도하고, 학생을 중력 중심에서 벗어나게 하여 평형반응을 유도한다.
    • 비정상적인 반사가 최대로 줄어드는 자세에서 정상적인 정위반응과 평형반응을 계속 유도하는데, 정상발달 순서에 따라 꾸준히 훈련하여 정상 동작이 완전히 몸에 배도록 한다.

(4) 보이타 치료법

① 보이타 치료는 Vojta 박사에 의해 개발된 치료 방법으로 말초신경에 계속적인 유용한 자극을 주어 중추신경계로 자극을 전달함으로써 거기서 정상적인 반응을 이끌어 내도록 하는 방법을 말한다.
  ㉠ 신체의 일정 부위(즉, 유발점, 운동 자극점)를 자극함으로써 고유감각 자극을 주어 반사를 일으키고 이를 통해 정상적 이동 동작을 유도할 수 있다는 개념에서 시작되었다.
    • 일정한 부위를 지속적으로 눌러주어 비정상적인 자세 긴장도를 정상화하는 것이다.
  ㉡ 자극을 통해 반사적 뒤집기와 반사적 기기를 유발하는 방법을 쓴다.
② 보이타 치료법은 학생의 능동적인 참여가 어렵고 정확한 위치에서 유발점을 적당하게 눌러줘야 하는 능숙함이 필요하기 때문에 보호자가 관련 기술을 습득하여 집에서 시행하기에는 어려움이 있다.
③ 주로 1세 이하의 뇌성마비 아동의 치료 및 진단에 사용된다.

핵심 조절점
다른 부위에 비하여 자세 긴장도나 동작패턴, 자세배열에 더 많은 영향을 미치는 부위(정상적인 자세반사와 운동반응을 촉진함과 동시에 이들로부터 경련성을 감소시킬 수 있는 부위)
⑤ 운동 조절점, 조절점

비교

신경발달치료와 감각통합치료의 기본 원리

구분	신경발달치료	감각통합치료
이론의 목적	뇌성마비 아동에게 나타나는 비정상적인 자세조절과 운동패턴에 대한 치료 접근	감각처리와 감각통합 장애에 대한 이해
치료의 초점	기능적 수행을 위한 운동의 증가와 향상	적응 반응을 생성하기 위한 정상적인 감각처리와 통합
평가 방법	초기에 임상적 관찰을 강조 – 표준화된 평가는 발달과정에 대한 것임	표준화된 평가도구로 시작 – 임상 관찰은 표준화된 평가와 결합하여 사용함

출처 ▶ Blanche et al.(2009)

(5) 통합된 치료

① 통합된 치료는 학생이 참여하는 다양한 활동에 치료 서비스를 통합시킨 것이다.

② 통합된 치료는 풀 인(pull-in) 서비스에 해당하는 것으로, 분리된 치료 공간에서 치료를 제공하는 것이 아닌 치료사가 교실에 들어와 교사와 협력하여 지체장애 학생이 활동에 참여하는 동안 치료를 제공하는 것이다.

③ 통합된 치료는 다음과 같은 장점이 있다. [14중특]
   ㉠ 지체장애 학생 측면에서는 자신이 또래와 분리되지 않고 상호작용할 수 있다.
   ㉡ 치료가 자연적인 활동과 맥락 안에서 제공되므로 학생은 일반적인 환경에서 이루어지는 자연적인 촉진과 우연성에 반응하는 법을 배울 수 있다.
   ㉢ 치료사에 의해서만 제공되지 않고 특수교사와 함께 실행할 수 있으므로 학생의 개인적 요구에 더 집중할 수 있다.

02 들어올리기와 이동시키기 지도

지체장애 학생은 독립적으로 움직이거나 이동하기 어려운 경우가 대부분이므로 이들을 지원하는 교사, 보조인력, 치료사는 안전하게 들어올리고 이동시키는 전략을 익힐 필요가 있다.

1. 들어올리기와 이동시키기의 단계 및 전략

(1) 단계 [11중특]

들어올리기와 이동시키기는 다음과 같은 단계를 거친다.

단계	활동	기대되는 반응
접촉하기	• 학생의 팔이나 어깨에 손을 얹고, 이동할 곳에 대해 이야기 한다.	학생이 긴장을 풀고 편안해질 때까지 기다린다.
의사소통하기	• 학생에게 이동할 장소의 사진이나 사물을 제시한다.	얼굴표정과 소리로 반응할 때까지 기다린다.
준비하기	• 이동 전 근육의 긴장 여부를 확인하고 학생이 이완하는 것을 돕기 위해 가슴 부분에 손을 평평하게 하여 강한 힘을 준다.	학생 몸의 긴장이 풀리고 바른 자세가 되는 것을 확인할 때까지 기다린다.

> **Tip**
> 이동시키기는 원거리 이동이 요구되는 장소이동이 아닌 주로 위치 이동을 말한다. 즉, 휠체어에서 의자, 침대, 차량 좌석 등으로 이동하거나 그 역으로 자리를 바꿔 이동하는 것을 말한다.

들어올리기	• 학생이 서 있지 못할 경우는 앉은 자세 그대로 앉은 채로 옮기도록 한다. • 이동할 장소에 대해 이야기하고 학생의 등과 무릎 아래를 팔로 감싸고 편안한 자세를 유지할 수 있도록 가슴 쪽으로 무릎을 구부린다.	학생이 스스로 팔을 내밀 때까지 기다리고 10초 이내에 팔을 내밀지 못한다면 학생의 어깨를 사용한다.
이동시키기	• 학생이 어디로 움직이는지 볼 수 있도록 학생과 거리를 두고 몸을 지지할 수 있도록 학생이 등을 기대도록 한다. • 학생의 다리가 앞으로 향할 수 있게 하면서 골반 아래쪽을 잡도록 한다. • 다리가 경직되면 다른 팔을 사용해서 다리를 떼어 놓은 후, 부드럽게 지탱할 수 있도록 한다.	학생은 자신이 이동하는 방향을 보고 자신의 팔로 그 위치를 나타낸다.
다시 자세잡기	• 다음 활동에 참여할 수 있도록 자세를 잡고 무엇을 할 것인지 이야기하도록 한다.	학생은 다음 활동에 참여할 준비하기

(2) 전략

① 학생에게 무엇을 할 것인지 설명하고 학생이 가능한 한 적극적으로 참여하도록 한다.

② 들거나 이동시킬 학생에게 직접 다가가서 자세를 취한다.

③ 몸통을 똑바로 세우고 허리를 구부리기보다는 다리를 구부리고 안을 자세를 취한다. [11중특]

㉠ 들어올리기 위해 허리를 절대 굽히지 말고 무릎을 구부리고 가능한 한 머리를 곧게 유지한다.

㉡ 들어올리기 위해 허리의 소근육 대신에 팔다리의 대근육을 사용한다.

④ 바닥에 평평하게 발을 대고 편안하게 한쪽 발을 다른 발 앞에 놓는다.

⑤ 학생에게 몸을 밀착하여 안을 준비를 한다.

⑥ 자신의 몸을 회전하지 말고 학생을 안을 준비를 한다.

⑦ 들어올리기가 어렵거나 약 16kg 이상 무게가 나가는 학생의 경우 도움을 요청하여 두 사람이 함께 들어올린다.

비교 - 도움이 필요한 학생의 몸무게

박은혜 외 (2019)	본문 참조
정동훈 외 (2018)	학생을 들어올려 이동시킬 때는 학생 체중이 자기 체중의 35%를 초과하면 혼자서 들어올리기를 시도하지 말아야 한다.

2. 들어올리기(들어 옮기기) 방법

(1) 껴안기 방법에서의 기본적 유의점

① 대체적으로 어떤 학생이라도 머리나 체간을 수직이 되게 하고, 팔 안으로 해서 안고 허리에 걸치는 자세가 되는 것이 좋은 껴안기 법이다.
  - 옆으로 누운 형태의 껴안기 법은 피해야 한다.

② 학생의 특징이 되어버린 나쁜 자세 패턴과 반대의 자세를 취하도록 한다.
  ㉠ 다리를 서로 교차시키는 경향이 있는 학생은 다리를 벌리고, 계속 다리를 뻗고 있는 학생은 다리를 가지런히 하고, 뒤집기가 강한 학생은 둥글게 껴안는 것이 좋다.
  ㉡ (가위모양의 다리를 하고 있는 경직형 뇌성마비의 경우) 학생을 마주 보게 안아서 옮길 때에는 학생의 양 하지를 벌리고 무릎을 구부려 교사의 허리에 걸치게 한 다음, 학생의 팔을 교사의 어깨에 올려 껴안고 옮긴다. 17초특

③ 체간을 비튼 자세는 손발이나 신체가 경직된 자세이므로 이러한 상태에서는 껴안기를 피하는 것이 좋다.

자료
나쁜 껴안기법

출처 ▶ 정재권 외(2000)

자료
바른 껴안기법

출처 ▶ 정재권 외(2000)

(2) 상황별 들어올리기 방법

휠체어와 침대 간 이동	한 사람은 학생 뒤에서 학생의 팔 아래로 가슴을 두른 후 양 손목을 잡고, 다른 사람은 학생 앞에서 무릎을 구부린 채 학생의 양 무릎 아래 손을 넣는다. 두 사람은 허리가 아닌 다리 힘을 사용하여 동시에 들어올린다.
근긴장도가 낮은 경우	근긴장도가 낮은 경우는 머리 조절이 어려우므로 옮기는 사람의 가슴이나 팔 가까이 머리를 기대게 한 채 얼굴은 정면을 향하게 하여 다리를 함께 모아서 안아 옮긴다.
근긴장도가 높은 경우	근긴장도가 높은 경우는 경직을 줄이고 양 하지를 이완시킬 수 있도록 양다리를 벌리고 무릎을 구부리는 것이 좋다.
어깨 관절이 경직된 경우	어깨 관절이 경직된 경우에는 옮기는 사람의 어깨에 학생의 팔을 올려 걸치도록 해준다.

> **설명** 왼쪽부터 근긴장도가 낮은 경우, 근긴장도가 높은 경우, 어깨 관절이 경직된 경우 들어 옮기기 자세

| 근긴장에 따른 들어 옮기기 자세 |

출처 ▶ 김혜리 외(2021)

(3) 들어올리기에서 고려해야 할 점

들어올리기에서 기본적으로 고려해야 할 점은 학생에게 나타나는 근긴장 정도와 위치를 살펴 그와 반대되는 자세로 들어 옮겨야 한다는 것이다. 특히, 근긴장이 높은 경우를 사례별로 살펴보면 다음과 같다.

① 누워 있을 때 다리는 신전되고, 팔은 굴곡된다면 엉덩이와 무릎 관절은 굴곡되고 팔은 신전시킨 상태에서 들어 옮긴다(〈사례 1〉 참조).

② 몸이 활처럼 휘어진다면 엉덩이와 무릎 관절은 굴곡되고 어깨는 모아지도록 하여 옮긴다(〈사례 2〉 참조).

③ 팔과 다리 모두 굴곡된다면 팔과 다리가 모두 신전되도록 하여 안아 옮기도록 한다(〈사례 3〉 참조).

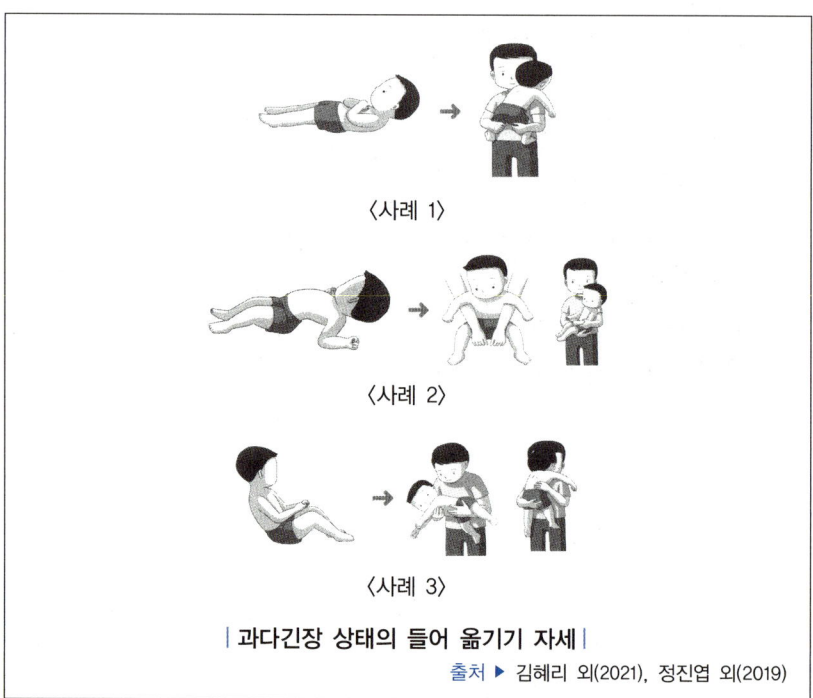

| 과다긴장 상태의 들어 옮기기 자세 |

출처 ▶ 김혜리 외(2021), 정진엽 외(2019)

3. 자리이동 방법

자리이동은 원거리 이동이 요구되는 장소이동이 아닌 주로 위치이동을 말한다. 즉, 휠체어에서 의자, 침대, 차량 좌석 등으로 이동하거나 그 역으로 자리를 바꿔 이동하는 것을 말한다.

(1) 자리이동 시 고려사항

① 지체장애 학생의 자리이동 시 학생의 신체능력과 함께 지시를 정확히 이해할 수 있는지 등 의사소통 능력을 확인해야 한다.

② 원하는 곳으로 자리이동을 할 때에는 학생의 얼굴을 마주보고 가능한 한 가까운 거리에서 옮기는 것이 좋다. 이때 허리는 펴고 다리를 구부려 이동하는 것이 척추나 관절에 가해지는 부하를 줄일 수 있다. 다리는 어깨너비 이상으로 벌려 안정성을 확보하고, 발뒤꿈치를 바닥에 붙이고 학생과 최대한 밀착해서 자리이동을 한다.

③ 체중이 무거운 학생이나 혼자서 자리이동하기 어려운 경우는 리프트나 미끄럼판 같은 보조기구를 이용하고, 가급적 다른 사람의 도움을 요청한다. 학생을 들어올려 이동시킬 때는 학생 체중이 자기 체중의 35%를 초과하면 혼자서 들어올리기를 시도하지 말아야 한다.

④ 학생을 잡을 때는 팔이나 다리를 잡지 말고 골반이나 몸통 등 신체 중심부를 안정하게 잡고 이동시키도록 한다.

(2) 휠체어에서의 자리이동

① 휠체어에서 의자나 바닥으로 자리이동 시킬 때에는 먼저 휠체어를 자리이동 하고자 하는 곳까지 최대한 가깝게 위치시킨다. 사지마비의 경우는 좌우 어느 쪽이든 편리한 방향에 휠체어를 위치시키면 되고, 편마비나 신체 좌우 어느 한쪽의 기능이 좀 더 나은 경우는 양호한 쪽에 휠체어를 위치시킨다. 이때 브레이크는 반드시 잠그고, 학생 쪽에 위치한 발받침이나 팔받침을 제거하면 자리이동이 쉽다.

② 혼자서 자리이동 시킬 때에는 학생의 양손을 깍지 끼워 교사의 목을 감싸 안도록 하며, 교사는 학생의 골반 뒤쪽을 잡고 휠체어에서 일어서도록 한다.

③ 2인이 자리이동 시킬 때에는 한 사람은 학생 뒤쪽에서 겨드랑이 사이로 팔을 넣어 학생의 양 손목을 단단히 잡고, 다른 사람은 무릎과 발목 뒤쪽을 각각 지지하여 휠체어에서 동시에 들어올린다. [20초특]

자료

휠체어에서의 자리이동(1인)

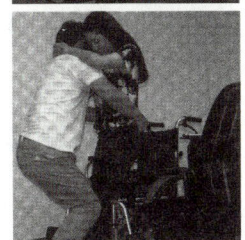

출처 ▶ 정동훈 외(2018)

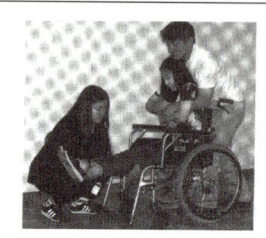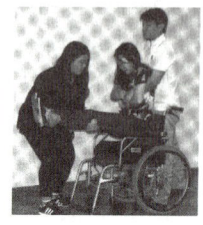

| 휠체어에서의 자리이동(2인) |

출처 ▶ 정동훈 외(2018)

(3) 바닥에서 휠체어로의 자리이동

① 지체장애 학생과 특수교사 모두의 안전을 위해 두 명의 들기 이동이 바람직하지만 경우에 따라 한 명에 의한 자리이동을 해야 할 경우가 있다.

② 한 명이 바닥에서 휠체어로 자리이동을 할 때는 다음과 같은 순서대로 실시한다.

㉠ 먼저 휠체어를 그림과 같이 눕힌다. 교사는 학생의 고관절과 슬관절이 굽혀지도록 한 손을 학생의 무릎 밑에 위치시키고, 다른 손은 학생의 몸통 뒤에 위치시킨다.

㉡ 학생의 발목을 휠체어 좌석 앞쪽 모서리 위에 놓이게 하고, 학생을 휠체어 좌석 쪽으로 움직인다. 교사는 학생을 휠체어 쪽으로 움직일 수 있도록 들기와 슬라이딩을 연속적으로 수행한다.

㉢ 엉덩이가 휠체어 좌석에 닿게 되면 머리 쪽으로 이동하여 학생과 휠체어를 함께 들어올리면서 선 자세를 취한다. 학생의 키가 크거나 휠체어 등받이가 낮으면, 교사는 한 손으로 휠체어 핸들을 잡고 다른 손으로 학생의 몸통을 지지하면서 들어올린다.

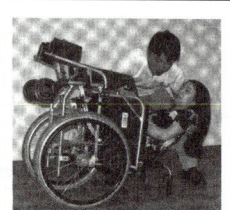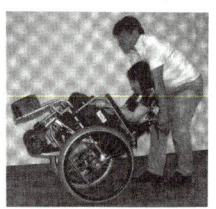

| 바닥에서 휠체어로의 자리이동 |

출처 ▶ 정동훈 외(2018)

Chapter 07 자세, 보행 및 이동 지도

01 자세의 이해

1. 자세의 개념
① 자세는 학습, 일상생활, 대화와 같은 개인적·사회적 활동을 수행하기 위한 기본적인 요건이며, 신체적 건강과 밀접한 관련이 있다.
② 좋은 자세란 최상의 기능을 수행할 수 있는 자세로서 에너지 소비를 최소화하고, 어느 방향으로든지 가장 잘 반응할 수 있는 자세이며, 환경과의 상호작용이 잘 되는 자세를 말한다.
③ 좋은 자세를 위해서는 무게중심이 신체에 균등하게 분배되고 체중지지면이 안정되어야 하며, 신체의 정렬이 정중선을 중심으로 대칭적이어야 한다.

2. 자세 지도의 목적
① 바른 자세는 신체의 정렬과 안정성을 제공한다.
② 바른 자세는 근긴장도를 적절하게 유지시켜 준다.
③ 바른 자세는 기형과 이차적인 근육의 장애를 예방한다.
 ㉠ 신경학적 손상이 있는 지체장애 학생은 근긴장도의 불균형과 고정된 자세 습관으로 인한 기형과 이차적인 근육 문제가 나타난다.
  • 비정상적인 근긴장은 근골격 구조의 변화를 유발하는데 스스로 자세를 바꾸거나 팔을 이용하여 신체를 지지하는 것과 같은 보상적 운동 패턴의 영향으로 이차적 장애를 유발한다. [12중특]
 ㉡ 바른 자세의 지도는 신체의 좌우대칭을 유지하면서 움직임을 돕기 때문에 기형과 이차적인 변화와 장애를 방지한다.

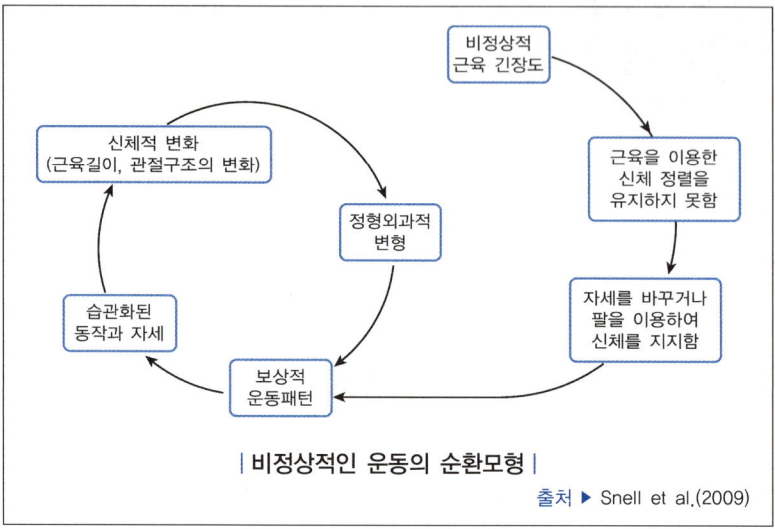

| 비정상적인 운동의 순환모형 |

출처 ▶ Snell et al.(2009)

④ 불안한 자세로 인한 심리적인 두려움을 줄여 주며, 눈맞춤을 하고 타인의 표정을 읽음으로써 정서적 안정과 상호작용을 촉진할 수 있다.
⑤ 안정된 상지 사용 기능을 극대화한다.

KORSET 합격 굳히기 비정상적인 자세와 움직임으로 인한 이차적인 운동장애

비정상적인 움직임 발달에 대한 순환 모형은 자세와 움직임이 시간이 흐를수록 비정상적으로 변화해 갈 수 있다는 것을 보여 주는 설명이다. 즉, 비정상적인 운동의 순환 모형은 비정상적인 근육 긴장도를 가진 학생이 시간이 지나면서 어떻게 이차적인 장애를 가지게 되는가를 설명하고 있다. 먼저 반중력적 자세를 지지하기 위해 신체를 사용하거나 팔을 사용하게 되면 보상 운동 패턴의 사용을 촉진하게 되며, 이는 빈약한 운동협응 패턴을 유도하고, 근육과 골격 구조의 신체적인 변형을 가져오게 하며, 정형외과적인 기형을 가져오게 된다. 이는 또 다른 보상 운동 패턴과 더 심한 정형외과적 결함으로 연결된다.
운동장애를 가진 많은 학생들은 시간이 흘러 학령기가 되면 태어날 때와 아동기에 나타났던 운동장애 외에 이차적인 운동장애와 정형외과적인 기형을 유발하게 된다.

1. **이차적인 신체적 변화**
   ① 이차적인 장애는 관절 움직임의 범위의 신체적인 제한성을 포함한다. 예를 들어, 학생은 팔을 곧게 펼 수 없게 될 수도 있다.
   ② 움직임의 제한성은 경직성이라 불리는 근육의 긴장도라는 또 다른 이차적인 장애와도 관계가 있다. 긴장된 근육은 쉽게 뻗지 못하기 때문에 움직임의 범위를 제한하게 된다. 예를 들어, 엉덩이와 무릎의 근육이 긴장되고 짧아지게 된 학생은 거의 모든 시간 두 관절이 구부러져 있기 때문에, 사춘기나 성인기가 되어서는 의자에 앉은 자세에서 화장실 변기로 이동을 할 때나, 학교버스나 차를 탈 때, 혹은 다른 자세로 이동할 때 두 사람의 도움이 필요하게 될지도 모른다.
   ③ 심한 근육의 긴장도와 움직임의 범위의 제한성은 정형외과적인 변형을 가져온다. 예를 들어, 학생의 다리 골격은 근육이 짧아지고 경직되면서 골반으로부터 탈구되기도 한다. 근육은 지나치게 길어지거나 늘어나기도 한다.

2. 보상적 운동

① 대부분의 신생아와 유아는 본능적으로 움직이고자 하기 때문에 장애아동도 어떠한 방법으로든지 움직이고자 한다.
② 기본적인 신체적 제한성을 보상할 수 있는 움직임의 방법은 몇 가지가 있다. 흔한 예로는 다리 근육의 경직성이 심한 아동의 경우에는 바닥에 앉을 때 다리를 쭉 뻗고 앉기보다는 무릎을 구부리고 앉는다. 또는 팔을 이용하여 신체를 지지하고 앉는 경우도 있으며, 어깨 앞쪽으로 팔을 당겨서 앉는 경우도 있다. 다리 근육이 짧아진 것이나 경직성을 보상하기 위한 자세이다. 또 다른 보상 방법으로는 팔을 이용하여 앉는 방법이다. 예를 들어, 어린 아동은 바닥에 앉을 때 양팔을 지지하지 않고 몸을 똑바로 세워 자세를 유지하고 몸통 근육의 부족함을 보상하기 위해 양팔을 이용하여 지지하기도 한다.
③ 이러한 자세는 다음과 같은 문제점을 가지고 있다.
   ㉠ 아동은 앉기 자세를 취하기 위해 경직성을 이용하고자 하므로 근육 긴장도가 높아진다.
   ㉡ 중력에 대해 정렬되지 못한 자세를 나타낸다.
   ㉢ 몸을 똑바로 유지하기 위해 팔을 사용하여 지지하고 있다(장난감을 가지고 놀기나 다른 기능적 활동을 하기 위해 팔을 유용하게 사용하지 못하는 자세이다).
④ 결론적으로 보상적 운동 패턴의 영향은 습관화된 동작과 자세 → 신체적 변화 → 정형외과적 변화의 형태로 연결되어 나타난다.

출처 ▶ Snell et al.(2009)

3. 자세 지도의 원칙

(1) 최소지원 및 용암의 원리

① 교사가 제공하는 신체적 보조는 필요 이상으로 제공하지 않도록 한다.
② 학생 스스로 바람직한 자세를 유지하고 동작을 실행할 수 있도록 지원은 점차 줄여 나간다.
  - 신체적 관리나 자세 지도를 위해 전적인 보조를 해줄 때, 스스로 할 수 있는 일이 있음에도 불구하고 스스로 하고자 하는 시도가 줄게 된다. 결과적으로는 수동적인 생활 태도를 갖게 되고, 이차적인 근육의 장애를 초래하게 된다.

(2) 비정상적 자세 패턴 소거

① 여러 가지 비정상적인 반사 및 굳어진 자세 패턴에 대해 반대되는 자세를 취하게 하여 비정상적 패턴에서 벗어나는 경험을 제공한다.
② 스스로의 힘으로는 비정상적인 자세와 운동 패턴에서 벗어날 수 없으므로 다루기를 통해 정상적 자세를 경험하고 발달시킨다.

(3) 운동조절점 사용

① 목, 어깨, 척추, 골반 등의 운동조절점의 정상적인 작동은 비정상적인 근긴장을 억제하고 적절한 자세를 유지하는 데 큰 영향을 미친다.
- 부적절한 반사나 운동 패턴은 목, 어깨, 척추, 골반 등의 운동조절점을 중심으로 시작되므로 이 부분들을 정상적인 위치로 잡아 줌으로써 비정상적 근긴장이나 자세를 교정하는 효과를 극대화할 수 있다.

② 운동조절점의 원활한 작동은 신체 안정을 유지시켜 팔, 다리 등 원위부의 소근육운동을 향상시킨다.

(4) 균형을 유지하는 자율운동 촉진

① 정상 운동발달과 신체 기능에 필수적인 정위반응, 보호반응, 평형반응 등의 자율운동을 촉진한다.
- 지체장애 학생들은 비정상적인 운동발달로 인해 정상 운동발달과 신체 기능에 필수적인 정위반응, 보호반응, 평형반응 등의 자율운동이 발달하지 못하는 경우가 많으므로 이런 자율운동을 촉진하는 것도 치료적 다루기의 중요한 부분이다.

② 교사는 다양한 학습활동과 자세를 제공함으로써 학생이 이러한 반응을 유발하고 연습할 수 있는 기회를 많이 가질 수 있도록 해야 한다.

(5) 움직임에 대한 최대한의 기회 제공

① 학생에게 신체 움직임의 기회를 최대한으로 제공해야 한다. 많은 신체 움직임은 관절 가동 범위를 향상시키고, 정형외과적 장애와 같은 이차적 문제를 감소시킨다.

② 가능한 한 하루 일과 중에 다양하게 사용할 수 있는 운동 기술을 경험할 수 있도록 고려하는 것이 중요하다. 일상생활을 통해 다양한 운동 기술을 경험하는 것은 학생의 연령이 낮을수록 더욱 중요하며 지체장애 학생에게는 특히 중요하다.

(6) 자세 바꾸어 주기

① 하나의 고정된 자세를 오랫동안 유지하면 특정 신체 부위에 지속적인 압력을 가하게 되어 통증, 욕창과 같은 문제를 유발할 수 있다. 특히 중도지체장애의 경우 자세 변경을 요구하는 의사표현을 할 수 없으므로 자세를 바꾸어 주는 일은 매우 중요하다.

② 자세 변경이 어려운 경우에는 서 있기, 옆으로 눕기, 엎드린 자세, 누운 자세 등 대안적 자세를 제공하여 한 자세에서의 지루함을 피하고, 건강을 촉진하며, 쾌적함을 느낄 수 있도록 자주 자세를 바꾸어 준다.

운동조절점
다른 부위에 비하여 자세 긴장도나 동작 패턴 그리고 자세 배열에 많은 영향을 미치는 조절점
동 조절점, 핵심 조절점, key point of control

4. 자세 지도를 위한 보조공학기기의 사용

(1) 사용 목적

자세 지도를 위해 보조기기를 사용하는 목적은 다음과 같다.

① 근육, 골격의 이차 운동장애를 예방하고 교정해 준다.

② 가정, 학교에서의 일과와 지역사회 환경에서의 활동 참여를 촉진하며, 기능적인 운동 기술의 사용을 증가시킨다.

③ 정상적인 근긴장도를 유지시킨다.

④ 욕창을 방지하고 호흡, 배설 및 소화 기능 증진 등 생리적 기능을 개선하는 데 기여한다.

⑤ 구강 기능과 인지 발달을 촉진하며, 보호의 부담을 경감시킨다.

(2) 사용 시 유의사항

① 지나치게 보조기기를 의지해서는 안 되며, 기능을 최대한 발휘할 수 있는 한도 내에서 중재를 최소화하는 전략이 필요하다.
   - 잔존 움직임을 촉진하고, 최대한 편안함을 유지할 수 있으며, 피로를 줄이고, 동작에 필요한 에너지가 최소화될 수 있도록 보완하는 보조기기를 제공한다.

② 신체 기능에 적합한 보조기기를 선정한다.
   - 잘 맞지 않는 부적절한 도구의 사용은 정형외과적인 기형이나 근육 길이의 변화 등과 같은 이차장애를 유발할 수 있다.

③ 보조기기의 정확한 기능과 사용 방법을 알고 준수한다.

④ 보조기기 사용 계획에 근거하여 사용의 한계 시간을 결정한다. 17초특
   - 보조기기가 학생에게 잘 맞고 편안하더라도 한 가지 자세로 제한하는 것은 혈액순환 문제나 피부의 궤양, 기형 등 이차적인 문제를 발생시킬 위험이 있다.

02 앉기 자세 지도

1. 신체 부위별 앉기 자세 지도 전략 [22중특]

- 바른 앉기 자세는 골반과 고관절의 위치, 하지의 지지, 어깨 및 상체의 지지 등 신체의 각 부위와 연결부위를 안정적이고 편안하게 지지해 주는 자세를 말한다. 무엇보다 신체의 정렬 상태가 안정적이며 균형 잡힌 상태를 유지하는 것이 중요하다.
- 학생의 앉기 자세 지도 시에는 골반과 하지 그리고 몸통의 위치를 바로 잡은 후, 머리와 목의 위치를 바르게 한다. [13중특]

(1) **골반** [16초특, 17유특, 19초특]

① 골반이 등과 수직이 되게 하여 체중이 엉덩이 양쪽에 균형 있게 분산되도록 한다.
  ㉠ 자세조절에서 가장 먼저 정렬되어야 하는 골반은 중립의 위치에 있어야 하며, 앞으로 휘거나 좌우로 흔들리거나 몸이 앞으로 기울지 않아야 한다.
  ㉡ 서 있을 때는 골반이 등과 수평이어야 하며, 앉아 있을 때는 골반이 등과 수직이 되게 하여 체중이 엉덩이 양쪽에 균형 있게 분산되도록 한다. 골반이 바르게 위치되었을 때 몸과 머리의 조절이 용이하다.
  ㉢ 체중이 엉덩이에 고르게 분산되도록 좌석의 중심부에 앉게 한다.
    - 비대칭적 엉덩이를 가진 경우에는 이를 고려한 특수 밑판을 제작하여 체중으로 인한 압력이 고르게 지지되도록 한다.
② 골반은 좌석 벨트로 지지해 줄 수 있고, 기형을 막기 위해 좌석 벨트는 골반을 지나 45도 각도로 위치하게 하여 적당히 조이는 것이 좋다.

(2) **하지**

① 학생의 다리가 바르게 정렬되고 발바닥은 교실 바닥이나 휠체어 발판에 닿도록 하고 슬관절과 발목은 직각이 되게 한다.
② 의자에 앉았을 때 무릎과 의자 밑판의 앞부분과의 거리가 손가락 1~2개 정도일 때 가장 적절한 의자의 깊이이다.
  - 너무 깊으면 고관절의 정상 각도를 유지하지 못하고, 골반의 후방 경사가 일어나며, 슬관절도 과다신전된다.

Tip
자세 지도를 위해 사용 가능한 보조공학기기의 종류에도 주의를 기울여야 한다.

자료 | 골반과 고관절
자세조절에서 가장 먼저 정렬되어야 하는 골반은 중립 혹은 약간의 전방굴곡 상태가 적절하다. 따라서 고관절이 약 90도 정도 굴곡된 자세가 되도록 한다(김혜리 외, 2021).

자료 | 좌석 벨트 착용방법

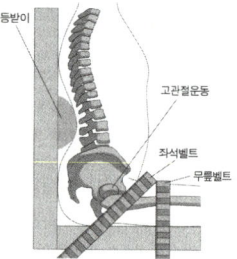

출처 ▶ 김혜리 외(2021)

비교 | 의자의 깊이

박은혜 외 (2023)	본문 참조
육주혜 외 (2021)	무릎 뒤쪽과 의자 앞면 사이의 간격이 2인치 정도를 유지할 수 있도록 한다.

③ 하지의 자세 유지를 돕기 위한 방법은 다음과 같다. [12중특, 16중특, 19초특, 25초특]

㉠ 다리를 모으지 못하고 발판 밑으로 떨어뜨리거나, 다리를 바짝 붙이거나, 벌리지 못하는 등 다리를 적절히 정렬하지 못하는 경우에는 외전대 또는 내전대 등으로 다리가 정렬되도록 한다.

내전대	• 내전을 돕는 역할을 하는 것 • 도구가 몸의 중심으로 모아주는 역할을 한다.
외전대	• 외전을 돕는 역할을 하는 것 • 도구가 몸의 중심에서 바깥쪽으로 벌어지도록 유도하는 역할을 한다.

㉡ 다리는 다리 분리대와 발을 고정할 수 있는 밸크로 등의 고정 끈을 이용하여 발바닥의 전면이 바닥(혹은 휠체어의 발판)에 닿도록 하는 것이 안정감을 유지하는 데 좋다. 이때 슬관절과 발목은 각각 약 90도를 유지할 수 있도록 발판의 높이를 조절한다.

• 양쪽 다리의 길이가 다른 학생이 휠체어에 앉는 경우, 휠체어 발판의 높이를 다르게 조절함으로써 발바닥의 전면이 바닥에 닿을 수 있도록 한다.

Tip
내전대와 외전대는 도구가 놓인 위치를 중심으로 분류하는 경우도 있으나 주로 기능에 따른 분류를 중심으로 접근한다.

비교
도구가 놓인 위치에 따른 내전대와 외전대의 의미

내전대	• 무릎과 무릎 사이, 즉 몸의 중심에 놓는 도구 • 다리가 안쪽으로 휘는 것을 방지한다.
외전대	• 몸의 바깥쪽에 놓는 도구 • 다리가 바깥으로 더 휘는 것을 방지한다.

KORSET합격 굳히기 내전대와 외전대

1. **내전과 외전**
   ① 내전: 근육이 몸통 중심 쪽으로 당겨지는 것
   ② 외전: 근육이 몸통 정중선에서 바깥으로 당겨지는 것

2. **내전근과 외전근**
   ① 내전근: 몸 안쪽으로 끌어당기는 근육
   ② 외전근: 몸통 중심에서 바깥으로 벌리는 데 관여하는 근육

3. **내전대와 외전대의 활용**
   ① 내전근 경직으로 다리가 X자형으로(흔히, 외반슬이라고 함) 변형된 학생의 경우 외전대를 이용하여 X자형으로 모인 다리가 바르게 정렬될 수 있도록 한다.
   ② 내전근 기능 약화로 다리가 바깥으로 신전된 학생의 경우(흔히, 내반슬이라고 하며 O자형 다리) 내전대를 사용하여 다리를 모아준다.

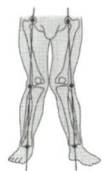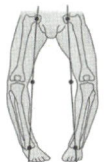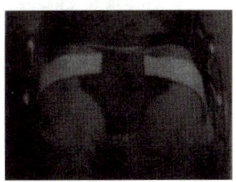

〈외반슬과 외전대〉   〈내반슬과 내전대〉

(3) **몸통** 16중특, 17유특, 19초특, 22중특

① 어깨선을 수평으로 맞추고, 어느 한쪽으로 치우치지 않고 정중선을 유지하게 한다.

② 몸통이 안정되어야 상지와 머리의 조절이 용이하므로 몸통을 적절히 고정하여 안정성을 확보하는 일은 매우 중요하다.

③ 몸통의 자세 유지를 돕기 위한 방법은 다음과 같다.
  ㉠ 측방굴곡의 경우에는 몸통의 좌우에 지지대를 설치하는데, 이때 지나치게 특정 부위에 체중이 쏠려서 통증이나 피부의 손상을 초래하지 않도록 주의해야 한다.
    • 측방굴곡이 근육 자체의 잡아당김에서 비롯된 것이 아니라 앉은 자세에서의 중력의 힘에 의한 것이라면, 의자의 등판을 약간 뒤로 젖혀 주면 효과가 있다.
  ㉡ 전방굴곡의 경우에 가장 흔히 사용되는 방법은 가슴, 혹은 어깨에 벨트를 두르는 방법이다.
    • 몸통을 지지하는 어깨 벨트나 가슴 벨트를 이용하여 가슴에 압력을 제공하여 안정감을 준다.
      – 벨트를 두르는 방법에는 나비형, H형, V형 등의 여러 유형이 있으며 벨트가 학생의 목을 스쳐서 자극하지 않도록 띠의 끝부분을 어깨보다 아래쪽에 고정시키는 것이 좋다.
    • 고개를 가누지 못하고 앉아 있을 때 머리와 몸통이 앞쪽으로 굴곡되는 경우, 머리 지지대와 어깨 지지대를 활용하여 신체를 정렬할 수도 있다.
  ㉢ 휠체어에 부착하여 사용할 수 있는 책상을 설치하여 몸통을 지지하게 한다.

④ 어깨와 상지는 다음과 같은 자세가 되도록 지도한다.
  ㉠ 어깨와 팔꿈치가 적절한 각도를 이루고 편안한 자세로 의자의 팔걸이나 테이블에 손을 놓는 자세가 바람직하다.
  ㉡ 어깨관절은 약간 굴곡되는 것이 좋다.
  ㉢ 주관절은 40~100도 정도로 굴곡되고, 손은 손바닥이 완전히 위나 아래로 향하도록 하지 않고, 손의 옆면을 바닥에 닿도록 하는 자세가 좋다.

측방굴곡
허리에서 옆으로 구부리는 운동의 해부학적 용어이다. 관절 운동의 하나인 굴곡이 신체 부위 간의 각도가 줄어드는 관절 운동을 의미하므로 측방굴곡은 몸통의 안정성이 결여되어 몸통이 좌우 옆쪽으로 기울어졌거나 휜 상태 또는 이러한 관절 운동이라 할 수 있다(특수교육학 용어사전, 2018).

전방굴곡
몸통이나 머리가 신체 앞쪽으로 향하여 구부러진 상태나 신체 발달 정도를 측정하기 위해 몸통과 머리를 앞으로 구부리는 동작이다(특수교육학 용어사전, 2018).

자료
상지의 자세조절
상지의 자세조절을 위해 팔걸이와 테이블(tray)을 활용할 수 있는데, 특히 테이블은 머리와 어깨 자세 유지에 도움을 주며, 팔과 어깨 관절 손상을 줄여줌과 동시에 양손 조작활동을 용이하게 하도록 손을 정중선 위치에 놓이게 해준다(김혜리 외, 2021).

주관절
통 팔굽관절

(4) 머리 16중특, 19초특

① 머리를 똑바로 세우고 턱을 약간 밑으로 잡아당기는 듯한 자세가 가장 바람직하며 이러한 자세 유지를 돕기 위해 다양한 머리 지지대가 사용된다.

② 머리의 자세 유지를 돕기 위한 방법은 다음과 같다.
  ㉠ 어느 정도 머리 조절 능력이 있는 경우에는 단순히 의자의 등판을 머리 뒤까지 오도록 연장시키는 것만으로도 도움이 된다.
  ㉡ 머리가 심하게 굴곡되거나 신전된다면 머리 지지대와 어깨 지지대를 이용해 머리를 고정해 줄 수 있고, 이를 의자나 휠체어에 부착해 준다.
    • 일부 학생은 심한 신전근 긴장이나 원시반사가 출현하여 머리받침을 강하게 미는 현상이 나타난다. 어떤 학생은 심한 근긴장의 저하로 중력에 대항하지 못하고 지속적으로 머리를 떨어뜨려 턱이 가슴에 붙는 경우도 있으며, 이와 달리 경부 신전근 긴장이 과도하여 항상 머리를 뒤로 젖힌 상태인 '거위 목' 자세를 취하기도 한다. 이 때는 바른 자세를 위해 이마-밴드나 목을 감싸주는 링(ring neck)으로 머리를 지지해 줄 수 있다.

자료
머리 조절용 보조공학기기

〈머리 지지대〉

〈어깨 지지대〉
출처 ▶ 박은혜 외(2023)

2. 앉기 자세 보조공학기기 11중특, 25유특

① 앉기 자세를 위해 보조공학기기를 과도하게 사용하면 의존성이 강해지며 운동 기능 발달을 제한하게 된다.

② 앉기 자세를 위한 보조공학기기의 종류에는 다음과 같은 것들이 있다.

피더시트	• 주로 근긴장도가 낮은 학생에게 사용한다. • 각도 조절용 받침대를 이용하여 각도 조절이 가능하며 일상생활 중 편안함을 제공하기 위해 사용된다. • 다음과 같은 점에 유의하여 사용한다. - 학생의 신체 크기에 맞는 것을 선택하여야 한다. - 학생의 신체 크기에 맞춰 어깨끈과 골반 벨트를 조절해 주어야 한다.
학습용 의자	• 일반 의자의 모양에 쿠션이나 벨트, 팔걸이, 발받침대 등을 부착하여 편안한 자세로 앉을 수 있도록 수정한 의자이다.
맞춤형 착석 시스템	• 개인의 신체적 특성과 용도에 맞게 맞춤 제작한 것으로 다양한 부속장치를 부가적으로 부착하여 의자, 휠체어 등에 앉을 수 있도록 수정한 보조공학기기이다. • 주로 머리나 몸통 조절이 어려운 경우나 경직이 심한 경우에 사용하며 장시간 착석으로 인한 욕창 발생 위험이 있을 경우 사용한다.

자료
앉기 자세 보조공학기기

〈피더시트〉

〈학습용 의자〉

〈맞춤형 착석 시스템〉

〈코너 체어〉
출처 ▶ 김혜리 외(2021), 박은혜 외(2023)

코너 체어
🔄 각진 의자

코너 체어	• 근긴장의 이상으로 인해 온몸이 당기거나 어깨가 뒤로 끌리거나 하지의 벌림이 제한되는 등의 이상 자세 패턴을 보이는 뇌성마비에 대해서 이상 자세 패턴을 억제하기 위해 사용되는 의자이다. – 어깨를 안으로 모아주고 양손이 몸의 중앙에 오게 할 수 있다. • 척추의 지지나 머리 조절을 도울 수 있는 모양의 의자로 장소에 따라서 좌식생활 시 앉기 자세를 보조하며 이동을 위해 의자 밑에 바퀴를 달아 사용하기도 한다.

3. 대안적 자세

① 여러 가지 자세잡기 방법을 사용하여도 앉기 자세를 취하기 어렵거나 장시간 이를 유지하는 데 어려움이 있는 경우에는 다양한 형태의 대안적 자세가 필요하다.

② 대안적 자세가 필요한 학생은 대부분 스스로 자신의 자세를 바꿀 능력이 없는 상태인 경우가 많으므로 혈액순환 및 관절, 근육의 무리 정도 등을 고려하여 자주 자세를 바꾸어 주어야 한다.

③ 대안적 자세는 학생의 교육적·사회적 활동에 적합하도록 배려해야 한다. 즉, 어떤 대안적 자세를 취함으로써 참여 중이던 활동에 더 이상 참여할 수 없거나 또래 친구들과의 사회적 상호작용이 감소되어서는 안 된다.

④ 대안적 자세를 취하기 위해 사용하는 보조공학기기 때문에 신체적으로 고립되거나 부정적인 낙인이 찍히지 않아야 하며, 사회적 상호작용이 저해되지 않아야 한다.

03 눕기 자세 지도

1. 눕기 자세 특성 및 지도 방법

① 지체장애 중 특히 뇌성마비는 바로 누운 자세에서 중력에 대항하는 자세를 취하기 어렵고, 심할 경우 고개가 뒤로 젖혀지며 활처럼 휘기도 한다. 신체 좌우가 대칭이 되고 머리, 몸통, 골반이 일직선상에 올 수 있도록 정렬시키기 위해 다음과 같은 방법으로 지도해야 한다.

  ㉠ 머리가 뒤로 신전되어 있다면 베개를 받쳐 굴곡시키고 중앙에 오도록 위치시킨다.
  ㉡ 쿠션이나 수건을 활용하여 어깨가 앞으로 모일 수 있도록 받쳐 준다.
  ㉢ 다리가 신전되어 있다면 양다리 아래 쿠션을 받쳐 고관절과 무릎을 굽혀 준다. [11중특]

| 바로 누운 자세 지도 예시 |

출처 ▶ 김혜리 외(2021)

② 엎드려 누운 자세에서도 굴곡근의 긴장이나 머리 들기나 팔 사용이 어렵다. 어깨도 긴장하여 어깨뼈가 돌출되는 날개 모양(익상)이 되어 팔꿈치가 어깨 위로 올라오게 된다. 따라서 다음과 같은 방법으로 지도할 필요가 있다.

- 쿠션이나 수건을 활용하여 겨드랑이 사이에 받쳐 주거나 머리 들기를 쉽게 할 수 있는 삼각보조대(wedge)를 활용하여 긴장을 이완시키되 교재교구는 중앙에 놓는다. 11중특, 14중특

삼각보조대
🔄 웨지, 경사진 모양의 보조대, 삼각 지지대, wedge

| 엎드려 누운 자세 지도 예시 |

출처 ▶ 김혜리 외(2021)

③ 옆으로 누운 자세에서는 머리와 등이 활처럼 휜 자세가 많이 유발되기 때문에 다음과 같은 방법으로 지도해야 한다.

㉠ 머리는 중앙으로 오게 하고, 등이 신전되지 않도록 등 뒤에 쿠션을 받치며, 어깨가 솟지 않도록 모아준다.

㉡ 신전된 다리는 쿠션이나 수건을 이용하여 굴곡시킨다.

㉢ 머리의 신전을 방지하고 양손 활용을 극대화하기 위해 학생 시선보다 아래쪽에 교재교구를 놓아준다.

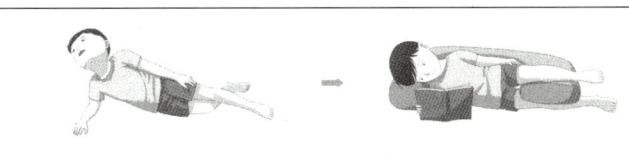

| 옆으로 누운 자세 지도 예시 |

출처 ▶ 김혜리 외(2021)

자료
눕기 자세 보조공학기기

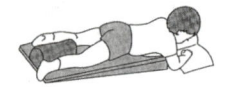

출처 ▶ 박은혜 외(2023)

2. 눕기 자세 보조공학기기

① 눕기 자세 보조공학기기는 중도의 장애로 인해 의자나 바닥에 앉기 어려운 학생의 경우 신체 기능에 무리를 주지 않는 한도 내에서 호흡 곤란 등의 어려움이 없도록 편안한 눕기 자세를 제공하는 보조공학기기이다.

② 자세교정용 쿠션을 이용하여 머리 가누기, 균형 유지하기 외에 운동 활동과 독서 등의 편안한 자세를 제공해 준다.

③ 삼각보조대를 이용하여 높은 쪽으로 머리를 엎드리게 되면 고개 조절이 잘 되며, 손과 팔에 적절하게 체중이 실리게 된다.

04 서기 자세 지도

1. 서기 자세 특성

① 정면 서기 자세를 중심으로 살펴보면, 좋은 자세란 얼굴은 좌우 대칭을 유지하고, 머리는 중립(양쪽 안 복사뼈 사이, 무릎 사이, 배꼽을 잇는 수직선을 그었을 때 중앙), 목·흉부·어깨 근육들의 균형 잡힌 근긴장, 펴진 상태로 좌우 대칭인 어깨 높이, 중립 위치의 골반, 좌우 균형 잡힌 체중지지 등의 자세를 말한다.

② 지체장애 학생은 스스로 좋은 자세를 유지하기 어렵고, 서기 자세로 있더라도 무릎이 과신전되는 등 일정 시간 자세를 유지하기 힘들다.

• 좋은 서기 자세를 유지하기 위해 다양한 서기 자세에 맞는 보조공학기기를 제공해 주면 도움이 된다.

2. 서기 자세 보조공학기기 [19초특]

① 서기 자세를 위해 사용 가능한 보조공학기기(기립대)의 유형에는 프론 스탠더, 수파인 스탠더, 스탠딩 테이블 등이 있다.

[11중특, 13중특, 16중특, 17중특, 22중특, 23초특, 24유특]

프론 스탠더	• 프론 스탠더는 스스로 서기가 어려운 학생에게 엎드린 자세로 다리와 몸통을 고정시킨 후 전동이나 수동 장치를 이용하여 각도를 세워 설 수 있도록 하는 기기이다. – 앞으로 10~20도 기울여 선 상태에서 앞에 부착된 선반(책상)에서 손을 사용한 활동을 할 수 있게 만들어 준다. • 머리를 스스로 가눌 수 있는 경우 사용할 수 있으며, 특히 상체의 조절이 어느 정도 가능한 경우는 상지 기능 강화를 위해 사용할 수 있다. • 고관절 수술 후 관절 근육을 형성하거나 원시반사를 경감시켜 주는 효과가 있고, 체중을 앞으로 실은 채 기댈 수 있으므로 두 손을 기능적으로 사용할 수 있다.	
수파인 스탠더	• 수파인 스탠더는 상체와 하체의 조절 능력이 저조하여 세우기가 힘든 경우 등을 대고 누운 자세에서 다리 및 몸통을 고정시킨 후 전동이나 수동 장치를 이용하여 각도를 세워 바로 설 수 있도록 보조하는 기기이다. • 머리를 스스로 가누지 못하는 학생은 수파인 스탠더를 사용하여 기립 자세를 유지한다.	
스탠딩 테이블	• 스탠딩 테이블은 몸통이나 다리 근육의 제한으로 스스로 서기 어려운 학생을 세울 수 있게 지원하는 보조공학기기이다. • 학생의 신장에 따라 높이를 조절할 수 있고 각도 또한 조절할 수 있으며 테이블이 있어 서기 자세에서 상지를 활용한 활동을 한다.	

✎ 프론(prone)
엎드린, 포복한

✎ 수파인(supine)
반듯이 누운

② 서기 자세 보조공학기기를 사용했을 때의 장점은 다음과 같다. ¹⁶중특

㉠ 서기 자세 보조공학기기는 신체의 적절한 근긴장도와 몸통의 안정성을 유지할 수 있게 하여 서기에 대한 두려움을 감소시킨다.

㉡ 신체의 정중선을 중심으로 신체 부위의 정렬을 유지시킨다.

㉢ 서기 자세 보조공학기기는 스스로 앉거나 서지 못하는 학생에게 수직 자세의 대안적인 자세를 취하게 해줌으로써 신체의 건강 증진과 편안함을 가져온다.

ⓔ 서기 자세 보조공학기기를 사용하여 몸통을 똑바로 세울 수 있도록 지지해 주면 몸통 조절력이 향상되어 학생의 팔과 손의 사용 능력이 증가하게 된다.

ⓜ 보조공학기기를 사용하여 대안적인 서기 자세를 취하게 해주면 머리 조절과 손의 사용을 자유롭게 하며, 좀 더 쉽게 기능적 움직임을 가능하게 하고 활동과 일과에 참여를 촉진시킨다.

③ 서기 자세 보조공학기기는 잦은 변화를 주어 보조공학기기와 신체가 닿는 부분에 염증이나 욕창이 발생하지 않도록 유의한다.

05 보행 및 이동 지도

1. 이동

① 이동이 가능한 학생들은 주어진 환경에서 더 많은 경험과 기회를 제공받으며 높은 독립성과 자신감을 갖게 되므로 이동성은 가능한 한 조기에 중재되어야 한다.

② 이동에 대한 지도를 할 때에는 보다 정상적인 근긴장도를 가지도록 유도하고 정상적인 직립 자세를 촉진하는 것이 좋다.

③ 지체장애 학생의 이동 훈련은 사회적 자립을 최종 목표로 하며 현재 상태에서 스스로 할 수 있는 능력을 확대해 나가는 데 중점을 둔다. 그러므로 현재의 수행 능력을 고려한 개별 접근이 이루어져야 한다.

- 장애학생을 위한 이동 훈련은 기능적인 조건과 더불어 정신적인 요소도 고려해야 하며, 이를 위해서는 생활의 전 영역에 걸쳐 통합적인 접근이 요구된다.

④ 지체장애 학생의 운동 기능을 향상시키기 위한 이동 훈련은 대근육 운동과 보행 능력 발달에 중점을 두는 물리치료와 식사하기, 일상생활 훈련 등 상지 기능을 중점적으로 훈련하는 작업치료 등 관련 서비스와 통합하여 제공한다.

⑤ 이동에 대한 지도는 체육관이나 운동실이라는 분리된 환경보다는 교실환경, 복도 및 운동장 등 실제의 생활환경 내에서 지도하는 것이 더 효과적이다.

2. 보행 및 이동을 위한 보조공학기기 22유특

(1) 휠체어

① 일반 수동 휠체어

수동 휠체어를 선택할 때에는 무게, 안정성, 내구성 및 피로 강도, 조작 능력 등의 수행 능력을 평가하여 선택한다.

자료
휠체어 선택 시 고려해야 할 요인

소비자의 프로파일	장애, 발병일자, 예후, 신체 크기, 몸무게
소비자의 욕구	활동, 사용하는 주변 상황(예 실내/야외), 선호도, 휴대 가능성, 견고성, 신뢰성, 비용
신체 및 감각 기술	운동 범위, 운동 조절력, 체력, 시각, 지각
기능적 기술	수동이나 전동식 이동기구를 추진하고 옮겨탈 수 있는 능력

출처 ▶ Cook et al.(2014)

자료
구동방식에 따른 휠체어의 구분

휠체어는 사용 장소, 재질 및 무게 그리고 용도에 따라 다음과 같이 구분된다.

구동방식	하위 유형	
수동	표준형	실내용
		야외용
	침대형	
	스포츠형	
전동	전동 스쿠터형	
	표준형	
	특수형	

출처 ▶ 김남진 외(2017)

㉠ **휠체어의 구성** 10중특, 15초특, 18초특·중특

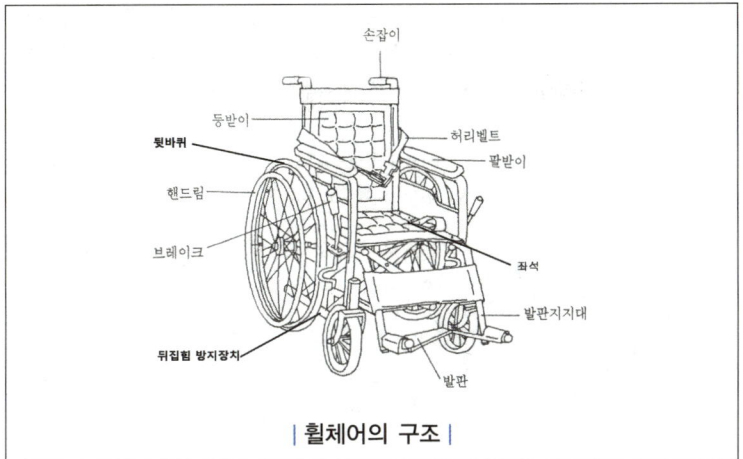

| 휠체어의 구조 |

> **자료**
>
> **수동 휠체어의 선택**
>
> 휠체어의 무게는 차량에 싣거나, 들어올리거나 내릴 때 중요하므로 사용하는 장소나 용도에 따라 무게를 선택한다. 안정성 면에서도 평지 외에 오르막길, 내리막길 등의 경사면에서의 앞바퀴가 들리는 정도 등 안정성을 점검해 본 뒤, 사용할 학생의 생활환경 내에서 유용한 것을 선택한다. 또한 휠체어의 프레임 재질, 프레임 표면 처리, 앞바퀴 등의 내구성을 고려하여 선택한다(박은혜 외, 2019).

> **Tip**
>
> 휠체어의 구조와 각 특성에 대해 명확히 정리하는 것이 필요하다.

> **연하과정**
>
> 음식물을 입으로 가져가 삼키기 좋은 상태로 씹은 후에 인두, 식도를 거쳐 위에 도착하는 과정을 연하과정이라고 한다. 연하기능이 원활하게 이루어지지 않으면 음식물을 삼키는 매우 짧은 시간 동안에 음식물이 기도로 흘러 들어가, 질식이나 흡인성 폐렴 등의 문제가 발생할 수 있다(강혜경 외, 2023).

머리받침대	• 머리 조절이 어려운 학생에게 필요하며 머리의 자세, 근긴장, 목의 자세 또는 연하작용을 보조해 준다.
등받이	• 학생이 고개를 가누는 정도에 따라 높이 조절이 가능하며 접을 수 있도록 제작된 형태가 대부분이다. • 요추의 지지와 기능적 운동을 위한 자세에 도움이 되도록 재질은 딱딱한 것이 좋다. • 고개를 가누는 정도에 따라 높이 조절이 필요하다.
의자	• 자세의 지지를 위해 단단한 것일수록 좋다. • 엉덩이의 크기에 적절하게 맞추는 것이 좋다. 　- 좌석의 넓이는 몸이 차체에 직접 닿아 압력을 느끼지 않는 범위에서 가급적 좁아야 한다. 　- 좌석의 넓이가 너무 좁으면 휠체어에 피부가 직접적으로 닿아 마찰이 발생할 수 있으며, 좌석의 넓이가 너무 넓은 경우는 이동 시 자세를 안정적으로 잡아주지 못한다.
좌석 벨트	• 이동 시 안정성을 제공하며, 몸통 및 골반의 위치를 잡아 주고, 미끄러짐 현상을 방지한다.
팔걸이	• 상지의 지지를 도와 몸무게를 지지할 수 있으므로 몸통의 안정성에 도움이 된다. • 척추의 기형을 예방할 수 있다. 　- 팔걸이에 팔을 올려놓으면 척추에 작용하는 압력을 줄일 수 있다. • 팔걸이를 지지하여 체중을 분산시키거나 체중 이동 훈련을 할 수 있으므로 둔부의 압력을 줄이고 욕창 등의 문제를 예방할 수 있다. • 의자에서 휠체어로 이동 시 팔걸이를 잡고 이동하게 되므로 적절한 높이와 안정성이 필요하다.

> **자료**
>
> **의자의 넓이**
>
> 앉은 자세에서 골반의 가장 넓은 면을 측정한 뒤, 그 수치에 약 1~2인치를 추가하면 적용되어야 할 휠체어의 좌석 넓이가 된다. 사용자의 신체 제어능력이 좋을수록 수치는 감소(최대한 맞춤형)시켜 주는 것이 좋다(육주혜 외, 2021).

뒷바퀴		• 플라스틱 소재의 딱딱한 바퀴보다는 공기가 들어가는 바퀴가 충격 흡수 면에서 우수하여 승차감이 좋으나 공기주입 장치 및 바퀴 수리 등 보수 관리가 필요하다. • 뒷바퀴가 작을수록 지면에 전달되는 힘이 커지기 때문에 기동성이 좋아진다. • 무게가 가벼울수록 좀 더 쉽게 관성을 이기고 앞으로 나아갈 수 있다.
손 조절바퀴 (핸드림)		• 이동 시 손으로 잡는 둥근 손잡이 부분으로 직경이 클 경우에는 힘을 이용하여 출발 및 가속이 쉽고, 직경이 작을 경우에는 속도의 유지가 용이하다.
브레이크		• 휠체어를 타고 내릴 때나 언덕길에서 감속을 위해 제동 장치를 사용한다.
앞바퀴 (보조바퀴)	앞바퀴가 큰 경우	– 이동 시 충격을 흡수하여 승차감이 좋고 장애물 통과가 쉽다. – 기동성이 떨어지고 앞바퀴의 크기가 발의 배치를 방해할 수 있다. – 외부 활동이 많고 팔의 힘이 좋거나 간병인이 있는 경우 선택한다.
	앞바퀴가 작은 경우	– 회전이 쉽고 속도를 내기 좋으며(즉, 기동성이 높고) 이상진동이 덜하다. – 충격 흡수가 나빠 승차감이 좋지 않으며 틈에 빠지기 쉽다. – 실내에서 주로 이용하며 팔의 힘이 강하지 않은 경우 선택한다.
발 받침대, 다리 받침대		• 무릎과 다리, 발의 각도를 올바르게 위치할 수 있도록 한다.
휠체어용 책상	장점	– 휠체어를 이용하는 학생의 섭식과 의사소통 기기를 놓는 등 학습활동에 사용이 편리하다. – 양손을 기능적으로 사용하는 데 유용하다. – 몸통과 머리의 안정성에 도움이 된다.
	단점	– 독립적인 이동을 방해한다. – 휠체어의 무게와 전후좌우의 길이를 증가시켜 불편을 초래한다.

출처 ▶ 박은혜 외(2023)

비교

손 조절바퀴

박은혜 외 (2023)	본문 참조
한국보조 공학사 협회 (2013)	표준 손 조절바퀴가 부착된 휠체어는 주행하기는 쉽지만 속도가 느리며, 손 조절바퀴가 작은 휠체어는 속도는 빠르나 힘이 많이 든다.

동 뒷바퀴 추진장치

⓵ 휠체어 보조바퀴의 이상 진동을 줄이는 방법

휠체어 보조바퀴의 이상 진동을 줄이기 위해서는 다음과 같은 사항을 고려해야 한다.

- 작거나 가벼운 보조바퀴를 사용한다.
- 보조바퀴(caster) 회전축으로부터 보조바퀴의 지면 접촉점까지의 수직거리, 즉 트레일(trail)의 길이를 증가시킨다.
- 회전축을 견고하게 고정시킨다.
- 보조바퀴의 회전축이 지면과 수직을 이루게 한다.

② 전동 휠체어

㉠ 전동 휠체어는 손으로 휠체어를 작동하는 수동 휠체어 사용이 어렵거나 기능성이 떨어질 경우 동력의 힘으로 이동할 수 있는 이동 기기이다.

- 상지의 근력, 협응 능력, 관절 가동 범위 등이 약하거나 감소된 경우, 지구력의 감소, 심폐 기능의 감소, 통증이 있는 경우, 수동 휠체어 과사용으로 인한 근골격계 장애가 있는 경우에 적용한다.
- 지체장애 학생의 효율적인 이동을 위해 사용한다.

㉡ 전동 휠체어를 선택할 때에는 속도, 장애물 통과 능력, 주행범위, 조작 능력, 내구성 등을 파악한 후 결정한다.

㉢ 전동 휠체어를 제어하기 위한 제어 방식은 비례 제어와 비비례 제어의 두 가지로 구분된다. ^{24중특}

비례 제어	• 휠체어가 조이스틱이 움직이는 방향이면 어디든 움직이며, 빠르게 움직일수록 휠체어도 빠르게 움직인다는 것을 의미한다. • 원하는 방향으로 미는 정도에 따라 속도를 조절할 수 있다.
비비례 제어	• 휠체어는 조이스틱의 이동에 관계없이 사전에 설정된 속도로 이동한다. • 사용자가 방향을 바꾸기를 원할 경우, 조이스틱을 한 방향에서 해제하여 변경 방향을 활성화시킬 수 있다.

자료

보조바퀴 트레일에 대한 이해

자료

비례식 구동 시스템

비례식 구동 시스템에서 제어기는 조이스틱이 기울어지는 정도만큼 모터에 공급되는 전압의 양을 결정하는데, 이러한 전압은 모터의 속도에 직접적으로 관련된다. 대부분의 제어기에서 가속의 비율이 사용자의 요구에 맞게 조절될 수 있다. 감속(제동)의 비율도 역시 조절될 수 있다. 제어기가 가지고 있는 이러한 두 가지 특성으로 인해 가속을 위해서는 일정 비율, 제동을 위해서는 또 다른 비율로 설정해 놓는 것이 가능하다(Cook et al., 2014).

자료

전동 휠체어 조절스위치

전동 휠체어 조절스위치는 컨트롤러 또는 조이스틱이라는 명칭으로 불리며, 그 종류는 신체의 조작여부에 따라 다양하게 구성되어 있다. 대표적으로 손 조작 방식, 턱조절 방식, 호흡을 이용한 방식, 머리 받침대의 센서를 이용한 방식, 혀를 이용한 방식 등이 있다(육주혜 외, 2021).

자료
스위치의 종류
기계 스위치, 전자기 스위치, 불기-빨기 스위치에 대한 자세한 내용은 Part 08. 특수교육공학의 Chapter 09. 컴퓨터 접근성 향상을 위한 보조공학 '[KORSET 합격 굳히기] 단일 스위치 유형' 참조

자료
전동 휠체어의 제어 방식과 작동 방식 예시
특수교사 A : 전동 휠체어를 어떻게 움직이나요?
특수교사 B : 전동 휠체어를 움직이는 데에는 다양한 방식을 적용할 수 있습니다. 예를 들어 조이스틱, 스위치 등을 사용합니다. 몸의 다양한 부분에 스위치를 적용할 수 있는데, 호흡으로 작동하는 불기-빨기 스위치나 혀로 작동하는 스위치도 있습니다.
특수교사 A : 그러면 학생 A의 전동 휠체어는 어떤 방식으로 작동하나요?
특수교사 B : 학생 A의 경우에는 손을 일정하게 움직일 수 있기 때문에 비례적 조이스틱을 사용하면 됩니다. 가고 싶은 방향으로 비례적 조이스틱을 움직이면 그 방향으로 휠체어가 움직입니다.
특수교사 A : 비례적 조이스틱으로 속도를 조절할 수도 있습니까?
특수교사 B : 물론입니다. 원하는 방향으로 미는 정도에 따라 조절할 수 있습니다.
출처 ▶ 2024 중등B-4 기출

ⓔ 전동 휠체어의 작동 방법은 조이스틱, 스위치, 음성 작동 제어장치까지 다양한데, 전동 휠체어를 사용하기 위해서는 적절한 시력, 지시를 이해하고 따르는 능력, 환경적 요인 인식이라는 전제 조건이 필요하다.

조이스틱	• 전동 휠체어의 일반적인 제어 방식은 4방향 조이스틱을 사용한 직접 선택이다. • 일반적으로 손이나 팔뚝으로 제어할 수 있도록 휠체어의 각 면이나 중앙선에 위치해 있다. • 조이스틱은 아래턱, 발, 다리, 머리로 사용할 수 있도록 배치할 수 있다.
스위치	• 기계 스위치, 전자기 스위치, 불기-빨기 스위치 등이 사용된다.

ⓜ 전동 휠체어는 다양한 조이스틱으로 운전할 수 있도록 해주는 이동용 보조기기이므로 심한 지체장애를 가진 학생도 턱이나 입, 또는 발로 조이스틱을 작동하는 등 대안적인 방법을 사용하는 훈련을 통해 스스로 작동하는 것을 배울 수 있다.

• 불수의 운동과 원시반사로 상지를 기능적으로 사용하기 어려운 경우 조이스틱으로 작동하는 것이 어렵기 때문에 머리로 조절 가능한 스위치 또는 머리받침이나 랩보드 등에 머리로 조절 가능한 조이스틱이 부착된 특수 전동 휠체어를 이용할 수 있다. [23초특]

ⓗ 전동 휠체어는 비교적 정확한 수행 능력을 습득해야 적용할 수 있어 사용자의 연령에 대한 논의가 꾸준히 있어 왔으나, 특별히 정해진 바는 없다.

ⓢ 전동 휠체어는 작동에 문제가 생겼을 때 수리하기가 어렵고, 무게 또한 무거우며, 사용자가 건전지 충전 등 사용상의 유의점을 스스로 인지하고 관리할 수 있어야 한다.

(2) 지팡이와 크러치(목발) [13중특]

지팡이	• 보행능력이 있으나 보행 중 균형을 유지하고, 안정성을 확보하기 위하여 사용하는 간단한 이동 보조장치
크러치 (목발)	• 보행 전에 상지 힘을 기르고, 몸의 균형을 잡는 훈련과 크러치의 크기를 조절하여 미끄럽지 않은 장소를 선택하여 연습하도록 한다. − 크러치의 길이는 일반적으로 겨드랑이에 손가락 2~3개가 들어갈 정도(키의 16% 감산)로 조절한다. − 어깨와 팔의 각도는 25~30도 정도 굴곡이 생기게 높이를 조절한다.

자료
계단 오르내리기 시 교사의 위치
크러치를 사용하여 계단 오르내리기를 할 때 특수교사는 지체장애 학생의 옆에서 보호하는 것이 가장 좋은 위치이다. 그러나 계단이 좁거나 다른 이유로 옆에 있기 어려울 때에는 지체장애 학생의 아래쪽에 위치하도록 한다. 교사는 가능하면 난간을 잡고 계단 위아래에 양발을 앞뒤로 벌려 서서 체중이동과 자세를 용이하게 만들 수 있는 준비를 하여 넘어짐에 대비하도록 한다(정동훈 외, 2018).

- 크러치를 사용할 때에는 미끄러운 양말, 신발, 슬리퍼 또는 굽이 높은 신발은 삼가고 밑바닥이 평평하고 단단한 재질로 되어 있는 것이 좋다.
  - 크러치 걷기 연습에는 헬멧을 착용하여 안전을 도모해야 하는데, 발작 증상이 있는 학생의 경우는 반드시 헬멧을 착용하고 연습한다.
- 평지에서 걷기가 익숙해지면 계단이나 언덕 내리막길 등에서 연습하여 다양한 환경에 적응하도록 한다. 18중특, 20초특

계단을 내려갈 때	크러치와 불편한 발이 먼저 내딛도록 한 다음 손상되지 않은 발이 내려가도록 한다.
계단을 올라갈 때	불편하지 않은 발을 먼저 내딛도록 한 다음 크러치와 불편한 발을 내딛는 것이 안전한 보행법이다.

자료
지팡이와 크러치

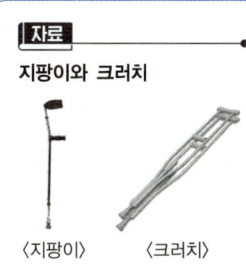

〈지팡이〉 〈크러치〉

(3) 워커 12초특, 13중특, 22중특

① 워커는 독립적인 보행이 가능한 학생의 수직적 움직임을 가능하게 하는 이동 기기이다.

② 보행훈련을 마친 후 크러치를 사용하기에는 적절하지 않은 경우에 사용한다.

③ 이동 방법에 따라 전방지지형, 후방지지형, 몸통이나 팔로 지지할 수 있는 워커 등이 있으며 장애의 정도에 따라 선택이 가능하다.
- 걷기 연습 초기에는 몸통이나 팔 지지형 워커를 사용하다가 걷기 능력이 향상되면 일반형 워커로 교체해 주는 것이 필요하다.

전방지지형 워커	• 워커를 앞에 놓고 학생이 워커를 밀면서 걷는 형태이다. • 몸이 앞으로 기울어지는 문제가 있다.
후방지지형 워커	• 학생의 뒤에 워커를 놓고 워커를 끌며 걷는 형태이다. • 체간의 힘이 부족하여 몸통이 앞으로 기우는 학생이 사용한다. • 양쪽 손잡이를 잡고 두 팔로 지지하고 서서 몸의 균형을 잡고 자세를 곧게 하여 안정적으로 걷는 동작을 향상시킨다. • 일반적으로 전방지지형 워커를 사용하는 것보다 똑바른 자세와 보행속도를 증진시킨다.

자료
몸통이나 팔 지지형 워커

출처 ▶ 박은혜 외(2023)

자료
워커의 종류

- 바퀴달린 워커: 좀 더 편안한 보행을 위해 바퀴가 부착된 것으로 앞의 두 다리에만 부착된 것과 네 다리에 모두 부착된 것이 있다. 사용자 편의를 위해 브레이크가 설치된 것도 있지만 위험할 수 있으므로 사용 시 주의해야 한다.

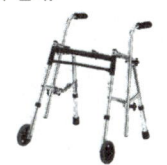

- 편마비용 워커(hemi-walker): 한쪽 상하지의 마비가 있는 경우 건강한 쪽으로 워커를 짚고 보행할 수 있다.

출처 ▶ 정동훈 외(2018)

④ 워커를 사용하여 보행 시 가위 모양으로 두 다리가 꼬이는 경우, 신체의 정렬을 유지할 수 있도록 학생의 등 뒤에 서서 교사의 한쪽 다리를 학생의 무릎 사이에 넣어주어 두 다리가 꼬이지 않게 도와줄 수 있다.

(4) 게이트 트레이너

① 게이트 트레이너는 균형 잡기나 근육 통제에 문제가 있는 학생들의 걷기 훈련을 위해 사용되는 이동기기이다.

② 주로 어린 아동들이 사용하며 아동의 잔존 보행 능력에 따라 기능과 모양을 선택할 수 있으며, 피곤할 때 쉴 수 있는 의자가 부착된 기기도 있다.

(5) 보장구

보장구에는 약화되거나 비효율적인 근육을 지지하기 위하여 사용되는 브레이스(brace), 스플린트(splint), 석고붕대(cast) 등이 포함된다. 브레이스, 스플린트, 석고붕대 등은 학생이 좀 더 쉽게 움직이게 하여 이동성과 기능을 높일 수 있는 자세로 신체 부위(보통 몸통 또는 사지)를 잡아 주기 위하여 주문 제작한 장비이다. 보장구를 착용한 부위의 피부가 손상될 수 있으므로 주의 깊게 살펴보고, 필요한 경우에는 교체해 주어야 한다.

① 브레이스(보조기)

㉠ 브레이스는 단단한 플라스틱으로 만들며, 다리 또는 발의 안정화와 자세 잡기, 긴장도 감소를 위해 사용한다.

㉡ 사지나 체간 외부에 착용하여 교정 자세로 신체의 움직임을 유지하고 지탱해 주는 정형외과적 장치이다. 브레이스는 통증을 완화시켜 기능을 회복하고, 약화된 근 골격계를 고정하거나 보호하며, 체중을 지탱하게 하며 변형 발생 예방 및 변형의 고정, 마비된 근육의 작용을 대신하는 기능을 한다.

㉢ 브레이스는 보통 학생이 체중지지 활동을 시작할 때 사용한다.

㉣ 브레이스의 종류에는 척추 보조기, 상지 보조기, 하지 보조기(족부 보조기, 단하지 보조기, 장하지 보조기, 슬관절 보조기) 등이 있다.

단하지 보조기	아킬레스건의 단축으로 흔히 까치발 서기나 보행을 하는 학생들의 발목관절 구축을 예방하고 진행을 억제시킬 목적으로 가장 많이 사용한다. 17초특, 22초특, 25초특
장하지 보조기	고관절 이하 부위에 마비와 장애가 있거나 슬관절에 굴곡변형이 있거나 또는 내반슬, 외반슬 등의 변형이 있을 때 사용한다.

자료

게이트 트레이너

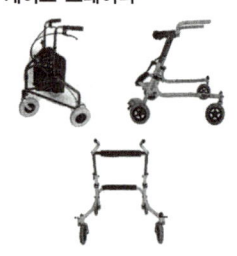

출처 ▶ 박은혜 외(2023)

보장구

장애가 있는 사람들의 활동을 도와주는 기구를 말한다. 장애에 따른 결함을 보완하거나 불편을 해소하려고 사용하는 기기이며 보조기기, 보조기라고도 한다. 「장애인복지법」 제65조에 따르면 장애인 보조기구는 장애인이 장애의 예방·보완과 기능 향상을 위하여 사용하는 의지, 보조기, 그 밖에 보건복지부장관이 정하는 보장구와 일상생활의 편의를 증진하기 위하여 사용하는 생활용품이다. 지체장애인용 보장구는 ① 의지: 팔의지, 다리의지, ② 보조기: 팔보조기, 다리보조기, 골반보조기, ③ 기타 보장구: 휠체어, 전동 휠체어, 전동 스쿠터, 정형외과용 구두, 자세보조용구, 욕창 예방 방석, 욕창 매트리스, 이동식 전동리프트, 워커 등이다. 청각장애인용 보장구는 보청기, 체외용 인공후두 이다(특수교육학 용어사전, 2018).

Tip

보장구의 종류와 관련된 문항은 '보조기기'라는 표현을 쓰는 경우 (예 2017 초등B-2 기출)도 있고, '보장구'라는 표현을 쓰는 경우 (예 2022 초등B-2 기출)도 있다.

브레이스

팔다리나 몸통에 착용하여 교정 자세로 신체의 움직임을 제한하거나 도와주는 정형외과적 장치 또는 보조기이다. 체중지지, 변형 발생 예방 및 교정, 통증 완화와 기능 회복, 약화된 근골격계 고정과 보호, 마비 근육의 작용을 대신하도록 하는 기능 등이 있다(특수교육학 용어사전, 2018).

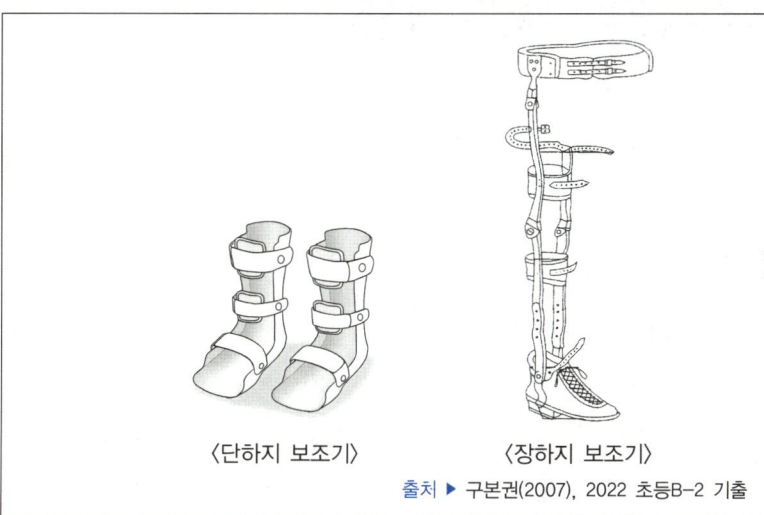

〈단하지 보조기〉　　〈장하지 보조기〉

출처 ▶ 구본권(2007), 2022 초등B-2 기출

단하지 보조기 사용 목적	
정동훈 외 (2018)	본문 참조
박은혜 외 (2023)	단하지 보조기는 발과 발목관절의 정렬과 움직임을 조절시키는 것으로, ① 신체의 올바른 정렬을 유지하고, ② 발의 기형을 예방하고 교정하며, ③ 발목관절에서 불수의 운동을 조정하고, ④ 기립 및 보행의 증진 등을 목적으로 착용한다.

자료

장하지 보조기

무릎 관절과 발목 관절의 비정상적인 기능 또는 기형을 예방하고 교정하며 몸무게를 지지하기 위해 사용되는 보장구이다(김진호 외, 1997).

② 스플린트 ^{15초특}

　㉠ 보통 단단한 플라스틱 모형으로 만들며, 팔과 손의 자세를 잡기 위해 사용한다. 어떤 환경(예 손바닥에서 엄지손가락의 자리를 잡기 위해)에서는 부드러운 스플린트가 사용될 수 있다.

　㉡ 어떤 활동을 위해 밤에만 착용하거나 하루 대부분의 시간 동안 착용하거나 하루 중 일부 시간 동안 착용하거나 떼어낼 수 있다.

　㉢ 일반적으로 손의 보장구를 스플린트라 하고 상지보조기는 브레이스라고 한다.

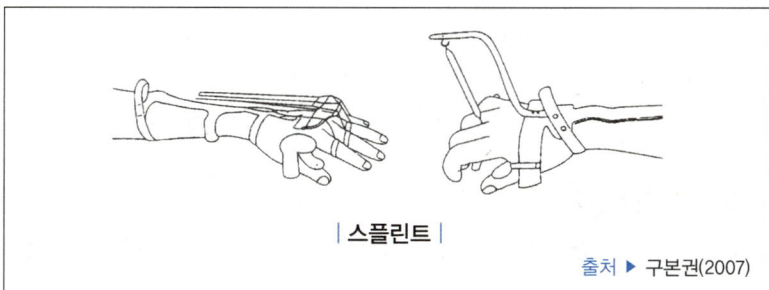

|스플린트|

출처 ▶ 구본권(2007)

브레이스와 스플린트	
박은혜 외 (2018)	• 스플린트는 부목, 브레이스는 보조기로 해석
구본권 (2007)	• 브레이스를 보조기로 해석하고 하지 보조기와 상지 보조기로 구분 • 상지 보조기는 주로 부목, 손의 보장구는 스플린트라고 명명 • hand splint를 손의 부목으로 해석

③ 석고붕대

　㉠ 보통 비정상적으로 과도한 근긴장도를 줄이거나, 근육이 짧아져 생기는 관절 구축을 완화하여 근육을 펴기 위해 사용한다.

　㉡ 석고붕대는 대체로 좀 더 중도의 장애를 가진 학생이 기능적인 자세 잡기를 취하도록 하는 데 사용되므로 브레이스와 스플린트는 그다음에 사용될 수 있다.

　㉢ 일반적으로 팽팽한 근육을 좀 더 늘리기 위한 기능을 가지고 있으므로 몇 주마다 교체해 주는 것이 필요하다.

Chapter 08 일상생활 기술 지도

01 섭식 기술

1. 섭식기능

섭식기능은 크게 빨기, 씹기, 삼키기 기능으로 구성된다.

① 빨기: 음식물을 컵이나 숟가락 등을 이용하여 구강으로 보내는 과정

② 씹기: 음식물을 씹어서 부수고 타액과 혼합하여 음식물 덩어리로 만드는 과정

③ 삼키기: 저작된 음식물을 식도를 통해 위장으로 보내는 과정

2. 지체장애 학생의 식사 기술의 어려움

지체장애 학생들이 겪는 식사의 어려움은 다음과 같은 것이 포함된다.

(1) 근긴장도의 이상

① 근긴장도는 신체와 자세의 문제뿐만 아니라 구강운동 기능에도 영향을 미친다.

② 구강근육의 저긴장성은 음식을 씹을 때 머리, 턱, 입술의 움직임을 떨어뜨리고, 과긴장성은 구강근육의 과도한 긴장으로 움직임을 제한하여 통제가 불가능하게 되어 구강구조의 일부를 변형시킬 수도 있다.

(2) 비정상적인 반사

① 지체장애 학생의 경우에 원시반사의 잔존으로 비자발적인 반응을 하게 된다.

  ㉠ 뇌성마비 학생은 일반학생보다 원시반사가 수개월에서 수년 동안 더 오래 지속되며, 이러한 반사가 얼굴과 입 부위에서 지속될 때 빨기, 씹기, 삼키기에 어려움이 있다.

  ㉡ 뇌성마비 학생에게 문제를 일으키는 구강반사는 숟가락이 잇몸이나 치아에 닿았을 때 입을 꽉 다물게 하는 물기반사, 물체가 구개나 혀에 닿았을 때 구역질을 유발하는 구역반사, 혀가 자극되었을 때 음식물을 밀어내게 하는 혀 내밀기반사 등으로 나타난다.

[자료]

삼킴장애와 삼킴 동작

- 삼킴장애에 대한 다양한 정의 중 가장 흔히 사용되는 것은 음식을 입에서부터 위장으로 옮기는 일에서의 어려움이다.
- 전통적으로 삼킴 동작은 4단계로 설명된다.

구강준비단계	필요한 경우 음식을 씹거나 입안에서 조작하여 삼킬 수 있는 농도와 형태로 만드는 단계
구강단계	혀가 음식을 뒤로 밀어 인두삼킴이 유발되기까지의 단계
인두단계	인두삼킴이 유발되고 음식덩이가 인두 안으로 넘어가는 단계
식도단계	식도의 연동운동으로 음식덩이가 경부식도와 흉부식도를 통과하여 위장으로 옮겨지는 단계

출처 ▶ Logemann(2007)

✏ 구강반사

신생아들의 반사적이고 자동적인 입 움직임과 관련한 다양한 반사이다. 예를 들면 설근반사, 빨기-삼키기 반사, 구역반사, 혀 밀어내기 반사, 바빈스키 반사 등이 있다. 이러한 구강반사들은 신생아들의 섭식을 도와주나 대뇌의 성숙에 따라 6개월 전후로 소실하며 구역반사의 경우 7개월 이후에는 혀의 후방 1/3로 이동한다. 발달 과정에서 보이는 대부분의 구강반사는 신생아의 생존을 위해 존재하며, 병적인 반사가 아니기 때문에 삼키는 데 방해를 주지 않는다. 발달 연령에 맞지 않게 지속적으로 나타나는 반사는 비정상적인 반사로 신경학적 손상 시에 나타날 수 있다 (특수교육학 용어사전, 2018).

② 식사기능과 관련된 대표적인 비정상적인 반사는 다음과 같다. [13중특]

설근반사	• 유아가 입을 음식 쪽으로 향하는 반사이다. • 생후 초기에 나타나는 행동은 정상이나, 생후 몇 달이 지나도 계속되면서 식사 시간에 자발적인 머리 조절을 방해하게 된다. - 설근반사가 소실되지 않을 경우: 입 주위 자극 시 반사적으로 고개가 돌아가 체간의 균형이 깨지므로, 다른 동작을 하는 데 방해가 된다.
강직성 씹기반사	• 입안에 음식을 넣어 주면 의도하지 않게 갑자기 입을 다무는 강직성이 나타나, 숟가락으로 음식을 먹이는 것을 방해하고 씹는 것을 극도로 어렵게 한다. - 잇몸과 치아에 자극이 주어지는 경우 과민성 촉각 반응이 유발되어 발생한다. • 입안에 들어오는 자극에 대한 민감도가 강하고 비자발적이다.
혀 내밀기/ 혀 돌출행동	• 불충분한 혀의 후방 운동 및 불수의적 움직임으로 인해 발생한다. • 음식을 씹거나 삼키는 행동을 해야 할 때에 치아 사이로 혀를 밀어내는 비자발적 행동이다. • 입 밖으로 음식이나 음료를 밀어내거나 치아의 위치를 본래 위치에서 밀어낸다.
빨고 삼키는 행동	• 음식을 씹지 않고 빨다가 삼켜버리는 행동이다. • 신생아 시기에 가지고 있던 빨기 행동을 그대로 유지하고 있어서 고형의 음식물 섭취를 방해한다.
비대칭 긴장성 경반사	• 몸 전체에 영향을 줄 뿐만 아니라 먹고 먹이는 데 있어 특별한 문제를 일으키는 자세이다. • 머리 조절이 어려워서 음식 섭취 및 정상적인 구강운동을 방해한다. • 머리가 한쪽 방향을 향하고 있을 때 같은 방향의 팔이 비자발적으로 펴지고 다른 팔은 펜싱 자세로 반응하는 식의 경직된 자세가 나타난다.

출처 ▶ 박은혜 외(2023). 내용 요약정리

설근반사
동 정향반사, rooting reflex

강직성 씹기반사
강직성 씹기반사(tonic bite reflex)는 잇몸과 치아에 자극이 주어지는 경우 과민성 촉각 반응이 유발되어 발생한다. 아래턱의 강력하고 지속적인 상향운동에 의해 턱이 닫힌다.

(3) **구강 구조의 이상과 그에 따른 문제**

① 구강 구조의 이상은 구개파열이나 입천장 구조의 문제, 치아가 없거나 치아 배열의 문제를 의미한다.

② 구강 구조의 이상은 빠는 것과 삼키는 것을 방해하며 혀를 과도하게 사용하는 등 비정상적인 반응을 보여 부차적인 섭식 문제를 유발한다.

(4) 식사행동에 대한 학습 문제

① 모든 지체장애 학생들의 식사 문제가 신체적·구조적 결함에서 나타나는 것은 아니다.

② 딱딱한 음식의 거부, 씹지 않고 삼킴, 너무 빠른 식사, 입을 닫지 않은 상태에서의 식사 자세 등 때로는 먹는 기술을 적절하게 배우지 못했거나 잘못된 방법으로 습득한 경우에 섭식 문제가 생기기도 한다.

3. 식사 기술 중재 방법

지체장애 학생의 식사 기술의 지도는 가능한 한 일반적인 중재 방법을 적용해야 한다. 그러나 직접적으로 접근하기가 힘든 경우에는 다양한 수정 전략을 통해 간접적으로 영향을 주는 방안을 고려해 볼 수 있다.

(1) 식사 기술 중재를 위해 고려할 사항

① 숟가락이나 포크 사용 등 초기 기술의 지도 단계에서는 동일한 훈련자가 지도하는 것이 효과적이다.

② 초기의 지도는 조용한 장소에서 실시되어야 한다.
  - 기술을 적절히 학습하였을 때 식당을 이용하거나 또래와 같이 식사하게 하는 것이 효과적이다.

③ 기술의 향상을 위해 가능한 한 기회를 많이 제공하고 실제 식사 시간을 통해 지도한다.

④ 하나의 식기 사용을 지도할 때에는 쉽게 배우고 효율적으로 기술을 향상시키기 위해 한 가지 음식으로 연습시킨다.

⑤ 식기 사용 기술을 쉽게 배울 수 있는 도구(예 숟가락, 깊은 그릇 등)를 사용한다.

⑥ 초기 단계에서 기술이 향상되면 청결에 대한 지도를 함께 한다.

(2) 자세의 교정 09중특, 11유특

① 식사하는 데 가장 좋은 최적의 자세는 주의 깊은 관찰을 통해 개인적으로 결정되어야 한다.

② 식사 지도를 할 때에는 자연스러운 자세를 유지할 수 있도록 해주는 것이 좋으며, 새로운 자세에 적응하고 편안하게 되기 위해서는 식사 시간 10~15분 전부터의 자세가 중요하다.

③ 안정성을 보장하기 위해 적절한 높이의 의자와 식탁을 제공하고 가능한 한 직립 자세로 앉게 하는 것이 좋다.

④ 음식물의 역류와 흡인을 예방하기 위해서 식사 자세는 수직 자세가 좋고, 식사 후 1시간(또는 45분) 정도는 눕지 않고 이러한 자세를 유지하는 것이 도움이 된다.

⑤ 앉은 자세에서 식사하는 것이 힘든 학생의 경우라도 상체를 30도 이상 세워서 먹도록 하고, 식사 후 반쯤 기댄 자세나 앉은 자세가 역류 예방에 도움이 된다.

(3) 음식 수정

① 지체장애 학생 중 일반 음식을 먹지 못하는 경우에는 채소 등을 삶아 걸쭉하게 만든 음식인 죽 형태의 퓌레(puree)형 음식을 제공한다.

㉠ 퓌레형 음식은 삼키기에 용이하다는 장점이 있다.

㉡ 퓌레형 음식은 다음과 같은 단점이 있다.
- 저작 활동을 하지 않아도 삼키는 자극 없이 쉽게 넘어가므로 기도 폐쇄의 위험성을 증가시킨다.
- 삶으면서 열을 가하므로 조리과정 중에 비타민이 파괴되어 비타민 결핍을 일으킬 수 있다.
- 변비와 충치를 일으키기도 한다.
- 구강 구조를 약하게 한다.

㉢ 계속적인 저작 연습과 식사 습관 형성을 통해 퓌레 형태보다는 점차 고형 음식을 먹을 수 있도록 지도하는 것이 중요하다. 24중특
- 퓌레형 음식은 고형의 음식을 먹을 때 습득할 수 있는 기능을 경험하지 못하게 되므로 가능한 한 고형 음식을 먹도록 지도하는 것이 필요하다.

② 위식도 역류를 보이는 학생에게는 다음과 같은 방법으로 음식을 제공한다.
13중특, 13중특(추시), 18중특, 24중특

㉠ 위식도 역류를 보이는 학생에게는 거친 질감의 음식 또는 고체 형태의 음식을 제공하는 것이 적절하다.

㉡ 위식도 역류를 방지하기 위해서는 음식을 작은 조각으로 잘라서 조금씩 자주 제공해 주어야 한다.

㉢ 식사 후에 약 1시간(또는 45분) 정도는 똑바로 있거나 비스듬히 앉은 자세를 유지하여 위에서 음식물이 비워지도록 해주는 것이 좋다.

자료

이유식(퓌레)의 종류
- 부드러운 이유식: 부드럽고 미끄러우며 응집성이 조금 있고 분리되지 않음. 그러나 압력 없이도 흩어짐(예 물기를 뺀 배, 물기를 뺀 당근)
- 이유식: 부드럽고 촉촉하며 응집성이 좋음. 어느 정도 압력을 가하지 않으면 분리되거나 퍼지지 않음(예 시중에서 판매되는 아기용 이유식, 고기는 제외함)
- 걸쭉한 이유식: 부드럽고 약간 촉촉하며 응집성이 있음(끈적끈적함). 압력을 견디어 분리되지 않음(예 푸딩, 부드러운 땅콩버터)

출처 ▶ Best et al.(2018)

비교

위식도 역류 개선 방법

2024 중등B-11 기출	음식을 작은 조각으로 잘라서 조금씩 자주 제공해야 한다.
2013 중등1-27 기출	작은 조각의 음식이나 거친 음식을 먹게 한다.
박은혜 외 (2023)	• 위식도 역류를 막기 위해서는 더 자주, 보다 조금씩 음식을 나누어 주는 것이 도움이 되며 걸쭉한 음식을 주거나 식사 후에 약 1시간 정도는 비스듬히 앉은 자세를 취하여 음식물이 비워지도록 해 주는 것이 좋다(p.85). • 위식도 역류를 보이는 학생은 작은 조각으로 음식을 잘라 주거나 거친 질감의 음식 또는 고체 형태의 음식을 제공하는 것이 적절하다(pp.391-392).
Heller et al. (2012)	식사 후 약 1시간 동안 수직 혹은 반수직 자세를 취해 주거나, 작은 조각 또는 뻑뻑한 질감의 음식은 위식도 역류를 개선할 수 있고, 약물도 사용할 수 있다.

③ 구강 감각에 이상이 있는 학생에게 식감이 아삭아삭한 음식, 맵고 신맛의 음식을 제공하면 구강 움직임을 촉진하는 데 도움이 된다.
  • 그러나 침을 많이 흘리는 지체장애 학생에게는 신맛의 음식이 타액 분비를 촉진시켜 침 흘리는 행동을 심화시키므로 좋지 않다.
④ 혀에 기능장애가 있는 학생은 묽은 액체보다는 진한 액체의 섭취가 더 쉽다.
⑤ 음식의 형태를 수정해 줄 때는 다음 사항에 유의한다.
  ㉠ 작은 알갱이 형태의 음식보다 으깬 바나나 등 부드러운 음식부터 먹을 수 있도록 지도한다.
  ㉡ 당근, 완두콩과 같은 채소를 감자에 으깨서 먹게 하고 좀 더 단단한 음식을 먹을 수 있게 되면 점차로 다른 종류로 확대한다.

(4) 식사 방법 및 도구의 수정 09중특, 11유특, 12유특, 13유특·중특, 17중특, 18중특, 22중특, 24중특

스스로 식사하기를 시도조차 하지 않는 학생은 손을 이용하여 음식을 먹는 행동을 지도한다. 손으로 먹기를 지도하는 것은 식사도구를 바르게 사용하기 위한 전 단계이며, 반드시 적절한 시기에 도구 사용 방법을 중재해야 한다.

| 컵 | • 컵을 사용하여 음료 마시기를 지도할 때는 컵의 가장자리를 학생의 아랫입술에 놓아서 깨무는 자극을 줄인다. 음료가 입안으로 잘 들어가도록 충분히 기울이되, 학생의 윗입술이 음료에 닿을 수 있도록 한다.
• 컵 안의 음료가 보이도록 컵 윗부분을 잘라낸 컵은 목이 뒤로 젖혀지는 것을 막아 주어 흡인의 위험을 줄여 주고 음료가 코에 닿지 않게 한다.
　예 대칭성 긴장성 목반사를 보이는 학생의 경우 한쪽이 낮게 잘린 컵을 사용하여 음료를 마실 경우, 음료를 마시기 위해 목을 뒤로 젖히는 데 따른 문제가 발생하지 않는다.
• 컵을 사용하여 음료 마시기를 지도할 때 유의해야 할 사항을 추가적으로 살펴보면 다음과 같다.
　- 처음에는 물이나 맑은 음료보다는 걸쭉한 상태의 음료를 이용하여 지도한다. 이후 보통의 음료 농도에 가깝게 조금씩 묽게 한다.
　- 처음에는 컵을 학생의 얼굴에 가까이 접근시킨 후 숟가락을 사용하여 음료를 떠서 먹게 한다. 이것이 습관화된 후 숟가락으로 음료를 입에 넣을 때 동시에 컵이 입술에 닿게 지도한다. 위의 과정이 익숙해지면 컵에 입을 대고 천천히 마시게 한다.
　- 컵에 음료를 조금만 담아준 뒤 컵을 쥐는 방법을 가르친다.
　- 음료를 마시기 위해 고개를 들었을 때 몸의 균형을 잃는 학생의 경우에는 컵의 윗부분이 대각선으로 잘라진 형태의 컵을 사용한다. |

[자료]

음식의 농도와 장애 정도

음식의 농도	해당 음식이 가장 적합한 장애
묽은 액체	• 구강 부분의 혀의 기능장애 • 혀의 기저부의 뒤쪽 당김 저하 • 인두벽 수축의 저하 • 후두상승의 저하 • 반지인두근 열림의 저하
진한 액체	• 구강 부분의 혀의 기능장애 • 인두삼킴의 지연
진한 액체를 포함한 퓨레와 된 음식	• 인두삼킴의 지연 • 후두입구 폐쇄의 저하 • 전체적인 후두폐쇄 저하

• 묽은 액체는 입안에서부터 퍼지고 흩어져 인두와 열려 있는 후두로 들어가기 쉽기 때문에, 구강 부분의 혀에 기능장애가 있는 환자는 초기에는 진한 액체를 다루기가 더 쉬울 것이다. 만일 환자의 인두삼킴의 유발이 정상적이고 자발적으로 기도를 보호할 수 있다면, 묽은 액체가 더 쉬울 것이다.
• 일률적으로 같은 점도의 범주 혹은 각기 다른 점도의 범주로 분류해 놓은 음식의 목록은 없다.

출처 ▶ Logemann(2007)

[자료]

윗부분이 대각선으로 잘라진 형태의 컵

빨대	• 빨대는 15cm 정도의 가늘고 투명한 빨대를 사용하여 흡입되는 양을 점검하면서 지도한다. • 빨대는 입술로 물게 하며, 입 깊숙이 넣지 않는다.
숟가락	• 숟가락을 사용하기 위해서는 식사행동에 대한 정확한 과제 분석이 필요하다. 과제 분석 단계에 따라 수정된 식사도구를 이용하면 좀 더 쉽게 지도할 수 있다. • 입 부위의 감각이 예민하거나 강직성 씹기반사를 가진 학생의 경우 금속 재질의 숟가락은 적당하지 않다. 자극을 최소화하기 위해서는 실리콘이나 플라스틱 소재가 좋다. 그러나 부러지기 쉬운 일회용 플라스틱 숟가락은 적절하지 않다.

(5) 식사시간 및 환경 수정 09중특

① 식사 기술을 지도하는 데 가장 기본적인 것은 정상화 원칙이다.
   • 식사 기술의 지도는 일반적인 환경에서 정해진 식사 시간에 다른 사람들이 섭취하는 음식을 그대로 섭취할 수 있도록 지도하는 것이 최상의 지도 방법이다.

② 잘못된 식사 방법과 태도는 장기적인 측면에서 학생의 영양과 건강을 위해 직접적인 훈련을 통한 교정이 필요하다.

③ 정규 식사시간에만 지도하는 것보다는 섭취량 감소와 관련된 문제를 극복하기 위해 식사 기술 습득을 위한 특정한 시간에 추가로 지도하는 것이 필요하다.

④ 과민한 반사행동을 가진 학생들에게 편안하고 안정된 느낌을 주는 환경을 제공하는 것은 식사 기술 수행을 도울 수 있다.
   • 식사환경은 가능한 한 정상화 원칙에 준해서 구성하되, 식사 기술의 유지와 일반화의 가능성을 고려한다. 과도한 소음과 주변 환경의 방해 요소를 통제하고 공격적이거나 산만한 행동을 보이는 다른 학생들과 분리하는 것도 초기에는 좋은 방법이다.

(6) 신체적 보조 방법

① 식사를 돕는 신체적 보조 방법은 자세의 교정, 음식의 수정, 식사도구 및 환경을 먼저 수정한 후에 되도록 적게 사용하는 것이 좋다. [11유특]
- 가능하면 학생의 머리나 턱, 얼굴 부위를 고정해 주는 등의 신체적 보조보다는 쿠션 같은 자세 보조공학기기를 이용하여 머리의 움직임을 고정해 주거나 유지해 주는 것이 좋다.

② 학생이 스스로 식사를 하지 못하는 경우에는 다른 사람의 도움을 통해 음식을 섭취하게 되는데, 이때 음식을 제시하는 태도는 매우 중요하다.
- ㉠ 학생의 목은 뒤로 젖혀 있는 것보다는 목을 약간 구부리게 하는 자세가 질식 없이 쉽게 삼키도록 하며 비정상적인 반사작용을 최소화한다.
- ㉡ 음식이 학생의 얼굴 아래에 오는 것이 좋고 먹이는 사람의 얼굴이 눈높이, 또는 눈 아래에 있도록 하기 위해 낮은 의자에 앉는다.
- ㉢ 신체적 보조를 제공하는 위치는 다음과 같다. [09중특, 24중특]

식사하는 동안 머리를 뒤로 밀거나 머리조절이 안 좋은 경우	학생과 나란히 옆에 앉되 약간 뒤쪽에 앉는다.
머리조절이 좋은 경우	약간 경사진 카시트 또는 유아용 시트에서 식사를 하고, 학생의 앞에 앉아 구강 조절을 한다.

출처 ▶ 정동훈 외(2018)

- ㉣ 구강 조절 방법은 다음과 같다.
  - 중지는 턱, 검지는 턱과 입술 사이, 엄지는 눈 주변의 얼굴 옆에 위치하고 아래턱의 개폐를 보조하고 조절할 수 있게 한다.
  - 턱의 움직임을 조절해 줄 때 윗입술을 아래로 당기는 것은 입술 수축을 자극할 수 있기 때문에 피해야 한다.
- ㉤ 입안에 음식을 넣어 줄 때는 혀의 중앙 부분에 놓아준다. [13중특]
  - 턱의 움직임에 제한이 많은 경우에는 쉽게 씹을 수 있도록 치아 사이에 직접 음식을 놓아준다.

[비교] 신체적 보조자의 위치

정동훈 외 (2018)	본문 참조
2009 중등1-27	학생에게 음식을 먹여 줄 때, 음식을 주는 사람은 학생의 바로 앞에서 눈높이에 맞춰 앉아 식사를 보조한다.
김영한 외 (2022), 박은혜 외 (2023)	음식을 제공하는 사람은 학생과 가능한 가깝게 위치하고 학생의 옆 또는 뒤에서 신체적 도움을 주는 것이 좋다.

[자료] 식사 시 신체적 보조 방법

출처 ▶ 박은혜 외(2023)

③ 식사를 돕는 신체적 보조 방법은 학생의 신체적 기술 외에 심리적인 부분을 고려해야 한다.
  ㉠ 식사하는 동안 학생을 주의 깊게 관찰하고 자연적 호흡과 동작 양식에 맞춰 음식을 주는 양과 속도를 조절해야 한다.
    • 학생이 음식을 먹을 때는 머리와 몸통의 위치, 그리고 힘이 들어가는 곳과 약해지는 곳을 관찰한다.
  ㉡ 음식은 자연스럽고 예측 가능한 속도를 유지해서 제공해야 한다.
④ 신체 보조 방법을 과다하게 사용하면 학생이 독립적으로 식사하려는 시도를 줄이고 의존성을 높이게 되므로 최소한으로만 사용하도록 한다.

(7) 튜브를 통한 음식물 섭취

① 위식도 역류, 연하 기능의 문제, 비정상적인 구강반사 등으로 구강 섭식이 불가능한 경우에는 복부를 통해 위까지 연결된 위루관(G tube) 또는 코, 목, 식도를 거쳐 위에 이르는 비위관(NG tube)을 통해 음식을 섭취할 수 있다.

② 식사 과정에서 일방적으로 튜브를 통해 필요한 영양분을 넣어 주어 수동적으로 먹게 하는 것이 아니라 식사할 준비를 하고, 음식에 대한 주의를 기울이게 하여 식사 활동에 능동적인 참여자가 될 수 있도록 지도한다.

③ 튜브를 통한 음식물 섭취 시 고려할 사항은 다음과 같다. 09중특, 14중특
  ㉠ 직립 자세나 45도 각도의 자세가 음식물의 역류를 막으며, 식사 후 최소한 45분은 똑바로 있거나 반쯤 기대어 앉도록 지도한다.
  ㉡ 튜브 섭식을 하는 학생 역시 또래들과의 상호작용에 참여할 수 있도록 또래들과의 평상시 간식 시간, 식사 시간에 이루어지도록 한다.
  ㉢ 튜브 섭식 시 학생이 음식에 대한 주의를 기울이게 하여 식사활동에 능동적인 참여자가 되도록 지도한다.
  ㉣ 위루관 삽입 부위의 피부 상태를 점검하고, 위루관 막힘 등에 유의한다. 또한 학교에 있는 동안 튜브가 빠지는 상황이 발생하면 깨끗한 거즈로 입구를 덮어 두고 즉시 병원에 연락을 취해야 한다.
    • 튜브로 영양 공급 시 튜브가 막히는 것을 예방하기 위해서는 음식 공급 후에 튜브에 물을 주입하여 물로 튜브를 씻어 주어야 한다.
  ㉤ 튜브로 유동식을 너무 빨리 공급하면 메스꺼움, 구토 등의 증상이 나타날 수 있으므로 주의한다.

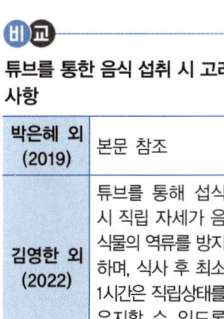

튜브를 통한 음식 섭취 시 고려 사항

박은혜 외 (2019)	본문 참조
김영한 외 (2022)	튜브를 통해 섭식 시 직립 자세가 음식물의 역류를 방지하며, 식사 후 최소 1시간은 직립상태를 유지할 수 있도록 지도한다.

KORSET 합격 굳히기 위루관 식사 중 문제와 응급상황 조치 방법

문제상황	발생원인 및 증상	조치
흡인	• 음식이 기도로 들어가서 발생하는 문제임 • 구토를 하거나 음식물의 역류가 발생할 때, 누워서 영양을 공급받을 때 발생함 • 심장 박동이 빨라지고, 호흡이 짧아짐	• 즉각 튜브 영양 공급을 멈추고 병원에 연락함 • 호흡 곤란 증상이 올 경우 119에 호출함
튜브 이탈	• 학생이나 다른 사람의 실수로 튜브나 장치가 빠짐 • 일부 위루관은 튜브나 장치가 대체되지 않으면 몇 시간 내에 닫힘	• 튜브 영양 공급을 즉지 중단함 • 비위관은 병원에서 튜브를 교체하고, 위루관은 깨끗한 수건 등으로 유출을 막으면서 병원으로 이동함
메스꺼움, 구토 및 경련	• 영양 공급을 너무 빨리하거나 튜브와 위장 안으로 들어가는 절차상의 실수로 발생함 • 위장 내에 있는 음식물이 빨리 비워지지 않거나, 너무 많은 양이 주어질 때, 유동식이 너무 빨리 공급될 때 발생함	• 내용물의 온도 등 내용물의 준비가 잘 되었는지 확인함 • 음식물 주입 시 공기가 들어가지 않도록 주의함 • 복부 팽만, 오심, 구토가 있으면 속도를 줄이고, 만약 속도를 줄였는데도 변화가 없다면 주입을 중지함
설사	• 메스꺼움, 구토 및 경련과 같은 이유로 발생함	• 설사 증상이 나타나면 탈수 상태가 되지 않도록 주의함 • 어지러움, 구토 및 경련에 명시되어 있는 절차를 따름
감염	• 튜브 주변의 감염이 발생함	• 튜브 주변이 붉거나 의심스러운 증상이 있으면 병원을 방문함 • 튜브 영양 공급의 상태에 관한 정밀 검사를 통해 주변의 붉은 피부, 열감 등 초기 징후를 발견함
위 속 내용물 유출	• 음식물의 공급 튜브나 피부 접착 장치가 안전하게 닫히지 않음	• 클램프가 꽉 닫혀 있는지 확인 후, 닫혀 있어도 새고 있으면 튜브를 교체함
튜브 막힘	• 물이나 다른 유동식이 장치를 통해 흐르지 못하여 발생함 • 유동식 찌꺼기나 알약 조각, 약물 간의 불화합성, 잘 섞이지 않은 유동식으로 인해 발생함	• 정확한 절차에 따라 튜브를 짜냄 • 짜내도 계속 막힐 때는 주사기에 물을 넣은 다음 튜브에 꽂아 막힌 부분을 뚫어 주고, 그래도 막혀 있으면 병원에 연락함

출처 ▶ 강혜경 외(2023)

(8) **구강운동** 11유특
① 턱의 조절을 돕기 위해서는 학생의 구강과 안면의 과민반응을 줄이는 것이 필요하다.
② 구강과 안면에 과민반응이 나타나거나 강직성 씹기반사가 나타나는 경우 거즈로 안면을 두드리거나 잇몸을 마사지하여 턱의 조절을 도울 수 있도록 한다.
  ㉠ 과민반응을 줄이고 구강운동을 촉진하는 절차들이 식사 기술 향상에 도움이 된다.
  ㉡ 구강운동을 촉진하는 활동에는 입술·안면·뺨 주위 두드리기, 잇몸과 입천장 마사지하기, 씹기, 삼키기, 입술 닫기 등과 관련한 부위의 피부 문지르기, 입 주위에 얼음을 대보고 감각 느끼기, 입술과 뺨 주위의 근육 스트레칭하기, 구강과 안면근육을 진동시키기, 혀를 입안에서 여러 방향으로 움직이기 등이 있다.

(9) **턱의 훈련**
① 음식을 씹을 수 있는 기회를 일찍 제공한다.
② 빨대를 이용하여 빠는 행동을 지도한다.
  ㉠ 빨대를 이용한 지도는 입술과 혀뿐만 아니라 구개와 목구멍의 운동을 위해서도 좋은 연습이 된다.
  ㉡ 깨물어도 쉽게 부서지거나 으깨지지 않는 비닐로 만든 빨대를 사용하는 것이 안전하다.
③ 씹을 수 있는 여러 가지 음식을 제공한다.
  • 씹는 기능을 향상시키기 위해서는 바삭하게 말린 식빵조각이나 바나나, 과일 등과 같은 딱딱한 음식을 준다.
④ 먹는 것을 입에 넣지 않고 씹는 연습을 시킨다.
  • 입을 연 채로 좀처럼 다물지 못하는 학생은 양손으로 턱이 벌어지지 않도록 해주어 다물었을 때의 느낌을 알도록 한다.
⑤ 씹는 흉내를 내면서 소리를 낸다.
  • 씹는 흉내를 내는 것은 구강운동을 하면서 음성기관을 같이 움직임으로써 연습할 수 있는 방법이다. 혀의 운동을 촉진하기 위해서는 음식을 핥는 연습을 시킨다. 앞니와 윗니 안쪽에 젤리나 꿀을 발라 주거나 붙여 주어 혀끝을 이용하여 먹을 수 있게 하는 방법도 좋은 연습이다.

(10) **흡인의 예방과 처치**

① 흡인은 액체나 작은 음식조각이 폐로 넘어가는 것이다.
   - 흡인은 음식물이나 액체가 위로 내려갈 때뿐만 아니라 위의 내용물이 식도로 역류할 때도 발생할 수 있다.

② 흡인의 예방과 치료에 필수적인 전략은 자세교정이다.
   ㉠ 구강으로 식사하는 학생은 머리를 약간 앞쪽으로 구부리고 바른 자세로 식사를 하게 한다. 이 자세는 능동적 삼키기를 촉진하고 수동적으로 음식물이 목으로 내려가는 것을 예방한다.
   ㉡ 식사를 마친 뒤 흡인이 발생할지 모르기 때문에, 식사 후 1시간(또는 45분) 정도는 똑바로 있거나 반쯤 기댄 자세를 유지하도록 한다.

③ 잘게 갈린 음식이나 묽은 액체는 아무런 자극 없이 목으로 넘어가기 때문에 흡인의 위험을 높일 수 있다.
   - 고체나 반고체 혹은 거친 자연식품이나 진한 액체는 삼키는 데 도움이 되는 자극을 제공하며, 흡인의 위험을 줄일 수 있다.

④ 뇌성마비 학생은 치아와 잇몸의 손상, 구강반사의 문제, 연하 곤란 등과 같은 이유 때문에 흡인으로 인한 기도 폐색의 위험이 상대적으로 높은데, 응급 시 처치 가능한 방법으로는 등을 두드려 주는 방법과 하임리히 구명법이 있다. 12중특
   ㉠ 등을 두드리는 것은 기도를 막고 있는 이물질을 빼내려고 하는 것이다. 등을 두드릴 때는 학생의 허리를 숙이게 하고 손바닥 끝으로 날갯죽지 사이를 다섯 차례 두드린다.
   ㉡ 하임리히 구명법은 학생 뒤에 서서 팔로 가슴을 감싸 안아 주먹 쥔 한 손을 학생의 배꼽과 흉골 사이에 가만히 올려놓은 후 다른 팔로 주먹 쥔 손을 잡는다. 학생의 흉부 부분을 빠르고 강하게 몸 안쪽으로 밀어 올리는 동작을 다섯 차례 또는 목에 걸린 이물질을 토할 때까지 실시한다.
      - 학생을 뒤에서 잡을 수 없을 때는 학생을 바닥에 눕히고 학생의 무릎쪽에 앉아 한 손을 학생의 배꼽과 흉골 사이에 놓은 다음 그 위에 다른 한 손을 포갠다. 그리고 학생의 위쪽을 향해 빠르게 복부를 밀쳐 올린다.

자료
연하 곤란
- 삼킴이 어렵거나 되지 않는 것을 말한다.
- 연하 곤란의 특징적인 증상으로는 음식물이 기도로 들어가면서 사레가 들리거나 기침이 발생하는 것이다.

출처 ▶ 서울대학교병원 홈페이지
동 삼킴 곤란, 삼킴장애

Tip
'배꼽과 흉골 사이'는 '명치 끝', '횡격막', '명치 아래 상복부' 등으로 표현된다.

Tip
하임리히 구명법은 목에 걸린 이물질을 토하도록 하는 것이므로 복부 아래쪽으로 쓸어내리는 것이 아니라 몸 안쪽으로 밀어 올리는 동작이 이루어짐에 주의한다.

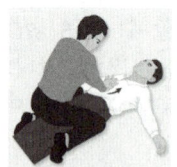

| 하임리히 구명법 |

출처 ▶ 보건복지부, 대한의학회

02 착탈의 기술

1. 착탈의 기술의 발달과 평가

(1) 발달

① 착탈의 기술은 독립심을 기르고 타인에게 의존하는 것을 줄이기 위해 필요하다.

② 단순히 기능적으로 옷을 입고 벗는 것 외에 기후나 상황, 장소에 따라 바르게 선택하고 어울리게 입을 수 있는 기술이 포함된다.

(2) 평가

① 주 양육자와의 면담을 통해 필요한 기능에 대한 정보를 얻을 수 있다.

② 학생의 행동을 직접 관찰하여 평가한다.

2. 착탈의 중재 방법

(1) 자세의 교정

① 착탈의에 필요한 팔동작을 배우기 위해 누운 자세보다는 덜 수동적인 자세인 앉기 자세에서 지도하는 것이 바람직하다.

② 앉기 자세에서 균형 유지 능력이 부족하거나 팔과 다리를 움직이는 데 보조가 필요한 학생은 성인이 직접 잡아 주거나 바닥이나 침대에 앉아서 자세를 유지하게 한다.

자세유지 보조공학기기를 사용할 경우	앉은 상태에서 자세의 균형과 팔, 다리의 움직임을 돕는다.
스스로 착탈의를 하지 못하는 학생의 경우	옷 입기를 하는 동안 근육의 긴장이 증가되는 것을 막는 것이 중요하다.
경직성이 있는 학생	누었을 때 경직성이 더 심해지기도 하므로, 작은 베개를 머리 밑에 놓거나 가슴 위에 손을 놓고 잡아 주어 경직성을 줄이는 방법을 사용한다.

(2) 착탈의 지도

① 지도 방법

㉠ 과제 분석을 바탕으로 촉진 전략을 사용하여 각 단계의 기술을 수행하도록 지도한다.

㉡ 하루의 일과 속에서 자연스럽게 일어나는 행동이지만 좀 더 잦은 기회를 제공하여 빠르게 습득하도록 해야 효과적이다. 특히 어려운 기술은 단기 내의 집중지도 방법이 적절하다.

② 자료의 선정과 학생의 선호도에 대한 고려
  ㉠ 양말 신기보다 신발 신기가 더 수월하다.
  ㉡ 윗옷보다 바지가 더 수월하다.
  ㉢ 단추가 있는 것보다 단추가 없는 옷이 더 수월하다.

(3) 관련 기술의 지도
착탈의 기술은 다른 기술과 관련하여 지도한다.
  예 등하교 시에 옷을 입는 것 외에 배변훈련을 할 때에도 옷 입는 기술을 지도

(4) 의복의 수정과 선택 ^{11중특}
① 다른 사람의 도움을 받지 않고 스스로 옷을 입거나 벗는 기술을 습득할 수 없는 학생의 경우에는 부분참여를 통해 자신의 움직임을 조절할 수 있도록 지도한다.
② 교사는 착탈의 각 단계에서 학생이 할 수 있는 부분을 확장시킬 수 있게 계획한다.
③ 학생의 평상복을 이용하여 지도하되, 어려움이 많을 때에는 교수 초기단계에서 한두 치수 더 큰 옷을 사용하거나 큰 단추를 사용하는 등과 같은 수정을 통해 지도한다.

3. 지체장애 유형별 옷 입기

(1) 편마비
① 상의
  ㉠ 앞이 트인 셔츠 ^{17초특}

입을 때	마비쪽 소매를 먼저 끼워 넣어 어깨까지 입힌 후 마비가 없는 쪽의 소매를 끼워 넣는다.
벗을 때	마비쪽 어깨를 벗긴 다음 마비가 없는 쪽의 상지를 소매부터 빼고 이어서 마비쪽 소매를 뺀다.

  ㉡ 머리부터 입는 셔츠

입을 때	마비쪽 소매를 끼워 넣은 후 마비가 없는 쪽의 소매를 끼워 넣는다. 셔츠 뒤의 옷자락을 잡고 머리부터 씌운다.
벗을 때	목 뒤의 옷자락을 잡아 앞으로 당겨 머리를 뺀 후 마비가 없는 쪽 상지를 빼고 마비쪽 상지를 뺀다.

자료

상의 입히기 예시
- 학생 이름: 홍길동
- 학생 특성: 오른쪽 편마비, 인지적 손상, 언어장애를 보임
- 옷의 종류: 상의(앞이 완전히 트인 긴소매)
- 상의 입히는 순서: 오른쪽 소매를 먼저 끼워 넣어 어깨까지 입힌 후 왼쪽의 소매를 끼워 넣는다.

② 하의 [20중특]

입을 때	마비쪽을 대퇴 부위까지 먼저 입고 나서 마비가 없는 쪽의 바지를 입는다.
벗을 때	입을 때의 역으로 마비가 없는 쪽부터 벗는다.

(2) 뇌성마비

① 불수의 운동형 뇌성마비의 경우
  ㉠ 불수의 운동과 변화하는 근긴장의 문제로 일정한 자세를 유지하기 어렵다. 특히 하지에 비해 상지나 몸통의 마비가 심한 경우가 많아 상지에 의존하는 기본적 일상생활활동(ADL) 수행이 어려운데, 머리나 몸통을 고정하거나 벽에 기댄다든지 난간을 잡으면 불수의 운동이 감소하여 자세 안정성이 좋아진다.
  ㉡ 지적 능력이 좋고 운동 기능이 좋은 경우에는 스스로 옷을 입을 수 있으나 동작 시 움직임 패턴의 예측이 어렵기 때문에 전적으로 의존하거나 보조하는 수준에 머무르는 경우가 대부분이다.

② 원시반사가 잔존하는 경우
  ㉠ 긴장성 미로반사가 나타날 때에는 옆으로 누운 자세에서 옷을 입히면 수월하다.
  ㉡ 긴장성 경반사가 나타나는 학생은 머리를 중립 위치에 위치시키고 옷 입기를 수행하도록 한다.

(3) 근이영양증

① 상의
  ㉠ 휠체어에 앉는 자세 유지가 가능하며 좌우로 몸을 흔들어 체중 이동 시에도 넘어지지 않는 경우에는 시간이 오래 걸리지만 옷 입기가 가능하다.
    • 팔을 올리거나 옷을 입으려면 휠체어 책상 같은 받침이 필요하고, 받침 위에 옷을 올려 머리가 들어가기 쉽도록 옷을 벌리고 정리해 둔다.
    • 팔꿈치를 받침에 지지한 상태에서 양손으로 옷을 들고 머리 가까이 대면 몸을 앞으로 숙여 머리를 안에 넣는다. 양손을 머리끝까지 올려 옷을 붙잡은 후 목을 뒤로 젖혀 머리가 옷깃에 나올 때까지 조금씩 내린다. 그런 후에 한쪽씩 소매를 넣고 손가락을 움직여 소매를 걷어 올리고, 몸을 옆으로 움직이고 옷을 완전히 내린다.
  ㉡ 벗는 방법은 옷의 뒷자락을 잡고 앞으로 당겨 머리를 뺀 후 다시 잡아당겨서 벗는다.

② 하의

㉠ 바지 입기는 몸을 앞으로 숙이고 손을 발로 가져가야 하므로 휠체어에서 수행하기는 어렵다.

㉡ 바지를 입을 때는 바닥에 무릎을 펴고 앉은 자세를 취한 채 한쪽 다리의 무릎을 구부린 후 발밑에 있는 바지 허리춤에 손을 가져간다. 손가락을 이용해 바지를 무릎까지 입히면 대퇴를 따라 미끄러져 간다. 몸을 옆으로 움직여서 지면과 엉덩이 사이에 공간을 만들고 손가락을 바지허리 부분에 걸어 끌어올리면 된다.

03 용변 기술

1. 용변 기술의 발달과 평가

(1) 발달

① 대부분의 아동은 2~3세경에 용변 기술을 익히게 되지만 지체장애 학생들은 이동능력의 제한, 언어능력의 제한, 소근육운동 기능의 제한 등과 같은 이유로 용변 기술의 습득 시기가 상대적으로 늦다.

② 일반적으로 용변 훈련은 배설하는 시간이 비교적 정기적이고 예측 가능하며, 옷에 실수하지 않고 적어도 한두 시간은 버틸 수 있는 능력을 가졌을 때 시작할 수 있다.

(2) 평가

용변 기술은 준비도, 배설 패턴, 배변 관련 기술 측면에서의 평가를 통해 확인된다.

① 준비도 평가 ^{14중특, 15유특, 25유특}

㉠ 배변에 관련된 신경체계와 근육의 움직임이 갖추어져야 한다.

㉡ 다음과 같은 세 가지 사항에 대하여 자료를 수집한다.
- 생활연령: 2세 이상이어야 한다.
- 매일 1~2시간의 소변을 보지 않는 (건조) 시간: 기저귀의 마른 상태를 최소한 1~2시간 정도 유지해야 한다.
- 안정된 배설 패턴: 하루 평균 3~5번의 소변이 같은 시간에 보이는 정도로 일정한 패턴이 나타나야 한다.

화장실 훈련의 준비도 파악

화장실 훈련의 준비도를 파악하기 위해 중요하게 살펴보아야 하는 요인은 다음과 같다.
- 비교적 예측 가능한 배변 패턴이 있는 경우
- 옷이 젖거나 배변하지 않고 마른 상태를 1~2시간 정도 유지할 수 있는 경우
- 생활연령이 최소한 2.5세 이상인 경우

출처 ▶ 강혜경 외(2023)

KORSET 합격 굳히기 소변 훈련 준비도 평가

소변 훈련 준비도 평가는 다음과 같은 양식을 이용하여 수행할 수 있다.

시간 \ 날짜	4/8	4/9	4/10	4/11	4/12
09:00	−	+	+	+	−
09:30	+	−	−	−	+
10:00	+	+	+	+	+
10:30	+	+	+	+	+
11:00	−	+	+	+	−
11:30	+	−	−	−	+
12:00	+	+	+	+	+
12:30	+	+	+	+	+
13:00	+	+	+	+	+
13:30	−	−	−	+	−
14:00	+	+	+	−	+
14:30	+	+	+	+	+
15:00	+	+	+	+	+

* ＋ : 기저귀가 마름, － : 기저귀가 젖음
* 자료수집 방법 : 순간 표집법

설명 소변을 보는 시간이 비교적 정기적인 것으로 나타났고(안정된 배설 패턴), 소변을 한 시간 이상 버틸 수 있기 때문에(매일 1~2시간의 소변을 보지 않는 건조 시간) 소변 훈련을 받을 준비가 되어 있다고 할 수 있다.

출처 ▶ 2014 중등B-3 기출

② 배설 패턴 평가

  ㉠ 배설 패턴에 대한 평가는 자연스러운 배변 습관을 알기 위한 것으로 부모 참여를 통해 배설 형태와 장운동의 패턴을 확인하는 단계이다.

  ㉡ 자료수집을 위해서는 약 2~4주 정도의 기간 동안 매시간 15~30분 간격으로 적절한 기호를 사용하여 언제 교사가 학생을 화장실에 데려다 주었는지, 학생이 소변을 보았는지, 또 음식과 어떤 관계가 있는지 기록하며, 자료수집을 통해 주된 배설시간, 간격, 양 등을 평가한다.

③ 배변 관련 기술의 평가

배변과 관련한 기술에는 옷 입기, 옷 벗기, 닦기, 물 내리기, 손 닦기 등의 행동과 배변에 대한 의사표현, 어휘 이해 능력 등이 모두 포함된다.

> **KORSET 합격 굳히기** 배설 기록 관리

1. 일반적으로 훈련이 준비된 학생들은 예측 가능한 시간대에 하루에 한 번 배변을 하고 3~5회 배뇨하지만 많은 경우 이러한 패턴을 따르지 않는다. 장의 반응과 일부 소변 반응은 무작위로 발생하기보다는 매일 예측 가능한 것이어야 한다.
2. 용변시간 간격은 매일 기록되어야 하는데, 15분 혹은 30분 간격 사용을 권장한다. 더 짧은 간격은 교사의 시간을 더 많이 요구하지만 학생의 배설 패턴을 더 정확하게 파악할 수 있게 해준다.
3. 용변 평가는 다음과 같은 절차에 따라 이루어진다.
   ① 학생의 바지가 건조한지 아닌지를 확인할 것이라는 점을 학생에게 말한다.
   ② 학생의 손을 잡고 함께 부드럽게 바지 겉과 이어서 안쪽을 확인하여 바지 상태를 평가한다. 어린아이의 경우, 젖은 바지를 느끼는 것 대신에 유아훈련용 기저귀를 축축함 감지기(기저귀가 젖었을 때 사라지는 앞면의 그림들)와 함께 사용하는 것이 도움이 될 수 있다.
   ③ 바지가 젖었을 때, 중립적인 목소리로 학생에게 젖었다는 것을 알려 주고 젖은 수행을 기록한다. 즉시 바지를 갈아입히고 이전의 활동으로 복귀시킨다. 건조한 바지를 입는 것은 교사가 최근의 실수를 이전의 실수들과 혼동하지 않게 하고 그것이 학생 건강에 더 좋다는 것을 보장한다.
   ④ 바지가 건조할 때, 그것에 대해서 강화하고 자료 기록지에 건조 수행을 기록한다.

출처 ▶ Brown et al.(2017)

2. 용변 기술 중재 방법

(1) 자세의 교정

① 적절한 자세잡기는 화장실 훈련의 필수적인 요소이다.
   ㉠ 골반과 엉덩이, 몸통 근육의 자세 조절과 근육의 긴장도와 신체정렬을 통한 안정성 확보는 화장실 훈련을 위해 지도되어야 한다.
   ㉡ 학생의 신체 안정성 확보와 사지의 움직임 향상을 위해서는 적절한 자세잡기가 필수적이다.

근긴장도가 높은 학생	화장실을 사용하는 동안 골반과 엉덩이, 다리의 근긴장이 증가하게 되므로 긴장을 소거하는 것이 우선이다.
근긴장도가 낮은 학생	장이나 방광 등의 움직임을 나타내는 근육의 수축 능력이 부족하므로 화장실 훈련의 첫 번째 단계는 적절한 자세를 갖도록 도와주는 것이다.

② 화장실을 이용하는 데 필요한 자세를 지도하기 위해 자세유지를 위한 보조공학기기들을 활용할 수 있다. 개인의 특성에 따라 약간의 지지만으로도 도움을 받을 수 있는 환경 수정 방법을 사용할 수도 있다. [25유특]
   ㉠ 몸통을 지지할 수 있는 손잡이와 지지대, 다양한 의자 형태의 보조기기 사용은 신체의 정렬과 자세 지지에 도움이 된다.
   ㉡ 변기가 높아 발이 바닥에 닿지 않는 학생에게는 발판을 제공한다.

(2) 용변 기술 지도 단계 23중특, 25유특

① 용변 훈련을 할 때는 학생의 잔존능력 수준을 진단하고 학생이 최대한 스스로 할 수 있도록 최소한의 지원만을 제공하도록 한다.
- 학생이 스스로 모든 단계를 수행할 수 없다면 타인에게 자신이 받기를 원하는 도움을 요청하는 것을 지도하고, 격려해야 한다.

② 용변 기술은 습관 만들기, 스스로 화장실 사용 시도하기, 독립적으로 화장실 사용하기의 3단계에 따라 이루어진다.

[1단계] 습관 만들기	• 1단계의 목적은 학생이 규칙적인 계획표에 따라 변기에 앉는 경험을 하게 하는 것이다. 　- 용변 패턴을 파악한 후 학생에게 시간에 맞춰 용변을 보도록 하는 것으로, 예측되는 시간 10분 전에 화장실에 가도록 하며 5분 동안 변기에 앉아 있도록 한다. • 훈련을 돕기 위한 환경 조절 방법은 학생의 습관 만들기에 도움이 된다. 아동용 변기를 이용하거나 느낌이 좋은 소재의 변기 커버 사용하기, 바닥에 미끄러지지 않은 논슬립 매트 깔아주기, 화장실 문을 제거하여 고립된 느낌을 완화해 주기 등이 있다. • 화장실에 가는 것을 꺼리거나 공포를 느끼는 학생들의 경우에는 강제로 실시하지 않는다.
[2단계] 스스로 화장실 사용 시도하기	• 화장실에 가야 할 필요성을 인식시키고 징후를 나타내도록 하는 단계이다. 　- 다리를 꼬거나, 얼굴을 찡그리거나, 구석으로 가는 등 화장실에 가고자 하는 학생의 행동 표현에 대해 민감한 관찰이 요구된다. 　- 학생의 표현 방법이 관찰되면 교사는 좀 더 긍정적이고 일반적으로 수용 가능한 표현을 할 수 있도록 물건, 사진, 단어들을 이용해서 화장실에 가고 싶다는 표현을 지도한다. 　- 용변 의사를 표현할 수 없는 경우는 AAC(예 음성출력 의사소통 기기)를 활용하여 용변 의사를 표현할 수 있도록 지도한다. • 학생이 젖어 있다는 느낌을 받는 것을 방해하는 기저귀와 같은 것을 몸에서 제거하고, 입고 벗기 편한 속옷을 입도록 지도한다. 　- 처음에는 바지를 정기적으로 점검하며 마른 채로 있을 때에는 강화하며, 실수 시에는 관심이나 강화를 하지 않고 옷을 갈아입히는 등의 단계를 통해 훈련을 시작한다. • 학생이 용변을 보자마자 칭찬해 줌으로써 방광이 가득 찬 것과 배설하는 것의 관계를 인식하도록 돕는다.

Tip
정동훈 등(2018)의 문헌에서는 3단계로 이루어지는 용변 지도 방법을 '전통적인 화장실 훈련 방법'으로 분류하고 있다.

자료
배변 훈련의 단계별 내용 및 지도 중점

단계	내용	지도 중점
1단계	습관 훈련 하기	반복적 훈련을 지속적으로 실시
2단계	스스로 시도하기	다양한 신호 관찰
3단계	독립적으로 용변 보기	일반화 및 유지

출처 ▶ 2023 중등B-5 기출

비교
2단계의 명칭

박은혜 외 (2023)	본문 참조
강혜경 외 (2023)	배변 욕구의 표현
김영한 외 (2022)	스스로 화장실 사용 시도 표현
정동훈 외	자기주도적 용변 기술

[3단계] 독립적으로 화장실 사용하기	• 3단계의 목적은 화장실에 가야 한다는 것을 깨닫게 하고, 화장실에서 이루어지는 모든 과정을 스스로 해야 한다는 것을 알게 하는 것이다. • 변기에 앉아 있는 시간이 많을수록 배변할 확률이 높으나 학교에서는 자주 화장실에 갈 수 있는 여건이 안 되므로 시간당 10~15분 정도 화장실에 머물면서 훈련하는 것이 효과적이다. • 용변 기술을 일반화하고 좀 더 숙달되게 하는 것이 중요하며, 낮 시간 동안에 이뤄지는 기술들이 점차로 밤 시간 동안에도 이뤄질 수 있도록 가정에서도 같이 시작한다.

출처 ▶ 박은혜 외(2023), 내용 요약정리

(3) 관련 기술의 지도 [11유특]

① 스스로 화장실에 가서 배변 처리를 하기 위해서 필요한 여러 가지 기능과 기술들은 자연스러운 환경에서 동시에 가르친다.

㉠ 화장실로 이동하기, 필요한 경우 변기 올리기와 내리기, 바지를 내리거나 치마 올리기, 물 내리기, 손 씻기, 화장실에서 돌아오기 등은 배변 훈련을 가르칠 때 필요한 기술이다. 이러한 기술들은 따로 분리하며 가르칠 수 있는 것이 아니라 배변훈련과 동시에 자연스러운 기회를 통해 지도한다.

㉡ 학생이 생활하는 환경에서 일관성 있는 훈련 절차로 지도한다.

㉢ 용변 처리 훈련 기간 중에는 학생이 입고 벗기 쉬운 옷을 입힌다.

② 배변 기술은 신체적인 기능 외에 배변에 대한 의사를 표현하고 적절한 도움을 요청하는 것을 포함하여 지도한다.

• 화장실에 가고 있을 때는 얼굴표정이나 손으로 지적하거나 일정한 제스처 등을 사용하여 다른 사람이 알아들을 수 있는 방법으로 표현하도록 지도한다.

③ 학생이 독립적으로 용변 처리를 할 수 있도록 지도하되, 필요한 경우 부분 참여를 하도록 한다.

(4) 일반화와 유지를 위한 훈련

① 기본적인 배변훈련은 교실 안이나 교실 가까이에 있는 화장실에서 이루어진다. 다양한 장소의 화장실을 실수 없이 이용하기 위해서는 배변훈련 기술에 대한 일반화와 유지에 대해 여러 사람들의 협조가 필요하다.

② 학교 내의 여러 가지 수업활동은 교실 내에서만 이루어지는 것이 아니므로 각 교과의 교사들이 담임교사와 함께 각기 다른 장소에서도 일관성 있게 지도할 수 있도록 배변훈련에 대한 계획을 공유한다. 이러한 배변훈련은 학교와 가정이 연계하여 공통의 방법으로 지도할 때 더 빠르게 습득하게 된다.

KORSET 합격 굳히기 ─ 화장실 기술 지도 전략

1. 시간표 점검법
① 시간표 점검법은 계획된 시간에 맞추어 규칙적으로 화장실에 가서 일정 시간 동안 변기에 앉아 있도록 하는 것이다.
② 성공했을 때는 강화하고, 배설하지 않을 때는 정해진 시간이 지난 후에 화장실에서 데리고 나와 하던 일과를 계속하게 한다.
③ 일반적인 배변훈련 방법이며, 장애학생에게는 추천할 만한 방법이 아니다.

2. 집중 연습
① 집중 연습은 물이나 음료를 많이 마시게 한 후 훈련 기회를 증가시키는 방법이다.
 • 건강상의 문제가 없는 범위 내에서 자주 소변을 보도록 평소보다 음료 섭취를 증가시키고, 약 10분 정도 정해진 시간 동안 변기에 앉게 한다.
② 성공적인 화장실 사용과 마른 속옷 유지 상태에 따라 강화를 제공하고, 촉진 없이 용변보기를 수행하면 자기주도적 훈련을 시작한다.
③ 집중 연습은 교사나 부모가 계획에 따라 차질 없이 진행할 수 있어야 가능하며, 오랜 시간 변기에 앉아 있는 것이 오히려 용변 기술 습득을 방해할 수 있음을 유의해야 한다.
 • 중증 지체장애 학생에게 과잉 교정이나 지도는 긍정적인 행동을 이끌어내지 못할 수도 있다.

출처 ▶ 강혜경 외(2023), 정동훈 외(2018)

04 기타 일상생활 기술 지도

1. 몸단장 및 개인위생

① 위생 기술의 목적은 개인위생에 대한 기초 기술을 익히고 이를 통해 자기를 표현하며, 외모를 가꾸어 향상시키는 데 있다.

② 몸단장과 개인위생 지도는 개인적인 요구와 잔존 기술의 정도에 따라 결정하고 계획한다.

   예 편마비 학생에게 손으로 얼굴 씻기를 지도할 때는 양손 협응을 위해 마비되지 않은 손으로 마비된 손의 아랫부분을 받쳐서 양손으로 씻을 수 있도록 지도한다.

③ 개인위생을 지도할 때에는 다양한 도구를 사용하여 위생 관리를 하도록 지도한다.
> 예 휠체어를 타고 있어 세면대의 물이 나오는 위치까지 손을 뻗기가 어려운 학생을 위해 물이 나오는 부분에 연장 탭을 대어 손을 씻을 수 있도록 지도하고 확대경이 달린 손톱깎이, 한 손 손톱깎이 등 다양한 도구를 사용하여 손톱을 깎도록 지도한다.

④ 개인위생 기술을 지도할 때에는 학생의 잔존능력을 파악하고 학생 스스로 최대한 활동에 참여할 수 있도록 최소한의 지원을 제공한다.

2. 치아 관리

① 지체장애 학생들이 가지고 있는 장애는 간접적으로 구강 문제에 영향을 주기 때문에 일반학생보다 구강 문제의 출현율이 높다.
  - ㉠ 입으로 호흡하기, 이 갈기, 손가락 빨기, 혀를 내미는 것과 같은 혀의 부적절한 움직임 등은 장애학생의 치주질환과 부정교합의 원인이 될 수 있다.
  - ㉡ 그밖에도 치석이 쌓여 잇몸 질환, 치아 부식과 충치가 나타날 수 있고, 의사소통이 어려운 학생은 치과 치료에 대한 두려움으로 인해 치료하는 데 어려움이 있다.

② 운동 능력에 문제가 있는 학생은 양치질을 하는 것에 어려움을 느끼며, 비정상적인 반사작용과 운동에 있어 제한된 범위를 가진 학생은 양치질 및 치과 치료를 더 어렵게 만들기도 한다.
  - ㉠ 구강 방어가 심한 학생이 있을 수 있으므로 갑작스럽게 칫솔을 입 안으로 넣기보다는 구강 주변을 충분히 마사지해 주고 어느 정도 안정된 상태에서 부드러운 칫솔모의 칫솔을 이용하여 지도한다. [18중특]
  - ㉡ 시판되고 있는 전동칫솔이나 분사식 세정기를 사용할 때는 학생이 거부하지 않는 경우에 실시하되, 강하게 거부하는 경우는 구강 주변에 다양한 감각 자극을 주어 외부 자극을 수용할 수 있도록 하는 것이 도움이 된다.
  - ㉢ 장애 상태에 따라서 칫솔의 길이, 두께 등을 바꾸어 주어야 한다. 이는 상지의 움직임이 제한되어 있는 학생들에게는 많은 도움을 줄 수 있기 때문이다.

③ 아침, 점심, 저녁 식후 3분 이내 3분가량 이를 닦는 습관이 중요하다. 이때 머리를 뒤로 넘기면 기침을 하거나 사레가 들 수 있으므로 어깨와 머리를 앞쪽으로 약간 내밀게 한다.

④ 가능한 한 일찍 고형 음식을 통한 이유를 시작하고 너무 부드러운 음식만 먹는 습관을 피하는 것이 충치를 줄이고 정상적인 구강구조 발달을 돕는다. 단 음식을 피하는 것도 충치를 줄일 수 있다.

자료

감각 방어 행동의 예

감각 방어 행동	예시
촉각 방어	다른 사람이 자신을 만지는 것을 회피한다.
중력 불안	움직임과 자세 변화를 두려워하고 싫어한다.
청각 방어	큰 소리, 예상하지 못한 소리나 특정 소리에 과민하게 반응한다.
시각 방어	강한 빛이나 익숙하지 않은 형태의 빛에 과민한 반응을 보인다.
구강 방어	• 촉각, 냄새, 맛에 대한 과민 감각이 결합되어 나타난다. • 특정 음식에 대한 질감과 형태를 싫어한다. • 칫솔질을 싫어한다.

출처 ▶ 김건희 외(2019)

⑤ 치아 관리의 가장 좋은 방법은 이와 잇몸을 보호하고 예방하는 것이므로 바른 양치질 방법을 배우거나 양치질할 때 타인의 도움을 받는 등 규칙적인 양치질로 충치와 치주염을 예방한다.

⑥ 치아 관리 기술은 다른 자기관리 기술과 유사하게 과제 분석을 먼저 한 후 모델링, 점진적 촉진 방법 등을 이용하여 지도한다. 그러나 스스로 독립적 수행이 어려운 학생은 이를 닦는 동안 입을 벌리고 있기, 입안 헹구기, 고개 뒤로 젖히기, 수건으로 입 닦기 등 부분적 참여가 가능하도록 지도한다.

⑦ 다른 사람의 전적인 보조를 받아 양치질을 할 때 치약이나 양치액을 삼키는 경우는 물로만 사용하며, 치아나 잇몸이 예민한 경우에는 따뜻한 물을 적신 수건을 이용한다.

⑧ 신체적으로 가능하다면 치실을 사용하는 방법을 지도한다.

⑨ 구강 위생을 위해 올바른 양치 방법을 반복적으로 지도하고 보건교육교사나 작업치료사로부터 적절한 보조 방법을 익힌다.

⑩ 뇌전증 학생은 넘어지면서 이가 손상될 수 있고 칼슘과 비타민 D 신진대사장애로 치아 발달이 부실할 수 있다. 또한 발작을 조절하는 약을 복용할 때의 부작용으로 과도한 잇몸의 성장과 구강염, 잇몸 출혈 등이 생길 수 있어 구강에 나쁜 영향을 미칠 수 있다.

3. 영양 관리

① 지체장애 학생은 또래에 비해 영양 결핍이 나타나기 쉽다. 특히 스스로 섭식이 불가능한 학생들은 일반학생에 비해 영양 결핍의 위험이 크다.

② 독립적인 보행 능력이 없는 학생들은 필요로 하는 열량이 적기 때문에 이로 인한 변비와 운동 부족에서 오는 뼈 칼슘 감소와 근육 발육의 부진 등이 나타난다.

③ 의사표현 능력이 부족한 학생들의 경우 수분 섭취에 대한 요구를 적절하게 하지 못하므로 수분 섭취 상태를 주의 깊게 관찰해야 한다.

④ 부작용이 있는 약을 장기복용하면 예기치 못한 영양 문제를 초래할 수 있다. 경련으로 인해 처방받게 되는 항경련제는 비타민 D와 칼슘의 대사를 방해하며 체중에 영향을 미치기도 한다.

> **Tip**
> 움직임에 제한이 있는 지체장애 학생은 보통 또래보다 열량을 적게 필요로 한다. 그러나 단백질과 비타민의 요구량이 비례적으로 줄지는 않기 때문에 일반적으로 지체장애 학생들도 일반학생과 같은 영양 섭취량이 요구된다.

> **KORSET 합격 굳히기** 자기관리 기술을 선택하기 위한 기준

다른 모든 학습 영역과 같이, 팀이 학생을 위한 IEP 목표로 선택한 자기관리 기술은 다음의 다섯 가지 기준을 만족시켜야 한다. 목표로 하는 자기관리 기술은 ① 기능적인 것으로 판단되어야 하고, ② 팀에 의해서 가치가 평가되어야 하며, ③ 교수환경에 맞아야 할 뿐 아니라, ④ 학생의 생활연령, 또래의 기준 그리고 문화에 적합해야 하며, ⑤ 1년 이내에 성취 가능해야 한다.

1. **학생에게 기능적인 자조 기술 선택**

   필요한 기술들은 학생이 현재와 미래에 배울 필요가 있는 중요한 것으로서 생태학적 목록을 통해서 더 확인된다. 만일 팀이 너무 많은 기술을 필요한 것으로 확인했다면, 팀 구성원들은 각 기술에 대한 일련의 질문을 통해 높은 순위에 있는 것들을 선택함으로써 우선순위 기술을 결정하기 위해 함께 일해야 한다.
   질문은 다음을 포함할 수 있다.

   > ① 이 기술은 지금 필요한가?
   > ② 이 기술은 장래에 필요할 것인가?
   > ③ 이 기술은 모든 환경과 활동에 걸쳐서 사용될 수 있는가?
   > ④ 이 기술은 자립에 기여할 것인가?
   > ⑤ 이 기술의 부재가 또래관계에 영향을 줄 것인가?
   > ⑥ 이 기술은 가족들이 최고 우선순위로 여기는 것인가?
   > ⑦ 이 기술은 의학적 필요를 충족시키는가?
   > ⑧ 학생은 그 기술을 배우는 데 있어서 긍정적인 태도를 갖는가?

2. **팀에 의해 평가된 자조 기술 선택**

   선택 학생의 IEP에 기술된 우선순위의 자기관리 기술들은 다른 기술보다 특정한 기술을 학습하는 것이 학생에게 유익할 것이라고 가족과 팀 구성원 모두가 동의한 것이다.

3. **교수환경에 적합한 자조 기술 선택**

   팀은 교수환경에 적합한 기술을 선택함으로써 충분한 교수 기회를 제공할 수 있다. 때때로 교수 기회를 확장하거나 새롭게 만들어 내어 교수가 더욱 자주 이루어지게 하고 계속되는 일과에 통합할 수 있다. 의복 갖춰 입기, 샤워하기 그리고 머리 손질이 우선순위 기술이라면, 이들은 중·고등학교 체육시간에 배울 수 있지만 화장실 사용하기 그리고 양치질과 같은 자기관리 기술은 자연스러운 교육 기회를 쉽게 마련할 수 있는 유치원기 동안 배우는 것이 최상이다.

4. **생활연령에 적합한 자조 기술 선택**

   교수 절차와 교수 모니터링에 더하여 교수목표가 되는 일상적인 자기관리는 연령과 문화에 적절해야 한다. 만일 기술이 같은 연령의 다른 학생들이 수행하는 것이라면, 그 기술은 장애학생의 생활연령에도 적합한 것이어야 한다. 재료나 환경이 사용되는 것과 같이, 기술이 수행되는 특정한 방법 역시 학생의 나이로부터 영향을 받을 수 있다.

5. **1년 이내에 성취할 수 있는 자조 기술 선택**

   학생들이 목표기술을 학습하는 데 걸리는 시간을 예상하는 것은 두 가지, 즉 학생의 학습 역사와 학생의 현재 수행 수준 혹은 학습 단계와 관련 있다. 학생이 1년 이내에 학습 가능한 기술을 선택하기 위해서 팀은 학생의 현재 학업 수준 및 기능적 수행 수준을 고려하여 IEP 목표를 확인하고 기준을 조정할 것이다. 그렇게 할 때 다음 IEP가 작성되기 전에 그 목표들은 습득 가능하게 될 것이다.

출처 ▶ Brown et al.(2017)

Chapter 09 교수·학습

01 일반교육과정 참여를 위한 방법

1. 쓰기 유창성을 향상시키는 소프트웨어

(1) **단어 예측 프로그램** [21중특]
  ① 단어 예측 프로그램은 학생이 타이핑을 할 때 화면상에 단어 목록을 제시해 줌으로써 원하는 단어를 선택할 수 있도록 하는 프로그램이다.
  ② 단어 예측 프로그램은 다음과 같은 작동 원리를 따른다. [24초특]
    ㉠ 학생이 단어의 첫 글자를 타이핑하면 첫 글자에 대응하는 여러 가지 단어가 스크린 위에 나타난다. 단어에 대응되는 번호를 타이핑하거나 선택하면 원하는 단어가 선택된다.
    ㉡ 첫 글자에 대응하는 단어가 없는 경우 두 번째 글자를 타이핑하게 된다. 그러면 앞의 글자와 두 번째 글자가 동시에 같은 단어들이 배열되고, 학생은 단어의 나머지 글자들을 입력하는 대신 단어를 선택하기 때문에 자판을 두드리는 횟수가 감소한다.
  ③ 단어 예측 프로그램은 다음과 같은 장점을 제공한다. [17초특]
    ㉠ 쓰기 및 입력 시 생산성과 정확성을 증가시킬 수 있다.
    ㉡ 불필요한 키보드 사용 및 조작을 줄여 피로감을 감소시킬 수 있다.
    ㉢ 단어 이해 증진을 통하여 어휘 사용 기능을 증가시킬 수 있다.

(2) **단어 축약 프로그램**
  ① 단어 예측 프로그램의 대안으로 컴퓨터에 내장하는 단어 축약 프로그램이 있다.
    • 고빈도 단어를 축약 프로그램을 사용하여 축약어로 추가 수정할 수 있다.
      예 학생이 'sw'를 입력한 후 스페이스바를 누르면 'Stephen Williamson'이라는 그의 이름으로 재빨리 자동 대체된다. 다른 예로는 학생이 자유의 여신에 대하여 학습하기 위하여 'sl'을 입력하면 자동으로 'Statue of Liberty'가 출력된다.
  ② 단어 축약 프로그램은 시간을 절약하고 불필요한 신체적 노력을 감소시킨다.

단어 예측 프로그램
동 단어 예견 프로그램

KORSET 합격 굳히기 기능적 읽기와 기능적 쓰기

1. **기능적 읽기**
   ① 기능적 읽기란 글을 읽고 실제 생활에서 필요한 정보를 찾는 것이다.
   ② 학생들은 생활 속에서 필요한 정보를 책이나 신문, 잡지 등 주변의 읽을거리에서 찾고, 대중매체에서도 찾아 활용하는 것을 학습하게 된다.

2. **기능적 쓰기**
   ① 기능적 쓰기는 일반적인 쓰기에 어려움이 있는 학생을 위해 생태학적 평가를 통해 학생에게 필요한 기술을 조사한 후 필요한 항목의 쓰기 내용을 선정하여 지도한다.
   ② 기능적 쓰기는 쇼핑 목록이나 전화 메모 남기기와 같은 간단한 쓰기부터 지원서 작성하기와 같은 보다 복잡한 기술까지 다양하게 지도할 수 있다.

출처 ▶ 박은혜 외(2023)

2. 평가 방법의 수정

① 평가 방법의 수정은 장애학생이 학습에 참여하는 과정에서 성공을 경험하고 각 학생을 적절하게 평가하기 위해 측정 방법과 성적 기준 등을 수정하거나 보완하는 것으로, 전통적인 점수 기준의 평가 방법 외에 시험 시간을 연장하거나 대안적인 평가 방법을 이용하는 것을 말한다.

- 대안적인 평가 방법에는 IEP에 근거해 수행 수준을 평가하거나, 어느 정도의 수준에 도달하면 점수를 주거나, 점수와 상관없이 합격과 불합격의 선을 정하여 평가하는 방법, 최소 성취 기준을 정해 놓고 통과/유급으로 구분하는 방법 등이 있다.

② 능력, 노력, 성취의 세 측면을 모두 평가하여 평균을 내는 다면적 평가 방법을 사용할 수 있다.

③ 여러 평가자가 점수를 부여하는 공동 평가, 학생 스스로 평가하는 방법, 계약 평가, 포트폴리오 평가 등을 활용할 수도 있다.

3. 평가 조정

(1) 개념

① 일반학교에 통합되어 있는 지체장애 학생들은 비장애학생들과 같은 평가활동에 참여하고자 할 때, 학생의 장애 유형과 정도에 맞는 적절한 평가가 이루어지기 위해서는 평가 조정이 이루어져야 한다.

② 평가 조정이란 평가의 본래 목적을 해치지 않는 범위 내에서 문항의 제시형태, 반응형태, 검사시간, 검사환경 등을 조정하는 것과 같이 평가 전, 중, 후에 이루어지는 일체의 노력을 의미한다.

자료

평가 조정
평가 조정에 대한 자세한 내용은 Part 02. 통합교육의 'Chapter 03. 교수적 수정' 참조

③ 장애학생에 대한 정당한 평가가 이루어지도록 평가 환경이나 시간의 조정, 평가 제시 형태나 반응 형태의 조정, 평가 과목 조정 및 영역 선정, 점수 부여, 보조공학기기 지원 등은 각급학교의 학업성적관리위원회에서 심의·의결한다.
- 이때 무조건적인 평가 조정이 아니라 정당한 편의 제공을 목적으로 개별 학생에게 적합한 평가 조정이 이루어져야 한다.

(2) 방법

국립특수교육원(2016)에서 개발하여 보급한 '장애학생 평가 조정 매뉴얼'에 제시되어 있는 지체장애 학생의 평가 조정 방법은 다음과 같다.

① 평가 운영 방식에 따른 평가 조정 방법

지체장애 학생이 비장애 학생과 같은 장소에서 같은 시간 내에 평가받는 것이 어려울 때 사용할 수 있는 방법이다.

평가 조정 영역	평가 조정 유형	평가 조정 설명	평가 형태 및 교과
환경 조정	독립 공간 제공	• 지체장애 학생에게 일대일 지원, 자세 조정 및 휴식, 문제 대독 및 말 응답, 보조 인력(답안지 이기 요원, 보조원, 사회복무 요원 등) 배치 등의 평가 조정이 필요할 때 별도의 독립 공간에서 평가한다.	지필평가
	좌석 조정	• 지체장애 학생은 자세 유지 및 조절이 어려워 시험을 치르기 힘들 수 있다. 체간을 바르게 정렬하기 위해 좌석에 쿠션이나 수건 등을 넣어 자세를 지지할 수 있도록 도와주고 스탠드 독서대를 제공할 수 있다. 반사적인 움직임으로 인해 책상 위의 물건이 자주 떨어질 수 있으므로 미끄럼 방지 매트를 깔아 주거나 책상 테두리에 경계선을 만들어 주는 것도 필요하다. • 휠체어를 이용하는 학생들에게는 휠체어용 둥근 테이블(의자 넣는 부분이 동그랗게 파인 형태)을 제공해 주고 휠체어에서 상체가 미끄러지지 않도록 자세 유지용 가슴 벨트를 착용한다.	지필평가 실기평가 (미술, 음악)

	자리 배치 고려	• 지체장애의 정도에 적합한 자세 조정 및 관절 가동 범위를 고려하여 교사 가까이에 앞과 뒤, 옆자리의 공간 여백을 충분하게 제공하여 자리 배치를 한다.	지필평가
	특수교사 또는 보조 인력의 배치	• 지체장애의 정도가 심하여 독립적으로 평가에 참여하기 어려운 경우, 특수교사 또는 보조 인력을 배치하여 평가한다.	지필평가 실기평가
	학교 외 별도의 공간에서 시행	• 장기입원 또는 순회교육을 받는 지체장애 학생에 국한하여 병원 등 학교 외 별도의 공간에서 평가가 이루어질 수 있다.	지필평가
시간 조정	시간 연장	• 지체장애로 인해 글을 읽고 답안을 작성하는 데 시간이 오래 걸릴 수 있으므로 시간을 연장하여 평가한다. 그러나 평가 시간이 너무 긴 경우, 근육의 과긴장과 반사로 인해 피로감이 유발될 수 있으므로 학생에게 가장 적절한 시간대를 사전에 확인해야 한다.	지필평가 실기평가 (미술, 체육)

② 평가 구성 방식에 따른 평가 조정 방법

평가 구성 방식에 따른 평가 조정 방법은 비장애학생과 같은 시험지를 읽고 답안을 작성하는 것이 어려울 때 사용할 수 있는 평가 조정 방법이다.

평가 조정 영역	평가 조정 유형	평가 조정 설명	평가 형태 및 교과
제시형태 조정	문제 대독	• 시지각의 어려움을 동반한 지체장애 학생은 지문을 읽는 데 많은 시간이 소요될 수 있다. 이때 교사가 문제를 대독해 주거나 문서파일을 소리로 전환해 주는 TTS(Text to Speech) 프로그램을 활용하여 평가한다.	지필평가
	시험지 확대	• 시지각의 어려움을 동반한 지체장애 학생은 지문을 읽는 데 많은 시간이 소요될 수 있다. 이때 학생이 보기에 가장 보기 편한 확대 배율을 사전에 확인한 후 시험지를 확대하여 제공한다.	지필평가

반응형태 조정	말 응답	• 양손 사용이 어려운 학생에게는 말 응답을 허용하여 평가한다. • 말 응답의 정확도와 신뢰도를 높이기 위해 응답 내용을 녹음하고 전사하여 채점한다.	지필평가 실기평가
	의사소통판 활용	• 의사소통 장애를 중복으로 가지고 있어 말 응답이 어렵고 필기를 할 수 없는 지체장애 학생에게는 의사소통판을 활용하여 평가한다. • 의사소통판은 평소 학생이 사용하고 있는 것을 기본으로 하되, 문자판이나 음성 출력이 되는 전자 의사소통기기를 사용할 수 있다. • 의사소통판의 종류는 다양하며 교사가 직접 제작한 형태의 의사소통용 토시, 한글자모음판이나 안드로이드 기반 무료 애플리케이션 진소리, 바우처렌탈 서비스 품목인 마이토키 스마트 등을 활용할 수 있다.	지필평가 실기평가
	컴퓨터 보조입력 프로그램 활용	• 글자 쓰기에 어려움이 있는 학생에게는 컴퓨터 보조입력 프로그램을 활용하여 평가한다. • 클릭키(clickey) 등과 같은 프로그램은 지체장애 학생이 간단한 키보드 자판을 이용하여 문장을 손쉽게 완성할 수 있도록 문장 자동완성, 검색 등의 기능을 가지고 있다. • 이 경우 평가 보안을 위하여 평가용으로 준비된 컴퓨터를 제공해야 한다.	지필평가 실기평가

	컴퓨터 보조입력 기기 활용	• 글자 쓰기에 어려움이 있는 학생에게는 컴퓨터 보조입력기기를 활용하여 평가한다. • 학생이 평소 헤드 포인터, 트랙볼 룰러 플러스 마우스, 큰 글자 키보드, 한 손 사용자용 키보드(숫자 패드), 손가락 마우스, 빅키's 키가드, 발 스위치 등 자판 입력을 위한 보조공학기기를 사용한다면 평가 시에도 같은 기기를 사용하여 입력할 수 있도록 지원한다. • 컴퓨터 설정의 고정키 시스템을 활용하면 일반 키보드 입력을 지원할 수 있다. • 이 경우 평가 보안을 위하여 평가용으로 준비된 컴퓨터를 제공해야 한다.	지필평가 실기평가
	답안지 이기 요원 배치	• 보조공학기기를 사용하기 어려운 경우 별도의 독립된 공간에서 학생의 말 응답을 답안지에 작성해 주는 답안지 이기 요원을 배치하여 평가한다. • 평가의 공정성과 객관성을 높이기 위해 예비문제 2~3문항을 작성하고 확인하는 작업이 필요하다.	지필평가

③ 점수 부여 방식에 따른 평가 조정 방법

점수 부여 방식에 따른 평가 조정 방법은 비장애학생과 같은 점수 부여 방식으로 평가하는 것이 적합하지 않을 때 사용할 수 있는 방법이다.

평가 조정 영역	평가 조정 유형	평가 조정 설명	평가 형태 및 교과
점수 부여 방식 조정	점수 부여 기준 세분화	지체장애로 인해 동작과 움직임 관련 평가에서 제약이 있으므로 점수 부여 기준을 세분화(예 수 → 수+, 수, 수-)하여 평가한다.	실기평가
	점수 부여 체제 다원화	지체장애로 인해 실기평가 시 제약이 크면 실기 점수를 하향 조정하거나, 이론 점수를 상향 조정하는 등 점수 부여 체제를 다원화하여 평가한다.	실기평가

02 중도·중복장애 학생 교육

1. 중도·중복장애에 대한 이해 20중특, 23중특

① 미국의 중도장애인협회(TASH)는 중도장애를 다음과 같이 정의하였다.
- 통합된 지역사회에 참여하고 다른 사람들과 유사한 삶의 질을 누리기 위하여 하나 혹은 그 이상의 중요한 생활 영역에서 지속적인 지원을 필요로 하는 사람을 말한다. 이동, 의사소통, 자기관리와 같은 생활 영역과 지역사회 주거, 고용, 자족(self-sufficiency)에 필요한 학습을 위해 지원이 요구될 수 있다.

② 「장애인 등에 대한 특수교육법 시행령」에서는 '중도중복장애', '시청각장애'를 별도로 규정하고 있다.

중도중복장애	지적장애(또는 자폐성장애)를 지니면서 시각장애, 청각장애, 지체장애, 정서·행동장애 중 하나 이상을 가지고 있고, 지적장애(또는 자폐성장애)를 포함한 최소 두 가지의 장애는 장애의 정도가 심한 경우여야 함
시청각장애	시각장애 및 청각장애를 모두 지니면서 시각과 청각에 의한 학습이 곤란하고 의사소통 및 정보 접근에 심각한 제한이 있는 경우

2. 중도·중복장애 학생을 위한 효과적인 교수 전략

(1) 삽입교수

① 삽입교수는 목표 기술을 자연스러운 일과 활동 내에서 수행할 수 있도록 활동 속에 삽입하는 것을 말한다.

② 학생의 수행 정도에 따라 연습 시수를 정하여 일과 내에 분산하여 시행할 수 있도록 계획한다.

> 예 '손 씻기' 기술의 경우 삽입교수방법을 적용하면 10회를 집중적으로 한 자리에서 연습하지 않고, 일과 내에 손을 씻어야 할 자연스러운 상황(예 간식이나 식사 시간 전·후, 미술 활동 후, 화장실 이용 후 등)을 선정하여 학생에게 목표행동을 수행할 기회를 제공한다.

③ 삽입교수는 기존의 교육과정을 크게 변화시키지 않으면서 중도·중복장애 학생을 분리시키지 않고 기능적인 기술을 습득하여 일반화를 촉진한다는 장점을 가진다.

자료
시청각장애
'시청각장애를 지닌 특수교육대상자'란 시각과 청각 모두 장애의 정도가 심하여 두 감각에 의한 학습활동이 어려운 경우여야 함 (교육부, 2022)

Tip
임용시험(2023 중등B-5 기출)에서는 「장애인 등에 대한 특수교육법 시행령」이 아닌 자료에 제시된 교육부(2022) 해설 자료 내용이 인용되었다.

자료
삽입교수에 대한 자세한 내용은 Part 04. 지적장애아교육의 Chapter 05. 교육적 접근 중 '06 삽입교수' 참조

(2) 시각적 지원

① 시각적 지원이란 그림, 사진 등의 시각적 상징을 이용하여 중도·중복장애 학생이 선행사건에 대한 자극을 스스로 인지하고 학습할 수 있도록 지원하는 교수방법이다.

- 해야 하는 일정이나 활동을 미리 알려 주는 활동 스케줄, 상황이야기, 비디오 모델링, 그래픽 조직자 등은 시각적 지원 요소를 포함하는 중재전략에 해당한다.

② 시각적 지원은 교수학습 상황에서 교사의 직접적인 촉진에 대한 의존도를 낮추고 학생의 자기주도적인 학습을 지원하는 데 효과적이다.

③ 중도·중복장애 학생의 교수학습에는 시각적 시간표, 행동 규칙 스크립트, 상황이야기 등을 활용할 수 있다.

㉠ 시각적 시간표는 시간의 흐름에 따른 활동 순서를 제시할 때 효과적인 방법이다.

> 예 학교의 수업 시간표를 시각적 시간표로 제시할 수도 있고, 특정 교수목표행동을 과제 분석하여 단계별로 수행해야 할 목표행동에 대한 시각적 지원을 제공할 수도 있다.

㉡ 행동 규칙 스크립트는 교사가 학생에게 기대하는 행동에 대한 구체적인 목표가 있을 때 적용하는 것이 효과적이다. 24중특

- 학생이 스스로에게 기대되는 행동을 명확히 인지하고, 이를 시각적인 상징을 통해 자기점검하여 행동의 일반화와 유지를 촉진할 수 있다.

| 행동 규칙 자기점검표 활용 예시 |

출처 ▶ 강혜경 외(2023)

㉢ 상황이야기는 자폐성장애 학생이 사회적 상황에서 문제행동을 줄이고 타인과의 상호작용을 할 수 있도록 지원하기에 효과적인 중재 방법이다.

(3) 비디오 모델링

① 관찰학습의 장점을 활용한 비디오 모델링은 구체적인 기술을 가르치기 위해 짧은 비디오를 사용하는 중재 방법이다.

- 놀이, 사회적 의사소통, 철자와 같은 학업 기술 등 다양한 목표행동 중재에 활용될 수 있다.

② 비디오 모델링은 목표행동을 수행하는 성인이나 또래의 시범을 비디오로 녹화하여 학생에게 제공할 수도 있고, 장애학생 스스로의 행동 수행을 비디오로 녹화하여 보여 줌으로써 자기모델링, 자기점검을 하는 방법으로도 적용될 수 있다.

(4) 부분 참여의 원리

① 부분 참여란 중도·중복장애 학생이 어떤 활동이나 과제의 모든 면 또는 단계에 참여하지 못하더라도 그가 할 수 있는 활동의 일부분에라도 최대한 의미 있는 참여를 하게 하는 것을 의미한다.
   - 과제활동의 모든 단계에 혼자 힘으로 참여할 수 없는 장애학생에게 일부 수행 가능한 과제 또는 개별적인 요구에 적절하게 수정된 과제를 제시함으로써 부분적으로라도 과제에 참여할 기회를 제공하는 것이다.

② 부분 참여의 증진은 활동에 대한 통제권을 어느 정도 제공해 줌으로써 중도·중복장애 학생의 학습된 무기력을 줄여 주며, 과제의 완성을 돕는다.

③ Baumgart 등은 부분 참여를 가능하게 하는 방법으로 보조기기 사용하기, 개인적 보조 제공하기, 기술계열 수정하기 등의 방법을 제시하였다.

> **Tip**
> 부분 참여의 원리는 '중도·중복장애 학생의 교수 원리'(2024 초등B-5 기출)로 표현되기도 한다.
>
> **자료**
> **부분 참여의 원리**
> 부분 참여의 원리에 대한 자세한 내용은 Part 04. 지적장애아교육의 Chapter 05. 교육적 접근 중 '03 부분 참여의 원리' 참조

3. 중도장애 학생의 의사소통 기술 지도

(1) 의사소통의 형태 13중특

① 의사소통 형태는 일반적으로 상징적 의사소통과 비상징적 의사소통으로 구분한다.

상징적 의사소통	• 상징적 의사소통은 사물, 행동 또는 생각을 나타내는 특정 상징을 사용하여 의사소통을 하는 것이다. • 구어, 수어, 사진과 그림, 표상적 사물, 그래픽 체계 등이 포함된다. • 가장 일반적인 상징적 의사소통은 말이다.
비상징적 의사소통	• 전 연령에 걸쳐 의사소통하기 위한 몸짓, 얼굴 표정, 신체 움직임, 눈짓, 소리 내기, 비형식적 행동, 문제행동, 기타 상징적 의사소통 체계가 아닌 의사소통 표현을 포괄한다. • 학생이 보이는 비상징적 의사소통 형태의 다양성과 의미를 고려하여 민감하게 반응해야 한다.

② 의사소통 방법은 하나의 방법을 선택하기보다는 개별 학생의 의사표현과 소통의 효율성을 고려하여 필요한 경우 구어를 이용한 의사소통의 지도 외에 다양한 양식의 사용을 허용하는 접근이 이루어져야 한다.
- 뇌성마비 학생의 의사소통 지도는 학생이 가지고 있는 모든 잔존 능력, 즉 구어, 발성, 제스처, 수화, 도구를 사용하는 의사소통 방식을 포함하여 지도하는 것이 효과적이다. 의사소통은 쌍방 간의 소통이며, 적절한 시간 내에 정확하게 표현하는 것이 의사소통의 성패를 좌우하기 때문에 비상징적·상징적 의사소통 양식 중 상황에 더 적합한 양식체계를 사용할 수 있도록 지도한다. 이러한 다중양식체계를 활용한 AAC 방법은 뇌성마비 학생들의 의사소통 효율성을 높일 수 있다.

(2) 의사소통 기능 13중특

학생이 보이는 문제행동에 내포된 의사소통적 기능을 파악하고, 문제행동을 대체할 의사소통 기술을 지도한다.

(3) 의사소통을 위한 교수 기회의 제공

교수 기회를 확인하기 위해서는 교수가 일어나는 환경, 의사소통 상대, 교수 기회를 시작할 사람, 중재 회기의 빈도/회기당 기회의 횟수와 같은 여러 요소를 고려해야 한다.

① 교수가 일어나는 환경
  ㉠ 교수가 일어나는 환경은 의사소통 행동이 발생하도록 기대되는 자연적인 환경에서부터 분리된 환경까지 연속선상에서 개념화될 수 있다.

자연적인 환경에서 교수를 제공하는 것의 이점	관련된 환경적 특성의 맥락에서 기술이 획득되기 때문에 학습된 기술이 일반화되고 유지될 가능성이 더욱 증가한다.
자연적인 환경으로부터 분리된 교수를 제공하는 것의 이점	학생의 기술 획득에 영향을 미칠 수 있는 방해 요소와 다른 변인들을 통제할 수 있다.

  ㉡ 교수가 일어나는 환경에 관해 결정할 때, 하나의 환경만을 선택해야 하는 것이 아니며 여러 환경에서 가르칠 수 있음을 인식해야 한다.
  > 예 자연적 및 분리된 환경에서의 상대적인 이점을 최대화하기 위해 팀은 점심시간 동안에 학교식당(자연적 환경)에서 교수를 일부 제공하고, 교실(약간 덜 자연적인 환경)에서 소집단 활동 중에 교수를 일부 제공하고, 일대일 회기(분리된 환경) 동안에 교수를 일부 제공하기로 결정했다.

② 의사소통 상대

  ㉠ 의사소통 상대는 일단 의사소통 행동이 습득되면 학생이 상호작용할 상대의 범위에 포함되는 자연스러운 의사소통 상대(⑩ 학교의 또래)에서부터, 상호작용할 사람의 범위에 포함되지 않을 수 있는 덜 자연스러운 의사소통 상대(⑩ 학급의 보조교사)까지 연속선상에서 개념화될 수 있다. 13중특

자연스러운 의사소통 상대를 활용하는 이점	기술이 일반화되고 유지될 수 있는 가능성을 더욱 증가시킨다.
덜 자연스러운 의사소통 상대를 활용하는 이점	후속결과, 촉진 등의 변인을 통제할 수 있다.

  ㉡ 의사소통 상대에 관한 의사결정을 할 때도 하나만 선택해야 한다고 생각하지 않아야 하며, 팀은 다양한 의사소통 상대를 사용하거나 교수를 제공하기 위해 자연스러운 의사소통 상대를 훈련시킬 수 있다.

  ⑩ 자연스럽거나, 덜 자연스러운 의사소통 상대들의 상대적 이점을 최대화하기 위해 점심시간 동안에는 학교식당 직원을 자연스러운 의사소통 상대로 활용하고, 학급에서 소집단 활동 동안에 교수를 제공하기 위해 또래를 훈련시키고, 일대일 회기 동안에는 의사소통 상대로 보조교사가 역할을 할 수 있도록 결정할 수 있다.

③ 교수 기회를 시작할 사람

교수 기회를 시작할 사람을 결정할 때 학생, 의사소통 상대, 또는 학생과 의사소통 상대가 함께 교수 기회를 시작하도록 선택할 수 있다.

  ㉠ 학생이 기회를 시작하는 것의 장점은 학생이 그 자극에 집중하고 동기가 부여된다는 점이다.
  ㉡ 의사소통 상대가 기회를 시작하는 것의 장점은 교수 기회의 수를 조절할 수 있다는 점이다.
  ㉢ 학생과 의사소통 상대가 함께 기회를 시작하는 데는 두 장점이 모두 포함된다.

④ 중재 회기의 빈도/회기당 기회의 횟수

회기당 기회의 횟수와 중재 회기의 빈도에 관한 결정은 다음과 같은 요인에 따라 달라질 수 있다.

교수할 행동	보다 복잡한 행동은 더 많은 시행/회기를 필요로 할 수 있다.
개인의 기술/능력	일부 학생은 다른 학생보다 더 많은 시행/회기를 필요로 할 수 있다.
기술 습득의 긴급성	개인의 안전성과 의사소통 상대에 대한 영향 때문에 빨리 습득할 필요가 있는 기술은 더 많은 시행/회기를 필요로 할 수 있다.

의사소통 사전

의사소통 사전
(통) 의사소통 신호 목록, 제스처 사전

[자료]
의사소통 발달 단계
의사소통 발달 단계에 대한 구체적인 내용은 Part 11. 의사소통장애아교육의 Chapter 01. 언어와 의사소통의 이해 중 '02 의사소통의 이해' 참조

KORSET 합격 굳히기   의사소통 사전

1. 의사소통 사전은 하나의 관찰 평가이며 이것은 의사소통 상대가 의사소통 행동에 대해 인식하고 반응하는 것을 돕는 문서를 만들어 낸다.
   - 문서를 만들기 위해서 팀은 장애가 있는 개인을 관찰하고, 의사소통 행동의 리스트를 만들고(어떤 행동이 전의도적인지 또는 의도적인지), 각 의사소통 행동의 목적을 구체화하고, 어떻게 의사소통 상대가 각 의사소통 행동에 반응해야 하는지를 나타낸다.

2. 현재 기술/능력을 평가하는 것에 더하여, 의사소통 사전은 행동이 발생할 때 반응하는 방법에 관하여 의사소통 상대를 지원하고 진보를 점검하기 위해 유용하다.
   - 또한 의사소통 사전은 어떤 의사소통 행동들이 더욱 이해될 수 있고, 사회적으로 적합하도록 교체되고 형성되어야 하는지를 논의하기 위한 틀을 제공한다.

❖ **완성된 의사소통 사전 예시**

한 일	의미하는 것	의사소통 상대가 어떻게 반응해야 하는가?
주먹을 꽉 쥐고 팔/얼굴의 근육 굳히기	사람들이 내게 너무 가까이 있고 나를 괴롭혀요.	학생에게서 좀 떨어지고 잠깐 학생을 혼자 내버려 두기
손바닥으로 머리 때리기	도움이 필요해요.	• 도움을 제공하기 • "도움"이라고 표시된 상징을 가리키도록 촉진하여 도움을 요청하는 대체적인 방법을 가르치기
손과 팔 흔들기	지금 일어나고 있는 일이 좋아요.	활동을 계속하게 하기
싱크대 가리키기	음료수가 필요해요.	물 한 컵을 제공하기

출처 ▶ Brown et al.(2017)

개념확인문제

01
2023 유아B-6

다음은 체육전담교사와 특수교사가 나눈 대화의 일부이다. 물음에 답하시오.

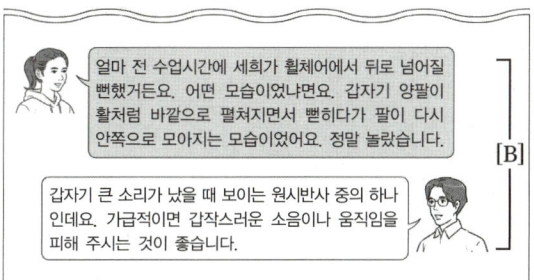

2) [B]의 대화에서 알 수 있는 원시반사 유형을 쓰시오.

02
2012 중등1-38

뇌성마비에 대한 설명으로 옳은 것을 〈보기〉에서 있는 대로 고른 것은?

| 보기 |

ㄱ. 근 긴장도를 조절하는 뇌 영역이 손상된 뇌성마비는 비정상적 근 긴장에 의한 근골격계의 문제가 성장할수록 심해지는 진행성 질환이다.
ㄴ. 경직형 편마비는 환측(患側)의 근육과 팔다리가 건측(健側)에 비해 발육이 늦거나 짧은 경향이 있으며, 반맹(半盲)이나 감각장애가 발생하기도 한다.
ㄷ. 경직형 뇌성마비에서 주로 보이는 관절 구축은 관절 주위 근육의 경직으로 인해 골격이 관절에서 이탈된 상태를 의미하며, 성장할수록 통증과 척추 측만증을 유발한다.
ㄹ. 운동은 신체의 중앙(근위부)에서 말초(원위부)의 방향으로 발달하고, 근육의 수축은 반사적 수축에서 수의적 수축으로 발달하는데, 뇌성마비는 이러한 정상 운동 발달 과정을 방해한다.
ㅁ. 비정상적인 근 긴장은 근골격 구조의 변화를 유발하는데 스스로 자세를 바꾸거나 팔을 이용하여 신체를 지지하는 것과 같은 보상적 운동 패턴의 발달을 도와주면 이차적 장애를 개선할 수 있다.

① ㄱ, ㄷ
② ㄴ, ㄹ
③ ㄱ, ㄴ, ㅁ
④ ㄴ, ㄷ, ㄹ
⑤ ㄷ, ㄹ, ㅁ

03

그림은 뇌성마비 학생 A가 보조도구 없이 의자에 앉아 있는 모습이다. 다양한 상황에서 학생 A를 위해 교사가 취할 수 있는 자세 조정 방법을 설명한 것으로 옳은 것만을 모두 고른 것은?

	상황	자세 조정 방법
(가)	쉬는 시간에 매트 위에 누워 책을 볼 때	학생 A를 매트에 똑바로 누이고 허리 밑에 지름 20cm 정도인 롤(roll)을 받쳐준 후 양손으로 책을 잡도록 한다.
(나)	컴퓨터 시간에 엎드려 노트북으로 작업할 때	학생 A를 삼각지지대(wedge) 위에 엎드리게 하여 엉덩이와 등이 들리지 않게 벨트로 고정시킨 다음, 학생 A의 얼굴 앞쪽에 노트북을 배치한다.
(다)	특별활동 시간에 밴드부에서 작은 북 치기를 할 때	기립대(standing equipment)에 학생 A를 세워 허리, 엉덩이, 무릎을 벨트로 고정시키고, 양 팔꿈치 옆에 지지대를 받쳐준 후 작은 북을 학생 앞에 놓는다.
(라)	재량활동 시간에 바닥에 앉아 친구들과 카드 놀이를 할 때	학생 A를 각진 의자(corner chair)에 앉혀 다리를 뻗게 하고, 등은 바르게 유지하게 하며, 어깨를 안으로 모아 주어 양손이 몸의 중앙에 오게 한 후 카드를 손에 쥐어 준다.
(마)	미술 시간에 책상 앞에 앉아 물감 찍어 모양 만들기를 할 때	학생 A를 의자에 앉혀서 허벅지 옆에 지지대를 사용하여 양 다리를 곧게 뻗게 한 뒤, 윗몸이 들어갈 정도의 둥근 홈이 있는 책상 위에 양 팔꿈치를 올려 주어 물감을 사용하게 한다.

① (가), (나), (마)
② (나), (다), (라)
③ (다), (라), (마)
④ (가), (나), (다), (라)
⑤ (가), (나), (라), (마)

04

2010 초등1-8

다음은 윤 교사가 뇌성마비 학생 경수의 일상생활과 학습 장면에서 관찰한 결과이다. 문제의 주된 원인을 〈보기〉에서 고른 것은?

> - 소리나 움직임에 크게 놀라는 반응을 보이며 얼굴과 팔을 함께 움직이면서 불안정한 목소리로 말한다. 이 증상은 다른 학생이 주목하는 긴장된 상황에서 더욱 심하게 일어난다.
> - 쓰기 과제를 수행할 때 의도하지 않은 불필요한 동작이나 이상한 방향으로 돌발적인 동작이 일어나 알아보기 힘든 글자를 쓴다.

─┤ 보기 ├─

ㄱ. 근력의 무긴장
ㄴ. 원시반사의 잔존
ㄷ. 대뇌 기저핵의 손상
ㄹ. 근 골격계의 구조 이상

① ㄱ, ㄴ ② ㄱ, ㄷ
③ ㄴ, ㄷ ④ ㄴ, ㄹ
⑤ ㄷ, ㄹ

05

2020 유아A-2

(가)는 5세 뇌성마비 유아 슬기의 특성이다. 물음에 답하시오.

(가)

> - 사지를 불규칙하게 뒤틀거나, 팔다리를 움찔거리는 행동을 보임
> - 사물에 손을 뻗을 때 손바닥이 바깥쪽으로 틀어지며 의도하지 않는 방향으로 움직임이 일어남
> - 정위반응과 평형반응이 결여되어 자세가 불안정함

1) (가)에 근거하여 슬기의 운동장애 유형을 쓰시오.

06

2020 중등B-10

(가)는 ○○중학교에 재학 중인 지체장애 학생 3명의 특성이고, (나)는 체육교사가 이를 바탕으로 작성한 지도 계획의 일부이다. 〈작성 방법〉에 따라 서술하시오.

(가) 특성

학생	특성
L	• 뇌성마비 • 뇌손상 부위와 마비 부위는 다음과 같음 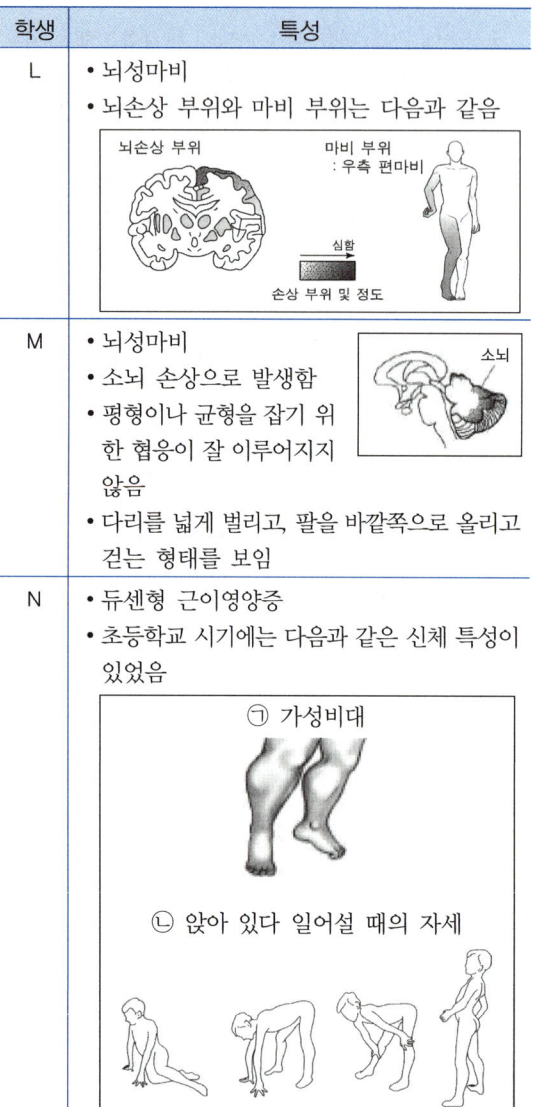
M	• 뇌성마비 • 소뇌 손상으로 발생함 • 평형이나 균형을 잡기 위한 협응이 잘 이루어지지 않음 • 다리를 넓게 벌리고, 팔을 바깥쪽으로 올리고 걷는 형태를 보임
N	• 듀센형 근이영양증 • 초등학교 시기에는 다음과 같은 신체 특성이 있었음 ㉠ 가성비대 ㉡ 앉아 있다 일어설 때의 자세

(나) 지도 계획

학생	지도 시 유의 사항
L	• 신체의 양쪽을 사용하도록 지도하기 • 체육복 착·탈의 점검하기 (단기목표: ㉢ 체육복 바지 입기)
M	• 신체 활동 시 충분한 시간 주기 • 대근육 활용 촉진하기
N	• 신체 이완 및 심리적 지원하기 • 피로도 최소화하기

―| 작성 방법 |―

- (가)의 학생 M의 특성에 근거하여 학생 M의 운동장애 유형을 쓸 것
- (가)의 그림 ㉠이 나타나는 이유를 1가지 서술하고, 그림 ㉡에 해당하는 용어를 1가지 쓸 것
- (나)의 밑줄 친 ㉢의 절차를 학생 L의 마비 부위를 고려하여 서술할 것

07

2011 중등1-25

그림은 한 뇌성마비 학생의 뇌손상 부위와 정도를 나타낸 것이다. 이 학생의 운동 및 말(speech) 특성을 설명한 것으로 옳은 것은?

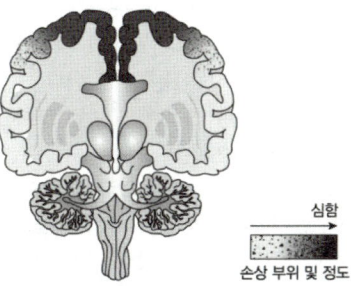

심함
손상 부위 및 정도

	운동 특성	말 특성
①	균형 감각과 방향 감각이 없어 걸음이 불안정하다.	말하는 속도가 느리고, 음절을 한음 한음씩 끊어서 말한다.
②	몸의 같은 쪽 상지와 하지의 근육 긴장도가 높아 발끝으로 걷는다.	억양이 거의 없어 단조로우며, 과대비음이 나타난다.
③	상지보다 하지의 근육 긴장도가 높고 관절의 움직임이 제한되어 있다.	성대의 지나친 긴장으로 인해 후두에서 쥐어짜는 듯이 말한다.
④	스스로 조절할 수 없는 신체의 떨림으로 인해 연속적인 근육 긴장도의 변화를 보인다.	말할 때 떨림과 말더듬 현상이 심하게 나타난다.
⑤	전신의 근육 긴장도 변화가 심하고, 의도적으로 움직이려고 할 때 불규칙적이고 뒤틀린 동작을 보인다.	호흡이 거칠고 기식성의 소리가 많다.

08

2020 초등B-2

(가)는 지체장애 특수학교에 다니는 학생들의 특성이다. 물음에 답하시오.

(가) 학생 특성

예지	• 안면견갑상완형 근이영양증 • 어깨뼈가 날개같이 튀어나와 있음 [A] • 팔을 들어올리는 데 어려움이 있음 • ㉠ 휘파람 불기, 풍선 불기, 빨대로 물 마시기 동작에 어려움이 있음
준우	• 경직형 뇌성마비 • 사지마비가 있음 • 모든 운동 기능이 제한적임 [B] • 머리 조절이 어렵고, 체간이 한쪽으로 기울어짐
은수	• 골형성부전증 • 좌측 하지 골절로 이동에 어려움이 있음

1) ① (가)의 [A]를 고려하여 ㉠의 이유를 쓰고, ② '대근육운동 기능 분류체계(Gross Motor Function Classification System Expanded and Revised, GMFCS-E&R, 6~12세)'에서 [B]가 해당되는 단계의 이동 특성을 이동보조기기와 관련지어 쓰시오.

09

2019 초등A-6

다음은 성재를 위한 교육 지원 협의회 회의록의 일부이다. 물음에 답하시오.

일시	2018년 ○월 ○일 15:00~16:00	
장소	특수학급	기록자	특수교사
참석자	통합학급 교사, 특수교사, 보건교사, 치료지원 담당자, 전문상담교사, 보호자	
발언 내용		

… (전략) …

특수교사: 성재는 매트 위에 앉아서 놀 때 ⓒ <u>양다리를 좌우로 벌려 W모양으로 앉던데</u>, 괜찮나요?

치료지원 담당자: 그런 자세가 계속되면 서기나 걷기 그리고 일상생활에도 문제가 생길 수 있어서 자세 지도가 필요합니다.

보호자: 아, 그렇군요. 성재는 집에 오면 휠체어에 앉아서 지내는 시간이 많아요. ㉣ <u>휠체어에 바르게 앉는 자세</u>에 대해서 알고 싶습니다.

치료지원 담당자: 무엇보다 신체의 정렬 상태가 안정적이며 균형 잡힌 상태를 유지하는 것이 중요합니다.

특수교사: 맞아요. 저희 교실에서도 서기 자세를 지도하고 있습니다. 다행히 성재는 자기 스스로 목을 가눌 수 있고, 상체 조절이 어느 정도 가능합니다. 그래서 선 자세에서 체중을 앞으로 실은 채 자세를 조금 기울여 두 손을 쓸 수 있도록 (㉤)을/를 사용하고 있어요.

… (하략) …

2) 다음 그림은 ⓒ 자세이다. 이와 같이 앉는 이유를 1가지 쓰시오.

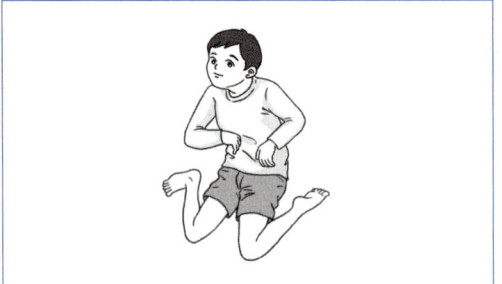

3) 다음은 ㉣을 위한 일반적인 지도 요령이다. 적절하지 않은 것 1가지를 찾아 기호를 쓰고 바르게 고쳐 쓰시오.

ⓐ 하지: 양쪽 다리의 길이가 다르더라도 휠체어 발판의 높이는 같게 한다.
ⓑ 골반: 체중이 고르게 분산되도록 좌석의 중심부에 앉게 한다.
ⓒ 몸통: 어깨선을 수평으로 맞추고, 어느 한쪽으로 치우치지 않고 정중선을 유지하게 한다.
ⓓ 머리: 고개를 들고 턱을 약간 밑으로 잡아당기는 자세를 유지하게 한다.

4) ㉤에 들어갈 적절한 보조기기의 명칭을 쓰시오.

10
2011 유아1-8

다음은 특수학교 박 교사가 자신의 학급 아동을 관찰한 내용이다. 이에 대한 설명으로 적절한 것을 〈보기〉에서 모두 고른 것은?

이름	장애 유형	관찰 내용
수지	뇌성마비	(가) 어떤 동작을 수행하면 자신의 의지와 상관 없는 불필요한 동작이 수반된다. (나) 입 주위 근육에 마비가 나타나며, 이로 인하여 책이나 공책에 침을 흘리는 경우가 많다.
현우	근이영양증	(다) 종아리 부위의 근육이 뭉친 것처럼 크게 부어올라 있다. (라) 가우어 징후(Gower's sign)를 보이며 바닥에서 일어나는 데 어려움이 있다.
영수	이분척추	(마) 척추 부위에 혹과 같은 모양으로 근육이 부어올라 있다. (바) 머리가 비정상적으로 크고, 자주 구토를 하며 머리가 아프다고 호소한다.

┤보기├

ㄱ. (가): 대뇌 기저핵의 손상이 주된 원인인 불수의 운동형의 주된 증상이다.
ㄴ. (나): 진행성이기 때문에 향후 이 마비 증상은 얼굴 전체로 확대된다.
ㄷ. (다): 유전자 중 X염색체의 결함이 주된 원인인 안면견갑상완형의 초기 증상이다.
ㄹ. (라): 향후 독립보행이 어렵게 되어 휠체어를 사용하게 된다.
ㅁ. (마): 척추 뼈가 완전히 닫히지 않아 분리된 척추 사이로 척수액이나 신경섬유가 돌출된 것이 원인인 잠재이분척추의 증상이다.
ㅂ. (바): 향후 수두증으로 진행하거나 션트(shunt) 삽입 수술 등이 필요할 수 있다.

① ㄱ, ㄴ   ② ㄱ, ㄹ, ㅂ
③ ㄴ, ㄷ, ㄹ   ④ ㄷ, ㄹ, ㅁ
⑤ ㄱ, ㄷ, ㅁ, ㅂ

11
2012 중등1-35

다음은 특별한 건강관리가 필요한 학생들이 보일 수 있는 발작과 질식 사고에 대한 설명이다. ㉠~㉢ 중에서 옳은 내용만을 있는 대로 고른 것은?

학생이 발작을 일으키면, 교사는 ㉠ 발작을 억제시키기 위해 학생을 흔들거나 붙들지 말아야 하며, 발작이 멈춘 후에는 충분한 휴식을 취하게 한다. 발작을 억제하기 위해 식이요법을 시도할 수 있다. ㉡ 케톤 식이요법(ketogenic diet)은 칼슘과 단백질을 늘리고 지방과 탄수화물은 적게 섭취하는 방식이다.

… (중략) …

㉢ 뇌성마비가 있는 학생은 기도 폐색에 의한 질식 사고의 위험이 있는데, 치아와 잇몸의 손상, 구강 반사의 문제, 연하 곤란 등이 원인이 될 수 있다. 질식 사고가 생기게 되면 즉시 응급처치를 실시해야 한다. ㉣ 하임리히 구명법(Heimlich maneuver)은 기도 폐색이 된 학생을 뒤에서 팔로 안듯이 잡고, 명치 끝(횡경막하)에 힘을 가해 복부 아래쪽으로 쓸어내리는 방법이다. 의식 불명 등으로 뒤에서 안을 수 없는 상황이라면, ㉤ 학생을 바닥에 엎어 놓고 복부를 쿠션 등으로 받친 다음, 흉골의 중간 부분에 해당하는 등 부위에 직접 압박을 가한다.

① ㉠, ㉢   ② ㉠, ㉡, ㉢
③ ㉡, ㉢, ㉣   ④ ㉠, ㉡, ㉣, ㉤
⑤ ㉠, ㉢, ㉣, ㉤

12

다음은 J 고등학교 교사들의 대화 내용이다. ㉠에 공통으로 들어갈 병명을 쓰고, ㉡에 들어갈 내용을 1가지 쓰시오.

> 김 교사: 학생 K는 평소 서 있을 때 양쪽 어깨 높이에 차이가 있고, 몸통 좌우가 비대칭적으로 보였는데 원인을 알 수 없는 청소년기 특발성 (㉠)(으)로 진단되었다고 합니다.
> 양 교사: 그런데 (㉠)은/는 뇌성마비나 근이영양증이 있는 학생에게도 종종 나타납니다. 그대로 방치하면 자세, 보행 및 심폐기능에도 영향을 줄 수 있기 때문에 적절한 치료와 함께 교육적 지원을 받아야 합니다.
> 박 교사: 우리 학급의 학생 M은 골형성부전증입니다. 친구들과 다른 신체적 특성 때문에 심리적으로 위축되지 않도록 사회·심리적 지원을 해 주고 있습니다.
> 양 교사: 골형성부전증의 특성상 (㉡)의 위험이 있으므로 특히 신체활동이 많은 교수·학습 활동 시 주의해야 합니다.

13

(나)는 슬기로운 생활과 '가을 풍경 관찰하기' 현장체험학습 계획 시 중도·중복장애 학생들의 특성에 따라 교사가 고려해야 하는 사항이다. 물음에 답하시오.

(나)

학생 이름	특성	고려 사항
영희	• 외상성 뇌손상(교통사고) • 오른쪽 편마비, 인지적 손상, 언어장애를 보임	• 외출 전에 상의(앞이 완전히 트인 긴소매) 입히는 순서 고려하기
철수	• 중도 지적장애와 경직형 뇌성마비 • 전신의 긴장도가 높아 머리가 뒤로 젖혀지고 다리는 가위자 모양이 됨	• 안아 옮길 때 자세에 유의하기 [A]
연우	• 중도 지적장애 • 알레르기성 천식을 앓고 있음 • 천식 발작 시 마른 기침을 하고 흉부 압박을 느끼며 고통을 호소함 • 천식 발작이 심한 경우 호흡곤란이 동반되고 의사소통이 어려움	• 외출 시 준비물(휴대용 흡입기, 마스크, 상비약, 도움요청 카드, 휴대용 손전등, 휴대용 알람 기기 등) 점검하기 • 응급 상황 발생 시 도움을 요청하는 방법 환기하기

3) (나)의 [A]에서 보이는 문제점을 해결하기 위해 교사가 자신의 신체를 이용하여 철수를 안는 방법 1가지를 쓰시오.

14   2013 중등1-29

지체장애 학생들이 사용하는 보조기기 (가)~(다)에 대한 설명으로 옳은 것만을 〈보기〉에서 있는 대로 고른 것은?

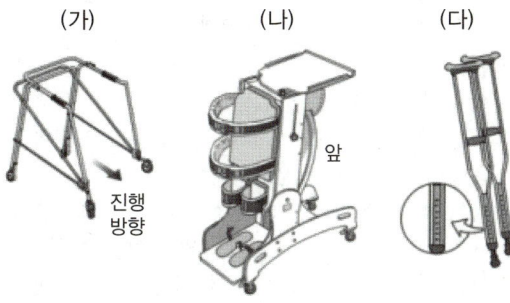

(가)   (나)   (다)

진행 방향   앞

| 보기 |

ㄱ. (가)는 체간의 힘이 부족하여 몸통이 앞으로 기우는 학생이 사용하는 보행 보조기기이다.
ㄴ. (가)는 양쪽 손잡이를 잡아 두 팔로 지지하고 서서 몸의 균형을 잡고 자세를 곧게 하여 안정적으로 걷는 동작을 향상시킨다.
ㄷ. (나)는 머리를 스스로 가누기 어려운 학생에게 사용하는 기립 보조기기이다.
ㄹ. (나)는 고관절 수술 후 관절의 근육을 형성하거나 원시 반사를 경감시켜 주는 효과가 있고, 체중을 앞으로 실은 채 기댈 수 있으므로 두 손을 기능적으로 사용할 수 있다.
ㅁ. (다)를 이용하여 계단을 내려갈 때는 (다)와 불편하지 않은 발을 먼저 딛고, 올라갈 때는 (다)와 불편한 발을 먼저 내딛는다.
ㅂ. (다)의 길이는 (다)를 지지하고 섰을 때, 어깨와 팔의 각도를 약 45도로 하고 겨드랑이에 주먹 하나가 들어갈 정도로 하여 조절한다.

① ㄱ, ㄴ, ㄹ
② ㄱ, ㄷ, ㅂ
③ ㄴ, ㄹ, ㅁ
④ ㄱ, ㄷ, ㄹ, ㅂ
⑤ ㄴ, ㄷ, ㅁ, ㅂ

15   2017 중등B-1

다음은 지체장애 학생 D의 특성이다. 뇌성마비 장애인의 대근육 운동 기능을 평가하는 ㉠의 평가 및 분류 방법상 특징을 1가지 쓰시오. 그리고 보조기기 ㉡이 적절한 이유를 신체 기능적 측면과 교수·학습 측면에서 각각 1가지씩 설명하고, 학생 D를 위한 식사 도구 선정 시 고려해야 할 사항을 ㉢에 비추어 1가지 제시하시오.

경직형 사지마비(spastic quadriplegia)가 있는 학생 D는 ㉠ 대근육 운동 기능 분류체계(Gross Motor Function Classification System, GMFCS)의 4수준으로, 휠체어를 이용해 이동한다. 대부분의 시간을 휠체어에 앉아 생활하지만, 교수·학습 장면에서는 종종 서기 자세 보조기기인 ㉡ 프론 스탠더(prone stander)를 사용한다. D는 ㉢ 강직성 씹기 반사(tonic bite reflex)가 일어나는 경우가 있어서 음식 섭취 시 주의를 기울일 필요가 있다.

16
2011 유아1-23

다음과 같은 특성을 보이는 만 4세 발달지체 유아 철수를 위한 식사 지도에서 고려해야 할 사항으로 가장 적절한 것은?

- 강직성 씹기 반사가 나타난다.
- 스스로 씹는 능력이 부족하다.
- 구강과 안면에 과민 반응이 나타난다.

① 거즈로 안면을 두드리거나 잇몸을 마사지하여 턱의 조절을 돕는다.
② 편안하게 누운 자세를 취하게 한 다음 부드러운 음식을 먹는 것부터 지도한다.
③ 스테인리스(stainless) 숟가락보다는 1회용 플라스틱 숟가락을 사용해서 먹도록 지도한다.
④ 장기적으로는 보조기기를 이용하기보다는 신체적 보조를 받아 자세를 유지하도록 한다.
⑤ 컵을 사용할 때에는 컵의 가장자리를 치아 위에 올려놓아 음료를 잘 마실 수 있도록 한다.

17
2013추시 초등A-2

다음은 지체장애와 정신지체를 지닌 중도중복장애 학생 현우의 전반적 특성을 제시한 것이다. 물음에 답하시오.

- 성별: 남
- 연령: 8세
- 단순 모방, 지식 따르기, 상징 이해 능력이 매우 떨어져 기능 훈련에 어려움을 보임
- 스스로 용변 처리를 하거나 용변 의사를 표현할 수 없어서 기저귀를 착용하고 있음
- 빨기, 씹기, 삼키기 등의 섭식 기능에 문제가 있음
- 다음과 같은 두드러진 건강상의 문제를 보임
  ㉠ 요로 계통의 감염으로 인해 소변에서 유해한 세균이 검출되며, 배뇨통, 요의 절박(절박 요실금), 발열, 구토, 설사, 체중 증가 부진, 복통 등의 증상을 유발함
  ㉡ 식사 도중 음식물이 역류하거나 음식물로 인해 목이 메어 구역질이나 기침을 자주 하며, 가슴 앓이, 식도 염증, 그리고 삼키기 곤란 증상으로 인하여 소화, 배설, 영양실조 등의 2가지 문제가 발생함

3) ㉡에 대하여 적절하지 않은 지원 내용 2가지를 다음에서 찾아 번호를 쓰고, 그 내용을 바르게 수정하시오.

① 식사 후 약 10분간 누워서 스트레칭을 하도록 한다.
② 하루 동안 필요한 음식량을 조금씩 나누어 자주 제공한다.
③ 고형식 음식을 일정 크기로 잘라서 숟가락으로 떠먹인다.
④ 의사의 처방에 따라 정해진 시간에 정확한 양의 약물을 복용시킨다.

18

2015 유아A-8

진희는 경직형 뇌성마비를 가진 5세 유아이다. 특수학교 강 교사는 신변처리 기술을 지도하기 위해 2주 동안 자료를 수집하였다. 다음은 진희의 배뇨와 착탈의 기술에 대한 현재 수준과 단기목표의 일부이다.

구분	현재 수준	단기목표
배뇨	• 배뇨와 관련된 의학적 질병은 없음 • 1일 소변 횟수는 13~17회임 • 소변 간격은 10~60분임	㉠ 유아용 변기에 앉아 있을 수 있다.
착탈의	• 옷을 입거나 벗는 데 도움이 필요함 • 고무줄 바지를 내릴 수 있음 • 바지춤을 잡고 있으나 올리지는 못함	㉡ 혼자서 고무줄 바지를 입을 수 있다.

1) 위 자료를 근거로 배뇨 학습을 위한 진희의 신체적 준비 여부를 판단하여 쓰고, 판단의 근거를 쓰시오.

19

2024 중등B-11

다음은 ○○특수학교의 특수 교사와 교육 실습생 A와 B가 중도 뇌성마비 학생 A의 식사 기술 지도에 대해 나눈 대화이다. 〈작성 방법〉에 따라 서술하시오.

교육 실습생 A: 학생 A는 목 조절이 힘들고 위식도 역류가 심합니다. 그래서 씹기를 거부하고 구토 증상도 나타나요.

교육 실습생 B: 그런 경우에는 ㉠ 음식을 작은 조각으로 잘라서 조금씩 자주 제공해야 합니다. ㉡ 식사를 마친 후에도 곧바로 눕지 않고 앉아 있도록 하는 게 좋겠네요.

교육 실습생 A: 학생 A는 기도 폐쇄 현상이 자주 나타납니다.

교육 실습생 B: 그럴 경우 ㉢ 죽(퓌레) 형태로 음식물을 수정하여 제공해야 합니다.

교육 실습생 A: 그렇군요. 그런데 학생 A는 혼자 숟가락을 사용하지 못해서 식사 보조를 해 주는데, 그럴 때 숟가락을 강하게 물고 있어서 치아가 손상될까 봐 걱정이에요.

교육 실습생 B: 우선 숟가락을 바꿔 보는 것은 어떨까요? ㉣ 부드러운 실리콘 소재의 숟가락을 사용하는 것이 좋겠네요. 그리고 ㉤ 교사가 식사 보조를 할 때는 학생 A의 앞에 앉아 지원해야 해요.

―| 작성 방법 |―

• 밑줄 친 ㉠~㉤ 중 틀린 내용을 2가지 찾아 기호를 쓰고, 틀린 내용을 바르게 고쳐 서술할 것

모범답안

1	2) 모로반사
2	②
3	②
4	③
5	1) 불수의 운동형
6	• 운동실조형 • ㉠이 나타나는 이유: 근섬유 대신에 지방세포가 들어찼기 때문이다. ㉡의 용어: 가우어 징후 • 먼저 우측을 대퇴부위까지 입고 나중에 왼쪽을 입는다.
7	③
8	1) ① 안면견갑상완형 근이영양증은 단백질 부족으로 안면근육 조절에 어려움이 있기 때문이다. ② V단계, 다른 사람이 수동 휠체어로 이동시켜 주어야 한다.
9	2) 넓은 지지면을 제공하고 체중을 앞뒤로 옮기기 편한 자세이기 때문이다. 3) ⓐ, 양쪽 다리의 길이가 다르면 휠체어 발판의 높이를 다르게 조절한다. 4) 프론 스탠더
10	②
11	①
12	㉠ 척추 측만증, ㉡ 골절
13	3) 철수의 양 하지를 벌리고 무릎을 구부려 교사의 허리에 걸치게 한 다음, 철수의 팔을 교사의 어깨에 올려 껴안고 옮긴다.
14	①
15	㉠ 학생의 최대 능력치가 아닌 일상생활을 관찰하여 평가한다. ㉡ 신체 기능적 측면: 머리 가누기가 가능하므로 프론 스탠더를 사용할 수 있다. 교수·학습 측면: 머리 조절과 손의 사용을 자유롭게 해줌으로써 교수·학습 활동에의 참여를 촉진시킨다. ㉢ 식사 도구 선정 시 고려해야 할 사항: 금속 재질보다는 실리콘이나 플라스틱 소재의 숟가락을 사용한다.
16	①
17	3) ① 식사 후에 약 1시간(또는 45분) 정도는 똑바로 있거나 비스듬히 앉은 자세를 유지하여 위에서 음식물이 비워지도록 해 주는 것이 좋다. ③ 거친(또는 뻑뻑한, 걸쭉한) 질감의 음식을 숟가락으로 떠먹인다.
18	1) • 신체적 준비 여부: 준비되어 있지 않다. • 근거: 소변 간격이 너무 짧다.
19	㉢ 죽(퓌레) 형태의 음식보다는 계속적인 저작 연습과 식사습관 형성을 통해 점차 고형음식을 먹을 수 있도록 지도한다. ㉣ 학생 A의 옆 또는 뒤에서 지원한다.

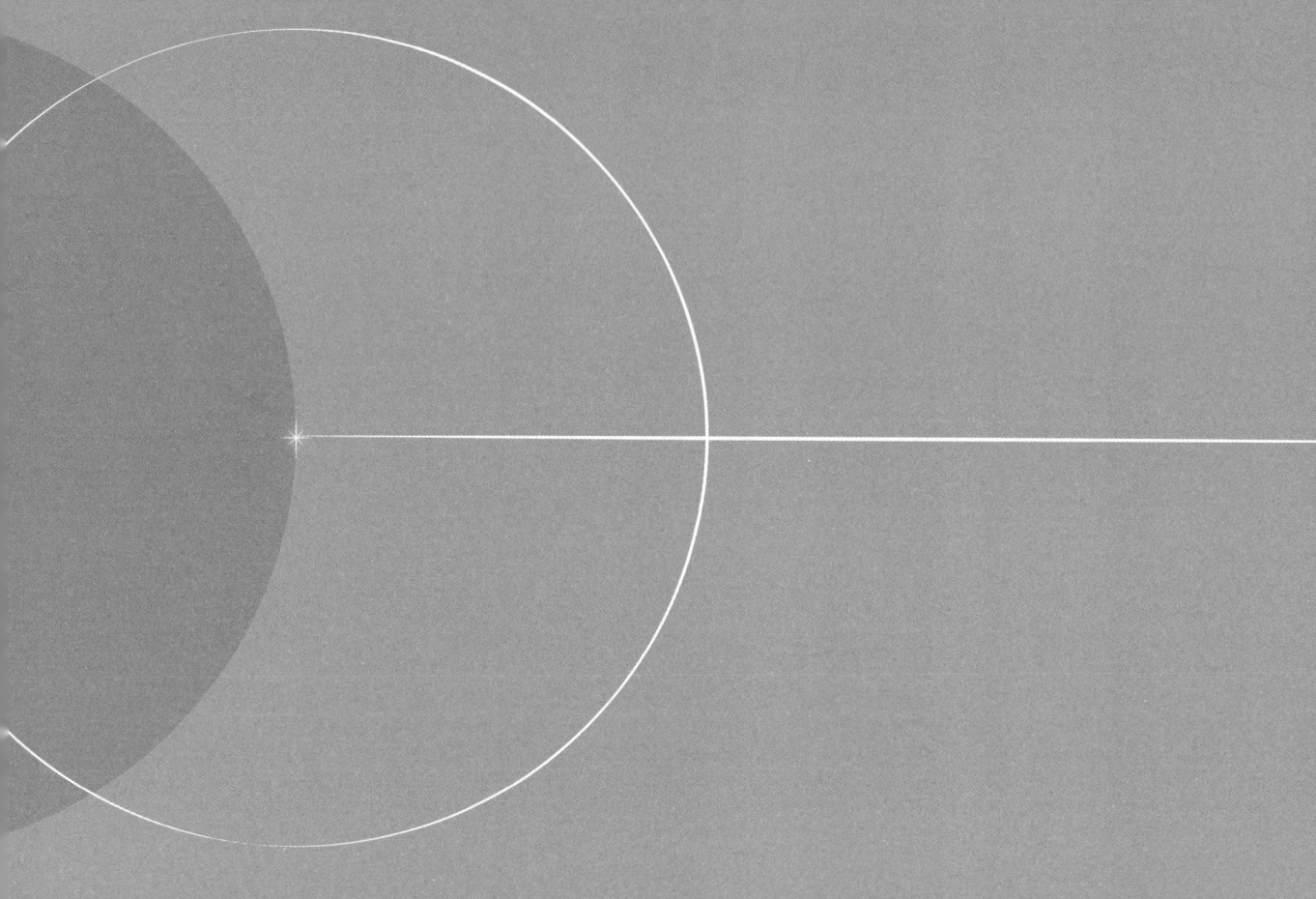

김남진
KORSET
특수교육 ❸

PART 10

건강장애아교육

Chapter 01
건강장애의 이해

Chapter 02
건강장애 학생을 위한 교육적 지원

Chapter 03
건강장애의 유형

PART 10 건강장애아교육 Mind Map

Chapter 1 건강장애의 이해

① 건강장애의 개념
- 장애인 등에 대한 특수교육법의 정의
  - 만성질환
  - 3개월 이상 장기입원 또는 통원치료 등 계속적인 의료적 지원
  - 학교생활 및 학업수행에 어려움
- 건강장애 학생의 특성

② 건강장애의 선정과 취소
- 건강장애의 선정 : 만성질환의 확인(장애인 증명서, 장애인 수첩, 진단서)
- 건강장애의 선정 취소
  - 건강장애 선정의 직접적인 원인이 된 질병이 완치된 경우
  - 소속 학교로 복귀하여 정상적인 출석을 하는 경우
  - 소속 학교에서 휴학 또는 자퇴를 하고자 하는 경우
- 기타 사항
  - 외상적 부상 학생
  - 정신장애 학생

Chapter 2 건강장애 학생을 위한 교육적 지원

① 교육지원의 기본 원칙

② 건강장애 학생을 위한 교육적 지원 유형
- 병원학교
  - 개념 : 병원학교의 운영 목적
  - 입교 기준과 입교 신청·취소
  - 교육과정 운영
    - 학생의 학적
    - 출결 관리
      - 출석 인정
      - 출석 확인
    - 평가 및 학업성적관리
  - 개별화교육계획
    - 개별화교육지원팀의 구성
    - 개별화교육계획의 작성
- 원격수업
  - 개념
  - 학사 운영
- 순회교육

③ 심리·정서 및 학교복귀 지원
- 심리·정서적 지원
- 학교복귀 지원

Chapter 3 건강장애의 유형

1 소아암
- 소아암의 이해
  - 개념
  - 원인과 치료
  - 성인 암과 구별되는 소아암의 특징
- 소아암의 종류
  - 백혈병
  - 뇌종양
  - 악성림프종
  - 신경모세포종
  - 윌름스 종양
  - 골육종
- 교육지원
  - 건강관리
  - 학습지원
  - 정서적 지원
  - 기타

2 신장장애
- 신장장애의 개념
- 신장장애의 종류
  - 사구체신염
  - 신증후군
  - 기타: 급성 신부전, 급성 신우신염, 신장결석
  - 만성 신부전
    - 개념
    - 치료
      - 식이요법과 약물치료
      - 신대체요법
        - 복막투석
        - 혈액투석
        - 신장 이식
- 교육지원

3 심장장애
- 심장장애의 개념
- 심장장애의 종류
  - 선천성 심장병
  - 류머티스성 심장병
  - 심근질환
  - 부정맥
- 교육지원

PART 10 건강장애아교육 Mind Map

- **4 소아천식**
  - 소아천식의 이해
    - 개념
    - 특징
  - 소아천식의 종류
    - 외인성 천식
    - 내인성 천식
    - 혼합성 천식
    - 직업성 천식
  - 소아천식의 치료
    - 환경요법
    - 약물치료
      - 천식 조절제
      - 증상 완화제
    - 면역요법
    - 체력단력요법
    - 식이요법
    - 천식의 상태 변화에 대한 점검 : 최대호기량측정기 사용법
  - 교육지원
    - 환경 조절
    - 자기 관리
    - 천식 발작이 나타났을 때의 응급대처
    - 천식 치료 기구의 사용 지도
      - 네불라이저
      - 정량식 흡입기
      - 건조 분말 흡입기
    - 신체 활동 및 참여 수준의 조정
    - 정서적 지원
    - 식사 지도
    - 의사소통 요구에 대한 지원

- **5 소아당뇨**
  - 소아당뇨의 이해
    - 개념
    - 특징
  - 당뇨병의 종류
    - 제1형 당뇨
      - 개념
      - 특징
        - 고혈당증
          - 원인
          - 특징(증상) : 다뇨, 다음, 다식
          - 처치 방법
        - 저혈당증
          - 원인
          - 특징(증상)
          - 처치 방법
    - 제2형 당뇨
    - 비전형적 당뇨
    - 이차성 당뇨
  - 교육지원
    - 자기관리와 자기치료
    - 저혈당 관리
    - 신체 활동 및 참여 수준의 조정
    - 정서적 지원
    - 학교에서의 식사 지도

01 건강장애의 이해

01 건강장애의 개념

1. 장애인 등에 대한 특수교육법의 정의 ^{11중특, 23초특}

① 「장애인 등에 대한 특수교육법 시행령」에서는 건강장애를 지닌 특수교육대상자의 선정기준을 '만성질환으로 인하여 3개월 이상의 장기입원 또는 통원치료 등 계속적인 의료적 지원이 필요하여 학교생활, 학업수행에 어려움이 있는 사람'으로 명시하고 있다.

② 선정기준에서 제시하고 있는 세부기준의 의미는 다음과 같다.
  ㉠ '만성질환'이란 백혈병, 소아암, 각종 종양 등 장기적인 의료처치가 요구되는 만성질환을 말한다.
    • 다만 우리나라에서는 만성질환으로 지속적인 관리가 필요하나 학교 출석이 가능한 경우에는 건강장애로 선정하지 않는다.
  ㉡ '3개월 이상 장기입원 또는 통원치료 등 계속적인 의료적 지원'이라는 기준은 입원 혹은 통원치료 등 장기간의 의료적 처치가 요구되는 경우를 의미한다.
  ㉢ '학교생활 및 학업수행에 어려움'이란 특수교육이 요구되는 경우를 말한다.
    • 만성질환으로 3개월 이상의 결석으로 인한 유급을 방지하기 위해 병원학교 및 원격수업이 필요한 경우는 특수교육이 필요한 학생으로 간주한다.

2. 건강장애 학생의 특성

① 소아당뇨를 가지고 있는 학생이 학업 수행과 집중에 문제를 갖는 것과 같이 질병 자체의 이유로 인한 인지적 어려움이 있을 수 있다.

② 입원으로 인한 일상생활에서의 소외, 질병과 치료에 따른 고통, 재발에 대한 염려, 장기결석, 가족구성원의 기능 변화 등과 같은 경험으로 인해 사회·정서적 어려움이 나타날 수 있다.

③ 심리적인 위축과 어려움 외에 만성질환 자체에서 오는 신체적인 고통 등 여러 가지 어려움을 경험하게 된다.

02 건강장애의 선정과 취소

1. 건강장애의 선정 22중특

① 건강장애 학생으로 선정받기 위해서는 장기결석이 불가피한 것을 판단할 수 있는 진단서 혹은 장애인 등록증이나 장애인 수첩과 특수교육대상 선정신청서를 학교나 교육청에 제출해야 한다.

② 만성질환을 가진 학생 중에서 장기치료로 인해 해당 학년의 진도를 따라가지 못하거나 유급 위기에 있는 등 학업 수행에 어려움이 있는 것으로 판단되는 학생에 한해 특수교육운영위원회의 심사를 거쳐 특수교육대상자로 선정된다.
 - 만성질환은 장애인 증명서, 장애인 수첩, 진단서를 통해 확인한다.

③ 건강장애로 선정되는 것이 예상되지만 심사와 선정되기까지 기일이 오래 걸릴 때 선교육 지원이 가능하다.
 - 교육청에서 필요하다고 허가한 경우 장기결석을 방지하기 위해 원격수업을 미리 받을 수 있도록 우선 배치하여 교육을 먼저 받을 수 있도록 조치한다.

2. 건강장애의 선정 취소 20중특

① 건강장애 학생으로 선정된 학생이라도 다음과 같은 사유에 해당할 경우 선정 취소가 가능하다.
  ㉠ 건강장애 선정의 직접적인 원인이 된 질병이 완치된 경우이다.
  ㉡ 소속 학교로 복귀하여 정상적인 출석을 하는 경우이다. 치료 또는 진단을 위해 월 1~2회 외래 치료하는 경우도 포함된다.
  ㉢ 소속 학교에서 휴학 또는 자퇴를 하고자 하는 경우이다.

② 특수교육대상자는 의무교육 대상자이므로 선정 취소를 한 후 필요한 학적 처리를 해야 한다.
 - 건강장애 선정을 취소하려면 특수교육대상자(건강장애) 선정·배치 취소 신청서와 특수교육대상자 선정·배치 취소 동의서(학부모용)를 제출해야 한다.

3. 기타 사항

건강장애 학생의 선정기준은 만성질환으로 제한하고 있으나, 건강장애 학생에 준하는 교육지원을 할 수 있는 기타 사항들이 있다.

(1) **외상적 부상 학생** 23중특

① 외상적 부상 학생이란 건강장애 선정대상자는 아니지만 3개월 이상의 치료를 필요로 하는 화상, 교통사고 등의 심각한 외상적 부상으로 불가피하게 장기결석이 예상되는 학생을 말한다.
- 외상적 부상 학생은 해당 교육(지원)청에서 관련 진단서, 담임교사 및 업무담당자 의견 등 제반 사항을 고려하여 선정한다.

② 외상적 부상 학생은 해당 치료 기간에 한해 건강장애 학생들의 교육지원인 병원학교와 원격수업을 이용할 수 있으며, 해당 기관 이용일수를 출석으로 인정하고 있다.

(2) **정신장애 학생** 23중특

① 정신장애 학생은 건강장애에 포함되지 않는다.

② 정신장애 학생은 건강장애 선정 기준에 충족되지는 않으나 정신적 질환으로 인해 불가피하게 장기결석이 예상되는 학생이기 때문에, 해당 치료 기간에 한해 일부 시·도교육청에서는 병원학교와 원격수업을 이용하도록 조치하고 있으며, 해당 기관 이용일수를 출석으로 인정하고 있다.

> **Tip**
> 외상적 부상 학생과 정신장애 학생은 건강장애로 선정될 수 없음에 유의해야 한다.
>
> **보호필요 학생**
> 건강장애 선정 대상자는 아니지만 질병, 화상, 교통사고 등 심각한 부상으로 3개월 이상의 치료가 필요하여 불가피하게 장기결석(유급)이 예상되는 학생(전라북도교육청, 2019)

Chapter 02 건강장애 학생을 위한 교육적 지원

01 교육지원의 기본 원칙

건강장애 학생 교육지원의 기본 원칙은 다음과 같다.

① 건강장애 학생의 교육기회를 확보한다.
- 어느 장소에서 교육에 참여하든지 개별 학생의 신체적 상태에 따른 적절한 교육기회를 확보하기 위한 목적으로 교육 형태를 결정한다.

② 개별화된 교육과정을 편성·운영한다.
- ㉠ 건강장애 학생들은 질병의 유형, 진행 정도 또는 회복 정도, 심리·정서적 적응 및 학업 수준 등에 따라 개별화된 교육계획을 수립하고 실행한다.
- ㉡ 교육과정은 학생의 나이, 학업 수준에 따라 개별화하여 적용하되, 크게 학업 중심 교육과정과 심리·정서적 교육과정으로 운영한다.
- ㉢ 개별화교육계획 안에 개별화건강관리계획(IHCP)을 포함하여 교육지원의 일부로 건강관리 지원을 받도록 한다.
- ㉣ 학생의 모든 교육계획은 병원과 학교 등 교육기관 간 연계성을 확보하여 수립·실행한다.

③ 지역사회와 연계하여 자원의 활용을 극대화한다.
- 지역사회 기관과의 연계 및 지역사회 자원의 활용을 최대화한다.

④ 다학문적 접근을 기초로 한다.
- 건강장애 학생의 교육적 요구를 충족시키면서 이들을 위해 적절한 교육을 제공하기 위해서는 다양한 분야의 전문 인력이 팀을 이루어 서비스를 제공한다.

⑤ 가족 중심 접근을 강화한다.
- 가족의 의견을 최대한 존중하며 개별 가족의 요구를 지원하는 가족 중심의 접근을 실행한다.

⑥ 건강장애 학생들을 위한 교육지원은 체계적으로 연계되어야 한다.
- 건강장애 학생의 상급학교 진학과 관련된 국내 교육의 현실적 문제에 대처하기 위하여 제도적인 지원의 질을 강화한다.

02 건강장애 학생을 위한 교육적 지원 유형 22중특, 25중특

건강장애 학생은 현재 소속된 일반학교의 학급에 그대로 배치되며, 교육은 특수학급이나 병원학교, 가정에서의 원격수업이나 순회교육을 이용할 수 있다. 건강장애 학생으로 선정되면 주된 수업의 형태(즉, 대안적 교육 방법)는 병원학교, 원격수업, 순회교육을 이용할 수 있다.

1. 병원학교

(1) 개념 24중특

① 병원학교란 장기 입원이나 지속적인 통원 치료로 학교에서 교육을 받기 어려운 학생들을 위해 병원 안에 설치된 파견 학급 형태의 학교를 의미한다.
  - 학교라고 부르기는 하지만 일반학교 및 특수학교의 파견 학급 형태로 운영되는 학급이며, 초등학교, 중학교, 고등학교의 여러 학년 학생들이 함께 학습하도록 운영하고 있다.

② 병원학교는 만성질환을 치료하기 위해 학업을 중단하고 있는 건강장애 학생의 교육을 지원하기 위한 제도이다.

③ 학생들의 학업 연속성 유지 및 학습권 보장과 개별화된 학습 지원, 심리·정서적 지원 등을 통해 학교생활 적응을 도모하고 삶에 대한 희망과 용기를 심어주어 치료 효과를 증진하기 위한 목적으로 운영하고 있다.

(2) 입교 기준과 입교 신청·취소 11중특

① 병원학교에 입교하기 위해서는 건강장애로 인한 특수교육대상자로 선정되어야 한다.
  - 3개월 이상 외상적 부상 학생과 일부 시·도의 경우 정신장애 학생도 입교 대상이 된다.

② 병원학교 입·퇴교 신청 시 유치원, 초등학교, 중학교는 해당 지역 교육지원청에서, 고등학교는 시·도교육청에서 담당한다.

③ 병원학교 입교 시에는 건강장애 선정 절차를 거치도록 하고, 선정과정 중 발생하는 수업결손을 최소화하기 위하여 특수교육운영위원회의 특수교육대상자 선정 일자보다 먼저 수업을 받을 수 있다.

④ 건강장애 학생이 병원학교를 이용하지 않아도 될 때 건강장애 학생의 선정을 취소한 후 다니던 학교로 복귀하게 된다.
  - 병원학교는 학생이 학생의 소속 학교로 복귀하는 것을 도울 수 있도록 학업·심리·사회적응 등을 위한 학교 복귀 프로그램을 실시한다.

병원학교의 운영 목적

교육부(2017), 김정연(2020), 박은혜 외(2023)	본문 참조
2024 중등A-2 기출	병원학교는 학생들의 학업 연속성 유지 및 학습권 보장을 위해 학생의 요구와 수준에 맞추어 개별화된 학습 지원을 하고, 심리적·정서적 지원도 하고 있다.

학생(보호자)	• 필요 서류를 갖추어 소속 학교로 건강장애 학생 신청(병원학교로 직접 신청하지 않음) 1. 특수교육대상자 진단·평가 의뢰서 1부 2. 건강진단서 1부 3. 병원학교 입교신청서(또는 위탁교육신청서) 1부 등
소속 학교(교사)	• 필요 서류를 갖추어 해당 교육청에 신청 • 입교를 희망하는 병원학교를 서류에 표시하여 제출 • 시·도교육청 서식에 따라 작성하고 관련 내용을 추가보완 • 서명이 들어간 관련 서류는 스캔하여 파일로 공문에 첨부, 제출
시·도교육(지원)청	• 건강장애 선정 결과 확정된 병원학교 입교 대상자 명단을 첨부하여 병원학교로 공문 발송 • 3개월 이상 외상적 부상 학생은 서류를 확인하여 기준에 적합하면 병원학교로 입교신청 공문 발송 • 만성질환 등 건강장애 선정이 확실시될 경우 교육감 또는 교육장이 병원학교에 우선 배치 공문 발송
병원학교	• 학부모나 학생에게 수업 기준 및 수업 방법에 대한 안내 • 병원학교 교육과정 안내 및 협의 • 학생 기초 정보 수집 및 개별화교육계획 작성 • 수업 진행 • 입교 승인은 교육청 공문으로 일괄함 • 병원학교 입교 후 소속 학교로 입교 관련 안내(전화나 이메일 등) • 소속 학교로 월별 출석 현황 공문 발송

| 병원학교 입교 신청 절차 |

출처 ▶ 인천광역시 교육청(2017; 김정연, 2020에서 재인용)

자료

병원학교의 운영 형태

국내의 36개 병원학교 교사 채용 및 교육과정 등 운영 형태는 동일하지 않으며, 운영주체에 따라 매우 다양하다. 이 중 서울, 전북 지역의 11개 병원은 교육청과의 협약을 토대로 하여 교육청에서 행정적·재정적 지원을 제공하는 병원 자체 운영 체제이다. 병원 자체적으로 운영하는 서울 지역 병원학교는 병원학교 입·퇴교 및 출석 확인서 통보도 교육청을 경유하지 않고 해당 병원학교와 학교가 직접 처리하는 등 운영 형태가 다르다. 그 외의 병원학교는 교육청 소속 특수학교 또는 일반학교의 파견학급으로 운영된다(박은혜 외, 2023).

(3) **교육과정 운영** 11중특, 18중특, 23중특

① 병원학교 교육과정 운영의 기본 방향은 국가 수준의 교육과정, 시·도 교육청 수준의 교육과정과 일관성을 유지하되 소속 학교의 교육목표를 고려하여 편성·운영한다.

② 병원학교의 교육과정 편제는 교과와 창의적 체험활동으로 편성하고 있으며, 병원학교의 여건에 따라 융통성 있게 운영된다. 교과는 학생별 교육 요구와 건강 상태를 고려하여 해당 학년의 교과 중 선택할 수 있다.

㉠ 교과 활동은 학생들이 소속된 학교의 교육과정과 연계되도록 운영하며, 치료 종료 후 학교로 복귀할 경우를 생각하여 교육과정과 학습 진도를 고려하여 지도한다.
  - 병원에 입원해 있는 동안 수업 결손을 막기 위해 교과 수업뿐 아니라 필요에 따라 화상 강의도 제공된다.
㉡ 창의적 체험활동은 자율·자치 활동, 동아리 활동, 진로 활동 중에서 선택적으로 운영한다. 창의적 체험활동은 심리·정서적 부분을 강조하여 병원학교 자체 프로그램을 운영한다.

③ 병원학교의 학사일정은 병원학교가 속한 협력학교의 학사일정에 따른다.
  - 연간 수업 일수는 병원학교 협력학교의 연간 수업일수에 따라 운영하되, 교과와 창의적 체험활동 등의 구성은 병원학교의 여건, 담임교사의 의견, 의료진의 의견 등을 고려하여 운영할 수 있다.

④ 병원학교의 학사 운영과 관련한 구체적인 내용은 다음과 같다.

11초특, 18중특, 22중특, 23중특

> **Tip**
> 창의적 체험활동의 영역은 2015 개정 특수교육 교육과정의 자율 활동, 동아리 활동, 봉사 활동, 진로 활동을 편저자가 2022 개정 특수교육 교육과정에 맞춰 수정 제시한 것이다.

학생의 학적		• 학생의 소속 학교에 둔다.	
출결 관리	출석 인정	• 출석으로 인정받기 위한 학교급별 최소 수업 시간은 다음과 같다.	
		초등학생	1일 1시간 이상
		중·고등학생	1일 2시간 이상
		• 1시간의 적정 수업 시간은 20분 이상을 기준으로 하여 학교 재량에 따라 융통성 있게 증감할 수 있다.	
	출석 확인	• 일반적으로 매월 초에 출결 상황을 소속 학교로 직접 통보한다.	
		정규교사가 배치된 경우	병원학교의 출석 확인서를 소속 학교에 통보하여 출결을 처리한다.
		정규교사가 배치되지 않은 경우	수업확인증명서 발급을 통해 출석으로 인정한다.
평가 및 학업성적관리		• 학력평가 및 성적은 학생의 원소속 학교에서 처리한다. • 평가 당일 소속 학교에 출석하여 평가를 실시함을 원칙으로 한다. 　- 건강상의 이유로 출석이 곤란한 경우에는 소속 학교의 학업성적관리위원회의 결정에 따른다. • 직접평가가 불가능한 경우에는 학교장이 당해 학교의 '학업성적관리규정'에 따라 성적을 결정한다.	

> **자료**
> **정서·행동장애 병원학교의 최소 수업 시간(중등)**
> 정서·행동장애 병원학교는 1일 4시간 이상 수업에 참여할 경우 출석으로 인정한다.
> 출처 ▶ 2018 중등A-4 기출

출석 확인서
≡ 출결 확인서

KORSET합격 굳히기 병원학교의 일반학교 교육과정 운영

병원학교의 교육과정 운영은 일반학교의 운영과 유사하나 다음과 같은 몇 가지 측면에서 차이가 있다.

1. 병원학교에서의 교육과정 운영은 배치된 특수교사 외에 인근 학교의 교사자원봉사단, 원격수업기관, 외부 강사 등을 적극적으로 활용하여 운영할 수 있다. 대부분의 병원학교가 1교사 체제로 운영하고 있으므로 다양한 학교급, 학년 학생의 교육을 지원하기 위한 운영 방식이다.

2. 교육과정 운영은 학업 중심 교육과정과 심리·정서적 적응 지원의 균형을 강조한다. 학생들의 심리적 적응을 돕기 위한 프로그램과 내용을 강화하고 있으며, 교과 및 비교과의 다양한 활동을 통해 입원생활 중에 학업을 지속하고 즐겁게 생활할 수 있는 프로그램을 운영한다. 학생들에게 병원학교라는 특정 상황에서 변화에 대처하여 적응하고 학업을 지속할 수 있도록 돕는다. 교과와 창의적 체험 활동, 방과 후 프로그램 등 건강장애 학생의 흥미와 요구를 고려하고, 특히 질병 상태를 고려하여 유연하게 운영한다.

3. 개별 학생에게 개별화된 학습을 지원한다. 병원에 입원한 학생들은 발병 및 입원 시기, 질병의 정도 등에 따라 학력과 학습 진도가 다르므로 동일한 학습지원을 제공하기 어렵다. 또한 본인의 질병 수용 태도에 따라 심리·정서적 적응 수준이 다를 수 있으므로 심리 반응이나 특성에 따라 학업 지원 계획과 실행이 달라질 수 있다.

4. 수업 일과는 병원학교의 여건과 건강장애 학생의 건강 상태에 따라 단위 수업 시간의 융통성 있는 운영이 가능하다. 시수는 1시간을 20분 이상을 기준으로 하여 운영하도록 하고 있으나, 블록 타임으로 운영하거나 40분 단위의 수업을 진행하기도 한다. 병원학교에 따라서는 초등학교는 25분, 중·고등학교는 30분으로 운영하기도 한다.

출처 ▶ 김정연(2020)

(4) 개별화교육계획 11초특, 23중특

① 건강장애 학생은 특수교육적 지원이 필요한 특수교육대상자로 선정된 학생이므로 학생들의 교육 요구에 맞는 교육을 제공하기 위하여 개별화교육을 시행한다.

② 건강장애 학생이 병원학교에 배치될 경우 배치일로부터 14일 이내에 개별화교육지원팀을 구성한다.

㉠ 건강장애 학생의 개별화교육지원팀은 특수교사를 포함하여 병원학교장, 교사의 소속 학교 교장, 교감, 일반교사, 의료진, 학부모 등으로 구성된다.
- 여기서 소속 학교란 병원학교 교사의 소속 학교를 말하며, 협력학교를 말한다.

[자료] 병원학교의 IEP

건강장애 학생도 특수교육 대상자이므로 개별화교육계획(IEP)을 작성해야 한다. 현재는 소속 학교에서도 건강장애 학생에 대한 IEP를 작성하고 있으며, 병원학교에서도 병원학교 교사가 IEP를 별도로 작성하고 있다. 그러나 한 학생에 대한 IEP는 하나의 문서로 작성되도록 학생의 소속 학교와의 협의를 통해 공유하며, 학교 복귀 시 학생의 소속 학교에 전달될 수 있도록 한다(박은혜 외, 2023).

[비교] 개별화교육지원팀의 구성 기한

「장애인 등에 대한 특수교육법 시행규칙」 제4조 제1항: 각급학교의 장은 법 제22조 제1항에 따라 매 학년의 시작일부터 2주 이내에 각각의 특수교육대상자에 대한 개별화교육지원팀을 구성하여야 한다.

✿ 지원팀의 구성원별 역할

구분		역할
위원장	교장	• 위원회 조정, 집단의 의사 수렴 및 결정 • 회의에 필요한 재정적·행정적 지원 • 합당한 절차의 수행
부위원장	교감	• IEP 수행에 필요한 자료 제공 및 지원 • IEP 지원팀의 계획적 배치
위원	병원학교장	• 병원학교 운영 지원 • 학생의 건강 상태 관련 정보 제공 및 의견 제시
	재활복지팀장	• 병원학교 운영 지원 • 병원학교 운영상의 제반 문제 협의
	병원학교 교사	• IEP 양식 준비 • 특수교육대상자에 대한 진단·평가 결과 및 교육 지원 내용 계획 • IEP 수행 관련 교육 지원 • IEP의 수립 및 수행 • IEP 관련 사항 논의 • 병원학교 운영상의 제반 문제 협의
	소속 학교 담임교사	• 학생의 수행 능력 수준에 대한 정보 제공 • 적절한 교육 프로그램 제언 및 통합교육 실시 • 학생의 통합학급 배치에 관한 문제 협의
	학부모	• 학생과 관련된 정보(가정 및 지역사회 환경에서의 수행 수준, 강점, 재능, 흥미, 보호자가 바라는 교육목표 우선순위 등) 제공 • 가정 상황에 대한 정보 제공
	수간호사	• 학생의 건강 상태 관련 정보 제공 및 의견 제시
	의료 사회복지사	• 치료와 학업 유지에 걸림돌이 되는 심리사회적 문제에 대한 의견 제시(필요한 경우) 및 프로그램 공유

출처 ▶ 김정연(2020)

ⓒ 개별화교육지원팀의 역할은 개별화교육계획 수립의 적절성 여부를 평가하고, 개별화교육계획을 체계적으로 실행하는 것을 목표로 한다.
ⓒ 개별화교육지원팀은 매 학기의 시작일 또는 배치일로부터 30일 이내에 개별화교육계획을 작성하여 실행한다.
- 소속 학교가 주체가 되어 개별화교육계획을 수립·실행하여야 한다.
- 건강장애 학생의 개별화교육계획에는 일반적인 개별화교육계획의 구성요소 외에 교육실행을 위해 교사가 알아야 할 학생의 건강 관련 사항, 특별히 요구되는 건강관리 절차, 만약을 대비한 응급상황과 그에 따른 처치 내용, 응급상황 시 행동 요령 등이 포함되어야 한다.

2. 원격수업

(1) 개념

① 원격수업이란 초·중·고등학교 건강장애 학생들이 컴퓨터나 개인용 휴대단말기를 통하여 인터넷상에서 실시간 양방향 수업과 탑재된 콘텐츠를 통해 학습하는 형태를 말한다.
- 2차 감염이 우려되거나 요양이 필요하여 학교에 가지 못하는 학생에게 병원 혹은 그 외의 장소에서 실시간 온라인으로 수업을 제공받고 출석을 인정받을 수 있는 제도이다.

② 건강장애 교육 지원 초기에는 사이버 학급, 사이버 교육, 화상강의 등 다양한 용어로 사용되다가 2016년부터는 '원격수업'으로 통일하여 사용하기 시작하였다.

③ 만성질환으로 장기간 입원하거나 통원치료를 받는 초·중·고 건강장애 학생들이 학교교육을 받을 수 없을 때 이용할 수 있다.

(2) 학사 운영 23중특

① 원격수업기관에서 수업하더라도 건강장애 학생의 학적은 소속 학교이다.
- 건강장애 학생은 학교생활기록 작성 및 관리 지침의 별지 제8호에 의거하여 학적은 학생의 소속 학교에 두고 위탁학생으로 등록하여 관리한다. 위탁학생 관리 규정에 따라 병원학교나 원격수업기관에서 수업하더라도 학적 사항들은 학생이 재학하고 있는 소속 학교의 지침을 따른다.

② 원격수업은 학생 개개인의 학년별·과목별 진도에 맞게 제공하고 담임교사, 학부모 도우미 등이 1 : 1 상담 및 학습 지도를 하는 형태로 운영되고 있다.

비교

개별화교육계획의 작성
「장애인 등에 대한 특수교육법 시행규칙」 제4조 제2항 : 개별화교육지원팀은 매 학기의 시작일부터 30일 이내에 개별화교육계획을 작성하여야 한다.

자료

개별화교육계획의 구성요소
개별화교육계획에는 특수교육대상자의 인적사항과 특별한 교육지원이 필요한 영역의 현재 학습수행수준, 교육목표, 교육내용, 교육방법, 평가계획 및 제공할 특수교육 관련서비스의 내용과 방법 등이 포함되어야 한다(「장애인 등에 대한 특수교육법 시행규칙」 제4조 제3항).

③ 원격교육 시스템에서 운영하는 교육과정은 초·중·고등학교 교육과정을 운영하되, 필수학습요소를 추출하여 교육과정을 압축하고 재구성하여 편성·운영한다.

　㉠ 운영기관마다 편제는 다르나, 수업 교과는 주요교과(국어, 수학, 영어, 과학, 사회)에 대해 각 학년 담당교사가 지도한다.

　㉡ 수업 시수는 학교급으로 주 단위 시수가 다르다. 초등학교는 5~13시간, 중학교는 11~14시간, 고등학교는 11~26시간으로 운영된다.

④ 매월 초에 출결 상황을 교육청으로 통보하며, 교육청에서 소속 학교로 통보한다.

KORSET 합격 굳히기　건강장애 학생의 출결

1. 건강장애 학생의 출결은 병원학교와 원격수업기관의 수업을 결석 없이 수강하더라도 소속 학교의 출결과 관계없이 '개근'이 되는 것은 아니다. 또한 병원학교 수업 참여 또는 원격수업을 중복으로 수강한 경우에는 1일로 인정하며, 소속 학교 출석일수와 원격수업 수업일수를 합해서 기준 수업일수를 합하여 계산하는 개념이 아니다.

2. 병원학교의 수업일수는 개근의 개념이 아니라 소속 학교에서 진급 시 부족한 수업일수를 보전하기 위한 개념이다. 따라서 병원학교의 출석 상황은 소속 학교의 학년 말 생활기록부 작성 시 출석 관련 특기 사항 및 참고 사항으로 기재되어 부족한 출석일수를 보전하는 역할을 한다.

출처 ▶ 김정연(2020)

3. 순회교육 _{13중특, 18초특, 20중특, 23중특}

① 「장애인 등에 대한 특수교육법」 제2조(정의)에 의하면 순회교육이란 특수교육교원 및 특수교육 관련서비스 담당 인력이 각급학교나 의료기관, 가정 또는 복지시설(장애인복지시설, 아동복지시설 등을 말한다) 등에 있는 특수교육대상자를 직접 방문하여 실시하는 교육을 말한다.

② 순회교육은 특수교육운영위원회에서 종합적으로 판단하여 순회교육 여부를 결정하되, 부모의 동의를 포함하여 결정한다.

③ 학생 소속 학교의 일반교사와 특수교사가 순회교육을 담당하거나 해당 교육청에서 건강장애 학생 순회교육 협력학교를 지정하여 운영하며, 일반학교, 교육청, 특수교육지원센터 등에서 순회교육 내용을 관리·감독한다.

> **Tip**
> 순회교육과 관련한 「장애인 등에 대한 특수교육법」 조항을 충분히 숙지하는 것이 요구된다.

> **KORSET 합격 굳히기** 「장애인 등에 대한 특수교육법」과 순회교육
>
> 1. 「장애인 등에 대한 특수교육법」 제25조(순회교육 등)
>   ① 교육장 또는 교육감은 일반학교에서 통합교육을 받고 있는 특수교육대상자를 지원하기 위하여 일반학교 및 특수교육지원센터에 특수교육교원 및 특수교육 관련서비스 담당 인력을 배치하여 순회교육을 실시하여야 한다.
>   ② 교육부장관 또는 교육감은 장·단기 결석이 불가피한 특수교육대상자의 교육을 위하여 필요한 경우 순회교육 또는 원격수업을 실시하여야 한다.
>   ③ 교육부장관 또는 교육감은 이동이나 운동기능의 심한 장애로 인하여 각급학교에서 교육을 받기 곤란하거나 불가능하여 복지시설·의료기관 또는 가정 등에 거주하는 특수교육대상자의 교육을 위하여 필요한 경우 순회교육을 실시하여야 한다.
>   ④ 교육장 또는 교육감은 제3항에 따른 순회교육의 실시를 위하여 의료기관 및 복지시설 등에 학급을 설치·운영하는 등 필요한 조치를 강구하여야 한다.
>   ⑤ 국가 또는 지방자치단체는 제4항에 따라 학급이 설치·운영 중인 의료기관 및 복지시설 등에 대하여 국립 또는 공립 특수교육기관 수준의 교육이 이루어질 수 있도록 대통령령으로 정하는 바에 따라 행정적·재정적 지원을 할 수 있다.
>   ⑥ 제1항부터 제4항까지의 규정에 따른 순회교육의 수업일수 등 순회교육의 운영에 필요한 사항은 대통령령으로 정한다.
>
> 2. 「장애인 등에 대한 특수교육법 시행령」 제20조(순회교육의 운영 등)
>   ① 교육장이나 교육감은 법 제25조 제1항에 따른 순회교육을 하기 위하여 순회교육을 받는 특수교육대상자의 능력, 장애 정도 등을 고려하여 순회교육계획을 작성·운영하여야 한다.
>   ② 순회교육의 수업일수는 매 학년도 150일을 기준으로 하여 각급학교의 장이 정하되, 순회교육을 받는 특수교육대상자의 상태와 교육과정의 운영상 필요한 경우에는 지도·감독기관의 승인을 받아 30일의 범위에서 줄일 수 있다.

03 심리·정서 및 학교복귀 지원

1. 심리·정서적 지원

① 같은 반 친구나 인근 학교 학생들이 병원학교 혹은 가정을 방문하여 학교생활에 대해 전달해 주고 함께 교류할 기회를 자주 마련하여 또래관계를 유지할 수 있도록 지원하는 방안이 필요하다.

② 건강장애에 대한 인식이 개선되고 학생들의 학교생활 적응을 지원할 수 있는 자료의 개발과 보급이 필요하다.

  ㉠ 건강장애 학생의 심리·정서적 적응을 지원하기 위해 학생 연령과 학업 수준에 따라 학업 중심 교육과정과 심리·정서적 적응 지원의 균형을 유지할 수 있는 IEP를 개발하고 이를 위해 원격수업 등을 이용하되, 담임교사, 특수교사, 학부모 도우미, 교사자원봉사단, 예비교사 등이 일대일 상담 및 지도 등을 통해 지속적으로 관리하여 학년별, 과목별 진도에 따라 학습할 수 있도록 한다.

ⓒ 일반학생 봉사점수제 활용, 캠프, 기타 다양한 방법을 통한 심리·정서적 적응 지원으로 치료효과 증진 및 학교생활 적응을 도모한다.

ⓒ 건강장애 학생들은 각 개인의 사항이 다르므로 건강장애의 특성, 의료적 처치 방법, 교육적 고려, 교우관계 개선과 학생의 성격 변화에 대해 스스로 적응할 수 있는 사회성 증진 프로그램과 장애 인식 개선 프로그램 등에 대한 교사 연수가 필요하다.

ⓔ 현재의 병원학교와 일반학교 간의 연계 시 건강장애 학생의 교육권이 지속될 수 있도록 해야 한다. 그러기 위해서는 병원학교 교사의 자격 문제, 병원학교에서의 자원봉사자 활용 문제, 보건교육교사의 역할 등 개선해야 할 사항이 많다.

2. 학교복귀 지원

① 학교복귀는 건강장애 학생이 장기 입원이나 장기 통원치료를 마치고 학교교육을 받기 위해 학교로 돌아오는 것을 의미한다.

② 기본적으로 일반학급에 소속되어 있던 학생이므로 특수교사가 지원하기는 하지만 일반학급에 자연스럽게 적응할 수 있도록 지원하는 것을 우선으로 한다. 학교생활에 적응한다는 것은 건강의 문제가 남아 있더라도 학업을 지속하며, 또래와 지속적인 관계를 유지하면서 일상적인 생활로 들어가는 것을 의미한다.

③ 학교복귀 지원의 목적은 건강장애 학생과 소속 학교 및 소속 학급의 학생들과 단절되는 것을 막고 지속적으로 소통할 수 있도록 하기 위한 것이며, 담임교사를 통한 교육지원의 질을 높이기 위해서이다.

④ 학교복귀의 준비는 건강장애 학생이 치료를 마친 후 학교로 돌아왔을 때, 학교생활에 잘 적응할 수 있도록 소속감을 심어 주고 오랜 투병으로 인한 사회적 위축감을 줄여 줄 수 있다. 학급 학생들에게는 건강장애 학생을 이해하고 자신과 다른 처지의 사람을 경험하며 배려하고 돕는 마음을 키울 수 있다.

⑤ 장기 입원과 치료를 위해 오랜 시간 학교에서 떠나 있었던 건강장애 학생이 성공적으로 학교로 복귀하기 위해서는 학생 자신과 가족뿐 아니라 교사와 학급 또래들의 준비가 필요하다.

ⓐ 또래와의 상호작용은 질병으로 인한 불안이나 우울 등의 정서적인 문제를 더 잘 해결하도록 돕는다.

ⓑ 담임교사에게는 건강장애 학생의 학부모와 심리적 거리감을 줄이고 자녀의 진로에 대한 더 많은 안내와 지원을 가능하게 한다.

Chapter 03 건강장애의 유형

01 소아암

1. 소아암의 이해

(1) 개념

① 소아암이란 소아 악성종양을 총칭하는 용어이다.

② 소아암은 단일 질병이 아니라 많은 형태로 나타난다. 그중 백혈병, 뇌종양, 악성 림프종, 교감신경계 종양인 신경모세포종, 신장 종양인 윌름스 종양 등이 소아암의 대부분을 차지한다.

③ 소아암은 전염되는 질병이 아니며, 특정 음식이나 첨가물이 원인이 되는 것도 아니다.

(2) 원인과 치료

소아암의 원인은 아직 정확하게 밝혀지지 않았다. 소아암은 대부분 그 원인을 찾기 힘들다. 소아암의 원인은 유전적 요인과 환경적 요인이 복합적으로 작용하여 암을 일으키는 것으로 추정된다.

① 전문가들은 소아암의 원인에 대해 전체의 10~15%는 유전이나 가족력 등의 유전적 원인에 의한 것으로 유추한다.

  ㉠ 유전적 요인으로는 특정 유전자의 변이가 있는 경우에는 특정 암의 빈도가 증가할 수 있다. 다운증후군 등은 유전적으로 암이 발생할 수 있는 소인이 높으며, 이 질환에서는 종양의 발생 빈도가 높은 것으로 나타났다.

  ㉡ 대부분은 유전적 원인을 찾기 어려운 경우가 더 많으며, 유전적 소인으로 발병하는 예는 드물다. 실제로 대부분의 백혈병 환자는 백혈병의 가족력이 없으며, 백혈병 환자의 자손에서 백혈병이 더 많이 발생한다는 증거도 없다. 또한 소아암에 걸렸다고 해서 그 형제나 자매도 소아암에 걸릴 가능성이 큰 것은 아니다.

② 환경적 요인으로는 방사선의 과다 노출, 특정한 약물의 장기간 사용, 여러 종류의 바이러스 감염이 암의 발생과 연관이 있는 것으로 알려져 있다.

  ㉠ 환경은 소아암의 출현에 큰 역할을 하는 것으로 설명되고 있으나, 환경적 요인의 결과로 밝혀지는 경우는 아주 드물다.

ⓒ 성인에게 생기는 암과 비교할 때, 소아암은 비교적 환경적 요인의 역할이 크지 않다.
　③ 소아암을 치료하는 데는 가장 일반적으로 화학요법을 사용하며, '자기이식'이라고 하는 골수이식 수술을 사용할 수 있다.

(3) 성인 암과 구별되는 소아암의 특징

① 소아와 성인에게서 나타나는 암의 종류는 다르다. 성인 암은 주로 암종(상피세포성)이며, 소아암은 주로 육종(비상피세포성)이라는 특성이 있다.
　ⓐ 암종이란 피부, 점막 등 상피세포에서 생긴 악성종양을 말한다.
　ⓑ 육종은 근육, 결합조직, 뼈, 혈관, 연골 등 비상피성 세포에서 생긴 악성종양을 말한다.
② 소아암은 조기발견이 쉽지 않다. 소아의 경우에는 성인과 달리 건강검진 등의 집단 선별검사로 발견할 기회가 거의 없다.
③ 소아암은 성장이 빠르고 빨리 진행된다. 소아암은 암이 상당히 진행될 때까지 증상이 나타나지 않으며 진단 당시에 이미 80% 정도는 원격 전이가 일어난 상태에서 발견된다.
④ 소아암의 치료 기간은 길고 치료과정이 복잡하다. 소아암은 발병에서 완치까지 3~5년의 장기간 치료가 필요하다. 그러나 다행히 꾸준히 치료를 받을 경우 80% 정도의 완치율을 보인다.

2. 소아암의 종류

(1) 백혈병

① 백혈병은 국내의 건강장애 학생 중 가장 많은 수를 차지하는 소아암의 한 종류로, 미성숙한 림프세포의 통제 불가능한 성장과 증식으로 인해 적혈구 수가 감소하고 백혈구 수가 증가하는 혈액 형성 조직의 질병이다.
　• 백혈병에 걸리면 감염으로부터 신체를 보호하는 림프구 세포들이 적당히 자라나는 것이 아니라 혈액과 골수에 과다하게 많아진다. 백혈병은 혈액 속의 백혈구와 골수의 숫자를 비정상적으로 급격히 증가시키는 병이다. 백혈구의 이상으로 생기는 암세포가 혈액에 많이 증가한다고 하여 백혈병이라고 부른다.
② 어느 연령층에서나 발견되지만 3~6세 사이에 가장 많이 발생하며, 15세 이하의 소아암 중 1/3에 해당할 정도로 가장 일반적이다.
③ 아동에게 발생하는 소아 백혈병의 원인은 아직 확실히 밝혀지지 않았으나, 염색체 이상을 동반하는 질환과 선천성 면역결핍 증후군에서 더 자주 발생하며, 항체 중에 같은 백혈병이 있으면 발생 빈도가 증가하는 것으로 알려져 있다.

(2) 뇌종양
① 백혈병 다음으로 가장 많이 발생하는 암이다.
② 소아암의 1/5을 차지한다. 남자아이에게서 약간 더 많이 발생하며 5~12세 연령에서 가장 많이 생긴다.
③ 적절한 치료를 받고 학교로 복귀한 학생의 경우, 특별히 신경 써야 할 부분은 없지만 발작이나 신체의 마비, 평형의 문제로 보행장애가 남아 있는 경우에는 특수교육 지원이 필요하다. 학생 중에는 항암제나 약물의 영향으로 면역력이 저하되는 예도 있다.

(3) 악성림프종
① 악성림프종은 소아암 중 세 번째로 많이 나타나는 종양이다.
② 비호지킨 림프종(non-Hodgkin lymphoma)과 호지킨병(Hodgkin disease)의 두 가지가 있으며, 두 질환은 같은 림프 조직에서 발병되나 호지킨병이 상대적으로 치료가 잘 된다. 최근에 항암제 치료의 발달로 완치율이 많이 증가하였다.
③ 악성림프종은 생기는 부위에 따라 다양한 증상을 보인다. 가장 흔한 증상은 통증을 동반하지 않은 채 목, 흉부, 겨드랑이, 복부, 사타구니 등의 림프샘이 서서히 커지는 것이다. 때로는 가슴 부위가 답답하거나, 통증이 생기거나, 기침과 호흡 곤란 등이 나타나기도 한다. 심하면 복부에 림프종이 생기면서 덩어리가 만져지거나 복부 팽만, 복통, 장폐쇄 등이 나타날 수도 있다.

(4) 신경모세포종
① 신경모세포종은 교감신경계 종양으로 3세 이하의 나이에 흔한 암 중 하나이다. 신경모세포종 환아의 75%가 5세 미만에서 발병하고 때로는 출생 시 발견되는 경우도 있다.
② 신경모세포종은 우리 몸의 자율신경계, 그중에서도 교감신경에서 발생하는 암이다.
③ 악성종양이어서 덩어리가 커지고 혈관이나 림프샘을 따라 몸 전체로 퍼져 전이되는 성질을 가지고 있다. 그러나 1세 이전에 생긴 경우 드물게 자연적으로 퇴화되어 없어지는 경우도 있다.

림프
- 우리 몸을 구성하는 체액 중 하나
- 림프관을 통해 전신을 순환하면서 각 세포에 영양분을 공급하고 노폐물을 받아들임

림프종
림프 조직에 발생한 악성종양

(5) 윌름스 종양

① 윌름스 종양은 신장 종양으로 허리뼈의 양 옆에 있는 신장(콩팥)에 생기는 암이다.
- 소아에게만 생기며 성인에게 생기는 신세포암종과는 종류가 다른 질환이다.

② 윌름스 종양은 신장의 일부에서 생겨서 정상 신장 조직을 압박하는 형태로 커진다.

(6) 골육종

① 골육종은 소아청소년기에 발생하는 가장 흔한 악성종양이다.

② 골육종이란 뼈에 생기는 악성종양을 뜻하는데, 아주 드물게는 뼈 이외의 조직에서 발생하기도 한다. 뼈 어디에서든 발생할 수는 있지만, 주로 장공(긴 뼈)의 말단 부위에 생기는 경우가 많다.
- 골육종의 약 50%는 무릎 관절 주변에서 발생하며, 그다음으로는 골반과 대퇴 부위인 고관절 부위, 어깨 관절 주위의 순으로 발생한다.

③ 발생 시기는 주로 10세 이상의 연령에서 많이 발생하며, 일반적으로 남아의 발생률이 여아보다 약 1.5~2배 정도 높다.

3. 교육지원

(1) 건강관리 [22중특]

① 소아암 학생들은 가능한 일상생활 속에서 자신의 질병을 관리하고 조절하면서 모든 활동에서의 참여를 높이고 독립성을 증가시키기 위한 자기관리능력이 요구된다. 필요한 경우 재활 서비스를 제공하여 이들의 독립성을 증가시킬 수 있도록 지원한다.

② 소아암 학생에게 운동은 매우 필요하다. 1주일에 5일 이상 적어도 60분 정도의 중등도 또는 강한 활동이 필요하다.

③ 운동 시 구체적인 주의 사항은 다음과 같다.
　㉠ 운동은 식사 후 30분 이상 지난 다음에 한다.
　㉡ 단시간에 강한 운동은 삼간다.
　㉢ 운동 중 관절이나 근육에 손상이 가지 않도록 주의한다.
　㉣ 발에 상처가 나거나 무리한 압력이 가해지는 것을 방지하기 위해 양말과 신발을 꼭 착용한다.
　㉤ 적절한 준비 운동 및 마무리 운동을 한다.
　㉥ 운동 중이나 운동 후 충분한 수분 섭취를 한다.

(2) **학습지원** 12초특, 22중특

① 지속적인 치료과정을 겪으면서 방사선 치료와 항암 화학요법으로 인해 인지 기능의 문제가 발생하기도 한다. 따라서 이 경우 학업 수행 시 지원이 요구된다.
  ㉠ 인지 기능의 장애는 중추신경계를 포함한 암 치료를 마친 학생들에게 가장 많이 발생하는 후기 합병증이다.
  ㉡ 수업 상황에서 학업 성취를 떨어뜨리는 학습 능력의 문제는 치료 직후에 시작되는 예도 있고, 수년이 지난 후에 나타나는 예도 있다.

② 질병으로 인한 신체적인 어려움과 치료로 인해 발생하는 결석과 조퇴 등은 정규 교육과정을 이수할 수 있는 시간을 제한하므로 학업 능력의 저하를 유발한다. 따라서 학습결손에 대한 방안을 마련하도록 한다.
  ㉠ 백혈구 수치가 낮아지거나 감염의 위험성이 높아지면 예기치 못한 결석이 자주 발생할 수 있으므로 학습결손에 대한 방안을 마련한다.
  ㉡ 입원 시, 입원한 병원의 병원학교에서 최소한 1일에 1시간 이상(초등학생의 경우) 또는 2시간 이상(중·고등학생의 경우) 수업에 참여하게 하여 유급이 되지 않게 한다.

③ 학교 교육을 성공적으로 지속하도록 돕기 위해서 교수적 수정 및 환경 개선의 노력이 요구된다.
  ㉠ 치료로 인한 체력적인 문제와 약물로 인한 부작용 등을 고려하여 교사는 융통성 있는 과제 제시와 과제 시간을 추가로 허용한다.
  ㉡ 학교 환경 내에서 필요한 경우 충분한 휴식과 수업 참여 시간 조정 시 이용할 수 있는 공간을 확보한다.

(3) **정서적 지원** 22중특

① 소아암 학생들에게는 자신의 질병과 상황을 수용할 수 있도록 심리 및 정서 지원이 필요하다.
② 학생들에게는 피할 수 없는 상황에 대한 대처 기술의 학습이 필요하다.
③ 또래 관계를 지원하고, 심리 상담을 통해 정서적인 안정을 갖도록 한다.

(4) 기타

대부분의 소아암 학생은 병원에 입원해서 항암치료를 받을 때 외에는 일반학교에 다닐 수 있으며 무리하지 않는 가운데 모든 활동에 참여할 수 있다. 그러나 다음과 같은 사항에 유의해야 한다.

① 소아암에 걸린 학생의 반에 수두나 홍역에 걸린 학생이 있다면 소아암 학생의 부모에게 사전에 연락하고 학생이 등교했을 경우 그 학생과 접촉하지 않도록 해야 한다. 혹시라도 수두나 홍역을 앓고 있는 학생과 접촉한 경우에는 빨리 부모에게 알려 예방할 수 있도록 한다.

② 학교생활 중에 면역력이 약한 학생의 감염을 예방하기 위해 공동 컵을 사용하거나 생수를 마시지 않도록 하고, 별도의 개인 컵과 보리차 등 끓인 물을 가지고 다니도록 한다.

③ 급식의 경우 균형 잡힌 식사는 투병할 수 있는 체력의 기반이 되기 때문에 일반적인 학교급식을 해도 괜찮다.
- 백혈구 수치가 낮아 별도의 식이요법을 할 경우에는 가정에서 준비해 온 식사와 간식 등을 다른 학생들이 잘 이해할 수 있도록 알려 준다.

④ 식사하기 전에는 반드시 손을 씻고 먹도록 주의를 준다.

⑤ 수업활동에 참여하는 경우 힘든 운동과 과격하게 몸을 부딪히는 운동만 피하면 된다.

02 신장장애

1. 신장장애의 개념 17중특

① 신장장애란 신체 내의 노폐물을 제거하여 적절한 수분과 전해질을 보유할 수 있도록 조절하는 기관인 신장의 기능 이상으로 인해 일상생활 활동에 어려움을 가져오며 장시간 신장 기능을 대신하는 치료가 필수적인 상태를 말한다.

② 「장애인복지법 시행령」 제2조 제1항(신장장애인)에서는 "신장의 기능 부전으로 인하여 혈액투석이나 복막투석을 지속적으로 받아야 하거나 신장의 기능에 영속적인 장애가 있어 일상생활 활동에 현저한 제한을 받는 사람"으로 정의하고 있다.

자료

신장질환의 발견
다음과 같은 증상으로 신장질환을 의심해 볼 수 있다.
- 소변에 단백이나 피가 섞여 나올 경우
- 몸이 붓거나 소변보는 횟수가 줄어든 경우
- 선천적으로 발견된 수신증이나 신장 요로계의 기형이 있을 때
- 요로감염이 있는 경우
- 급격하거나 만성의 신기능 장애가 있을 때

출처 ▶ 김정연(2020)

2. 신장장애의 종류

(1) 사구체신염

① 사구체신염이란 신장의 여과 부위인 사구체에 염증 반응이 생겨 발생하는 신장질환이다.
   ⊙ 혈뇨나 단백뇨가 장기간 계속되는 질환으로, 신장 조직의 이상이 있어서 만성적인 경과를 보이는 신염으로 정의된다.
   ⓒ 일반적으로 학교의 신체검사 중 소변검사에서 발견할 수 있다.

② 신장의 기능이 정상이고 고혈압이나 부종 증상이 없이 혈뇨나 단백뇨를 보일 때는 무증후성 혈뇨, 무증후성 단백뇨라고 부른다. 일상생활에서 증상은 없으나, 감기 등 질병 상태에서는 육안으로 확인할 수 있을 정도의 혈뇨나 부종이 나타나기도 한다.

③ 사구체신염을 치료하는 기본적인 방법은 면역 억제제를 투여하는 것이다.

(2) 신증후군

① 신증후군이란 소변으로 대량의 단백질이 나오는 질환이다. 심한 단백뇨의 지속적인 배설, 저알부민혈증, 고지혈증, 전신부종 등의 증상이나 증후가 복합된 증후군이다.

② 성인의 경우에는 다른 질병으로 인한 이차성 신증후군이 많지만, 아동의 경우에는 신장 이상으로 인한 특발성 신증후군이 전체의 90%를 차지한다.

③ 신증후군을 가진 학생은 활동에는 큰 제한이 없으나 또래와 달리 식습관과 운동 처방 등의 관리가 필요하다.

④ 신장에서 단백질이 빠져나가는 것을 조절하기 위해 스테로이드제를 사용하게 되는데, 스테로이드를 복용하게 되면 면역력이 떨어지기 때문에 수두와 같은 전염병을 조심하고 사람이 많은 곳의 외출을 삼가는 등의 관리가 필요하다.

(3) 기타

사구체신염, 신증후군 외에 급성 신부전, 급성 신우신염, 신장결석 등이 신장장애의 종류에 포함된다.

급성 신부전	신기능이 갑작스럽게 상실되는 것으로, 하루 소변량이 400ml 이하이면 신장 기능 상실을 의미
급성 신우신염	요로 감염으로 인한 신장의 세균 감염
신장결석	신장에서 형성된 작은 입자가 신장 내부나 요도에 존재하는 질환

사구체신염
🔵 신장염

(4) 만성 신부전
① 개념
㉠ 사구체 여과율의 감소 여부와 상관없이 신장의 구조 또는 기능의 이상이 3개월 이상 지속하는 경우와 신장의 손상이 없더라도 사구체 여과율이 3개월 이상 일정 기능 이하인 경우를 말한다.
- 혈액에서 버려져야 할 노폐물이 있어도 더 이상 신장에서 효과적으로 거르는 기능을 진행하지 않는 것이다.
- 여러 가지 신장질환, 예를 들면 만성 사구체신염, 당뇨병성 신증, 고혈압성 신경화증 등과 같은 질환으로 인하여 신장이 정상적으로 가지고 있는 배설, 조절, 대사 및 내분비적 기능이 신체적으로 저하되거나 이상이 초래된 상태이다.

㉡ 신장의 기능이 정상의 20~30% 이하로 저하된 상태를 말하며, 학생의 경우에는 사구체신염, 선천성 신장 기형, 유전성 신장질환 등이 주원인이다.

② 치료
㉠ 식이요법과 약물치료
만성 신부전은 신장 기능이 오랜 시간에 걸쳐 서서히 나빠져서 원래 상태로 호전되지 않으므로, 식이요법과 보존적 약물치료로 신장 기능이 저하되는 속도를 최소화하는 데 초점을 둔다.

식이요법	식이요법을 통해 만성 신부전을 고칠 수는 없으나 신장 기능의 악화를 막을 수 있으며 요독증으로 인한 증상 악화를 방지할 수 있다. 일반적으로 알려진 만성 신부전의 식생활 관리 방법은 다음과 같다.
	• 음식은 싱겁게 먹고 단백질 섭취는 될 수 있는 대로 줄인다.
	  - 지나친 염분 섭취는 체액을 증가시켜서 혈압을 높이는 원인이 된다.
	  - 단백질을 과량 섭취하면 신장에 부담을 주게 되어 신장 기능의 악화가 빨라진다.
	• 콩팥의 기능이 저하된 만성 신부전을 가진 경우 칼륨 배설능력이 떨어져 있으므로 과일이나 채소의 섭취량을 조절해야 한다. 지나친 칼륨 섭취는 고칼륨혈증을 유발하여 근육 쇠약, 부정맥, 심장마비 등을 일으킬 수도 있다.
	• 콩팥의 기능에 따라 수분 섭취량을 조절해야 한다. 만성 신부전이 있는 경우 지나친 수분 섭취는 체액을 증가시키므로 혈압을 높이는 원인이 된다.

만성 신부전
㈜ 만성 신질환, 만성 콩팥병

요독증
요독증은 신장의 기능이 감소하면서 체내에 쌓인 노폐물들이 배설되지 못해 나타나는 질환을 의미한다(서울아산병원 홈페이지).

	- 다뇨가 있는 만성 신부전 학생은 수분과 염분을 적절하게 보충해 주어야 한다. - 고혈압이 있는 학생은 염분과 수분을 제한하고, 소변 감소증 또는 소변을 보지 않은 학생은 수분을 제한해야 한다.
약물치료	• 약물치료는 혈압을 조절하고, 원인 질환을 치료하기 위한 기본적인 치료 방법이다. • 남아 있는 신장 기능의 정도와 원인은 개인에 따라 다르므로 증상에 따른 약물치료가 이루어진다.
식이요법과 약물치료의 문제점	• 열량 공급 부족, 만성 빈혈, 각종 내분비 장애 등으로 인한 신체적 성장장애를 일으킨다. • 요독증에 걸릴 확률이 높으므로 지능발달의 지연 등 심각한 부작용이 나타날 수 있다. • 청소년기 학생은 호르몬 조절에 이상이 생겨 사춘기의 지연, 성적 성숙이 지연되며, 이러한 신체적 미성숙과 성장장애는 심각한 정신과적 문제를 일으킬 수 있다.

> **자료**
>
> **소변감소증**
> 오줌의 양이 생리적 증감의 범위를 넘어서 현저하게 감소된 경우를 말한다. 건강한 성인의 하루 오줌의 양은 대체로 남자 1,500ml, 여자 1,200ml이고 수분 섭취량 등에 의하여 생리적 증감이 있다. 보통 500ml 이하인 경우를 소변감소증이라고 하고 200ml 이하인 경우는 무뇨증이라고 한다(지제근, 2004).

ⓒ 신대체요법

신장 기능이 10% 이하가 되면 식이요법, 약물요법만으로는 충분하지 않기 때문에 신대체요법이 필요하다.

• 신대체요법이란 신장 기능이 크게 저하되어 수분이나 전해질 균형 등 신체의 평형 상태를 유지할 수 없을 정도로 약화되고 체내에 노폐물이 축적되어 각종 증상이 발생할 때 사용하게 되는 신장을 대체하는 치료법이다.

• 신대체요법에 사용되는 방법으로는 복막투석, 혈액투석 및 신장 이식 등이 있다.

복막투석	복부에 복강으로 이어지는 카데터(도관)를 삽입하고 이를 통해 수분과 노폐물을 제거하는 투석 방법
혈액투석	몸 밖에서 혈액을 필터링하는 방법으로, 투석장치를 이용하여 혈액 속의 노폐물과 수분을 제거하고 전해질의 균형을 유지
신장 이식	건강한 신장을 체내에 이식하는 외과적 수술

3. 교육지원 ^{12초특}

① 잦은 입원과 통원치료로 결석이나 조퇴를 하게 되므로 교육과정에 따른 학업 수행의 어려움이 있다. 또한 피로하지 않아야 하므로 수업 일정에 모두 참여하지 못하는 경우도 발생한다. 따라서 학업 결손에 대한 부담을 줄일 수 있도록 교사의 적절한 교수적 수정 지원이 필요하다.

　㉠ 건강장애로 선정한 후 IEP를 수립하되 통신교육, 가정교육, 출석교육, 체험교육 등 교육방법의 다양화를 통해 연간 수업일수를 확보한다.

　㉡ 조퇴로 인한 특정 교과 학습의 결손을 보충할 수 있도록 다양한 방식(예 통신교육, 체험교육 등)의 학습 기회를 제공한다.

② 적당한 운동은 신장병에 도움이 되므로 무조건 배제하기보다는 체육시간에 학생의 상태를 고려하여 적절하게 참여할 수 있도록 도와준다.

③ 신장장애 학생의 경우 혈액투석으로 인해서 커진 혈관 때문에 반팔 옷을 기피하는 경우도 많으므로, 학생이 긴팔 교복을 입고자 할 경우 이에 대한 배려가 필요하다.

④ 신장장애가 있는 학생들은 교사나 친구들과 자신의 병에 대해서 편안하게 이야기하게 될 때 학교생활에 잘 적응하게 된다.

⑤ 질병으로 인한 한계를 인식하고 학교에서 언제 도움을 요청할 수 있는지에 대해서 배울 수 있도록 한다.

⑥ 학업 결손에 대한 부담과 걱정이 많으므로 이에 대한 적절한 지원이 필요하다.

> **자료**
>
> **건강장애 학생의 수업 형태**
> 통원치료나 요양 중인 학생을 위한 학습 지원 방안은 다음과 같다. 첫째, 건강장애 학생의 교육계획은 담임교사와 특수교사가 협력하여 작성한다. 이때 특수학급 미설치교는 특수교육 지원센터나 인근 학교의 특수교사가 지원하며, 건강장애 학생의 수업은 통신교육(이메일, 전화, 인터넷, 사이버 가정학습 서비스 등을 통해 과제를 부여하고 확인하는 등), 가정교육(사전계획에 의해 학습과제 부여), 출석교육(학교 수업이나 행사활동에 참여), 체험교육(사전계획에 의해 가족이나 관련 협회·단체의 활동에 참여) 등 다양한 형태로 운영될 수 있다(박은혜 외, 2023).

03 심장장애

1. 심장장애의 개념 ^{12초특}

① 심장장애란 심장기능 장애가 지속되고 심부전증이나 협심증 등으로 일상생활에 제한을 주는 장애를 의미한다.

　• 관상동맥 질환인 협심증, 심근경색, 심부전, 선천성 심장기형, 심장판막증, 부정맥 등으로 심장이 더는 정상적인 기능을 하지 못하는 상태를 말한다.

② 「장애인복지법 시행령」 제2조 제1항(심장장애인)에서는 심장장애인을 심장의 기능 부전으로 일상생활 정도의 활동에도 호흡 곤란 등의 장애가 있어 일상생활 활동에 현저한 제한을 받는 사람으로 정의하고 있다.

③ 온도 변화가 심하거나 몹시 추운 날에는 청색증과 호흡곤란 증세가 나타난다.

> **심부전**
> 여러 원인으로 인해 심장의 신체조직이나 기관에 혈액(특히 산소)을 공급할 수 없는 병리적 상태
>
> **청색증**
> 입술, 손끝, 귀, 점막 등의 부위에 산소 공급이 감소하여 파랗게 보이는 것
> 동 산소부족증, cyanosis

2. 심장장애의 종류

(1) 선천성 심장병

① 선천성 심장병은 출생 시에 알 수 없는 원인으로 심장의 발육이 늦거나 기형 및 기능 장애가 나타나는 것을 말한다.
  ㉠ 임신 중 태아의 심장이 발달하는 시기에 이상이 생기는 것으로 태아기에 진단되기도 하고, 출생 후 수년 후에 진단되는 예도 있다.
  ㉡ 태어날 때부터 심장이나 폐동맥, 대동맥 같은 큰 혈관의 모양이 정상과 다른 것으로 선천성 기형의 가장 많은 부분을 차지하며 20세 이하의 아동에서 두 번째로 유병률이 높은 만성질환이다. 선천성 심장병은 출생아 100명 중 한 명꼴로 나타나며 어린이 심장병의 대부분을 차지한다.

② 선천성 심장병은 가벼운 경우에는 아무런 증상이 나타나지 않으며 다른 진료로 인해 우연히 발견되기도 한다. 그러나 중등도 이상의 심장병에서는 숨이 차거나 호흡기 감염에 자주 걸리며, 가슴이 두근거리고, 식은땀을 흘리는 등의 특성을 보인다. 심하면 움직이지 않을 때도 숨이 차거나 신체적 활동이 불가능할 때도 있다.

③ 일부 유전적인 경우나 바이러스 감염, 약물에 의한 특수한 예를 제외하고는 대부분은 뚜렷한 원인을 찾을 수 없다.

④ 혈액순환의 장애나 심장음의 이상이 두드러지며, 호흡장애나 부종이 나타날 수도 있지만 자각 증상은 거의 없다.

⑤ 태어날 때부터 병으로 인해 정상적인 신체 발달이 지체되며, 잦은 호흡기 질환 등 건강 상태를 취약하게 만든다. 이로 인해 학교생활을 하는 데 많은 어려움을 갖는다. 등·하교, 체육 수업, 이동 수업 등 학교에서의 활동에 제약이 되며, 신체적인 참여 제한으로 인해 수동적 또래 관계, 학습 수행의 어려움 등을 유발할 수 있다.

(2) 류머티스성 심장병

① 류머티스성 열의 후유증으로 생기는 병으로 심장의 판막이 침범되어 혈액이 통하기 어렵거나 역류를 일으켜 충분한 혈액을 보낼 수 없게 되는 것을 말한다.

② 증세가 가벼운 경우는 운동 제한이나 수술이 필요하지 않지만, 증세가 심하면 수술과 운동 제한이 필요하다.

③ 류머티스성 열에 한 번 걸린 아동이 재발하면 판막의 이상이 악화되므로 재발을 막기 위해서 장기간 페니실린 주사를 맞아야 하며, 증상이 심하거나 합병된 경우에는 인공판막술이 필요하다.

(3) 심근질환

① 심장이 적절한 양의 혈액을 방출하지 못하여 신체의 대사성 수요를 충족시키지 못하는 상태를 말한다.

② 심장허혈, 감염, 부정맥 등의 이유로 심장에 이상이 오면 심장의 펌프 기능이 제대로 작동하지 못하게 되고, 우리 몸이 여러 곳에서 필요로 하는 피를 제때 보낼 수 없게 된다. 이로 인해 각 기관의 기능 이상 및 전신 쇠약, 산소공급의 부족, 대사 이상 등이 나타난다.

③ 주요 증상은 빠른 맥박, 빠른 호흡, 심비대 및 체중 증가 부진, 운동 시 호흡 곤란, 과도한 땀(발한), 피로감 등이다.

(4) 부정맥

① 부정맥은 심장의 박동이 고르지 않고 불규칙하게 뛰는 상태로 맥박의 리듬이 빨라졌다가 느려졌다가 하는 불규칙한 상태를 말한다.

② 아동들에게 특히 많이 나타나는 것은 호흡성 부정맥으로, 이러한 증상은 건강한 아동에게도 나타나는 것인 만큼 크게 문제가 되지는 않는다. 그러나 어떤 경우에는 심장이 갑자기 빨리 뛰기 시작하여 1분 동안에 200번 이상 뛰기도 하는데, 이러한 증상이 오래 지속되면 심부전증으로 발전할 수 있다.

> **호흡성 부정맥**
> 숨을 들이쉴 때에는 빠르고 작게, 내쉴 때에는 느리고 크게 뛰는 맥박

③ 소아의 심한 발작성 부정맥은 심박출량의 감소, 실신, 사망을 일으킬 수 있고, 지속적인 빠른맥은 서서히 심장 기능을 저하시켜 심부전을 일으킨다.

3. 교육지원 12초특, 24중특

① 대부분의 학생은 일반학교에 다닐 수 있으며 모든 정상적인 활동을 할 수 있다. 하지만 청색증이 심한 학생은 추위에 잘 적응하지 못하므로 추운 날씨에는 실외에서 하는 교육을 피하는 특별한 조치가 필요하다.

② 호흡 곤란이 심한 학생은 힘들어할 경우 휴식을 취하도록 한다.

③ 상급 학교에 진학해서도 과격한 스포츠나 태권도, 유도 및 조정 등은 피하는 것이 바람직하나 적당량의 운동과 수영 등은 권할 만하다.

- 힘든 운동을 제외한 운동, 즉 빠르게 걷기, 가볍게 달리기, 자전거 타기, 수영, 가벼운 등산, 계단 오르기 등의 유산소 운동은 도움이 된다.

청색증이 심한 학생의 야외 수업

박은혜 외 (2023)	본문 참조
2024 중등A-2 기출	청색증이 심한 학생은 추운 날씨에 야외 활동이나 야외 수업은 피해야 한다.
김정연 (2020)	청색증이 심한 학생은 추위에 잘 적응하지 못하므로 추운 날씨에 야외나 운동장에서 이루어지는 수업 활동은 특별한 조치가 필요하다.

자료

지방
- 지방은 크게 포화지방, 불포화지방, 트랜스지방의 세 종류로 나눌 수 있다.
- 포화지방은 몸에 별로 좋지 않은 나쁜 지방으로, 육류의 기름 덩어리나 우유, 치즈 등의 유제품에 들어 있다.
- 불포화지방은 몸에 좋은 지방으로, 동물성 불포화지방과 식물성 불포화지방으로 나뉜다. 식물성 불포화지방은 콩, 두부, 참기름, 올리브유, 옥수수 기름, 해바라기 기름, 견과류에 함유되어 있다. 동물성 불포화지방은 고등어, 꽁치, 참치, 연어 등 생선에 많이 함유되어 있다.
- 트랜스지방은 식물성 기름을 가공한 것으로 흔히 튀김기름으로 많이 사용된다.

출처 ▶ 김정연(2020)

천식
과민반응과 기도폐색의 두 가지 조건을 충족시키면서 기도의 염증성 반응을 보이는 질환

④ 기름기가 많은 식품이나 과다한 열량을 섭취하지 않도록 조절한다.
  ㉠ 영유아에게는 정상적인 성장을 위해 지방질이 필요하지만, 청소년기에 접어들면 기본적으로 콜레스테롤 및 포화지방산의 섭취를 줄인다.
  ㉡ 비만 학생의 경우에는 운동량을 증가시켜 체중을 감량하도록 한다.
  ㉢ 너무 많은 식염과 당분은 피한다.
    - 대부분의 간편식은 많은 식염, 당분 및 동물성 지방을 함유하고 있으므로 제한한다. 그 대신 가공되지 않은 곡류로 만든 음식, 채소, 과일, 생선, 기름기 없는 육류와 포화지방을 줄이고 보다 불포화지방이 많이 든 음식을 섭취하도록 한다.
⑤ 부정맥을 가진 학생은 꾸준하게 약을 복용하는 것이 중요하므로 잊지 않고 약을 먹도록 지도한다.

04 소아천식

1. 소아천식의 이해

(1) 개념

① 소아천식이란 소아 연령에서 발생하는 천식으로 숨 쉴 때 들어오는 여러 가지 자극 물질에 대해 기관지가 과민반응을 보이게 되어 기관지와 기도점막에 염증을 발생시키는 질환이다.
  - 기관지와 기도점막의 염증은 기관지를 좁게 만들어서 숨쉬기 힘들게 하며, 기침과 호흡 곤란을 일으킨다.

② 소아천식은 일시적 증상이 아니라 반복적으로 자주 나타나는 만성질환으로 심할 경우 일상생활을 지속하기 힘들게 하며, 심한 천식 발작이 일어났을 때에는 생명이 위험할 수도 있다.
  - 평소에는 아무 일도 없는 것처럼 증상이 나타나지 않지만, 갑자기 숨이 가빠지거나 약물이 필요한 위급 상황이 되기도 하며 호흡기 증상이 반복적이며 갑작스럽게 나타난다. 일단 호전되면 대부분은 거의 정상 상태로 회복되나 반복적으로 자주 재발하는 특징을 가진 호흡기 질환이다.

③ 천식은 아동기에 자주 발생하는 알레르기 질환 중 하나로, 식생활이 서구화되고 대기오염이 심각해져 감에 따라 빠른 속도로 증가하는 추세를 보이고 있다. 특히 대도시 학생들에게 더 많이 발생하는 것으로 알려져 있다.

(2) 특징

① 소아천식의 특징은 기도의 과민반응과 광범위한 기도폐색 증상으로 설명된다.
- ㉠ 기도의 과민반응이란 곰팡이나 동물의 비듬, 운동 등의 유발 자극에 대해 매우 쉽게 발현되며, 과다하게 기도가 좁아지는 증상을 말한다.
- ㉡ 기도폐색은 기도가 협착되어 숨을 쉴 때 천명이라 불리는 쌕쌕거리는 호흡음, 숨이 차고 가슴이 답답함, 기침 등의 증상이 나타나는 것을 말한다.

② 천식 발작이 나타나기도 한다.
- ㉠ 천식 발작의 첫 증상은 평소에 사용하던 약제의 효과가 잘 나타나지 않는 것으로 시작한다. 평소보다 기관지 확장제를 사용하는 횟수가 늘어나며, 숨 쉬는 데 어려움을 더 자주 호소한다.
  - 학생이 천식 발작의 징후인 흉부 압박, 연속적으로 터져 나오는 기침 등의 증상을 자각할 수 있도록 지도하는 것이 필요하다.
- ㉡ 기침이 나오고 쌕쌕거리는 숨소리(천명)가 들리며, 잦은 숨을 쉬며 숨쉬기조차 불편해한다. 어깨를 들썩거리거나 코를 벌렁거리고 가슴의 아래 명치 부분이 쑥쑥 들어가기도 한다. 앉아 있거나 걸을 때도 숨이 차고 말을 잘 잇지 못하며, 앉아 있는 것조차 힘들어한다. 심하면 입술이나 손끝이 파래지기도 하며 피곤하고 지쳐 보인다.
- ㉢ 위의 증상이 지속되면 발작이 나타나고 심하면 발작이 멈추지 않는 응급사태가 발생한다.

2. 소아천식의 종류

천식은 유발 인자에 따라 외인성 천식과 내인성 천식, 혼합성 천식, 직업성 천식으로 구별된다.

(1) 외인성 천식

① 일반적으로 주위 환경의 알레르기 항원이 천식을 일으키기 때문에 알레르기성 천식이라고도 하며, 가장 흔한 천식이다.

② 알레르기성 천식을 일으키는 원인은 집먼지나 먼지진드기가 많고 고양이 털, 꽃가루, 곰팡이, 호흡기 감염, 대기오염 물질 등도 천식을 유발한다. 이러한 원인 물질의 흡입이 직접적 원인이 되며, 맑은 콧물, 눈물, 눈의 가려움증 등의 증상을 동반하는 경우가 많다.

유발 인자에 따른 소아천식의 종류

김정연 (2020)	본문 참조
Heller et al. (2012)	• 알레르기성 천식 • 호흡기 질환으로 인한 감염성 천식 • 사춘기 비만과 관련된 천식 • 직업성 천식 • 3증후군 천식 • 운동 유발성 천식

(2) 내인성 천식
① 아동기의 바이러스성 호흡기 감염이나 질환에 의한 천식으로 감염성 천식이라고도 한다.
② 알레르기 혈액검사에도 별다른 이상이 없고 피부반응검사에서도 알레르기를 의심할 만한 반응이 없는데도 천식 증상이 나타나는 비알레르기성이다.

(3) 혼합성 천식
① 외인성 및 내인성 요인이 혼합되어 천식이 발생하는 경우를 말한다.
② 임상적으로 순수한 외인성이나 내인성 천식보다는 혼합성 천식이 많다.

(4) 직업성 천식
① 작업장의 유발 인자에 일정 기간 노출된 후에 발생한 천식을 말한다.
② 주말이나 휴가 시에 완화되고 직장에 복귀하면 증상이 악화되는 특징이 있다.

> **KORSET합격 굳히기** 천식의 정도와 유형
>
> 1. 천식은 현재의 손상 정도와 미래의 위험도에 따라 분류하며 간헐성 천식, 지속성 경도 천식, 지속성 중등도 천식, 지속성 중도 천식의 네 가지 범주로 나눈다.
> 2. 간헐성 천식은 가장 경증이며, 1주에 2회 이하의 증상이 나타나는 경우이다. 야간에 나타나는 증상도 2회 이하이며, 증상 역시 경미하여 정상적인 활동이 가능하다.
> 3. 가장 심한 형태인 지속성 중도 천식은 하루 종일 증상이 지속되고, 야간에도 증상이 자주 나타나며, 거의 모든 활동에 제한을 받는다.

구분	증상	속성 치료제 처방	활동
간헐성 천식	• 주 2회 이상 발작되지 않음 • 야간 수면성 천식이 월 2회 이상 발작되지 않음	주 2일 이하	거의 제한 없음
지속성 경도 천식	• 주 2회 이상 나타남 • 야간 수면성 천식이 월 3~4회 나타남	주 2일 이상 (매일은 아님)	약간의 제한 있음
지속성 중등도 천식	• 천식 증상이 매일 나타남 • 야간 수면성 천식이 주 1회 발작됨	매일	다소 제한 있음
지속성 중도 천식	• 낮 동안에 천식 증상이 항상 나타남 • 때로는 매일 밤 나타나기도 함	하루에 수차례	극도로 제한됨

출처 ▶ Heller et al.(2012)

3. 소아천식의 치료

(1) 환경요법
① 환경요법은 증상을 유발하는 인자들을 제거하거나 회피하는 방법이다.
② 천식은 대부분 환경 요인에 의한 알레르기가 발병 원인이기 때문에 가정은 물론 학교와 지역사회 환경에서 원인이 되는 알레르기 항원을 피할 수 있도록 생활환경을 개선하고 조절하는 것이 효과적인 예방법이다.

(2) 약물치료
① 천식 치료에 사용되는 약물은 흡입 약물과 먹는 약물이 있다. 흡입 약물은 기관지에 직접 전달되어 적은 양으로도 효과가 빠르고, 장기간 사용하더라도 부작용이 훨씬 적게 나타난다.
② 천식 치료는 천식 조절제와 증상 완화제의 두 종류의 약물을 구분하여 사용한다.

천식 조절제	• 기관지 염증을 가라앉히기 위해 매일 규칙적으로 사용하는 것으로 증상이 없어도 꾸준히 사용해야 한다. • 증상 완화제보다 효과가 서서히 나타나지만, 장기적으로 천식을 치료하는 약물이다.
증상 완화제	• 증상이 악화되었을 때 사용하는 속효성 약물이다. • 천식 증상이 갑자기 심해질 때만 사용하며, 흡입 시 효과가 몇 분 내 정도의 짧은 시간 동안 나타난다. • 천식 조절제 없이 증상 완화제만 사용하면 천식이 악화되거나 사망할 수도 있다.

③ 약물은 정량식 흡입기나 네뷸라이저(nebulizer)를 이용하여 흡입한다.

네뷸라이저
🔵 연무기

│자료│
정량식 흡입기, 네뷸라이저에 대한 자세한 내용은 4. 특수교육 지원의 '(4) 천식 치료 기구의 사용 지도' 참조

(3) 면역요법
원인 항원이 밝혀지면 항원을 적은 농도에서 점차 증량 주사하여 면역력을 키우는 치료법이다.

(4) 체력단련요법
① 운동을 통하여 체력을 단련시키고 자율신경의 실조를 개선하는 방법이다.
② 달리기, 줄넘기, 수영 등 전신 운동을 통하여 심폐 기능을 훈련하는 방법, 건포마찰, 냉수마찰, 냉수욕 등을 통해 피부를 자극하는 방법, 가벼운 천식체조로 골격근이나 복근을 훈련하는 방법 등이 있다.
  • 가장 적절한 운동은 수영이다. 수영은 습도가 높은 조건에서 호흡운동을 할 수 있으므로 수분 손실이 적고 폐활량을 증가시킬 수 있다.

(5) **식이요법**
① 영양관리를 통해 저체중 또는 비만, 합병증을 예방한다.
② 규칙적인 식사와 균형 잡힌 식사로 면역력을 높여 준다.

(6) **천식의 상태 변화에 대한 점검**
① 천식 학생은 천식의 상태를 객관적으로 평가하기 위해 최대호기량측정기를 이용하여 자신의 증상을 점검하도록 한다.
  ㉠ 최대호기는 흡입제를 사용하기 전에 측정하며, 하루 두 번 아침과 저녁에 측정한다. 예상 기대치는 성별, 연령, 신장에 따라 다르다.
  ㉡ 최대호기를 매일 2회씩 그래프로 기록하여 개인에 따른 질병의 경향을 파악하고 점검하도록 지도하는 것이 필요하다.
② 최대호기량측정기의 사용법은 다음과 같다. 21중특
  ㉠ 바늘을 '0'에 오게 한다.
  ㉡ 바로 선 자세에서 입을 벌리고 숨을 깊게 들이마신다.
  ㉢ 입술로 기계의 입구를 막아 공기가 새지 않도록 한 후 최대한 빠르고 힘차게 숨을 내뱉는다.
  ㉣ 바늘이 움직인 곳의 수치를 읽고, ㉠~㉣의 과정을 2회 더 반복한다. 정확한 측정값을 위해 1분 간격으로 3회 반복한다.
  ㉤ 가장 높은 수치를 기록한다.
③ 최대호기량 측정치는 신장, 나이, 성별에 따라 차이가 있으나 일반적으로 다음과 같은 방법으로 해석한다.

최대호기량 측정치	신호체계	대처 방법
예상 기대치의 80% 이상	녹색구역	• 천식이 잘 조절되고 있음 • 현재의 치료 및 약물 유지
예상 기대치의 60~80%	황색구역	• 천식이 악화되고 있음 • 속효성 기관지 확장제를 흡입하고 진료 필요
예상 기대치의 60% 미만	적색구역	• 천식이 악화되고 있음 • 속효성 기관지 확장제를 흡입하고 진료 필요

출처 ▶ 김정연(2020)

최대호기량측정기
동 최대호기유속량 측정기

자료
최대호기와 최대호기유속
• 최대호기는 폐기능검사를 하기 위해 내쉬는 숨의 정도를 측정하는 것을 말한다.
• 최대호기유속(동 최대호기속도)이란 가능한 최대로 숨을 들이마신 후에 가장 빠르고 최대한 힘 있게 숨을 내쉬었을 때의 속도를 의미한다.

4. 교육지원

(1) 환경 조절 12초특, 21중특

① 교사는 부모와 보건교육교사와 상의하여 음식을 통제하고 교실환경을 평가하여 자극을 줄인다.

② 교실에서 천식 증상의 유발을 방지할 수 있는 환경관리법은 다음과 같다.

㉠ 교실 청소를 할 때는 먼지 청소를 철저히 하고 청소할 때는 먼저 환기를 한다. 걸레를 사용해서 먼지가 날리지 않게 주의하며, 진공청소기를 이용한다.

㉡ 교실의 습도는 50% 이하로 낮춘다. 집먼지진드기는 온도 25~28도, 습도 75~80%인 환경을 가장 좋아하므로 실내 습도를 50% 이하로 유지하면 집먼지진드기의 증식이 급격히 저하된다.

㉢ 가습기는 실내 습도를 높여 곰팡이와 집먼지진드기의 서식을 늘릴 수 있으므로 사용하지 않는 것이 좋다.

㉣ 공기청정기는 공기 중에 떠다니는 고양이 털, 곰팡이, 각종 연기를 제거하는 데에는 도움이 되지만, 집먼지진드기나 바퀴벌레 알레르겐은 입자가 커서 대부분 실내 바닥에 쌓여 있어 별 도움이 되지 않는다.

• 교실에 천식 유발인자가 재투입되지 않는 특수필터가 장착된 공기청정기를 사용하는 것은 도움이 된다.

㉤ 환풍기는 먼지를 순환시킬 수 있으므로 주의한다.

㉥ 카펫은 사용하지 않는 것이 좋다.

㉦ 커튼은 먼지가 많이 쌓이므로 수직 블라인드가 좋다.

㉧ 봉제 인형, 직물 소재의 교재교구의 사용은 줄인다.

㉨ 교재교구는 자주 소독한다.

㉩ 책꽂이나 교재교구장의 먼지는 자주 제거한다.

③ 환경 조절만으로 증상을 줄이기가 충분하지 않다면 중재 기술을 익히는 것도 중요하다.

④ 학생의 호흡을 관찰하고 자극이 될 수 있는 것은 학생 주위에서 제거하고 학생의 약물복용이 용이하도록 한다.

(2) 자기 관리 ²¹중특

① 만성적 질환에 대한 치료는 학생 스스로가 적절하게 의료적인 처치를 조절할 수 있도록 하는 개인의 자율성 지도가 중요하다.
- 학생이 천식 발작의 징후인 흉부 압박, 연속적으로 터져 나오는 기침 등의 증상을 자각할 수 있도록 지도한다.

② 의료 용구는 학교에 비치되어 있어야 하며 언제든지 쉽게 사용할 수 있어야 한다.

③ 학생이 현장학습 등으로 학교 외부로의 이동이 있을 경우 항상 의료물품도 함께 이동할 수 있도록 한다.

(3) 천식 발작이 나타났을 때의 응급대처 ²¹중특

① 천식 증상이 악화되어 천식 발작이 나타날 때의 징후는 다음과 같다.
- ㉠ 앉아 있거나 천천히 걸을 때도 호흡 곤란이 있다.
- ㉡ 속효성 기관지 확장제를 사용했음에도 불구하고 호흡 곤란 증상이 전혀 좋아지지 않는다.
- ㉢ 숨이 차서 말을 잇기가 어렵고 하던 일을 계속하지 못한다.
- ㉣ 밤에 기침이 나고 숨이 차서 잠을 잘 수가 없다.
- ㉤ 최대호기유속이 예상 기대치의 60% 미만이다.
- ㉥ 호흡과 맥박이 빨라진다.
- ㉦ 숨 쉴 때 쌕쌕거림이 심해지거나, 숨을 얕게 쉬면서 아예 쌕쌕 소리가 들리지 않게 된다.
- ㉧ 입술, 혀, 손끝과 발끝이 파래진다.
- ㉨ 식은땀이 나고 정신이 몽롱해진다.
- ㉩ 호흡할 때 가슴과 목이 부풀어지고 들썩거린다.
- ㉪ 하던 활동을 중단하고 다시 시작하지 못한다.

② 천식 발작이 나타나면 즉시 조치를 취하도록 한다.
- ㉠ 천식 발작이 나타날 때 도와줄 수 있는 것은 호흡하기 좋은 환경을 만들어 주는 것이다. 방안을 환기해 신선한 공기를 마시게 한다.
- ㉡ 미지근한 물을 마시게 하거나 호흡을 천천히 길게 내쉬도록 한다.
- ㉢ 사용하는 천식 치료약이 있다면 사용하게 한다.

③ 호흡하기 좋은 편한 자세를 취하게 해준다. 발작이 나타나면 숨 쉬는 데 에너지를 다 소모하게 되며, 평평한 곳에 누워 있거나 앉아 있기도 힘들어한다. 이때는 벽에 기대어 서서 고개를 숙여 보도록 한다(a). 또는 옆으로 누운 자세를 취하는 것도 호흡에 도움이 된다(b). 약간 무릎을 벌리고 팔꿈치에 기대어 앞으로 숙인 자세(c)와 베개를 껴안듯이 앞으로 몸을 숙이는 자세(d)도 호흡하기 편한 자세이다.

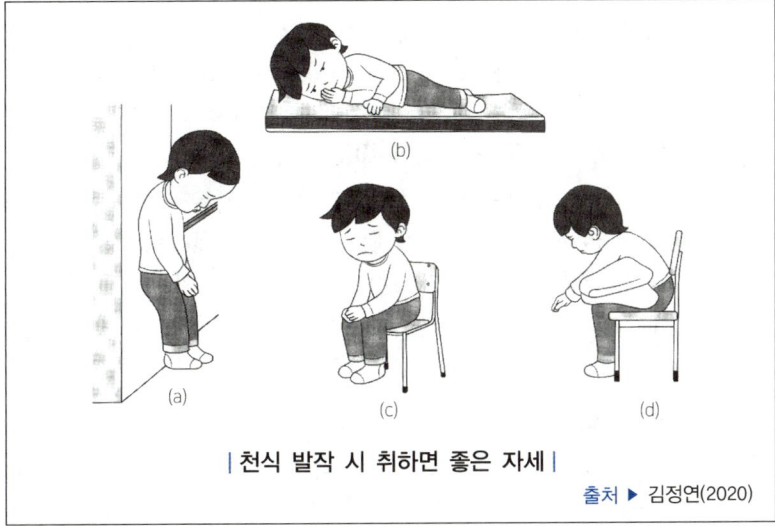

| 천식 발작 시 취하면 좋은 자세 |

출처 ▶ 김정연(2020)

④ 천식 발작이 심할 땐 생명을 잃을 위험도 있으므로 만일 발작 시간이 길어지거나 약을 먹어도 좋아지지 않는 등 중발작 이상의 증상이 계속되는 경우에는 구급차를 불러 의료기관으로 이동한다. 즉시 병원에 가야 하는 상황은 다음과 같다.

㉠ 이전에 극심한 발작으로 중환자실에 입원한 경험이 있는 경우

㉡ 기관지 확장제 투여 후에도 즉시 반응이 없고 1시간 동안 반응이 지연되는 경우

㉢ 호흡 곤란이 심하고 입술이나 손끝이 파랗게 되는 경우

㉣ 경구 스테로이드 투여 후 시간이 지나도 증상이 좋아지지 않는 경우

㉤ 속효성 기관지 확장제 투여 후에도 최대호기유속이 예측치의 60% 미만인 경우

(4) 천식 치료 기구의 사용 지도

천식 증상이 심할 때는 의사의 처방에 따라 천식 조절 흡입기를 사용한다. 천식 조절 흡입기는 크게 네뷸라이저, 정량식 흡입기, 건조 분말 흡입기의 세 가지 종류가 있다.

① 네뷸라이저

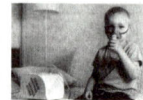

자료 ▶ 네뷸라이저
출처 ▶ 김정연(2020)

㉠ 네뷸라이저는 작은 크기의 모터를 이용한 압축공기로 약물을 마치 안개같이 작은 입자 형태로 뿜어내는 기구로 호흡기를 통해 약물을 흡입하도록 도와주는 기기이다. 약물을 직접 기관지 내로 투여하므로 부작용 없이 빠르고 확실한 효과를 기대할 수 있다. 흡입 시에는 약물이 직접 폐로 흡입되어 10분 이내에 효과가 나타난다.

㉡ 네뷸라이저를 사용하는 흡입치료의 경우에는 사전 교육 및 기술이 필요하다. 5세 이하의 아동에게는 사용하기가 어려우므로 입과 코를 덮는 마스크 형태의 보조 흡입기를 사용하는 것이 안전하다.

㉢ 네뷸라이저를 사용할 때는 반드시 약액의 종류나 흡입 시간, 흡입 횟수 등을 의사의 처방과 지시에 따라 사용해야 한다.

② 정량식 흡입기

자료 ▶ 정량식 흡입기
출처 ▶ 김정연(2020)

㉠ 약통을 누르면 일정량의 약물이 추진 가스와 함께 분무되는 흡입기로, 약물의 성분에 따라 소염 스테로이드제, 장시간형 기관지 확장제, 속효성 기관지 확장제 등이 포함되어 있다.

㉡ 정량식 흡입기만으로 기도에 약물이 전달하기 어려운 경우 정량식 흡입기에 흡입보조기구인 스페이서(정량식 흡입기 그림의 오른쪽 참조)를 끼워서 사용한다.

• 스페이서를 끼워서 사용하면 구강에 약물이 침착하는 것을 줄일 수 있어 스테로이드제 사용 시 함께 사용한다.

• 아동의 경우 약물 분사와 흡입을 동시에 하기 어려우므로 스페이서를 부착하면 흡입 효율을 높일 수 있다는 장점이 있다.

㉢ 정량식 흡입기를 사용할 때에는 밸브를 누르는 동작과 공기를 흡입하는 동작이 일치해야 하고 공기를 흡입할 때 느린 속도로 천천히 흡입해야 한다.

• 아동의 경우 2초 이상 천천히 흡입하며 흡입 후 10초 이상 숨을 참아 약물 침착을 최대한 유도한다.

• 흡입과 동시에 밸브를 눌러 정확한 타이밍이 일치하도록 교육하는 것이 중요하다.

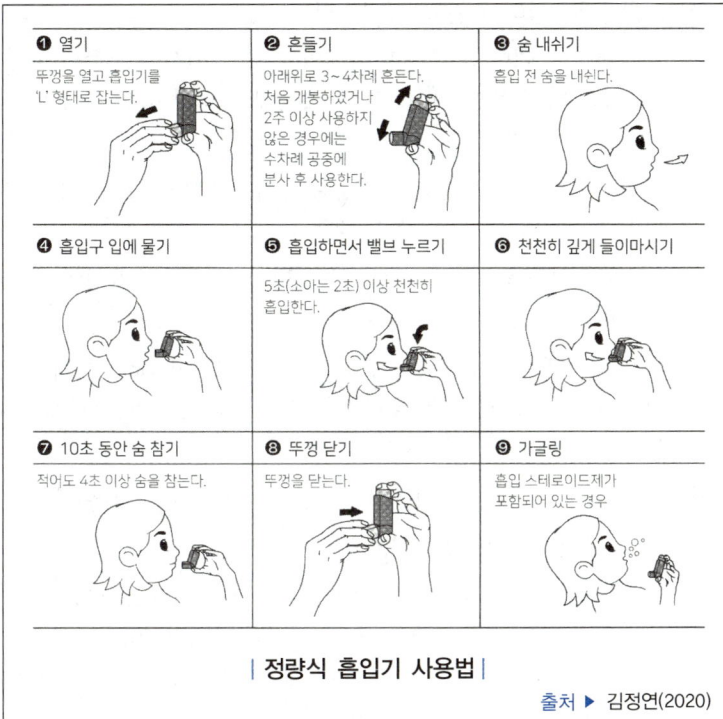

| 정량식 흡입기 사용법 |

출처 ▶ 김정연(2020)

ㄹ) 흡입기의 잔여 용량을 확인하기 위해 흔들어 보는 것은 올바른 방법이 아니다. 흡입기의 잔여 용량은 약제가 들어 있는 흡입기 속의 금속 통을 플라스틱 틀에서 빼내어 물이 담긴 그릇에 담갔을 때 금속 통이 물에 뜨는 정도를 통해 알 수 있다(어떤 제품에는 용량 표시창이 부착되어 있는 경우도 있음).

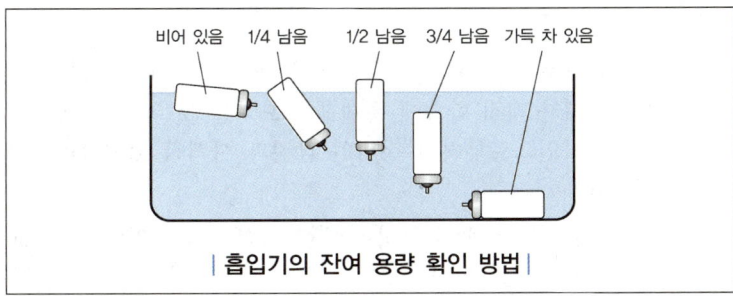

| 흡입기의 잔여 용량 확인 방법 |

③ 건조 분말 흡입기

ⓐ 약물과 부형제가 혼합된 분말을 직접 마시는 것으로 추진제가 따로 없으므로 흡입할 때 세고, 빠르게 들이마셔야 하는 호흡기이다.

ⓑ 캡슐을 장전하는 기구의 경우 2회에 걸쳐 흡입해야 정확한 약물이 전달되기 때문에 강하고 빠르게 2회를 흡입한다. 이러한 사용법으로 인해 아동이 사용하기 어렵다는 단점이 있다.

자료

건조 분말 흡입기

출처 ▶ 김정연(2020)

✎ 부형제

정제나 환약 등의 정제 과정에서 주약의 양이 적은 경우에 약을 먹기 쉽게 하거나 어떤 빛깔과 형태를 갖추게 하려고 더 넣는 물질

(5) 신체 활동 및 참여 수준의 조정 ²¹중특

① 소아천식에 대한 교사와 또래들의 이해와 인식이 부족할 경우 학생들은 학교생활의 적응이 어려워지기 때문에 학교의 모든 사람이 천식에 대한 지식을 갖출 수 있도록 교육을 실시한다.

② 적절한 운동은 비만을 막고 건강을 유지하기 위해 중요하다. 그러나 격렬한 활동에 참여하는 것은 조심해야 한다.
- 소아천식은 평소에는 신체 활동이나 참여 수준에 제한이 될 만큼 신체적 어려움이 발생하지 않는다.

③ 학생의 신체 활동 정도나 참여 수준은 매일의 개인적 여건이나 상황에 따라 다르다. 그러나 특별한 상황이 아니라면 모든 일과에 참여할 수 있도록 한다.

④ 천식 증상의 유발을 방지하기 위한 유의사항은 다음과 같다. ²¹중특
  ㉠ 격렬한 활동은 피한다.
  ㉡ 날씨가 너무 춥거나 건조할 때는 신체 활동을 피한다.
  ㉢ 신체 활동 전에는 항상 준비 운동을 한다. 준비 운동은 5~10분간의 스트레칭과 가벼운 운동으로 몸을 따뜻하게 한 후 시작한다.
    - 일반적으로 적절한 운동은 도움이 되므로 준비 운동 후 활동에 참여하도록 한다.
  ㉣ 필요한 경우 의사가 처방한 흡입제를 신체 활동 15분 전에 흡입한다.
  ㉤ 만약 신체 활동 후 천식 증상이 나타나면 운동을 즉시 중단하고 처방받은 흡입제를 사용한다.

(6) 정서적 지원 ²¹중특

① 다양한 활동과 동아리 활동을 통해 사회적 관계를 격려할 필요가 있다. 천식 자체가 직접 학습에 문제를 일으키는 것은 아니지만, 반복된 천식 증상은 타인으로부터 부정적인 감정과 사회적 고립감을 느낄 수 있기 때문이다.
- 학교의 모든 사람이 천식에 대한 지식을 갖출 수 있도록 교육을 실시하는 것이 요구된다.

② 학교에서는 학생들이 느끼는 이질감과 소외감에서 벗어날 수 있도록 관심을 가지고 가능한 한 정상적인 생활을 할 수 있도록 도와주어야 한다.
  ㉠ 천식을 통제하는 지속적인 약물의 사용은 집중을 방해하거나 기분을 불쾌하게 하는 등 심리적인 적응을 어렵게 하여 학교생활에서의 많은 어려움을 일으킨다.
  ㉡ 소아천식 학생의 경우 신체적 증상으로 인해 스스로 위축되어 또래와 거리감을 두게 되고 결국 고립되기 쉽다.

③ 교사가 알아야 할 지침은 다음과 같다.
　㉠ 학생 스스로 책임감을 가질 수 있도록 지도한다.
　㉡ 자신의 질병에 대해 학생의 수준에 맞게 상세히 설명한다.
　㉢ 독립심을 키워주고 과보호하지 않는다.
　㉣ 육체적·정신적 건강을 위해 운동을 권장한다.

(7) 식사 지도
① 알레르기성 천식을 가진 학생은 호흡기 건강을 위해 매일 따뜻한 물을 충분히 섭취하고 증기를 마실 것을 권장한다.
② 알레르기성 천식은 음식물 섭취 후에 발작이 나타나기도 하므로 주의 깊은 관찰이 필요하다. 또한 알레르기를 일으킬 수 있는 우유, 밀가루, 달걀, 초콜릿, 첨가물이 많이 든 가공식품과 너무 차고 뜨겁거나 짜고 매운 자극적인 음식은 피한다.
③ 과식이 발작의 원인이 되기도 하므로 적당량의 음식을 섭취하도록 지도한다.

(8) 의사소통 요구에 대한 지원 [17초특]
① 호흡 곤란 등의 심각한 천식 발작으로 의사소통 능력을 상실하여 자신의 증상을 다른 사람에게 알리지 못하게 된다면 심각한 문제가 발생하게 된다. 이 경우 학생이 교사에게 문제가 있다는 신호를 전할 수 있도록 하는 시스템을 마련하는 것이 중요하다.
② 모든 교사가 응급조치에 대한 방법을 숙지하고 있더라도 도움요청 카드의 뒷면에 응급조치 방법에 대한 내용을 적어 놓는다면 효과적으로 사용할 수 있을 것이다.
　• 한 예로, 9세 학생이 천식 발작을 일으켜 의사소통 능력을 상실했을 때 당황하지 않고 주머니에서 '선생님, 도와주세요. 저(학생 이름) 지금 천식 발작이 일어났어요.'라고 적힌 도움요청 카드를 꺼내 교사에게 보여 준다면 이러한 의사소통 문제는 해결될 것이다. 이러한 도움요청 카드의 사용은 발작이 나타났을 때, 호흡기를 사용해도 천식 발작이 멈추지 않을 때 특히 중요하다.

> **▶ 소아천식 학생의 의사소통 요구 지원 예시**
> 알레르기성 천식을 앓고 있는 홍길동은 천식 발작이 심한 경우 호흡 곤란이 동반되고 의사소통이 어렵다. 이에 교사는 홍길동의 현장학습에 필요한 준비물로 휴대용 흡입기, 마스크, 상비약, 휴대용 손전등, 휴대용 알람기 등과 함께 도움요청 카드를 포함시켰으며 응급상황 발생 시 도움을 요청하는 방법에 대해 다시 한 번 환기시켰다.

도움요청 카드
동 도움카드

05 소아당뇨

1. 소아당뇨의 이해

(1) 개념 [20중특, 25중특]

① 당뇨란 인슐린 분비의 장애 또는 인슐린 기능에 이상이 발생하는 질환으로서 몸에 섭취된 당분이 잘 사용되지 못하고 혈액 속을 떠돌다가 소변으로 배설되는 것을 말한다. 따라서 당뇨병은 혈당 농도가 비정상적으로 높다.

② 현재 당뇨병은 완치될 수는 없으나, 매일 인슐린 주사를 맞고 칼로리 처방에 의한 식사 요법을 적용하며 적당한 운동과 정규적인 병원 진료를 통하여 조절할 수 있다.

③ 제1형 당뇨병은 당뇨병의 원인과 치료 방법이 일반적인 당뇨병과는 다른데 일생 인슐린 주사를 계속해서 맞아야 하므로 인슐린 의존성 당뇨병이라고 불린다.
- 소아연령에서 발생하는 당뇨병의 90%가 인슐린 의존성인 제1형 당뇨이기 때문에 소아당뇨라고도 부른다.

> **인슐린**
> 혈당의 양을 조절하는 췌장(이자) 호르몬

(2) 특징

① 소아당뇨 학생은 다음과 같은 의학적 증상을 보인다.
  ㉠ 소변으로 당이 배설되고, 많은 양의 소변을 보게 되며, 이로 인한 신체 내의 수분 부족으로 많은 양의 물을 섭취하는 증상을 보인다.
  ㉡ 혈액 속에는 많은 양의 당이 존재하지만 세포 내에는 당이 부족하기 때문에 세포 내의 에너지 부족과 조직의 영양소 저장의 결핍으로 인해 심한 공복감을 느끼게 되어 많은 양의 음식물을 섭취하게 된다.

② 조직의 영양소 저장 부족 및 세포의 에너지원 결핍으로 지방조직이 분해되고, 근육에 존재하는 단백질도 분해되어 체중이 감소하며, 세포의 활동 부족으로 심한 피로를 느낀다.

2. 당뇨병의 종류

1) 제1형 당뇨 [12초특]

(1) 개념

① 제1형 당뇨는 인슐린 의존형 당뇨로 체내에서 혈당을 조절하는 인슐린이 거의 분비되지 않아 인슐린 주사에 의존해야 하는 경우를 말한다.

② 소아비만증과는 관계없이 필요한 인슐린이 자기 몸에서 분비되지 않거나 부족하여 당이 세포 내로 흡수되지 못하여 고혈압과 산독증에 빠지게 되므로 인슐린 의존성 당뇨병이라고 부른다.

> **산독증(acidosis)**
> 신진대사의 장애로 체내 산의 형성이 병적으로 왕성해져서 혈액의 산 중화 능력이 감소한 상태

- 인슐린 주사를 맞지 않으면 살 수 없는 심한 당뇨이다. 제1형 당뇨가 학생에게 생기면 바로 인슐린 치료를 해야 한다. 19세 미만 소아당뇨의 많은 비율이 인슐린 의존형으로 주로 6~8세 또는 10~13세에 많이 생긴다.

③ 고혈당과 목이 심하게 말라 수분을 대량으로 섭취하고 소변량이 과다하게 증가하는 증상을 보인다. 식사량이 많은데도 불구하고 체중이 감소하고 전신이 나른한 상태를 보인다.

(2) 특징

학령기 및 청소년기 학생이 당뇨를 잘 조절하지 못하면 학교에서는 고혈당과 저혈당이라는 두 가지 의학적인 상황이 발생할 수 있다.

① 고혈당증

㉠ 개념
- 고혈당증은 혈중 당의 수치가 과도하게 높게 나타나는 증상으로, 췌장의 베타세포 상당 부분이 파괴되었을 때 인슐린이 더는 생산되지 않으면서 인슐린의 부족으로 혈당이 올라가는 당뇨의 초기 증상이다.
- 고혈당증의 증상은 한 시간이나 하루, 혹은 일주일에 걸쳐 나타날 수 있다. 만약에 학교에서 인슐린 부족으로 고혈당증이 나타나면 학생은 스스로 인슐린을 투약하여 관리한다.
- 고혈당증의 증상은 일반적으로 다뇨, 다음, 다식의 특징이 나타난다.

다뇨	• 다뇨증은 제일 먼저 나타나는 증상으로 소변량이 많아지는 것이다. • 인체가 혈액에서 과도한 포도당 수치를 감지하면 소변의 노폐물을 통해 포도당을 방출하여 포도당의 양을 줄이게 된다.
다음	• 소변이 과도하게 배출되면서 갈증을 느끼고 탈수증상을 막기 위해 과도한 수분을 섭취한다. • 제1형 당뇨의 경우 소변으로 당이 배설되고 많은 수분을 동반하기 때문에 많은 양의 소변을 보게 되며 이로 인한 신체 내의 수분 부족으로 많은 양의 물을 섭취하는 증상을 보인다.
다식	• 소변을 통해 소모된 열량을 보충하기 위해 음식을 과도하게 섭취한다. 혈액 속에는 많은 양의 당이 있지만, 세포 내에는 당이 부족해서 에너지 부족과 영양소 결핍으로 인한 심한 공복감을 느끼게 되어 많은 양의 음식물을 섭취하게 된다. • 체중 감소, 피로감, 의욕상실이 나타난다. 에너지원인 당질이 소변을 통해 빠져나가므로 몸이 쉽게 피로해지며, 탈수 현상과 체중 감소가 나타나는 것이다.

산증
체액과 혈액 속의 산도가 비정상적으로 높거나 알칼리도가 낮은 상태
🟢 산성혈증

ⓒ 고혈당증과 케톤산증
- 고혈당이 생기면 목이 마르거나 피곤함을 느끼고, 물체가 흐릿하게 보인다. 이때는 빨리 인슐린 주사를 맞아야 하는데, 인슐린 주사를 맞지 않으면 케톤산증(ketoacidosis)이 나타날 수 있다.
  - 케톤산증이란 혈중에 케톤체가 축적되고 산증을 나타내는 상태를 말한다. 세포에서 부족한 포도당을 보충하기 위해 간에서 포도당을 분해할 때 부산물로 산성의 케톤을 생산하게 되는데, 이때 케톤이 축적되면 케톤산증의 증상이 나타난다.
- 케톤산증의 초기 증상은 복통, 구역질, 구토 등이며, 이때 소모된 수분을 보충할 능력이 떨어져 탈수증이 가속화된다. 케톤산증이 진행되면 쿠스마울 호흡(Kussmaul respirations)이라고 부르는 가쁘고 깊은 호흡을 하고, 호흡을 할 때 입에서 아세톤 냄새를 풍기며 신경인지 능력이 훼손되며, 의식장애가 발생할 수 있다.

② 저혈당증 [12초특]

저혈당 발작
인슐린을 주사하고 있는 당뇨병아의 경우 가끔 저혈당이 일어나는 것이 보통이다. 저혈당은 인슐린의 양을 과다 주사하거나 운동을 격렬하게 하여 보식이 충분하게 이루어지지 않았을 때 일어난다.
출처 ▶ 박화문 외(2012)

㉠ 개념
- 저혈당증이란 혈당이 정상 수치 이하로 내려가면서 신체기관에 공급되는 포도당의 양이 감소하여 다양한 증상을 나타내는 상태를 말한다. 인슐린 반응이라고도 하며, 이러한 증상은 매우 급작스럽게 응급상황을 유발한다.
- 저혈당은 다음과 같은 증상을 보인다.
  - 머리가 아프다.
  - 배가 심하게 고프다.
  - 땀이 나고 몸이 떨린다.
  - 피부가 창백해지거나 축축해진다. 몸에 힘이 없고 피곤하다.
  - 맥박이 빨라지고 숨소리가 거칠어진다.
  - 현기증이 나고 물체가 흐릿하게 보인다.
  - 집중이 되지 않는다. 신경이 예민해지거나 화를 잘 낸다.
  - 경련을 일으킨다. 의식을 잃는다.

ⓒ 응급처치 방법 [20중특]
- 저혈당증의 응급처치 방법은 음식을 섭취하여 혈당을 증가시키는 것이다.
  - 저혈당증이 발생하면 빨리 사탕이나 초콜릿 등 당질이 함유된 음식을 먹게 하고 휴식을 취하도록 한다. 저혈당을 느껴서 간식을 먹고 난 15분 후에 다시 혈당을 측정해야 한다.
  - 혈당 회복을 위한 음식으로는 주스나 음료, 사탕, 설탕, 포도당 알약 등이 좋다. 학생에 따라 저혈당 증상에 유용한 간식 종류를 가지고 다니게 하며 교사는 이를 알고 있어야 한다.

- 수업시간이라도 갑작스러운 저혈당 증세가 나타나면, 사탕이나 초콜릿 등을 먹을 수 있도록 허용하고 그러한 행동이 교사와 또래의 오해를 일으키지 않도록 인식교육이 필요하다.
- 의식이 소실되었을 때는 위험해질 수 있으므로 응급실로 이송하여 포도당 수액을 공급해야 한다.
  - 혼수상태이거나 의식이 혼미한 상태에서는 음식을 먹게 해서는 안 된다. 의식이 없는 상태에서 억지로 음식이나 음료수를 먹이려 하면 기도가 막혀 더 위험해질 수 있다.
- 이 외에도 즉시 신체 활동을 금지하기, 즉시 혈당 측정하기, 휴식 취하기, 보건교사에게 연락하기, 보호자에게 연락하기 등의 처치를 취해야 한다.

✿ 고혈당증과 케톤산증, 저혈당증의 증상 및 원인과 처치

유형	증상	원인	처치
고혈당증과 케톤산증	• 혈당 수준이 높게 나타남 • 증상이 서서히 나타남 • 고혈당의 초기 증상: 다뇨, 다음, 다식, 피로와 허약 • 케톤산증의 증후: 구토, 입에서의 냄새, 가쁘고 깊은 호흡, 주의집중 문제와 혼란, 당뇨성 혼수	• 인슐린 부족 • 질병, 상해, 심리적 스트레스	• 인슐린 투여 • 치료 이행
저혈당증	• 포도당의 수치 저하 • 증상이 빠르게 나타남 • 경증 저혈당증: 땀, 발작, 허기, 두통, 어지러움과 현기증, 행동 변화 • 중등도 저혈당증: 성격 변화, 언어 문제, 나른함, 혼란 • 중증 저혈당증: 발작과 당뇨성 혼수	• 인슐린 과다 • 식사시간 지연 • 심한 운동	• 포도당 섭취 • 치료 이행

출처 ▶ 김정연(2020)

2) 제2형 당뇨

① 제2형 당뇨는 인슐린 비의존형으로 인슐린은 생산되지만, 적절히 사용되지 않아 발생하며, 성인 당뇨 혹은 인슐린 비의존형 당뇨라고 불린다.
- 인슐린을 맞지 않아도 생명을 유지하는 데 크게 지장이 없다.

② 비만 등의 원인으로 인슐린 작용이 감소하는 것으로 체중을 줄이거나 식이요법 등으로 조절할 수 있다. 성인 당뇨병의 대부분이 여기에 해당하며, 일부 아동들에게 발생하기도 한다.

3) 비전형적 당뇨

① 비전형적 당뇨는 주로 아프리카나 아시아계 사람에서 발견된다.

② 제1형과 제2형 당뇨의 구분이 어려운 비전형적 당뇨는 특발적(원인 불명) 1형 당뇨, 혹은 1.5형 당뇨로 불린다. 이러한 당뇨는 대부분 자가 면역력이 없지만 간헐적 케토산증을 나타낸다.

4) 이차성 당뇨

① 이차성 당뇨는 낭포성 섬유증과 같은 다른 질병이나 선천적 풍진과 같은 감염, 갑상샘 호르몬(갑상선 호르몬) 등의 약물 유발로 발병하는 당뇨를 말한다.

② 이차성 당뇨는 다운증후군과 같은 특정한 유전적 이상과 관련된 당뇨를 포함한다.

3. 교육지원

(1) 자기관리와 자기치료

① 당뇨병은 자기관리와 자기치료가 매우 중요한 만성질환이다.
- ⓐ 자기관리가 이루어지지 않으면 병에 대한 비관이나 치료 지침에 대한 거부 행동으로 이어지게 되므로 자기의 질병에 대한 긍정적인 수용과 적극적인 관리를 할 수 있도록 자신감을 키워주어야 한다.
- ⓑ 학교에서도 혈당검사 및 인슐린 주사를 스스로 할 수 있도록 교육하며, 저혈당에 대해 이해하고 대처할 수 있도록 지도한다. 학생 스스로 책임감을 갖고 당뇨병을 조절할 수 있도록 교육이 필요하다.

② 자신의 질병 공개를 꺼리는 학생들에게는 주사와 검사를 위해 보건교육실을 자유롭게 이용하고 비밀이 유지되도록 해준다.

(2) **저혈당 관리** 12초특
① 교사는 수업 시간이나 학교 활동 중 발생할 수 있는 저혈당에 대한 기초적인 지식과 정보를 갖추어야 한다.
② 학생이 수업 중 저혈당 증상을 자각할 경우 바로 자신의 저혈당증을 알릴 수 있도록 해야 한다.
  ㉠ 수업 시간이라도 갑작스러운 저혈당 증세가 나타나면 사탕이나 초콜릿 등을 먹을 수 있도록 허용한다.
  ㉡ 저혈당 증세를 느끼더라도 수업 분위기 때문에 사탕을 바로 꺼내 먹지 못하거나 대처를 못하면 심한 저혈당 혼수상태에 빠지게 된다.

(3) **신체 활동 및 참여 수준의 조정**
① 제1형 당뇨는 정기적인 병원 진찰이 필요한 만성질환이기는 하지만, 수업 결손이 발생하는 질환은 아니다.
② 학생에 따라서는 혈당 조절의 어려움으로 인해 극심한 피로감, 집중의 어려움 등 다양한 신체적 증상이 나타나기도 하기 때문에 참여가 어려울 수도 있다.
  ㉠ 학업 수행과 집중의 어려움은 질병 자체에 기인하기도 하지만, 치료 과정에서 치료로 인해 생기는 경우가 많다.
  ㉡ 당뇨가 조절되지 않을 때 나타나는 고혈당증과 저혈당증의 증세가 주의집중을 방해할 수 있다. 그러므로 신체 상황에 따른 활동 수정이 필요하다.
③ 질병으로 인해 학교 활동에서 배제되지 않도록 유의한다.
  ㉠ 혈당 조절의 문제가 발생한 경우를 제외하고는 제1형 당뇨는 수업 및 학교 활동 참여에 큰 영향을 미치지 않는다.
  ㉡ 수학여행, 현장학습 등과 같은 학교 행사들은 당뇨 학생들이 부모에 대한 의존에서 벗어나 당뇨병의 자기관리에 대한 필요성과 책임감을 가질 수 있는 좋은 기회로 이들이 반드시 참석할 수 있도록 해야 한다. 이런 기회를 통해 당뇨 학생들은 병 관리와 정상생활에 많은 자신감을 얻게 된다.
④ 학교 밖에서의 활동이나 생활에서도 저혈당으로 인한 쇼크가 발생할 수 있으므로 당뇨가 있음을 알리는 신분증을 착용하여 응급 시 다른 사람의 도움을 받을 수 있도록 지도한다.
  • 어떤 경우에는 고혈당증과 저혈당증의 증상이 너무 빠르게 나타나서 다른 사람에게 알릴 수 없는 상황이 발생할 수도 있기 때문이다.

(4) 정서적 지원

① 제1형 당뇨는 신체적·정신적으로 미성숙한 시기에 발병하고, 당뇨관리가 일생 끊임없이 이루어져야 하므로 건강의 여러 측면에서 부정적 영향을 미치며 자아존중감이 낮아지게 한다.

② 교사는 가능한 학생들이 자신의 병을 공개할 수 있도록 수용적인 교실 분위기를 만든다.

③ 제1형 당뇨의 조절을 위해서는 자기관리에 대한 필요성과 책임감을 느끼게 하는 것이 중요하며, 매일의 규칙적인 운동이 필요하다.

④ 학생들의 정서적 지지를 위해 교사가 알아야 할 내용은 다음과 같다.
  ㉠ 소아당뇨에 대한 주변 사람들의 인식을 개선한다.
  ㉡ 제1형 당뇨 학생의 개별적 의견을 존중하여 질병 공개 여부를 결정한다.
  ㉢ 학생 스스로가 제1형 당뇨에 대한 자기관리를 잘 할 수 있도록 격려한다.
  ㉣ 필요할 때 사용할 수 있는 학교의 공간을 마련한다.
  ㉤ 학교 활동의 참여 정도는 학생과 부모의 의견을 최대한 존중한다.

(5) 학교에서의 식사 지도

① 개별학생이 준수해야 하는 식이요법을 잘 지킬 수 있도록 격려한다.
  • 무조건 음식을 제한해서는 안 되며 나이에 맞는 성장과 발달이 이루어질 수 있도록 적절한 양의 음식을 골고루 섭취해야 한다.

② 당뇨병이 있더라도 일반적으로 연령에 따른 영양 요구량은 같으므로 학교의 급식 상황에서는 다음의 몇 가지를 주의하도록 지도한다.
  ㉠ 혈당을 급격히 올리는 간식류는 너무 많이 먹지 않도록 한다.
  ㉡ 배식 시 정해진 식단의 열량보다 너무 많이 먹지 않도록 한다.
  ㉢ 배식 시 반찬이 부족하여 식사량이 부족하지 않도록 한다.
    • 반찬이 부족하여 식사량이 부족하면 혈당 조절 문제가 생길 수 있으므로 당뇨 학생이 스스로 적정량을 식사하도록 지도한다.
  ㉣ 급식은 정해진 시간에 할 수 있도록 한다.
    • 식사시간이 늦어질 때에는 당뇨 학생이 제시간에 식사를 할 수 있도록 한다.
  ㉤ 학생이 개별적으로 지키고 있는 간식, 식사, 주사 시간이 지연되지 않도록 한다.

개념확인문제

01   2011 초등1-6

샛별초등학교에 재학 중인 건강장애 학생 창수는 소아암 치료를 위해 5개월간 장기 입원하게 되어 병원학교에 입급하려고 한다. 담임교사는 창수의 병원학교 입급과 관련된 점검 사항을 작성하여 특수교사에게 조언을 구하려고 한다. 다음에서 적절한 내용을 모두 고른 것은?

구분	병원학교 점검 사항
학사 운영	ㄱ. 창수의 학적은 병원학교에 두고, 샛별초등학교의 학년과 학기를 적용한다.
교육 과정 운영	ㄴ. 병원학교에서는 입급일로부터 14일 이내에 창수의 건강 관리계획을 포함한 개별화교육계획을 작성해야 한다. ㄷ. 창수의 오랜 병원생활로 인한 수업 결손을 막기 위해 재량 활동을 교과 재량 활동으로 운영한다. ㄹ. 창수에게 학력 평가를 실시할 때, 평가 당일 샛별초등학교에 출석하여 평가를 받도록 권장하되, 병원방문 평가도 인정한다.
환급 준비	ㅁ. 병원학교에서는 창수가 샛별초등학교로 복귀하는 것을 도울 수 있도록 학업·심리·사회 적응 등을 위한 학교 복귀 프로그램을 실시한다.

① ㄱ, ㄴ   ② ㄷ, ㅁ
③ ㄹ, ㅁ   ④ ㄱ, ㄴ, ㄹ
⑤ ㄷ, ㄹ, ㅁ

02   2024 중등A-2

다음은 건강장애 학생 A에 대한 ○○중학교 담임교사와 특수교사의 대화이다. 괄호 안의 ㉠과 ㉡에 해당하는 내용을 각각 쓰시오.

담임교사: 학생 A는 (㉠)이/가 있는데 학교에서 어떤 점을 유의해야 하나요?
특수교사: 학생 A는 부정맥이 있고 청색증이 심하므로 추운 날씨에 야외 활동이나 야외 수업은 피해야 하고, 호흡이 곤란한 경우에는 휴식을 취하도록 지도해야 합니다.
담임교사: 학생 A는 잦은 입원으로 결석이 많습니다. 그렇지만 학생 A는 학업을 계속하고 싶어 하는데, 어떤 방법이 있을까요?
특수교사: 병원학교가 어떨까요? 병원학교는 만성 질환을 치료하기 위해 학업을 중단하고 있는 건강장애 학생의 교육을 지원하기 위한 학교입니다.
담임교사: 학생 A는 결석이 잦아서 학습 진도가 맞지 않은데 괜찮을까요?
특수교사: 네, 괜찮습니다. 병원학교는 학생들의 학업 연속성 유지 및 학습권 보장을 위해 학생의 요구와 수준에 맞추어 (㉡) 지원을 하고, 심리·정서적인 지원도 하고 있습니다.

03
2017 중등A-5

다음은 박 교사와 김 교사가 학생 A에 대해 나눈 대화의 일부이다. ㉠에 해당하는 병명을 쓰고, 「장애인 등에 대한 특수교육법 시행령(대통령령 제27227호, 2016.6.21., 일부개정)」에 근거하여 ㉡의 수업 일수는 누가 정하고, 기준 일수는 며칠인지 쓰시오.

> 박 교사: A는 ㉠ <u>소변검사에서 단백뇨와 혈뇨가 나와서 이 질병을 발견하게 되었는데, 지금은 혈액 투석을 하고 있습니다. 그리고 더 심해지면 이식 수술을 해야 한다고 걱정을 많이 하고 있어요. 식이요법도 해야 하고, 수분과 염분 섭취량을 조절해야 합니다.</u>
> 김 교사: A가 주의해야 할 점이 많네요. 그리고 투석을 받는 것도 힘들겠지만 상태가 더 나빠지는 것에 대한 스트레스도 클 것 같아요.
> 박 교사: 네. A는 몸이 많이 부어 있기도 하고 피로감을 자주 호소합니다. 그리고 조퇴와 결석이 많아 학습결손도 있어서, 부모님에게 건강장애를 지닌 특수교육대상장애자로 선정·배치되는 절차를 안내했어요. 선정이 되면 ㉡ <u>순회교육</u>이 필요할 수도 있겠습니다.
> … (하략) …

04
2011 중등1-39

다음은 심장 수술로 장기간 입원하게 된 고등학생 A의 어머니와 병원학교 특수교사의 대화이다. ㉠~㉣에서 옳은 것만을 모두 고른 것은?

> 어 머 니: 간호사 말이 A가 여기에서 특수교육을 받을 수 있다던데요…….
> 특수교사: ㉠ <u>A가 2개월 이상 입원하게 될 경우, 「장애인 등에 대한 특수교육법」 시행령에 근거해서 건강장애를 지닌 특수교육대상자로 선정될 수 있습니다.</u>
> 어 머 니: 그럼 A에게 무슨 혜택이 있지요?
> 특수교사: ㉡ <u>건강장애 학생으로 선정되면 입학과 수업료, 교과용 도서 대금 및 급식비가 무상으로 지원됩니다.</u>
> 어 머 니: 그럼 병원에 입원해 있는 동안 수업 결손은 어떻게 하지요?
> 특수교사: ㉢ <u>병원학교에서 교과 수업뿐만 아니라 필요에 따라 화상 강의도 제공합니다.</u>
> 어 머 니: 그럼 제가 어떻게 해야 하지요?
> 특수교사: ㉣ <u>병원학교 배치 신청서를 작성하여 진단서와 함께 병원에 제출하면, 심사 결과에 따라 건강장애로 선정되어 저희 병원학교에 배치됩니다.</u>

① ㉠, ㉢
② ㉠, ㉣
③ ㉡, ㉢
④ ㉠, ㉡, ㉣
⑤ ㉡, ㉢, ㉣

05
2012 초등1-6

다음은 특수교육대상자로 선정되어 초등학교 일반학급에 통합되어 있는 건강장애 학생들의 개별적인 상황과 특수교육 지원 내용이다. 상황에 따른 특수교육 지원이 적절하지 않은 것은?

	만성질환	개별 학생의 상황	특수교육 지원
①	소아천식	먼지와 특정성분의 음식에 과민반응을 보여 천명을 동반한 기침과 호흡곤란이 심하게 나타난다.	부모와 보건교육교사와 상의하여 과민반응을 일으키는 음식을 통제하고, 교실환경을 평가하여 자극을 줄여준다.
②	심장장애	온도변화가 심하거나 몹시 추운 날에는 청색증과 호흡곤란 증세가 나타난다.	동절기에는 운동장에서 하는 체육수업을 받지 않고, 특수학급에 가서 다른 교과의 수업을 받게 한다.
③	신장장애	투석치료를 위해 매주 정기적으로 3번씩 조퇴를 해야 한다.	조퇴로 인한 특정 교과 학습의 결손을 보충할 수 있도록 통신교육이나 체험교육 등의 학습 기회를 제공한다.
④	소아암	소아암 치료를 위해 학기 중 4개월 동안 병원에 입원하여야 한다.	입원한 병원의 병원학교에서 최소한 1일에 1시간 이상 수업에 참여하게 하여 유급이 되지 않게 한다.
⑤	소아당뇨	혈당 조절을 위해 매일 인슐린 주사를 맞으며, 종종 저혈당 증세가 나타난다.	수업시간이라도 갑작스러운 저혈당 증세가 나타나면, 사탕이나 초콜릿 등을 먹을 수 있도록 허용한다.

06
2013 중등1-8

순회교육에 대하여 「장애인 등에 대한 특수교육법」 및 동법 시행령에 명시된 내용으로 옳지 않은 것은?

① 교육감은 장애 정도가 심하여 장·단기의 결석이 불가피한 특수교육대상자의 교육을 위하여 필요한 경우 순회교육을 실시하여야 한다.
② 각급학교의 장은 순회교육을 하기 위하여 순회교육을 받는 특수교육대상자의 능력, 장애 정도, 장애 특성 등을 고려하여 순회교육계획을 작성·운영하여야 한다.
③ 순회교육이란 특수교육교원 및 특수교육 관련서비스 담당 인력이 각급학교나 의료기관, 가정 또는 복지시설(장애인복지시설, 아동복지시설 등을 말한다) 등에 있는 특수교육대상자를 직접 방문하여 실시하는 교육을 말한다.
④ 교육장 또는 교육감은 일반학교에서 통합교육을 받고 있는 특수교육대상자를 지원하기 위하여 일반학교 및 특수교육지원센터에 특수교육교원 및 특수교육 관련서비스 담당 인력을 배치하여 순회교육을 실시하여야 한다.
⑤ 순회교육의 수업일수는 매 학년도 150일을 기준으로 하여 각급학교의 장이 정하되, 순회교육을 받는 특수교육대상자의 상태와 교육과정의 운영상 필요한 경우에는 지도·감독기관의 승인을 받아 30일의 범위에서 줄일 수 있다.

07   2018 중등A-4

다음은 건강장애 학생 교육지원 매뉴얼의 Q&A 내용 중 일부이다. ㉠~㉢에 들어갈 내용을 순서대로 쓰시오.

> Q1: 병원학교에서 수업 받고 있는 중·고등학생은 출석 인정을 받을 수 있습니까?
> A1: 예, 출석으로 인정받을 수 있습니다. 중·고등학생은 1일 (㉠) 수업에 참여할 경우 출석으로 인정하며(단, 정서·행동장애 병원학교는 1일 4시간 이상), 이때 병원학교의 (㉡)을/를 소속 학교에 제출해야 합니다.
> Q2: 병원학교에서 수업을 받고 있지만, 건강상태가 좋지 않아 소속 학교에 출석하여 평가를 받기 힘들거나 병원이나 가정 등에서도 평가를 받기 어려운 학생이 있습니다. 이런 경우에 어떠한 해결방법이 있습니까?
> A2: 평가 당일 소속 학교에 출석하여 평가를 실시함을 원칙으로 하지만, 부득이한 이유 등으로 인해 직접 평가가 불가능한 경우에는 소속 학교의 (㉢)규정에 따라 처리하게 됩니다.

08   2020 중등A-12

(가)는 특수교육지원센터 홈페이지 게시판에 있는 질의응답 내용의 일부이고, (나)는 학생 L의 건강관리 지원 계획의 일부이다. 〈작성 방법〉에 따라 서술하시오.

(가) 질의응답 내용

> Q1: 저희 아이는 소아 천식을 앓고 있어요. 만약 건강장애로 선정된다면 집에서 공부할 수 있는 방법이 있나요?
> A1: 네, 원격수업이나 ㉠ <u>순회교육</u>을 받을 수 있습니다.
> Q2: 건강장애 학생의 부모입니다. 향후 건강장애 선정을 취소할 수 있나요?
> A2: ㉡ <u>건강장애 특수교육대상자 선정 취소 사유</u>에 해당하는 경우, 학부모가 건강장애 선정 취소를 신청할 수 있습니다.
> Q3: 학생 L은 (㉢)을/를 앓고 있어요. ⓐ <u>혈당검사, 인슐린 주사, 식이요법을 통해 매일 꾸준히 관리해야 해요.</u> 학교에서 어떤 지원을 받을 수 있을까요?

(나) 건강관리 지원 계획
○ 응급 상황 대처 계획

구분	나타날 수 있는 증상	처치
경증 저혈당	발한, 허기, 창백, 두통, 현기증	• 즉시 신체 활동 금지 • 즉시 혈당 측정 • (㉣) • 휴식 취하기 • 보건교사 연락 • 보호자 연락

┤ 작성 방법 ├
- (가)의 밑줄 친 ㉡에 해당하는 내용을 1가지 서술할 것
- (가)의 밑줄 친 ⓐ를 참고하여 괄호 안의 ㉢에 해당하는 용어를 쓰고, (나)의 괄호 안의 ㉣에 해당하는 내용을 1가지 쓸 것

09

2023 중등B-7

(가)는 ○○교육지원청 특수교육지원센터 누리집 질의응답 내용의 일부이다. 〈작성 방법〉에 따라 서술하시오.

(가) 누리집 질의응답

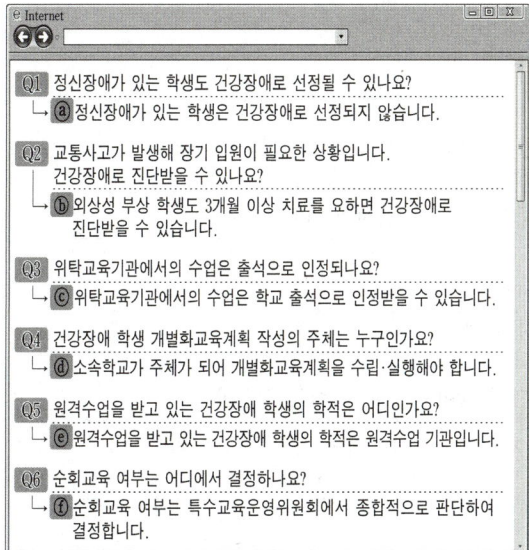

Q1 정신장애가 있는 학생도 건강장애로 선정될 수 있나요?
→ ⓐ 정신장애가 있는 학생은 건강장애로 선정되지 않습니다.

Q2 교통사고가 발생해 장기 입원이 필요한 상황입니다. 건강장애로 진단받을 수 있나요?
→ ⓑ 외상성 부상 학생도 3개월 이상 치료를 요하면 건강장애로 진단받을 수 있습니다.

Q3 위탁교육기관에서의 수업은 출석으로 인정되나요?
→ ⓒ 위탁교육기관에서의 수업은 학교 출석으로 인정받을 수 있습니다.

Q4 건강장애 학생 개별화교육계획 작성의 주체는 누구인가요?
→ ⓓ 소속학교가 주체가 되어 개별화교육계획을 수립·실행해야 합니다.

Q5 원격수업을 받고 있는 건강장애 학생의 학적은 어디인가요?
→ ⓔ 원격수업을 받고 있는 건강장애 학생의 학적은 원격수업 기관입니다.

Q6 순회교육 여부는 어디에서 결정하나요?
→ ⓕ 순회교육 여부는 특수교육운영위원회에서 종합적으로 판단하여 결정합니다.

┤ 작성 방법 ├

(가)의 ⓐ~ⓕ 중 틀린 응답 내용을 2가지 찾아 기호를 쓰고, 각각 바르게 고쳐 쓸 것

모범답안

1	③
2	㉠ 심장장애 ㉡ 개별화된 학습
3	㉠ 신장장애 ㉡ 수업일수는 각급학교의 장이 정하며, 기준 수업일수는 매 학년도 150일이다.
4	③
5	②
6	②
7	㉠ 2시간 이상, ㉡ 출석확인서(또는 수업확인증명서), ㉢ 학업성적관리

8	• 다음 중 택1
	  - 건강장애 선정의 직접적인 원인이 된 질병이 완치된 경우
	  - 소속 학교로 복귀하여 정상적인 출석을 하는 경우
	  - 소속 학교에서 휴학 또는 자퇴를 하고자 하는 경우
	• ㉢ 소아당뇨, ㉣ 주스나 음료, 사탕과 같은 당이 많이 함유된 음식을 섭취한다.

9	ⓑ, 외상성 부상 학생은 3개월 이상 치료를 요하더라도 건강장애로 진단받을 수 없습니다. ⓒ, 원격수업을 받고 있는 건강장애 학생의 학적은 학생의 소속 학교입니다.

김남진(Kim, Namjin)

약력
대구대학교 대학원 특수교육학과 석사
대구대학교 대학원 특수교육학과 박사
전) D대학교 연구소 전임연구교수
    G대학교 특수보육과 전임강사
    K대학교 중등특수교육과 조교수
현) 박문각 임용학원 특수교육 전임강사

주요 저서
- 김남진 KORSET 특수교육(박문각)
- 김남진 KORSET 특수교육 기출분석(박문각)

김남진 KORSET 특수교육 DAUM 카페
http://cafe.daum.net/korset

김남진
KORSET
특수교육 ❸

초판인쇄 | 2025. 1. 15.   **초판발행** | 2025. 1. 20.   **편저자** | 김남진
디자인 | 박문각 디자인팀   **발행인** | 박 용   **발행처** | (주)박문각출판
등록 | 2015년 4월 29일 제2019-000137호
주소 | 06654 서울특별시 서초구 효령로 283 서경 B/D   **팩스** | (02)584-2927
전화 | 교재 문의 (02)6466-7202, 동영상 문의 (02)6466-7201

저자와의 협의하에 인지생략

이 책의 무단 전재 또는 복제 행위는 저작권법 제136조에 의거, 5년 이하의 징역 또는 5,000만원 이하의 벌금에 처하거나 이를 병과할 수 있습니다.

정가 28,000원
ISBN 979-11-7262-413-2 / ISBN 979-11-7262-410-1(세트)